SIGM. FREUD

GESAMMELTE WERKE

CHRONOLOGISCH GEORDNET

VIERTER BAND

ZUR PSYCHOPATHOLOGIE DES
ALLTAGSLEBENS

FISCHER TASCHENBUCH VERLAG

Unter Mitwirkung von Marie Bonaparte,
Prinzessin Georg von Griechenland
herausgegeben von
Anna Freud

E. Bibring   W. Hoffer   E. Kris   O. Isakower

Veröffentlicht im Fischer Taschenbuch Verlag GmbH
Frankfurt am Main 1999, November 1999

© 1941 Imago Publishing Co., Ltd., London
Alle Rechte, insbesondere die der Übersetzung, vorbehalten
durch S. Fischer Verlag, Frankfurt am Main
Druck und Bindung: Clausen & Bosse, Leck
Printed in Germany
ISBN 3-596-50300-0 (Kassette)

ZUR PSYCHOPATHOLOGIE
DES ALLTAGSLEBENS

(ÜBER VERGESSEN, VERSPRECHEN, VERGREIFEN, ABERGLAUBE UND IRRTUM)

Nun ist die Luft von solchem Spuk so voll,
Daß niemand weiß, wie er ihn meiden soll.
Faust, II. Teil, V. Akt.

I
VERGESSEN VON EIGENNAMEN

Im Jahrgang 1898 der „Monatsschrift für Psychiatrie und Neurologie" habe ich unter dem Titel „Zum psychischen Mechanismus der Vergeßlichkeit" einen kleinen Aufsatz veröffentlicht, dessen Inhalt ich hier wiederholen und zum Ausgang für weitere Erörterungen nehmen werde. Ich habe dort den häufigen Fall des zeitweiligen Vergessens von Eigennamen an einem prägnanten Beispiel aus meiner Selbstbeobachtung der psychologischen Analyse unterzogen und bin zu dem Ergebnis gelangt, daß dieser gewöhnliche und praktisch nicht sehr bedeutsame Einzelvorfall von Versagen einer psychischen Funktion — des Erinnerns — eine Aufklärung zuläßt, welche weit über die gebräuchliche Verwertung des Phänomens hinausführt.

Wenn ich nicht sehr irre, würde ein Psycholog, von dem man die Erklärung forderte, wie es zugehe, daß einem so oft ein Name nicht einfällt, den man doch zu kennen glaubt, sich begnügen zu antworten, daß Eigennamen dem Vergessen leichter unterliegen als andersartiger Gedächtnisinhalt. Er würde die plausiblen Gründe für solche Bevorzugung der Eigennamen anführen, eine anderweitige Bedingtheit des Vorganges aber nicht vermuten.

Für mich wurde zum Anlaß einer eingehenden Beschäftigung mit dem Phänomen des zeitweiligen Namenvergessens die Beob-

achtung gewisser Einzelheiten, die sich zwar nicht in allen
Fällen, aber in einzelnen deutlich genug erkennen lassen. In
solchen Fällen wird nämlich nicht nur **vergessen**, sondern
auch **falsch erinnert**. Dem sich um den entfallenen Namen
Bemühenden kommen andere — **Ersatznamen** — zum
Bewußtsein, die zwar sofort als unrichtig erkannt werden, sich
aber doch mit großer Zähigkeit immer wieder aufdrängen. Der
Vorgang, der zur Reproduktion des gesuchten Namens führen
soll, hat sich gleichsam **verschoben** und so zu einem
unrichtigen Ersatz geführt. Meine Voraussetzung ist nun, daß
diese Verschiebung nicht psychischer Willkür überlassen ist,
sondern gesetzmäßige und berechenbare Bahnen einhält. Mit
anderen Worten, ich vermute, daß der oder die Ersatznamen in
einem aufspürbaren Zusammenhang mit dem gesuchten Namen
stehen, und hoffe, wenn es mir gelingt, diesen Zusammenhang
nachzuweisen, dann auch Licht über den Hergang des Namenvergessens zu verbreiten.

In dem 1898 von mir zur Analyse gewählten Beispiel war es
der Name des Meisters, welcher im Dom von Orvieto die
großartigen Fresken von den „letzten Dingen" geschaffen, den
zu erinnern ich mich vergebens bemühte. Anstatt des gesuchten
Namens — **Signorelli** — drängten sich mir zwei andere
Namen von Malern auf — **Botticelli** und **Boltraffio** —,
die mein Urteil sofort und entschieden als unrichtig abwies. Als
mir der richtige Name von fremder Seite mitgeteilt wurde,
erkannte ich ihn sogleich und ohne Schwanken. Die Untersuchung, durch welche Einflüsse und auf welchen Assoziations-
wegen sich die Reproduktion in solcher Weise — von **Signorelli** auf **Botticelli** und **Boltraffio** — verschoben hatte,
führte zu folgenden Ergebnissen:

a) Der Grund für das Entfallen des Namens **Signorelli** ist
weder in einer Besonderheit dieses Namens selbst, noch in einem
psychologischen Charakter des Zusammenhanges zu suchen, in

welchen derselbe eingefügt war. Der vergessene Name war mir ebenso vertraut wie der eine der Ersatznamen — Botticelli — und ungleich vertrauter als der andere der Ersatznamen — Boltraffio —, von dessen Träger ich kaum etwas anderes anzugeben wüßte, als seine Zugehörigkeit zur mailändischen Schule. Der Zusammenhang aber, in dem sich das Namenvergessen ereignete, erscheint mir harmlos und führt zu keiner weiteren Aufklärung: Ich machte mit einem Fremden eine Wagenfahrt von Ragusa in Dalmatien nach einer Station der Herzegowina; wir kamen auf das Reisen in Italien zu sprechen, und ich fragte meinen Reisegefährten, ob er schon in Orvieto gewesen und dort die berühmten Fresken des *** besichtigt habe.

b) Das Namenvergessen erklärt sich erst, wenn ich mich an das in jener Unterhaltung unmittelbar vorhergehende Thema erinnere, und gibt sich als eine Störung des neu auftauchenden Themas durch das vorhergehende zu erkennen. Kurz ehe ich an meinen Reisegefährten die Frage stellte, ob er schon in Orvieto gewesen, hatten wir uns über die Sitten der in Bosnien und in der Herzegowina lebenden Türken unterhalten. Ich hatte erzählt, was ich von einem unter diesen Leuten praktizierenden Kollegen gehört hatte, daß sie sich voll Vertrauen in den Arzt und voll Ergebung in das Schicksal zu zeigen pflegen. Wenn man ihnen ankündigen muß, daß es für den Kranken keine Hilfe gibt, so antworten sie: „Herr, was ist da zu sagen? Ich weiß, wenn er zu retten wäre, hättest du ihn gerettet!" — Erst in diesen Sätzen finden sich die Worte und Namen: Bosnien, Herzegowina, Herr vor, welche sich in eine Assoziationsreihe zwischen Signorelli und Botticelli — Boltraffio einschalten lassen.

c) Ich nehme an, daß der Gedankenreihe von den Sitten der Türken in Bosnien usw. die Fähigkeit, einen nächsten Gedanken zu stören, darum zukam, weil ich ihr meine Aufmerksamkeit entzogen hatte, ehe sie noch zu Ende gebracht war. Ich erinnere mich nämlich, daß ich eine zweite Anekdote erzählen wollte, die nahe bei der ersten in meinem Gedächtnis ruhte. Diese Türken schätzen den Sexualgenuß über alles und verfallen bei sexuellen Störungen in eine Verzweiflung, welche seltsam gegen ihre Resignation bei Todesgefahr absticht. Einer der Patienten meines Kollegen hatte ihm einmal gesagt: „Du weißt ja, Herr, wenn das nicht mehr geht, dann hat das Leben keinen Wert." Ich unterdrückte die Mitteilung dieses charakteristischen Zuges, weil ich das Thema nicht in einem Gespräch mit einem Fremden berühren wollte. Ich tat aber noch mehr; ich lenkte meine Aufmerksamkeit auch von der Fortsetzung der Gedanken ab, die sich bei mir an das Thema „Tod und Sexualität" hätten knüpfen können. Ich stand damals unter der Nachwirkung einer Nachricht, die ich wenige Wochen vorher während eines kurzen Aufenthaltes in Trafoi erhalten hatte. Ein Patient, mit dem ich mir viele Mühe gegeben, hatte wegen einer unheilbaren sexuellen Störung seinem Leben ein Ende gemacht. Ich weiß bestimmt, daß mir auf jener Reise in die Herzegowina dieses traurige Ereignis und alles, was damit zusammenhängt, nicht zur bewußten Erinnerung kam. Aber die Übereinstimmung Trafoi—Boltraffio nötigt mich anzunehmen, daß damals diese Reminiszenz trotz der absichtlichen Ablenkung meiner Aufmerksamkeit in mir zur Wirksamkeit gebracht worden ist.

d) Ich kann das Vergessen des Namens Signorelli nicht mehr als ein zufälliges Ereignis auffassen. Ich muß den Einfluß eines Motivs bei diesem Vorgang anerkennen. Es waren Motive, die mich veranlaßten, mich in der Mitteilung meiner Gedanken (über die Sitten der Türken usw.) zu unterbrechen, und die mich ferner beeinflußten, die daran sich knüpfenden Gedanken, die bis zur Nachricht in Trafoi geführt hätten, in mir vom Bewußtwerden auszuschließen. Ich wollte also etwas vergessen, ich hatte etwas verdrängt. Ich wollte allerdings etwas anderes vergessen als den Namen des Meisters von Orvieto; aber dieses andere brachte es zustande, sich mit dessen Namen in assoziative Verbindung zu setzen, so daß mein Willensakt das Ziel verfehlte und ich das eine wider Willen vergaß, während ich das andere mit Absicht vergessen wollte. Die Abneigung, zu erinnern, richtete sich gegen den einen Inhalt; die Unfähigkeit, zu erinnern, trat an einem anderen hervor. Es wäre offenbar ein einfacherer Fall, wenn Abneigung und Unfähigkeit, zu erinnern, denselben Inhalt beträfen. — Die Ersatznamen erscheinen mir auch nicht mehr so völlig unberechtigt wie vor der Aufklärung; sie mahnen mich (nach Art eines Kompromisses) ebensosehr an das, was ich vergessen, wie an das, was ich erinnern wollte, und zeigen mir, daß meine Absicht, etwas zu vergessen, weder ganz gelungen, noch ganz mißglückt ist.

e) Sehr auffällig ist die Art der Verknüpfung, die sich zwischen dem gesuchten Namen und dem verdrängten Thema (von Tod und Sexualität usw., in dem die Namen Bosnien, Herzegowina, Trafoi vorkommen) hergestellt hat. Das hier eingeschaltete, aus der Abhandlung des Jahres 1898 wiederholte Schema sucht diese Verknüpfung anschaulich darzustellen.

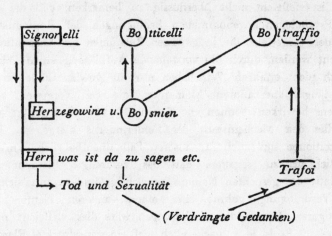

Der Name Signorelli ist dabei in zwei Stücke zerlegt worden. Das eine Silbenpaar ist in einem der Ersatznamen unverändert wiedergekehrt (elli), das andere hat durch die Übersetzung Signor — Herr mehrfache und verschiedenartige Beziehungen zu den im verdrängten Thema enthaltenen Namen gewonnen, ist aber dadurch für die Reproduktion verloren gegangen. Sein Ersatz hat so stattgefunden, als ob eine Verschiebung längs der Namenverbindung „Herzegowina und Bosnien" vorgenommen worden wäre, ohne Rücksicht auf den Sinn und auf die akustische Abgrenzung der Silben zu nehmen. Die Namen sind also bei diesem Vorgang ähnlich behandelt worden wie die Schriftbilder eines Satzes, der in ein Bilderrätsel (Rebus) umgewandelt werden soll. Von dem ganzen Hergang, der anstatt des Namens Signorelli auf solchen Wegen die Ersatznamen geschaffen hat, ist dem Bewußtsein keine Kunde gegeben worden. Eine Beziehung zwischen dem Thema, in dem der Name Signorelli vorkam, und dem zeitlich ihm vorangehenden verdrängten Thema, welche über diese Wiederkehr gleicher Silben (oder vielmehr Buchstabenfolgen) hinausginge, scheint zunächst nicht auffindbar zu sein.

Es ist vielleicht nicht überflüssig zu bemerken, daß die von den Psychologen angenommenen Bedingungen der Reproduktion und des Vergessens, die in gewissen Relationen und Dispositionen gesucht werden, durch die vorstehende Aufklärung einen Widerspruch nicht erfahren. Wir haben nur für gewisse Fälle zu all den längst anerkannten Momenten, die das Vergessen eines Namens bewirken können, noch ein Motiv hinzugefügt und überdies den Mechanismus des Fehlerinnerns klargelegt. Jene Dispositionen sind auch für unseren Fall unentbehrlich, um die Möglichkeit zu schaffen, daß das verdrängte Element sich assoziativ des gesuchten Namens bemächtige und es mit sich in die Verdrängung nehme. Bei einem anderen Namen mit günstigeren Reproduktionsbedingungen wäre dies vielleicht nicht geschehen. Es ist ja wahrscheinlich, daß ein unterdrücktes Element allemal bestrebt ist, sich irgendwo anders zur Geltung zu bringen, diesen Erfolg aber nur dort erreicht, wo ihm geeignete Bedingungen entgegenkommen. Andere Male gelingt die Unterdrückung ohne Funktionsstörung, oder, wie wir mit Recht sagen können, ohne Symptome. Die Zusammenfassung der Bedingungen für das Vergessen eines Namens mit Fehlerinnern ergibt also: 1.) eine gewisse Disposition zum Vergessen desselben, 2.) einen kurz vorher abgelaufenen Unterdrückungsvorgang, 3.) die Möglichkeit, eine äußerliche Assoziation zwischen dem betreffenden Namen und dem vorher unterdrückten Element herzustellen. Letztere Bedingung wird man wahrscheinlich nicht sehr hoch veranschlagen müssen, da bei den geringen Ansprüchen an die Assoziation eine solche in den allermeisten Fällen durchzusetzen sein dürfte. Eine andere und tiefer reichende Frage ist es, ob eine solche äußerliche Assoziation wirklich die genügende Bedingung dafür sein kann, daß das verdrängte Element die Reproduktion des gesuchten Namens störe, ob nicht doch notwendig ein intimerer Zusammenhang der beiden Themata erforderlich wird. Bei oberflächlicher Betrachtung würde man letztere Forderung abweisen wollen und das zeitliche Aneinanderstoßen bei völlig disparatem Inhalt für genügend halten. Bei eingehender Untersuchung findet man aber immer häufiger, daß die beiden durch eine äußerliche Assoziation verknüpften Elemente (das verdrängte und das neue) außerdem einen inhaltlichen Zusammenhang besitzen, und auch in dem Beispiel Signorelli läßt sich ein solcher erweisen.

Der Wert der Einsicht, die wir bei der Analyse des Beispiels Signorelli gewonnen haben, hängt natürlich davon ab, ob wir diesen Fall für ein typisches oder für ein vereinzeltes Vorkommnis erklären wollen. Ich muß nun behaupten, daß das Namenvergessen mit Fehlerinnern ungemein häufig so zugeht, wie wir es im Falle Signorelli aufgelöst haben. Fast allemal, da ich dies Phänomen bei mir selbst beobachten konnte, war ich auch imstande, es mir in der vorerwähnten Weise als durch Verdrängung motiviert zu erklären. Ich muß auch noch einen anderen Gesichtspunkt zugunsten der typischen Natur unserer Analyse geltend machen. Ich glaube, daß man nicht berechtigt ist, die Fälle von Namenvergessen mit Fehlerinnern prinzipiell von solchen zu trennen, in denen sich unrichtige Ersatznamen nicht eingestellt haben. Diese Ersatznamen kommen in einer Anzahl von Fällen spontan; in anderen Fällen, wo sie nicht spontan aufgetaucht sind, kann man sie durch Anstrengung der Aufmerksamkeit zum Auftauchen zwingen, und sie zeigen dann die nämlichen Beziehungen zum verdrängten Element und zum gesuchten Namen, wie wenn sie spontan gekommen wären. Für das Bewußtwerden des Ersatznamens scheinen zwei Momente maßgebend zu sein, erstens die Bemühung der Aufmerksamkeit, zweitens eine innere Bedingung, die am psychischen Material haftet. Ich könnte letztere in der größeren oder geringeren Leichtigkeit suchen, mit welcher sich die benötigte äußerliche Assoziation zwischen den beiden Elementen herstellt. Ein guter Teil der Fälle von Namenvergessen o h n e Fehlerinnern schließt sich so den Fällen mit Ersatznamenbildung an, für welche der Mechanismus des Beispiels „Signorelli" gilt. Ich werde mich aber gewiß nicht der Behauptung erkühnen, daß alle Fälle von Namenvergessen in die nämliche Gruppe einzureihen seien. Es gibt ohne Zweifel Fälle von Namenvergessen, die weit einfacher zugehen. Wir werden den Sachverhalt wohl vorsichtig genug dargestellt haben, wenn wir aussprechen: **Neben dem einfachen Vergessen von Eigennamen kommt auch ein Vergessen vor, welches durch Verdrängung motiviert ist.**

II

VERGESSEN VON FREMDSPRACHIGEN WORTEN

Der gebräuchliche Sprachschatz unserer eigenen Sprache scheint innerhalb der Breite normaler Funktion gegen das Vergessen geschützt. Anders steht es bekanntlich mit den Vokabeln einer fremden Sprache. Die Disposition zum Vergessen derselben ist für alle Redeteile vorhanden, und ein erster Grad von Funktionsstörung zeigt sich in der Ungleichmäßigkeit unserer Verfügung über den fremden Sprachschatz, je nach unserem Allgemeinbefinden und dem Grade unserer Ermüdung. Dieses Vergessen geht in einer Reihe von Fällen nach demselben Mechanismus vor sich, den uns das Beispiel „Signorelli" enthüllt hat. Ich werde zum Beweise hiefür eine einzige, aber durch wertvolle Eigentümlichkeiten ausgezeichnete Analyse mitteilen, die den Fall des Vergessens eines nicht substantivischen Wortes aus einem lateinischen Zitat betrifft. Man gestatte mir, den kleinen Vorfall breit und anschaulich vorzutragen.

Im letzten Sommer erneuerte ich — wiederum auf der Ferienreise — die Bekanntschaft eines jungen Mannes von akademischer Bildung, der, wie ich bald merkte, mit einigen meiner psychologischen Publikationen vertraut war. Wir waren im Gespräch — ich weiß nicht mehr wie — auf die soziale Lage des Volksstammes gekommen, dem wir beide angehören, und er, der Ehrgeizige, erging sich in Bedauern darüber, daß seine

Generation, wie er sich äußerte, zur Verkümmerung bestimmt sei, ihre Talente nicht entwickeln und ihre Bedürfnisse nicht befriedigen könne. Er schloß seine leidenschaftlich bewegte Rede mit dem bekannten Vergilschen Vers, in dem die unglückliche Dido ihre Rache an Aeneas der Nachwelt überträgt: *Exoriare*..., vielmehr er wollte so schließen, denn er brachte das Zitat nicht zustande und suchte eine offenkundige Lücke der Erinnerung durch Umstellung von Worten zu verdecken: *Exoriar(e) ex nostris ossibus ultor!* Endlich sagte er geärgert: „Bitte, machen Sie nicht ein so spöttisches Gesicht, als ob Sie sich an meiner Verlegenheit weiden würden, und helfen Sie mir lieber. An dem Vers fehlt etwas. Wie heißt er eigentlich vollständig?"

Gerne, erwiderte ich und zitierte, wie es richtig lautet: *Exoriar(e) a l i q u i s nostris ex ossibus ultor!*

„Zu dumm, ein solches Wort zu vergessen. Übrigens von Ihnen hört man ja, daß man nichts ohne Grund vergißt. Ich wäre doch zu neugierig zu erfahren, wie ich zum Vergessen dieses unbestimmten Pronomen *aliquis* komme."

Ich nahm diese Herausforderung bereitwilligst an, da ich einen Beitrag zu meiner Sammlung erhoffte. Ich sagte also: Das können wir gleich haben. Ich muß Sie nur bitten, mir a u f r i c h t i g und k r i t i k l o s alles mitzuteilen, was Ihnen einfällt, wenn Sie ohne bestimmte Absicht Ihre Aufmerksamkeit auf das vergessene Wort richten[1].

„Gut, da komme ich also auf den lächerlichen Einfall, mir das Wort in folgender Art zu zerteilen: *a* und *liquis.*"

Was soll das? — „Weiß ich nicht." — Was fällt Ihnen weiter dazu ein? — „Das setzt sich so fort: R e l i q u i e n — L i q u i d a t i o n — F l ü s s i g k e i t — F l u i d. Wissen Sie jetzt schon etwas?"

Nein, noch lange nicht. Aber fahren Sie fort.

---

[1] Dies ist der allgemeine Weg, um Vorstellungselemente, die sich verbergen, dem Bewußtsein zuzuführen. Vergl. meine „Traumdeutung" (8. Aufl., S. 71). (Ges. Werke, Bd. II/III).

„Ich denke", fuhr er höhnisch lachend fort, „an Simon von Trient, dessen Reliquien ich vor zwei Jahren in einer Kirche in Trient gesehen habe. Ich denke an die Blutbeschuldigung, die gerade jetzt wieder gegen die Juden erhoben wird, und an die Schrift von Kleinpaul, der in all diesen angeblichen Opfern Inkarnationen, sozusagen Neuauflagen des Heilands sieht."

Der Einfall ist nicht ganz ohne Zusammenhang mit dem Thema, über das wir uns unterhielten, ehe Ihnen das lateinische Wort entfiel.

„Richtig. Ich denke ferner an einen Zeitungsartikel in einem italienischen Journal, den ich kürzlich gelesen. Ich glaube, er war überschrieben: Was der hl. Augustinus über die Frauen sagt. Was machen Sie damit?"

Ich warte.

„Also jetzt kommt etwas, was ganz gewiß außer Zusammenhang mit unserem Thema steht."

Enthalten Sie sich gefälligst jeder Kritik und —

„Ich weiß schon. Ich erinnere mich eines prächtigen alten Herrn, den ich vorige Woche auf der Reise getroffen. Ein wahres Original. Er sieht aus wie ein großer Raubvogel. Er heißt, wenn Sie es wissen wollen, Benedikt."

Doch wenigstens eine Aneinanderreihung von Heiligen und Kirchenvätern: Der heilige Simon, St. Augustinus, St. Benediktus. Ein Kirchenvater hieß, glaube ich, Origines. Drei dieser Namen sind übrigens auch Vornamen wie Paul im Namen Kleinpaul.

„Jetzt fällt mir der heilige Januarius ein und sein Blutwunder — ich finde, das geht mechanisch so weiter."

Lassen Sie das; der heilige Januarius und der heilige Augustinus haben beide mit dem Kalender zu tun. Wollen Sie mich nicht an das Blutwunder erinnern?

„Das werden Sie doch kennen! In einer Kirche zu Neapel wird in einer Phiole das Blut des heiligen Januarius aufbewahrt, welches durch ein Wunder an einem bestimmten Festtag wieder flüssig wird. Das Volk hält viel auf dieses Wunder und wird sehr aufgeregt, wenn es sich verzögert, wie es einmal zur Zeit einer französischen Okkupation geschah. Da nahm der kommandierende General — oder irre ich mich? war es Garibaldi? — den geistlichen Herrn beiseite und bedeutete ihm mit einer sehr verständlichen Gebärde auf die draußen aufgestellten Soldaten, er hoffe, das Wunder werde sich sehr bald vollziehen. Und es vollzog sich wirklich . . .“

Nun und weiter? Warum stocken Sie?

„Jetzt ist mir allerdings etwas eingefallen . . . das ist aber zu intim für die Mitteilung . . . Ich sehe übrigens keinen Zusammenhang und keine Nötigung, es zu erzählen.“

Für den Zusammenhang würde ich sorgen. Ich kann Sie ja nicht zwingen zu erzählen, was Ihnen unangenehm ist; dann verlangen Sie aber auch nicht von mir zu wissen, auf welchem Wege Sie jenes Wort *aliquis* vergessen haben.

„Wirklich? Glauben Sie? Also ich habe plötzlich an eine Dame gedacht, von der ich leicht eine Nachricht bekommen könnte, die uns beiden recht unangenehm wäre.“

Daß ihr die Periode ausgeblieben ist?

„Wie können Sie das erraten?“

Das ist nicht mehr schwierig. Sie haben mich genügend darauf vorbereitet. Denken Sie an die Kalenderheiligen, an das Flüssigwerden des Blutes zu einem bestimmten Tage, den Aufruhr, wenn das Ereignis nicht eintritt, die deutliche Drohung, daß das Wunder vor sich gehen muß, sonst . . . Sie haben ja das Wunder des heiligen Januarius zu einer prächtigen Anspielung auf die Periode der Frau verarbeitet.

„Ohne daß ich es gewußt hätte. Und Sie meinen wirklich, wegen dieser ängstlichen Erwartung hätte ich das Wörtchen *aliquis* nicht reproduzieren können?“

Das scheint mir unzweifelhaft. Erinnern Sie sich doch an Ihre Zerlegung in *a—liquis* und an die Assoziationen: Reliquien, Liquidation, Flüssigkeit. Soll ich noch den als Kind hingeopferten heiligen Simon, auf den Sie von den Reliquien her kamen, in den Zusammenhang einflechten?

„Tun Sie das lieber nicht. Ich hoffe, Sie nehmen diese Gedanken, wenn ich sie wirklich gehabt habe, nicht für Ernst. Ich will Ihnen dafür gestehen, daß die Dame Italienerin ist, in deren Gesellschaft ich auch Neapel besucht habe. Kann das aber nicht alles Zufall sein?"

Ich muß es Ihrer eigenen Beurteilung überlassen, ob Sie sich alle diese Zusammenhänge durch die Annahme eines Zufalls aufklären können. Ich sage Ihnen aber, jeder ähnliche Fall, den Sie analysieren wollen, wird Sie auf ebenso merkwürdige „Zufälle" führen [1].

Ich habe mehrere Gründe, diese kleine Analyse, für deren Überlassung ich meinem damaligen Reisegenossen Dank schulde, zu schätzen. Erstens, weil mir in diesem Falle gestattet war, aus einer Quelle zu schöpfen, die mir sonst versagt ist. Ich bin zumeist genötigt, die Beispiele von psychischer Funktionsstörung im täglichen Leben, die ich hier zusammenstelle, meiner Selbstbeobachtung zu entnehmen. Das weit reichere Material, das mir meine neurotischen Patienten liefern, suche ich zu vermeiden, weil ich den Einwand fürchten muß, die betreffenden Phänomene seien eben Erfolge und Äußerungen der Neurose. Es hat also besonderen Wert für meine Zwecke, wenn sich eine nervengesunde fremde Person zum Objekt einer solchen Untersuchung

---

[1] Diese kleine Analyse hat viel Aufmerksamkeit in der Literatur gefunden und lebhafte Diskussionen hervorgerufen. E. Bleuler hat gerade an ihr die Glaubwürdigkeit psychoanalytischer Deutungen mathematisch zu erfassen versucht und ist zum Schluß gelangt, daß sie mehr Wahrscheinlichkeitswert hat als Tausende von unangefochtenen medizinischen „Erkenntnissen" und daß sie ihre Sonderstellung nur dadurch bekommt, daß man noch nicht gewohnt ist, in der Wissenschaft mit psychologischen Wahrscheinlichkeiten zu rechnen. (Das autistisch-undisziplinierte Denken in der Medizin und seine Überwindung. Berlin. 1919).

erbietet. In anderer Hinsicht wird mir diese Analyse bedeutungsvoll, indem sie einen Fall von Wortvergessen o h n e Ersatzerinnern beleuchtet und meinen vorhin aufgestellten Satz bestätigt, daß das Auftauchen oder Ausbleiben von unrichtigen Ersatzerinnerungen eine wesentliche Unterscheidung nicht begründen kann.[1]

Der Hauptwert des Beispiels *aliquis* ist aber in einem anderen seiner Unterschiede von dem Falle „Signorelli" gelegen. Im letzteren Beispiel wird die Reproduktion des Namens gestört durch die Nachwirkung eines Gedankenganges, der kurz vorher begonnen und abgebrochen wurde, dessen Inhalt aber in keinem

---

1) Feinere Beobachtung schränkt den Gegensatz zwischen der Analyse „Signorelli" und der von *aliquis* betreffs der Ersatzerinnerungen um einiges ein. Auch hier scheint nämlich das Vergessen von einer Ersatzbildung begleitet zu sein. Als ich an meinen Partner nachträglich die Frage stellte, ob ihm bei seinen Bemühungen, das fehlende Wort zu erinnern, nicht irgend etwas zum Ersatz eingefallen sei, berichtete er, daß er zunächst die Versuchung verspürt habe, ein *ab* in den Vers zu bringen: *nostris ab ossibus* (vielleicht das unverknüpfte Stück von *a-liquis*) und dann, daß sich ihm das *e x o r i a r e* besonders deutlich und hartnäckig aufgedrängt habe. Als Skeptiker setzte er hinzu: offenbar weil es das erste Wort des Verses war. Als ich ihn bat, doch auf die Assoziationen von *exoriare* aus zu achten, gab er mir Exorzismus an. Ich kann mir also sehr wohl denken, daß die Verstärkung von *exoriare* in der Reproduktion eigentlich den Wert einer solchen Ersatzbildung hatte. Dieselbe wäre über die Assoziation: E x o r z i s m u s von den Namen der H e i l i g e n her erfolgt. Indes sind dies Feinheiten, auf die man keinen Wert zu legen braucht. (P. W i l s o n: The imperceptible Obvious, Revista de Psiquiatria, Lima, Januar 1922, betont dagegen, daß der Verstärkung von *exoriare* ein hoher aufklärender Wert zukomme, da Exorzismus der beste symbolische Ersatz für den verdrängten Gedanken an die Beseitigung des gefürchteten Kindes durch Abortus wäre. Ich kann diese Berichtigung, welche die Verbindlichkeit der Analyse nicht schädigt, dankend annehmen.) — Es erscheint nun aber wohl möglich, daß das Auftreten irgend einer Art von Ersatzerinnerung ein konstantes, vielleicht auch nur ein charakteristisches und verräterisches Zeichen des tendenziösen, durch Verdrängung motivierten Vergessens ist. Diese Ersatzbildung bestände auch dort, wo das Auftauchen unrichtiger Ersatznamen ausbleibt, in der Verstärkung eines Elementes, welches dem vergessenen benachbart ist. Im Falle „Signorelli" war z. B., solange mir der Name des Malers unzugänglich blieb, die visuelle Erinnerung an den Zyklus von Fresken und an sein in der Ecke eines Bildes angebrachtes Selbstporträt ü b e r d e u t l i c h, jedenfalls weit intensiver, als visuelle Erinnerungsspuren sonst bei mir auftreten. In einem anderen Falle, der gleichfalls in der Abhandlung von 1898 mitgeteilt ist, hatte ich von der Adresse eines mir unbequemen Besuches in einer fremden Stadt den Straßennamen hoffnungslos vergessen, die Hausnummer aber wie zum Spott — überdeutlich gemerkt, während mir sonst das Erinnern von Zahlen die größte Schwierigkeit bereitet.

deutlichen Zusammenhang mit dem neuen Thema stand, in dem der Name Signorelli enthalten war. Zwischen dem verdrängten und dem Thema des vergessenen Namens bestand bloß die Beziehung der zeitlichen Kontiguität; dieselbe reichte hin, damit sich die beiden durch eine äußerliche Assoziation in Verbindung setzen konnten[1]. Im Beispiel *aliquis* hingegen ist von einem solchen unabhängigen verdrängten Thema, welches unmittelbar vorher das bewußte Denken beschäftigt hätte und nun als Störung nachklänge, nichts zu merken. Die Störung der Reproduktion erfolgt hier aus dem Innern des angeschlagenen Themas heraus, indem sich unbewußt ein Widerspruch gegen die im Zitat dargestellte Wunschidee erhebt. Man muß sich den Hergang in folgender Art konstruieren: Der Redner hat bedauert, daß die gegenwärtige Generation seines Volkes in ihren Rechten verkürzt wird; eine neue Generation, weissagt er wie Dido, wird die Rache an den Bedrängern übernehmen. Er hat also den Wunsch nach Nachkommenschaft ausgesprochen. In diesem Moment fährt ihm ein widersprechender Gedanke dazwischen. „Wünschest du dir Nachkommenschaft wirklich so lebhaft? Das ist nicht wahr. In welche Verlegenheit kämest du, wenn du jetzt die Nachricht erhieltest, daß du von der einen Seite, die du kennst, Nachkommen zu erwarten hast? Nein, keine Nachkommenschaft, — wiewohl wir sie für die Rache brauchen." Dieser Widerspruch bringt sich nun zur Geltung, indem er genau wie im Beispiel Signorelli eine äußerliche Assoziation zwischen einem seiner Vorstellungselemente und einem Element des beanstandeten Wunsches herstellt, und zwar diesmal auf eine höchst gewaltsame Weise durch einen gekünstelt erscheinenden Assoziationsumweg. Eine zweite wesentliche Übereinstimmung mit dem

---

1) Ich möchte für das Fehlen eines inneren Zusammenhanges zwischen den beiden Gedankenkreisen im Falle Signorelli nicht mit voller Überzeugung einstehen. Bei sorgfältiger Verfolgung der verdrängten Gedanken über das Thema von Tod und Sexualleben stößt man doch auf eine Idee, die sich mit dem Thema der Fresken von Orvieto nahe berührt.

Beispiel Signorelli ergibt sich daraus, daß der Widerspruch aus verdrängten Quellen stammt und von Gedanken ausgeht, welche eine Abwendung der Aufmerksamkeit hervorrufen würden. — Soviel über die Verschiedenheit und über die innere Verwandtschaft der beiden Paradigmata des Namenvergessens. Wir haben einen zweiten Mechanismus des Vergessens kennen gelernt, die Störung eines Gedankens durch einen aus dem Verdrängten kommenden inneren Widerspruch. Wir werden diesem Vorgang, der uns als der leichter verständliche erscheint, im Laufe dieser Erörterungen noch wiederholt begegnen.

III

VERGESSEN VON NAMEN UND WORTFOLGEN

Erfahrungen, wie die eben erwähnte, über den Hergang des Vergessens eines Stückes aus einer fremdsprachigen Wortfolge können die Wißbegierde rege machen, ob denn das Vergessen von Wortfolgen in der Muttersprache eine wesentlich andere Aufklärung erfordere. Man pflegt zwar nicht verwundert zu sein, wenn man eine auswendig gelernte Formel oder ein Gedicht nach einiger Zeit nur ungetreu, mit Abänderungen und Lücken reproduzieren kann. Da aber dieses Vergessen das im Zusammenhang Erlernte nicht gleichmäßig betrifft, sondern wiederum einzelne Stücke daraus loszubröckeln scheint, könnte es sich der Mühe verlohnen, einzelne Beispiele von solcher fehlerhaft gewordenen Reproduktion analytisch zu untersuchen.

Ein jüngerer Kollege, der im Gespräche mit mir die Vermutung äußerte, das Vergessen von Gedichten in der Muttersprache könnte wohl ähnlich motiviert sein wie das Vergessen einzelner Elemente in einer fremdsprachigen Wortfolge, erbot sich zugleich zum Untersuchungsobjekt. Ich fragte ihn, an welchem Gedichte er die Probe machen wolle, und er wählte „Die Braut von Korinth", welches Gedicht er sehr liebe und wenigstens strophenweise auswendig zu kennen glaube. Zu Beginn der Reproduktion traf sich ihm eine eigentlich auffällige Unsicherheit. „Heißt es: ‚Von Korinthus nach Athen gezogen'," fragte er, „oder ‚Nach Korinthus von Athen gezogen'." Auch ich war einen Moment lange schwankend, bis ich lachend bemerkte, daß der Titel des Gedichtes „Die Braut von Korinth" ja keinen Zweifel darüber lasse, welchen Weg der Jüngling ziehe. Die Reproduktion der ersten Strophe ging dann glatt oder wenigstens ohne auffällige Verfälschung vor sich. Nach der ersten Zeile der zweiten Strophe schien der Kollege eine Weile zu suchen; er setzte bald fort und rezitierte also:

> Aber wird er auch willkommen scheinen,
> Jetzt, wo jeder Tag was Neues bringt?
> Denn er ist noch Heide mit den Seinen
> Und sie sind Christen und — getauft.

Ich hatte schon vorher wie befremdet aufgehorcht; nach dem Schlusse der letzten Zeile waren wir beide einig, daß hier eine Entstellung stattgefunden habe. Da es uns aber nicht gelang, dieselbe zu korrigieren, eilten wir zur Bibliothek, um Goethes Gedichte zur Hand zu nehmen, und fanden zu unserer Überraschung, daß die zweite Zeile dieser Strophe einen völlig anderen Wortlaut habe, der vom Gedächtnis des Kollegen gleichsam herausgeworfen und durch etwas anscheinend Fremdes ersetzt worden war. Es hieß richtig:

> Aber wird er auch willkommen scheinen,
> Wenn er teuer nicht die Gunst erkauft.

Auf „erkauft" reimte „getauft" und es schien mir sonderbar, daß die Konstellation: Heide, Christen und getauft, ihn bei der Wiederherstellung des Textes so wenig gefördert hatte.

Können Sie sich erklären, fragte ich den Kollegen, daß Sie in dem Ihnen angeblich so wohl vertrauten Gedichte die Zeile so vollständig gestrichen haben, und haben Sie eine Ahnung, aus welchem Zusammenhang Sie den Ersatz holen konnten?

Er war imstande, Aufklärung zu geben, obwohl er es offenbar nicht sehr gern tat. „Die Zeile: Jetzt, wo jeder Tag was Neues bringt, kommt mir bekannt vor; ich muß diese Worte vor kurzem mit Bezug auf

III. Vergessen von Namen und Wortfolgen

meine Praxis gebraucht haben, mit deren Aufschwung ich, wie Sie wissen, gegenwärtig sehr zufrieden bin. Wie dieser Satz aber dahinein gehört? Ich wüßte einen Zusammenhang. Die Zeile ‚wenn er teuer nicht die Gunst erkauft' war mir offenbar nicht angenehm. Es hängt das mit einer Bewerbung zusammen, die ein erstes Mal abgeschlagen worden ist, und die ich jetzt mit Rücksicht auf meine sehr gebesserte materielle Lage zu wiederholen gedenke. Ich kann Ihnen nicht mehr sagen, aber es kann mir doch gewiß nicht lieb sein, wenn ich jetzt angenommen werde, mich daran zu erinnern, daß eine Art von Berechnung damals wie nun den Ausschlag gegeben hat."

Das erschien mir einleuchtend, auch ohne daß ich die näheren Umstände zu wissen brauchte. Aber ich fragte weiter: Wie kommen Sie überhaupt dazu, sich und Ihre privaten Verhältnisse in den Text der „Braut von Korinth" zu mengen? Bestehen vielleicht in Ihrem Falle solche Unterschiede der Religionsbekenntnisse, wie sie im Gedichte zur Bedeutung kommen?

> (Keimt ein Glaube neu,
> wird oft Lieb' und Treu
> wie ein böses Unkraut ausgerauft.)

Ich hatte nicht richtig geraten, aber es war merkwürdig zu erfahren, wie die eine wohlgezielte Frage den Mann plötzlich hellsehend machte, so daß er mir als Antwort bringen konnte, was ihm sicherlich bis dahin selbst unbekannt geblieben war. Er sah mich mit einem gequälten und auch unwilligen Blick an, murmelte eine spätere Stelle des Gedichtes vor sich hin:

> Sieh sie an genau[1]!
> Morgen ist sie grau.

---

[1] Der Kollege hat übrigens die schöne Stelle des Gedichtes sowohl in ihrem Wortlaut wie nach ihrer Anwendung etwas abgeändert. Das gespenstische Mädchen sagt seinem Bräutigam:

> Meine Kette hab' ich dir gegeben;
> Deine Locke nehm' ich mit mir fort.
> Sieh sie an genau!
> Morgen bist du grau,
> Und nur braun erscheinst du wieder dort.

und fügte kurz hinzu: Sie ist etwas älter als ich. Um ihm nicht noch mehr Pein zu bereiten, brach ich die Erkundigung ab. Die Aufklärung erschien mir zureichend. Aber es war gewiß überraschend, daß die Bemühung, eine harmlose Fehlleistung des Gedächtnisses auf ihren Grund zurückzuführen, an so fern liegende, intime und mit peinlichem Affekt besetzte Angelegenheiten des Untersuchten rühren mußte.

Ein anderes Beispiel von Vergessen in der Wortfolge eines bekannten Gedichtes will ich nach C. G. Jung[1] und mit den Worten des Autors anführen.

„Ein Herr will das bekannte Gedicht rezitieren: ‚Ein Fichtenbaum steht einsam usw.' In der Zeile: ‚Ihn schläfert' bleibt er rettungslos stecken, er hat ‚mit weißer Decke' total vergessen. Dieses Vergessen in einem so bekannten Vers schien mir auffallend, und ich ließ ihn nun reproduzieren, was ihm zu ‚mit weißer Decke' einfiel. Es entstand folgende Reihe: ‚Man denkt bei weißer Decke an ein Totentuch — ein Leintuch, mit dem man einen Toten zudeckt — (Pause) — jetzt fällt mir ein naher Freund ein — sein Bruder ist jüngst ganz plötzlich gestorben — er soll an einem Herzschlag gestorben sein — er war eben **auch** sehr korpulent — mein Freund ist **auch** korpulent und ich habe schon gedacht, es könnte ihm **auch so** gehen — er gibt sich wahrscheinlich zu wenig Bewegung — als ich von dem Todesfall hörte, ist mir plötzlich angst geworden, es könnte mir **auch** so gehen, da wir in unserer Familie sowieso Neigung zur Fettsucht haben, und auch mein Großvater an einem Herzschlag gestorben ist; ich finde mich auch zu korpulent und habe deshalb in diesen Tagen mit einer Entfettungskur begonnen.'"

„Der Herr hat sich also unbewußt sofort mit dem Fichtenbaum identifiziert," bemerkt Jung, „der vom weißen Leichentuch umhüllt ist."

---

1) C. G. Jung. Über die Psychologie der Dementia praecox, 1907, Seite 64.

III. Vergessen von Namen und Wortfolgen

Das nachstehende Beispiel von Vergessen einer Wortfolge, das ich meinem Freunde S. Ferenczi in Budapest verdanke, bezieht sich, anders als die vorigen, auf eine selbstgeprägte Rede, nicht auf einen vom Dichter übernommenen Satz. Es mag uns auch den nicht ganz gewöhnlichen Fall vorführen, daß sich das Vergessen in den Dienst unserer Besonnenheit stellt, wenn ihr die Gefahr droht, einem augenblicklichen Gelüste zu erliegen. Die Fehlleistung gelangt so zu einer nützlichen Funktion. Wenn wir wieder ernüchtert sind, geben wir dann jener inneren Strömung recht, welche sich vorhin nur durch ein· Versagen — ein Vergessen, eine psychische Impotenz — äußern konnte.

„In einer Gesellschaft fällt das Wort ‚*Tout comprendre c'est tout pardonner*‘. Ich bemerke dazu, daß der erste Teil des Satzes genügt; das ‚Pardonnieren‘ sei eine Überhebung, man überlasse das Gott und den Geistlichen. Ein Anwesender findet diese Bemerkung sehr gut; das macht mich verwegen und — wahrscheinlich um die gute Meinung des wohlwollenden Kritikers zu sichern — sage ich, daß mir unlängst etwas Besseres eingefallen sei. Wie ich es aber erzählen will — fällt es mir nicht ein. — Ich ziehe mich sofort zurück und schreibe die Deckeinfälle auf. — Zuerst kommt der Name des Freundes und der Straße in Budapest, die die Zeugen der Geburt jenes (gesuchten) Einfalles waren; dann der Name eines anderen Freundes, Max, den wir gewöhnlich Maxi nennen. Das führt mich zum Worte Maxime und zur Erinnerung, daß es sich damals (wie im eingangs erwähnten Falle) um die Abänderung einer bekannten Maxime handelte. Seltsamerweise fällt mir dazu nicht eine Maxime, sondern folgendes ein: Gott schuf den Menschen nach seinem Bilde, und dessen veränderte Fassung: der Mensch schuf Gott nach dem seinigen. Daraufhin taucht sofort die Erinnerung an das Gesuchte auf: Mein Freund sagte damals zu mir in der Andrássystraße: Nichts Menschliches ist mir fremd, worauf ich — auf die psychoanalytischen

Erfahrungen anspielend — sagte: **Du solltest weitergehen und bekennen, daß dir nichts Tierisches fremd ist.**"

„Nachdem ich aber endlich die Erinnerung an das Gesuchte hatte, konnte ich es in der Gesellschaft, in der ich mich gerade befand, erst recht nicht erzählen. Die junge Gattin des Freundes, den ich an die Animalität des Unbewußten erinnert hatte, war auch unter den Anwesenden, und ich mußte wissen, daß sie zur Kenntnisnahme solcher unerfreulicher Einsichten gar nicht vorbereitet war. Durch das Vergessen ist mir eine Reihe unangenehmer Fragen ihrerseits und eine aussichtslose Diskussion erspart worden, und gerade das muß das Motiv der ‚temporären Amnesie' gewesen sein."

„Es ist interessant, daß sich als Deckeinfall ein Satz einstellte, in dem die Gottheit zu einer menschlichen Erfindung degradiert wird, während im gesuchten Satze auf das Tierische im Menschen hingewiesen wurde. Also die *capitis diminutio* ist das Gemeinsame. Das Ganze ist offenbar nur die Fortsetzung des durch das Gespräch angeregten Gedankenganges über das Verstehen und Verzeihen."

„Daß sich in diesem Falle das Gesuchte so rasch einstellte, verdanke ich vielleicht auch dem Umstand, daß ich mich aus der Gesellschaft, in der es zensuriert war, sofort in ein menschenleeres Zimmer zurückzog."

Ich habe seither zahlreiche andere Analysen in Fällen von Vergessen oder fehlerhafter Reproduktion einer Wortfolge angestellt und bin durch das übereinstimmende Ergebnis dieser Untersuchungen der Annahme geneigt worden, daß der in den Beispielen „*aliquis*" und „Braut von Korinth" nachgewiesene Mechanismus des Vergessens fast allgemeine Gültigkeit hat. Es ist meist nicht sehr bequem, solche Analysen mitzuteilen, da sie wie die vorstehend erwähnten stets zu intimen und für den Analysierten peinlichen Dingen hinleiten; ich werde die Zahl

III. Vergessen von Namen und Wortfolgen

solcher Beispiele darum auch nicht weiter vermehren. Gemeinsam bleibt all diesen Fällen ohne Unterschied des Materials, daß das Vergessene oder Entstellte auf irgend einem assoziativen Wege mit einem unbewußten Gedankeninhalt in Verbindung gebracht wird, von welchem die als Vergessen sichtbar gewordene Wirkung ausgeht.

Ich wende mich nun wiederum zu dem Vergessen von Namen, wovon wir bisher weder die Kasuistik noch die Motive erschöpfend betrachtet haben. Da ich gerade diese Art von Fehlleistung bei mir zuzeiten reichlich beobachten kann, bin ich um Beispiele hiefür nicht verlegen. Die leisen Migränen, an denen ich noch immer leide, pflegen sich Stunden vorher durch Namenvergessen anzukündigen, und auf der Höhe des Zustandes, während dessen ich die Arbeit aufzugeben nicht genötigt bin, bleiben mir häufig alle Eigennamen aus. Nun könnten gerade Fälle wie der meinige zu einer prinzipiellen Einwendung gegen unsere analytischen Bemühungen Anlaß geben. Soll man aus solchen Beobachtungen nicht folgern müssen, daß die Verursachung der Vergeßlichkeit und speziell des Namenvergessens in Zirkulations- und allgemeinen Funktionsstörungen des Großhirns gelegen ist, und sich darum psychologische Erklärungsversuche für diese Phänomene ersparen? Ich meine keineswegs; das hieße den in allen Fällen gleichartigen Mechanismus eines Vorgangs mit dessen variabeln und nicht notwendig erforderlichen Begünstigungen verwechseln. An Stelle einer Auseinandersetzung will ich aber ein Gleichnis zur Erledigung des Einwandes bringen.

Nehmen wir an, ich sei so unvorsichtig gewesen, zur Nachtzeit in einer menschenleeren Gegend der Großstadt spazieren zu gehen, werde überfallen und meiner Uhr und Börse beraubt. An der nächsten Polizeiwachstelle erstatte ich dann die Meldung mit den Worten: Ich bin in dieser und jener Straße gewesen, dort haben **Einsamkeit** und **Dunkelheit** mir Uhr und Börse weggenommen. Obwohl ich in diesen Worten nichts gesagt hätte, was nicht richtig wäre, liefe ich doch Gefahr, nach dem Wortlaut meiner Meldung für nicht ganz richtig im Kopfe gehalten zu werden. Der Sachverhalt kann in korrekter Weise nur so beschrieben werden, daß, von der Einsamkeit des Ortes begünstigt, unter dem Schutze der Dunkelheit unbekannte Täter mich meiner Kostbarkeiten beraubt haben. Nun denn, der Sachverhalt beim Namenvergessen braucht kein anderer zu sein; durch Ermüdung, Zirkulationsstörung und Intoxikation begünstigt, raubt mir eine unbekannte psychische Macht die Verfügung über die meinem Gedächtnis zustehenden Eigennamen, dieselbe Macht, welche in anderen Fällen dasselbe Versagen des Gedächtnisses bei voller Gesundheit und Leistungsfähigkeit zustande bringen kann.

Wenn ich die an mir selbst beobachteten Fälle von Namenvergessen analysiere, so finde ich fast regelmäßig, daß der vorenthaltene Name eine Beziehung zu einem Thema hat, welches meine Person nahe angeht, und starke, oft peinliche Affekte in mir hervorzurufen vermag. Nach der bequemen und empfehlenswerten Übung der Züricher Schule (Bleuler, Jung, Riklin) kann ich dasselbe auch in der Form ausdrücken: Der entzogene Name habe einen „persönlichen Komplex" in mir gestreift. Die Beziehung des Namens zu meiner Person ist eine unerwartete, meist durch oberflächliche Assoziation (Wortzweideutigkeit, Gleichklang) vermittelte; sie kann allgemein als eine Seitenbeziehung gekennzeichnet werden. Einige einfache Beispiele werden die Natur derselben am besten erläutern:

1) Ein Patient bittet mich, ihm einen Kurort an der Riviera zu empfehlen. Ich weiß einen solchen Ort ganz nahe bei Genua, erinnere auch den Namen des deutschen Kollegen, der dort praktiziert, aber den Ort selbst kann ich nicht nennen, so gut ich ihn auch zu kennen glaube. Es bleibt mir nichts anderes übrig, als den Patienten warten zu heißen und mich rasch an die Frauen meiner Familie zu wenden. „Wie heißt doch der Ort

neben Genua, wo Dr. N. seine kleine Anstalt hat, in der die und jene Frau so lange in Behandlung war?" „Natürlich, gerade du mußtest diesen Namen vergessen. N e r v i heißt er." Mit N e r v e n habe ich allerdings genug zu tun.

2) Ein anderer spricht von einer nahen Sommerfrische und behauptet, es gebe dort außer den zwei bekannten ein drittes Wirtshaus, an welches sich für ihn eine gewisse Erinnerung knüpfe; den Namen werde er mir sogleich sagen. Ich bestreite die Existenz dieses dritten Wirtshauses und berufe mich darauf, daß ich sieben Sommer hindurch in jenem Orte gewohnt habe, ihn also besser kennen muß als er. Durch den Widerspruch gereizt, hat er sich aber schon des Namens bemächtigt. Das Gasthaus heißt: der H o c h w a r t n e r. Da muß ich freilich nachgeben, ja ich muß bekennen, daß ich sieben Sommer lang in der nächsten Nähe dieses von mir verleugneten Wirtshauses gewohnt habe. Warum sollte ich hier Namen und Sache vergessen haben? Ich meine, weil der Name gar zu deutlich an den eines Wiener Fachkollegen anklingt, wiederum den „professionellen" Komplex in mir anrührt.

3) Ein andermal, im Begriffe auf dem Bahnhof von R e i c h e n - h a l l eine Fahrkarte zu lösen, will mir der sonst sehr vertraute Name der nächsten großen Bahnstation, die ich schon so oft passiert habe, nicht einfallen. Ich muß ihn allen Ernstes auf dem Fahrplan suchen. Er lautet: R o s e n h e i m. Dann weiß ich aber sofort, durch welche Assoziation er mir abhanden gekommen ist. Eine Stunde vorher hatte ich meine Schwester in ihrem Wohnorte ganz nahe bei Reichenhall besucht; meine Schwester heißt R o s a, also auch ein R o s e n h e i m. Diesen Namen hat mir der „Familienkomplex" weggenommen.

4) Das geradezu räuberische Wirken des „Familienkomplexes" kann ich dann in einer ganzen Anzahl von Beispielen verfolgen.

Eines Tages kam ein junger Mann in meine Ordination, jüngerer Bruder einer Patientin, den ich ungezählte Male gesehen hatte, und dessen Person ich mit dem Vornamen zu bezeichnen gewohnt war. Als ich dann von seinem Besuch erzählen wollte, hatte ich seinen, wie ich wußte, keineswegs ungewöhnlichen Vornamen vergessen und konnte ihn durch keine Hilfe zurückrufen. Ich ging dann auf die Straße, um Firmenschilder zu lesen, und erkannte den Namen, sowie er mir das erstemal entgegentrat. Die Analyse belehrte mich darüber, daß ich zwischen dem Besucher und meinem eigenen Bruder eine Parallele gezogen hatte, die in der verdrängten Frage gipfeln wollte: Hätte sich mein Bruder im gleichen Falle ähnlich oder vielmehr entgegengesetzt benommen? Die äußerliche Verbindung zwischen den Gedanken über die fremde und über die eigene Familie war durch den Zufall ermöglicht worden, daß die Mütter hier und dort den gleichen Vornamen: Amalia tragen. Ich verstand dann auch nachträglich die Ersatznamen: Daniel und Franz, die sich mir aufgedrängt hatten, ohne mich aufzuklären. Es sind dies, wie auch Amalia, Namen aus den Räubern von Schiller, an welche sich ein Scherz des Wiener Spaziergängers Daniel Spitzer knüpft.

5) Ein andermal kann ich den Namen eines Patienten nicht finden, der zu meinen Jugendbeziehungen gehört. Die Analyse führt über einen langen Umweg, ehe sie mir den gesuchten Namen liefert. Der Patient hatte die Angst geäußert, das Augenlicht zu verlieren; dies rief die Erinnerung an einen jungen Mann wach, der durch einen Schuß blind geworden war; daran knüpfte sich wieder das Bild eines anderen Jünglings, der sich angeschossen hatte, und dieser letztere trug denselben Namen wie der erste Patient, obwohl er nicht mit ihm verwandt war. Den Namen fand ich aber erst, nachdem mir die Übertragung einer ängstlichen Erwartung von diesen beiden juvenilen Fällen auf eine Person meiner eigenen Familie bewußt geworden war.

Ein beständiger Strom von „Eigenbeziehung" geht so durch mein Denken, von dem ich für gewöhnlich keine Kunde erhalte, der sich mir aber durch solches Namenvergessen verrät. Es ist, als wäre ich genötigt, alles, was ich über fremde Personen höre, mit der eigenen Person zu vergleichen, als ob meine persönlichen Komplexe bei jeder Kenntnisnahme von anderen rege würden. Dies kann unmöglich eine individuelle Eigenheit meiner Person sein; es muß vielmehr einen Hinweis auf die Art, wie wir überhaupt „Anderes" verstehen, enthalten. Ich habe Gründe anzunehmen, daß es bei anderen Individuen ganz ähnlich zugeht wie bei mir.

Das Schönste dieser Art hat mir als eigenes Erlebnis ein Herr Lederer berichtet. Er traf auf seiner Hochzeitsreise in Venedig mit einem ihm oberflächlich bekannten Herrn zusammen, den er seiner jungen Frau vorstellen mußte. Da er aber den Namen des Fremden vergessen hatte, half er sich das erstemal mit einem unverständlichen Gemurmel. Als er dann dem Herrn, wie in Venedig unausweichlich, ein zweitesmal begegnete, nahm er ihn beiseite und bat ihn, ihm doch aus der Verlegenheit zu helfen, indem er ihm seinen Namen sage, den er leider vergessen habe. Die Antwort des Fremden zeugte von überlegener Menschenkenntnis: Ich glaube es gern, daß Sie sich meinen Namen nicht gemerkt haben. Ich heiße wie Sie: Lederer! — Man kann sich einer leicht unangenehmen Empfindung nicht erwehren, wenn man seinen eigenen Namen bei einem Fremden wiederfindet. Ich verspürte sie unlängst recht deutlich, als sich mir in der ärztlichen Sprechstunde ein Herr S. Freud vorstellte. (Übrigens nehme ich Notiz von der Versicherung eines meiner Kritiker, daß er sich in diesem Punkte entgegengesetzt wie ich verhalte).

6) Die Wirksamkeit der Eigenbeziehung erkennt man auch in folgendem von Jung[1] mitgeteilten Beispiel:

„Ein Herr Y. verliebte sich erfolglos in eine Dame, welche bald darauf einen Herrn X. heiratete. Trotzdem nun Herr Y. den Herrn X. schon seit geraumer Zeit kennt und sogar in geschäftlichen Verbindungen mit ihm steht, vergißt er immer und immer

---

1) Dementia praecox, S. 52.

wieder dessen Namen, so daß er sich mehreremal bei anderen Leuten danach erkundigen mußte, als er mit Herrn X. korrespondieren wollte."

Indes ist die Motivierung des Vergessens in diesem Falle durchsichtiger als in den vorigen, welche unter der Konstellation der Eigenbeziehung stehen. Das Vergessen scheint hier direkte Folge der Abneigung des Herrn Y. gegen seinen glücklicheren Rivalen; er will nichts von ihm wissen; „nicht gedacht soll seiner werden".

7) Das Motiv zum Vergessen eines Namens kann auch ein feineres sein, in einem sozusagen „sublimierten" Groll gegen dessen Träger bestehen. So schreibt ein Fräulein I. v. K. aus Budapest:

„Ich habe mir eine kleine Theorie zurechtgelegt. Ich habe nämlich beobachtet, daß Menschen, die Talent zur Malerei, für Musik keinen Sinn haben, und umgekehrt. Vor einiger Zeit sprach ich hierüber mit jemandem, indem ich sagte: ‚Meine Beobachtung hat bisher immer zugetroffen, einen Fall ausgenommen.' Als ich mich an den Namen dieser Person erinnern wollte, hatte ich ihn hoffnungslos vergessen, trotzdem ich wußte, daß sein Träger einer meiner intimsten Bekannten ist. Als ich nach einigen Tagen den Namen zufällig nennen hörte, wußte ich natürlich sofort, daß vom Zerstörer meiner Theorie die Rede war. Der Groll, den ich unbewußt gegen ihn hegte, äußerte sich durch das Vergessen seines mir sonst so geläufigen Namens."

8) Auf etwas anderem Wege führte die Eigenbeziehung zum Vergessen eines Namens in dem folgenden von F e r e n c z i mitgeteilten Falle, dessen Analyse besonders durch die Aufklärung der Ersatzeinfälle (wie Botticelli—Boltraffio zu Signorelli) lehrreich wird.

„Einer Dame, die etwas von Psychoanalyse gehört hat, will der Name des Psychiaters J u n g nicht einfallen."

„Dafür stellen sich folgende Einfälle ein: Kl. (ein Name) — Wilde — Nietzsche — Hauptmann."

„Ich sage ihr den Namen nicht und fordere sie auf, an jeden einzelnen Einfall frei zu assoziieren."

„Bei Kl. denkt sie sofort an Frau Kl., und daß sie eine gezierte, affektierte Person sei, die aber für ihr Alter sehr gut aussehe. ‚Sie wird nicht alt.' Als gemeinsamen Oberbegriff von Wilde und Nietzsche nennt sie ‚Geisteskrankheit'. Dann sagt sie spöttisch: ‚Sie Freudianer werden so lange die Ursachen der Geisteskrankheiten suchen, bis Sie selbst geisteskrank werden.' Dann: ‚Ich kann Wilde und Nietzsche nicht ausstehen. Ich verstehe sie nicht. Ich höre, sie waren beide homosexuell; Wilde hat sich mit jungen Leuten abgegeben.' (Trotzdem sie in diesem Satze den richtigen Namen — allerdings ungarisch — schon ausgesprochen hat, kann sie sich seiner immer noch nicht erinnern.)"

„Zu Hauptmann fällt ihr Halbe, dann Jugend ein, und jetzt erst, nachdem ich ihre Aufmerksamkeit auf das Wort Jugend lenke, weiß sie, daß sie den Namen Jung gesucht hat."

„Allerdings hat diese Dame, die im Alter von 39 Jahren den Gatten verlor und keine Aussicht hat, sich wieder zu verheiraten, Grund genug, der Erinnerung an alles, was an Jugend oder Alter gemahnt, auszuweichen. Auffallend ist die rein inhaltliche Assoziierung der Deckeinfälle zu dem gesuchten Namen und das Fehlen von Klangassoziationen."

9) Noch anders und sehr fein motiviert ist ein Beispiel von Namenvergessen, welches sich der Betreffende selbst aufgeklärt hat:

„Als ich Prüfung aus Philosophie als Nebengegenstand machte, wurde ich vom Examinator nach der Lehre Epikurs gefragt, und dann weiter, ob ich wisse, wer dessen Lehre in späteren Jahrhunderten wieder aufgenommen habe. Ich antwortete mit dem Namen Pierre Gassendi, den ich gerade zwei Tage vorher im Café als Schüler Epikurs hatte nennen hören. Auf die erstaunte Frage, woher ich das wisse, gab ich kühn die Antwort, daß ich mich seit langem für Gassendi interessiert habe. Daraus ergab sich ein *magna cum laude* fürs Zeugnis, aber leider auch für später eine hartnäckige Neigung, den Namen Gassendi zu vergessen. Ich glaube, mein schlechtes Gewissen ist schuld daran, wenn ich diesen Namen allen Bemühungen zum Trotz jetzt nicht behalten kann. Ich hätte ihn ja auch damals nicht wissen sollen."

Will man die Intensität der Abneigung gegen die Erinnerung an diese Prüfungsepisode bei unserem Gewährsmann richtig würdigen, so muß man erfahren haben, wie hoch er seinen Doktortitel anschlägt, und für wieviel anderes ihm dieser Ersatz bieten muß.

10) Ich schalte hier noch ein Beispiel von Vergessen eines Städtenamens ein, welches vielleicht nicht so einfach ist wie die vorher angeführten, aber jedem mit solchen Untersuchungen Vertrauteren glaubwürdig und wertvoll erscheinen wird. Der Name einer italienischen Stadt entzieht sich der Erinnerung infolge seiner weitgehenden Klangähnlichkeit mit einem weiblichen Vornamen, an den sich vielerlei affektvolle, in der Mitteilung wohl nicht erschöpfend ausgeführte Erinnerungen knüpfen. S. Ferenczi (Budapest), der diesen Fall von Vergessen an sich selbst beobachtete, hat ihn behandelt, wie man einen Traum oder eine neurotische Idee analysiert, und dies gewiß mit Recht.

„Ich war heute bei einer befreundeten Familie; es kamen oberitalienische Städte zur Sprache. Da erwähnt jemand, daß diese den österreichischen Einfluß noch erkennen lassen. Man zitiert einige dieser Städte; auch ich will eine nennen, ihr Name fällt mir aber nicht ein, obzwar ich weiß, daß ich dort zwei sehr angenehme Tage verlebte, was nicht gut zu Freuds Theorie des Vergessens stimmt. — Statt des gesuchten Städtenamens drängen sich mir folgende Einfälle auf: Capua — Brescia — Der Löwe von Brescia."

III. Vergessen von Namen und Wortfolgen

„Diesen ‚Löwen' sehe ich in Gestalt einer Marmorstatue wie gegenständlich vor mir stehen, merke aber sofort, daß er weniger dem Löwen auf dem Freiheitsdenkmal zu Brescia (das ich nur im Bilde gesehen habe), als jenem anderen marmornen Löwen ähnelt, den ich am Grabdenkmal der in den Tuilerien gefallenen Schweizer Gardisten in Luzern gesehen habe, und dessen Reproduktion *en miniature* auf meinem Bücherschrank steht. Endlich fällt mir der gesuchte Name doch ein: es ist Verona."

„Ich weiß auch sofort, wer an dieser Amnesie schuld war. Niemand anderer als eine frühere Bedienstete der Familie, bei der ich gerade zu Gaste war. Sie hieß Veronika, auf ungarisch Verona, und war mir wegen ihrer abstoßenden Physiognomie wie auch wegen ihrer heiseren, kreischenden Stimme und unleidlichen Konfidenz (wozu sie sich durch die lange Dienstzeit berechtigt glaubte) sehr antipathisch. Auch die tyrannische Art, wie sie seinerzeit die Kinder des Hauses behandelte, war mir unausstehlich. Nun wußte ich auch, was die Ersatzeinfälle bedeuteten."

„An Capua assoziiere ich sofort caput mortuum. Ich verglich Veronikas Kopf sehr oft mit einem Totenschädel. — Das ungarische Wort kapzsi (geldgierig) gab sicher auch eine Determinierung für die Verschiebung her. Natürlich finde ich auch jene viel direkteren Assoziationswege, die Capua und Verona als geographische Begriffe und als italienische Worte mit gleichem Rhythmus miteinander verbinden."

„Das gleiche gilt von Brescia; aber auch hier finden sich verschlungene Seitenwege der Ideenverknüpfung."

„Meine Antipathie war seinerzeit so heftig, daß ich Veronika förmlich ekelhaft fand und mehreremal mein Erstaunen darüber äußerte, daß sie doch ein Liebesleben haben und geliebt werden konnte; ‚sie zu küssen' — sagte ich — ‚muß ja einen Brechreiz hervorrufen.' Und doch war sie sicher längst in Beziehung zu bringen zur Idee der gefallenen Schweizer Gardisten."

„Brescia wird, wenigstens hier in Ungarn, nicht mit dem Löwen, sondern einem anderen wilden Tier zusammen sehr oft genannt. Der bestgehaßte Name in diesem Lande wie auch in Oberitalien ist der des Generals Haynau, der kurzweg die Hyäne von Brescia genannt wird. Vom gehaßten Tyrannen Haynau führt also der eine Gedankenfaden über Brescia zur Stadt Verona, der andere über die Idee des Totengräbertieres mit der heiseren Stimme (der das Auftauchen eines Grabdenkmals mitbestimmt) zum Totenschädel und zum unangenehmen Organ der durch mein Unbewußtes so arg beschimpften Veronika, die seinerzeit in diesem Hause beinahe so tyrannisch gehaust hat, wie der österreichische General nach den ungarischen und italienischen Freiheitskämpfen."

„An Luzern knüpft sich der Gedanke an den Sommer, den Veronika mit ihrer Dienstherrschaft am Vierwaldstätter See in der Nähe von Luzern verbrachte; an die ‚Schweizer Garde‘ wiederum die Erinnerung, daß sie nicht nur die Kinder, sondern auch die erwachsenen Mitglieder der Familie zu tyrannisieren verstand und sich in der Rolle der Garde-Dame gefiel."

„Ich bemerke ausdrücklich, daß diese meine Antipathie gegen V. — bewußt — zu den längst überwundenen Dingen gehört. Sie hat sich inzwischen äußerlich wie in ihren Manieren sehr zu ihrem Vorteil verändert, und ich kann ihr (wozu ich allerdings selten Gelegenheit habe) mit aufrichtiger Freundlichkeit begegnen. Mein Unbewußtes hält, wie gewöhnlich, zäher an den Eindrücken fest, es ist ‚nachträglich‘ und nachtragend."

„Die Tuilerien sind eine Anspielung auf eine zweite Persönlichkeit, eine ältere französische Dame, die die Frauen des Hauses bei vielen Anlässen tatsächlich ‚gardiert‘ hat, und die von groß und klein geachtet — wohl ein wenig auch gefürchtet wird. Ich war eine Zeitlang ihr élève in französischer Konversation. Zum Worte élève fällt mir noch ein, daß ich, als ich beim Schwager meines heutigen Gastgebers in Nordböhmen auf Besuch war, viel darüber lachen mußte, daß die dortige Landbevölkerung die Eleven der dortigen Forstakademie ‚Löwen' nannte. Auch diese lustige Erinnerung mag an der Verschiebung von der Hyäne zum Löwen beteiligt gewesen sein."

11) Auch das nachstehende Beispiel[1] kann zeigen, wie ein zurzeit die Person beherrschender Eigenkomplex ein Namenvergessen an weit abliegender Stelle hervorruft:

„Zwei Männer, ein älterer und ein jüngerer, die vor sechs Monaten gemeinsam in Sizilien gereist sind, tauschen Erinnerungen an jene schönen und inhaltreichen Tage aus. ‚Wie hat nur der Ort geheißen,' fragt der Jüngere, ‚an dem wir übernachtet haben, um die Partie nach Selinunt zu machen? Calatafimi, nicht wahr?' — Der Ältere weist dies zurück: ‚Gewiß nicht, aber ich habe den Namen ebenfalls vergessen, obwohl ich mich an alle Einzelheiten des Aufenthaltes dort sehr gut erinnere. Es reicht bei mir hin, daß ich merke, ein anderer habe einen Namen vergessen; sogleich wird auch bei mir das Vergessen induziert. Wollen wir den Namen nicht suchen? Mir fällt aber kein anderer ein als Caltanisetta, der doch gewiß nicht der richtige ist.' — ‚Nein,' sagt der Jüngere, ‚der Name fängt mit *w* an oder es kommt ein *w* darin vor.' — ‚Ein *w* gibt es doch im Italienischen nicht,' mahnt der Ältere. — ‚Ich meinte ja auch nur ein *v* und habe nur *w* gesagt, weil ich's von meiner Muttersprache her so gewohnt bin.' — Der Ältere sträubt sich gegen das *v*. Er meint: ‚Ich glaube, ich habe überhaupt schon viele sizilianische Namen vergessen; es wäre an der Zeit, Versuche zu machen. Wie heißt z. B. der hochgelegene Ort, der im Altertum Enna geheißen hat? — Ah, ich weiß schon: Castrogiovanni.' — Im nächsten Moment hat der

---

1) Zentralblatt für Psychoanalyse, I, 9. 1911.

Jüngere auch den verlorenen Namen wiedergefunden. Er ruft: Castelvetrano und freut sich, das behauptete *v* nachweisen zu können. Der Ältere vermißt noch eine Weile das Bekanntheitsgefühl; nachdem er aber den Namen akzeptiert hat, soll er Auskunft darüber geben, weshalb er ihm entfallen war. Er meint: ‚Offenbar weil die zweite Hälfte vetrano an — Veteran anklingt. Ich weiß schon, daß ich nicht gern ans Altern denke und in sonderbarer Weise reagiere, wenn ich daran gemahnt werde. So z. B. habe ich unlängst einem hochgeschätzten Freund in der merkwürdigsten Einkleidung vorgehalten, daß er ‚längst über die Jahre der Jugend hinaus sei', weil dieser früher einmal mitten unter den schmeichelhaftesten Äußerungen über mich auch behauptete: ‚Ich sei kein junger Mann mehr.' Daß sich der Widerstand bei mir gegen die zweite Hälfte des Namens Castelvetrano gerichtet hat, geht ja auch daraus hervor, daß der Anlaut desselben in dem Ersatznamen Caltanisetta wiedergekehrt war.' — ‚Und der Name Caltanisetta selbst?' fragt der Jüngere. — ‚Der ist mir immer wie ein Kosenamen für ein junges Weib erschienen,' gesteht der Ältere ein."

„Einige Zeit später setzt er hinzu: ‚Der Name für Enna war ja auch ein Ersatzname. Und nun fällt mir auf, daß dieser mit Hilfe einer Rationalisierung vordringende Namen Castrogiovanni genau so an giovane—jung anklingt, wie der verlorene Name Castelvetrano an Veteran—alt.' "

„Der Ältere glaubt so für sein Namenvergessen Rechenschaft gegeben zu haben. Aus welchem Motiv der Jüngere zum gleichen Ausfallsphänomen gekommen war, wurde nicht untersucht."

Neben den Motiven des Namenvergessens verdient auch der Mechanismus desselben unser Interesse. In einer großen Reihe von Fällen wird ein Name vergessen, nicht weil er selbst solche Motive wachruft, sondern weil er durch Gleichklang und Lautähnlichkeit an einen anderen streift, gegen den sich diese Motive

III. Vergessen von Namen und Wortfolgen

richten. Man versteht, daß durch solche Lockerung der Bedingungen eine außerordentliche Erleichterung für das Zustandekommen des Phänomens geschaffen wird. So in den folgenden Beispielen:

12) Dr. Ed. Hitschmann: „Herr N. will die Buchhandlungsfirma Gilhofer & Ranschburg jemandem angeben. Es fällt ihm aber trotz allen Nachdenkens nur der Name Ranschburg ein, trotzdem ihm die Firma sonst sehr geläufig ist. Mit einer leichten Unbefriedigung darüber nach Hause kommend, ist ihm die Sache wichtig genug, um den anscheinend bereits schlafenden Bruder nach der ersten Hälfte des Firmanamens zu fragen. Derselbe nennt ihn anstandslos. Darauf fällt Herrn N. sofort zu ‚Gilhofer‘ das Wort ‚Gallhof‘ ein. Zum ‚Gallhof‘ hatte er einige Monate vorher in Gesellschaft eines anziehenden Mädchens einen erinnerungsreichen Spaziergang gemacht. Das Mädchen hatte ihm als Andenken einen Gegenstand geschenkt, auf dem geschrieben steht: ‚Zur Erinnerung an die schönen Gallhofer Stunden.‘ In den letzten Tagen vor dem Namenvergessen wurde dieser Gegenstand, scheinbar zufällig, beim raschen Zuschieben der Lade durch N. stark beschädigt, was er — mit dem Sinne von Symptomhandlungen vertraut — nicht ohne Schuldgefühl konstatierte. Er war in diesen Tagen in etwas ambivalenter Stimmung zu der Dame, die er zwar liebte, deren Ehewunsch er aber zaudernd gegenüberstand." (Internat. Zeitschr. f. Psychoanalyse I, 1913.)

13) Dr. Hanns Sachs: „In einem Gespräche über Genua und seine nächste Umgebung will ein junger Mann auch den Ort Pegli nennen, kann den Namen aber erst mit Mühe, durch angestrengtes Nachdenken, erinnern. Im Nachhausegehen denkt er an das peinliche Entgleiten dieses ihm sonst vertrauten Namens und wird dabei auf das ganz ähnlich klingende Wort Peli geführt. Er weiß, daß eine Südsee-Insel so heißt, deren Bewohner ein paar merkwürdige Gebräuche bewahrt haben. Er

hat darüber vor kurzem in einem ethnologischen Werk gelesen und sich damals vorgenommen, diese Mitteilungen für eine eigene Hypothese zu verwerten. Dann fällt ihm ein, daß Peli auch der Schauplatz eines Romanes ist, den er mit Interesse und Vergnügen gelesen hat, nämlich von ‚Van Zantens glücklichste Zeit' von L a u r i d s B r u u n. — Die Gedanken, die ihn an diesem Tage fast unaufhörlich beschäftigt hatten, knüpften sich an einen Brief, den er am selben Morgen von einer ihm sehr teuren Dame erhalten hatte; dieser Brief läßt ihn befürchten, daß er auf ein verabredetes Zusammentreffen werde verzichten müssen. Nachdem er den ganzen Tag in übelster Laune zugebracht hatte, war er am Abend mit dem Vorsatz ausgegangen, sich nicht länger mit dem ärgerlichen Gedanken abzuplagen, sondern die ihm in Aussicht stehende und von ihm äußerst hoch geschätzte Geselligkeit möglichst ungetrübt zu genießen. Es ist klar, daß durch das Wort P e g l i sein Vorsatz arg gefährdet werden konnte, da dieses mit P e l i lautlich so eng zusammenhängt; P e l i aber, da es durch das ethnologische Interesse die Ich-Beziehung gewonnen hatte, verkörpert nicht nur Van Zantens, sondern auch seine eigene „glücklichste Zeit" und deshalb auch die Befürchtungen und Sorgen, die er tagsüber genährt hatte. Es ist charakteristisch, daß diese einfache Deutung erst gelang, nachdem ein zweiter Brief die Zweifel in eine fröhliche Gewißheit baldigen Wiedersehens umgewandelt hatte."

Erinnert man sich bei diesem Beispiel an das ihm sozusagen benachbarte, in welchem der Ortsnamen Nervi nicht erinnert werden kann (Beispiel 1), so sieht man, wie sich der Doppelsinn eines Wortes durch die Klangähnlichkeit zweier Worte ersetzen läßt.

14) Als 1915 der Krieg mit Italien ausbrach, konnte ich an mir die Beobachtung machen, daß meinem Gedächtnis plötzlich eine ganze Anzahl von Namen italienischer Örtlichkeiten entzogen war, über die ich sonst leicht verfügt hatte. Wie so viele andere

Deutsche hatte ich es mir zur Gewohnheit gemacht, einen Teil der Ferien auf italienischem Boden zuzubringen, und konnte nicht daran zweifeln, daß dies massenhafte Namenvergessen der Ausdruck der begreiflichen Verfeindung mit Italien war, die nun an die Stelle der früheren Vorliebe trat. Neben diesem direkt motivierten Namenvergessen machte sich aber auch ein indirektes bemerkbar, welches auf denselben Einfluß zurückzuführen war. Ich neigte auch dazu, nichtitalienische Ortsnamen zu vergessen, und fand bei der Untersuchung dieser Vorfälle, daß diese Namen irgendwie durch entfernten Anklang mit den verpönten feindlichen zusammenhingen. So quälte ich mich eines Tages mit dem Erinnern des mährischen Städtenamens B i s e n z. Als er mir endlich einfiel, wußte ich sofort, daß dieses Vergessen auf Rechnung des Palazzo B i s e n z i in Orvieto zu setzen sei. In diesem Palazzo befindet sich das Hotel Belle Arti, wo ich bei jedem meiner Aufenthalte in Orvieto gewohnt hatte. Die liebsten Erinnerungen waren natürlich durch die veränderte Gefühlseinstellung am stärksten geschädigt worden.

Es ist auch zweckmäßig, daß wir uns durch einige Beispiele daran mahnen lassen, in den Dienst wie verschiedener Absichten sich die Fehlleistung des Namenvergessens stellen kann.

15) A. J. S t o r f e r („Namenvergessen zur Sicherung eines Vorsatzvergessens"): „Eine Basler Dame wird eines Morgens verständigt, daß ihre Jugendfreundin S e l m a X. aus Berlin, die eben auf ihrer Hochzeitsreise begriffen ist, auf der Durchreise in Basel angekommen ist; die Berliner Freundin soll nur einen Tag in Basel bleiben, und die Baslerin eilt daher sofort ins Hotel. Als die Freundinnen auseinandergehen, verabreden sie, nachmittags wieder zusammenzukommen und bis zur Abreise der Berlinerin beisammen zu bleiben. — Nachmittags v e r g i ß t die Baslerin das Rendezvous. Die Determination dieses Vergessens ist mir nicht bekannt, doch sind ja gerade in dieser Situation (Zusammentreffen mit einer e b e n v e r h e i r a t e t e n J u g e n d f r e u n d i n) mehrerlei

typische Konstellationen möglich, die eine Hemmung gegen die Wiederholung der Zusammenkunft bedingen können. Das Interessante an diesem Falle ist eine fernere Fehlleistung, die eine unbewußte Sicherung der ersten darstellt. Zur Zeit, da sie wieder mit der Freundin aus Berlin zusammenkommen sollte, befand sich die Baslerin an einem anderen Orte in Gesellschaft. Es kam auf die vor kurzem erfolgte Heirat der Wiener Opernsängerin Kurz die Rede. Die Basler Dame äußerte sich in kritischer Weise (!) über diese Ehe, als sie aber den Namen der Sängerin aussprechen wollte, fiel ihr zu ihrer größten Verlegenheit der Vorname nicht ein. (Bekanntlich neigt man gerade bei einsilbigen Familiennamen besonders dazu, den Vornamen mitzunennen.) Die Basler Dame ärgerte sich um so mehr über die Gedächtnisschwäche, als sie die Sängerin Kurz oft singen gehört hatte und der (ganze) Name ihr sonst geläufig war. Ohne daß vorher jemand anderer den entfallenen Vornamen genannt hätte, nahm das Gespräch eine andere Wendung. — Am Abend desselben Tages befindet sich unsere Basler Dame in einer mit der nachmittägigen zum Teil identischen Gesellschaft. Es kommt zufällig wieder auf die Ehe der Wiener Sängerin die Rede und die Dame nennt ohne jede Schwierigkeit den Namen ‚Selma Kurz'. Dem folgt auch gleich ihr Ausruf: ‚Ach, jetzt fällt mir ein: ich habe ganz vergessen, daß ich heute nachmittag eine Verabredung mit meiner Freundin Selma hatte.' Ein Blick auf die Uhr zeigte, daß die Freundin schon abgereist sein mußte." (Internat. Zeitschr. f. Psychoanalyse, II, 1914.)

Wir sind vielleicht noch nicht vorbereitet, dieses schöne Beispiel nach all seinen Beziehungen zu würdigen. Einfacher ist das nachfolgende, in dem zwar nicht ein Name, aber ein fremdsprachliches Wort aus einem in der Situation liegenden Motiv vergessen wird. (Wir bemerken schon, daß wir dieselben Vorgänge behandeln, ob sie sich nun auf Eigennamen, Vornamen, fremdsprachliche Worte oder Wortfolgen beziehen.) Hier vergißt ein junger Mann das englische Wort für Gold, das mit dem deutschen identisch ist um Anlaß zu einer ihm erwünschten Handlung zu finden.

16) Dr. Hanns Sachs: „Ein junger Mann lernt in einer gemeinsamen Pension eine Engländerin kennen, die ihm gefällt. Als er sich am ersten Abend ihrer Bekanntschaft in ihrer Muttersprache, die er so ziemlich beherrscht, mit ihr unterhält und dabei das englische Wort für ‚Gold' verwenden will, fällt ihm trotz angestrengten Suchens das Vokabel nicht ein. Dagegen drängen sich ihm als Ersatzworte das französische *or*, das lateinische *aurum* und das griechische *chrysos* hartnäckig auf, so daß er nur mit Mühe imstande ist, sie abzuweisen, obgleich er bestimmt weiß, daß sie mit dem gesuchten Worte keine Verwandtschaft haben. Er findet schließlich keinen anderen Weg, sich verständlich zu machen, als den, einen goldenen Ring, den die Dame an der Hand trägt, zu berühren; sehr beschämt erfährt er nun von ihr, daß das langgesuchte Wort für Gold genau so laute wie das deutsche, nämlich: *gold*. Der hohe Wert einer solchen, durch das Vergessen herbeigeführten Berührung liegt nicht bloß in der unanstößigen Befriedigung des Ergreifungs- oder Berührungstriebes, die ja auch bei anderen, von Verliebten eifrig ausgenutzten Anlässen möglich ist, sondern noch viel mehr darin, daß sie eine Aufklärung über die Aussichten der Bewerbung ermöglicht. Das Unbewußte der Dame wird, besonders wenn es dem Gesprächspartner gegenüber sympathisch eingestellt ist, den hinter der harmlosen Maske verborgenen erotischen Zweck des Vergessens erraten; die Art und Weise, wie sie die Berührung aufnimmt und die Motivierung gelten läßt, kann so ein beiden Teilen unbewußtes, aber sehr bedeutungsvolles Mittel der Verständigung über die Chancen des eben begonnenen Flirts werden."

17) Ich teile noch nach J. Stärcke eine interessante Beobachtung von Vergessen und Wiederauffinden eines Eigennamens mit, die sich dadurch auszeichnet, daß mit dem Namenvergessen die

Fälschung der Wortfolge eines Gedichtes wie im Beispiel der „Braut von Korinth" verbunden ist.

„Ein alter Jurist und Sprachgelehrter, Z., erzählt in Gesellschaft, daß er in seiner Studentenzeit in Deutschland einen Studenten gekannt hat, der außerordentlich dumm war, und über dessen Dummheit er manche Anekdote zu erzählen weiß. Er kann sich aber an den Namen dieses Studenten nicht erinnern, glaubt, daß dieser Name mit *W* anfängt, nimmt dies aber später wieder zurück. Er erinnert sich, daß dieser dumme Student später W e i n h ä n d l e r geworden ist. Dann erzählt er wieder eine Anekdote von der Dummheit desselben Studenten, verwundert sich noch einmal darüber, daß sein Name ihm nicht einfällt, und sagt dann: ‚Er war ein solcher Esel, daß ich noch nicht begreife, daß ich ihm mit Wiederholen Lateinisch habe eintrichtern können.' Einen Augenblick später erinnert er sich, daß der gesuchte Name ausgeht auf . . . m a n. Jetzt fragen wir ihn, ob ihm ein anderer Name, der auf m a n ausgeht, einfällt, und er sagt: E r d m a n n. — ‚Wer ist denn das?' — ‚Das war auch ein Student aus dieser Zeit.' — Seine Tochter bemerkt aber, daß es auch einen Professor Erdmann gibt. Bei genauerer Erörterung zeigt sich, daß dieser Professor Erdmann vor kurzem eine von Z. eingesandte Arbeit nur in verkürzter Form in eine von ihm redigierte Zeitschrift hat aufnehmen lassen und zum Teil damit nicht einverstanden war, usw., und daß Z. das als ziemlich unangenehm empfunden hat. (Überdies vernahm ich später, daß Z. in früheren Jahren wohl einmal die Aussicht gehabt hat, Professor in demselben Fache zu werden, worin jetzt Professor E. doziert, und daß dieser Name also auch in dieser Hinsicht vielleicht eine empfindliche Saite berührt.)

Jetzt fällt ihm plötzlich der Name des dummen Studenten ein: L i n d e m a n ! Weil er sich schon früher erinnert hatte, daß der Name auf . . . m a n ausgeht, war also L i n d e noch länger verdrängt geblieben. Auf die Frage, was ihm bei L i n d e einfällt, sagt er zuerst: ‚Dabei fällt mir gar nichts ein.' Auf mein Drängen, daß ihm bei diesem Worte doch wohl etwas einfallen wird, sagt er, indem er aufwärts blickt und mit der Hand eine Gebärde in der Luft macht: ‚Nun ja, eine Linde, das ist ein schöner Baum.' Weiter will ihm dabei nichts einfallen. Alle schweigen und jedermann verfolgt seine Lektüre und andere Beschäftigung, bis Z. einige Augenblicke später in träumerischem Tone folgendes zitiert:

> Steht er mit festen
> Gefügigen Knochen
> Auf der **Erde**,
> So reicht er nicht auf,
> Nur mit der **Linde**
> Oder der **Rebe**
> Sich zu vergleichen.

Ich stieß einen Triumphschrei aus: ‚Da haben wir den Erdmann,' sagte ich. ‚Jener Mann, der ‚auf der Erde steht', das ist also der Erde-Mann oder **Erdmann**, kann nicht aufreichen, sich mit der **Linde** (**Lindeman**) oder der **Rebe** (**Weinhändler**) zu vergleichen. Mit anderen Worten: jener **Lindeman**, der dumme Student, der später Weinhändler geworden ist, war schon ein Esel, aber der **Erdmann** ist ein noch viel größerer Esel, kann sich mit diesem Lindeman noch nicht vergleichen.' — Eine solche im Unbewußten gehaltene Hohn- oder Schmährede ist etwas sehr Gewöhnliches, darum kam es mir vor, daß die Hauptursache des Namenvergessens jetzt wohl gefunden war.

Ich fragte jetzt, aus welchem Gedichte die zitierten Zeilen stammten. Z. sagte, daß es ein Gedicht von Goethe sei, er glaubte, daß es anfängt:

> Edel sei der Mensch
> Hilfreich und gut!

und daß weiter auch darin vorkommt:

> Und hebt er sich aufwärts,
> So spielen mit ihm die Winde.

Am nächsten Tag suchte ich dieses Gedicht von Goethe auf, und es zeigte sich, daß der Fall noch hübscher (aber auch komplizierter) war, als er erst zu sein schien.

a) Die ersten zitierten Zeilen lauten (vgl. oben):
>Steht er mit festen
>Markigen Knochen.

Gefügige Knochen wäre eine ziemlich fremdartige Kombination. Darauf will ich aber nicht näher eingehen.

b) Die folgenden Zeilen dieser Strophe lauten (vgl. oben):
>Auf der wohlbegründeten
>Dauernden Erde,
>Reicht er nicht auf,
>Nur mit der Eiche
>Oder der Rebe
>Sich zu vergleichen.

Es kommt also im ganzen Gedicht keine Linde vor! Der Wechsel von Linde statt Eiche hat (in seinem Unbewußten) nur stattgefunden, um das Wortspiel ‚Erde—Linde—Rebe' zu ermöglichen.

c) Dieses Gedicht heißt: ‚Grenzen der Menschheit' und enthält eine Vergleichung zwischen der Allmacht der Götter und der geringen Macht des Menschen. Das Gedicht, dessen Anfang lautet:
>Edel sei der Mensch,
>Hilfreich und gut!

ist aber ein anderes Gedicht, das einige Seiten weiter steht. Es heißt: ‚Das Göttliche', und enthält ebenso Gedanken über Götter und Menschen. Weil hierauf nicht näher eingegangen worden ist, kann ich höchstens vermuten, daß auch Gedanken über Leben und Tod, über das Zeitliche und das Ewige und über das eigene schwache Leben und den künftigen Tod beim Entstehen dieses Falles eine Rolle gespielt haben[1]."

---

[1] Aus der holländischen Ausgabe dieses Buches unter dem Titel: De invloed van ons onbewuste in ons dagelijksche leven, Amsterdam 1916, deutsch abgedrackt in Internat. Zeitschr. f. Psychoanalyse, IV, 1916.

In manchen dieser Beispiele werden alle Feinheiten der psychoanalytischen Technik in Anspruch genommen, um ein Namenvergessen aufzuklären. Wer mehr von solcher Arbeit kennen lernen will, den verweise ich auf eine Mitteilung von E. Jones (London), die aus dem Englischen übersetzt ist[1].

18) Ferenczi hat bemerkt, daß das Namenvergessen auch als hysterisches Symptom auftreten kann. Es zeigt dann einen Mechanismus, der sich von dem der Fehlleistung weit entfernt. Wie diese Unterscheidung gemeint ist, soll aus seiner Mitteilung ersichtlich werden:

„Ich habe jetzt eine Patientin, ein alterndes Fräulein, in Behandlung, der auch die gebräuchlichsten und ihr bestbekannten Eigennamen nicht einfallen wollen, obwohl sie sonst ein gutes Gedächtnis hat. Bei der Analyse stellte sich heraus, daß sie durch dieses Symptom ihre Unwissenheit dokumentieren will. Diese demonstrative Hervorkehrung ihrer Ignoranz ist aber eigentlich ein Vorwurf gegen ihre Eltern, die ihr keine höhere Schulbildung zuteil werden ließen. Auch ihr quälender Zwang zum Reinemachen („Hausfrauenpsychose') entspringt zum Teil aus derselben Quelle. Sie will damit ungefähr sagen: Ihr habt einen Dienstboten aus mir gemacht."

Ich könnte die Beispiele von Namenvergessen vermehren und die Diskussion derselben sehr viel weiter führen, wenn ich nicht vermeiden wollte, fast alle Gesichtspunkte, die für spätere Themata in Betracht kommen, schon hier beim ersten zu erörtern. Doch darf ich mir gestatten, die Ergebnisse der hier mitgeteilten Analysen in einigen Sätzen zusammenzufassen:

Der Mechanismus des Namenvergessens (richtiger: des Entfallens, zeitweiligen Vergessens) besteht in der Störung der intendierten Reproduktion des Namens durch eine fremde und derzeit nicht bewußte Gedankenfolge. Zwischen dem gestörten Namen und dem

---

[1] Analyse eines Falles von Namenvergessen. Zentralblatt für Psychoanalyse, II, 1911.

störenden Komplex besteht entweder ein Zusammenhang von vornherein, oder ein solcher hat sich, oft auf gekünstelt erscheinenden Wegen, durch oberflächliche (äußerliche) Assoziationen hergestellt.

Unter den störenden Komplexen erweisen sich die der Eigenbeziehung (die persönlichen, familiären, beruflichen) als die wirksamsten.

Ein Name, der infolge von Mehrdeutigkeit mehreren Gedankenkreisen (Komplexen) angehört, wird häufig im Zusammenhange der einen Gedankenfolge durch seine Zugehörigkeit zum anderen, stärkeren Komplex gestört.

Unter den Motiven dieser Störungen leuchtet die Absicht hervor, die Erweckung von Unlust durch Erinnern zu vermeiden.

Man kann im allgemeinen zwei Hauptfälle des Namenvergessens unterscheiden, wenn der Name selbst an Unangenehmes rührt, oder wenn er mit anderem in Verbindung gebracht ist, dem solche Wirkung zukäme, so daß Namen um ihrer selbst willen oder wegen ihrer näheren oder entfernteren Assoziationsbeziehungen in der Reproduktion gestört werden können.

Ein Überblick dieser allgemeinen Sätze läßt uns verstehen, daß das zeitweilige Namenvergessen als die häufigste unserer Fehlleistungen zur Beobachtung kommt.

19) Wir sind indes weit davon entfernt, alle Eigentümlichkeiten dieses Phänomens verzeichnet zu haben. Ich will noch darauf hinweisen, daß das Namenvergessen in hohem Grade ansteckend ist. In einem Gespräche zweier Personen reicht es oft hin, daß die eine äußere, sie habe diesen oder jenen Namen vergessen, um ihn auch bei der zweiten Person entfallen zu lassen. Doch stellt sich dort, wo das Vergessen induziert ist, der vergessene Name leichter wieder ein. Dieses „kollektive" Vergessen, streng genommen ein Phänomen der Massenpsychologie, ist noch nicht Gegenstand der analytischen Untersuchung geworden. In einem einzigen, aber besonders schönen Fall hat Th. Reik

III. Vergessen von Namen und Wortfolgen

eine gute Erklärung dieses merkwürdigen Vorkommens geben können[1].

„In einer kleinen Gesellschaft von Akademikern, in der sich auch zwei Studentinnen der Philosophie befanden, sprach man von den zahlreichen Fragen, welche der Ursprung des Christentums der Kulturgeschichte und Religionswissenschaft aufgibt. Die eine der jungen Damen, welche sich am Gespräch beteiligte, erinnerte sich, in einem englischen Roman, den sie kürzlich gelesen hatte, ein anziehendes Bild der vielen religiösen Strömungen, welche jene Zeit bewegten, gefunden zu haben. Sie fügte hinzu, in dem Roman werde das ganze Leben Christi von der Geburt bis zu seinem Tode geschildert, doch wollte ihr der Name der Dichtung nicht einfallen (die visuelle Erinnerung an den Umschlag des Buches und an das typographische Bild des Titels war überdeutlich). Auch drei von den anwesenden Herren behaupteten, den Roman zu kennen, und bemerkten, daß auch ihnen sonderbarerweise der Name nicht zur Verfügung stehe . . ."

Nur die junge Dame unterzog sich der Analyse zur Aufklärung dieses Namenvergessens. Der Titel des Buches lautete: Ben Hur (von Lewis Wallace). Ihre Ersatzeinfälle waren: *Ecce homo — homo sum — quo vadis?* gewesen. Das Mädchen verstand selbst, daß sie den Namen vergessen, „weil er einen Ausdruck enthält, den ich und jedes andere junge Mädchen — noch dazu in Gesellschaft junger Leute — nicht gern gebrauchen wird". Diese Erklärung fand durch die sehr interessante Analyse eine weitere Vertiefung. In dem einmal berührten Zusammenhang hat ja auch die Übersetzung von *homo*, Mensch, eine anrüchige Bedeutung. Reik schließt nun: Die junge Dame behandelt das Wort so, als ob sie sich mit dem Aussprechen jenes verdächtigen Titels vor jungen Männern zu den Wünschen bekannt hätte, die sie

---

[1] Über kollektives Vergessen. Internat. Zeitschr. f. Psychoanalyse, VI, 1920. (Auch in Reik, Der eigene und der fremde Gott, 1923.)

als ihrer Persönlichkeit nicht gemäß und als peinlich abgewiesen hat. Kürzer gesagt: unbewußt setzt sie das Aussprechen von „Ben Hur" einem sexuellen Angebot gleich und ihr Vergessen entspricht demnach der Abwehr einer unbewußten Versuchung dieser Art. Wir haben Grund zur Annahme, daß ähnlich unbewußte Vorgänge das Vergessen der jungen Männer bedingt haben. Ihr Unbewußtes hat das Vergessen des Mädchens in seiner wirklichen Bedeutung erfaßt und es ... gleichsam gedeutet ... Das Vergessen der Männer stellt eine Rücksicht auf solch abweisendes Verhalten dar ... Es ist so, als hätte ihnen ihre Gesprächspartnerin durch ihre plötzliche Gedächtnisschwäche einen deutlichen Wink gegeben, den die Männer unbewußt wohl verstanden hätten.

Es kommt auch ein fortgesetztes Namenvergessen vor, bei dem ganze Ketten von Namen dem Gedächtnis entzogen werden. Hascht man, um einen entfallenen Namen wiederzufinden, nach anderen, mit denen jener in fester Verbindung steht, so entfliehen nicht selten auch diese neuen als Anhalt aufgesuchten Namen. Das Vergessen springt so von einem zum anderen über, wie um die Existenz eines nicht leicht zu beseitigenden Hindernisses zu beweisen.

IV

ÜBER KINDHEITS- UND DECKERINNERUNGEN

In einer zweiten Abhandlung (1899 in der Monatsschrift für Psychiatrie und Neurologie veröffentlicht) habe ich die tendenziöse Natur unseres Erinnerns an unvermuteter Stelle nachweisen können. Ich bin von der auffälligen Tatsache ausgegangen, daß die frühesten Kindheitserinnerungen einer Person häufig bewahrt zu haben scheinen, was gleichgültig und nebensächlich ist, während von wichtigen, eindrucksvollen und affektreichen Eindrücken dieser Zeit (häufig, gewiß nicht allgemein!) sich im Gedächtnis der Erwachsenen keine Spur vorfindet. Da es bekannt ist, daß das Gedächtnis unter den ihm dargebotenen Eindrücken eine Auswahl trifft, stände man hier vor der Annahme, daß diese Auswahl im Kindesalter nach ganz anderen Prinzipien vor sich geht als zur Zeit der intellektuellen Reife. Eingehende Untersuchung weist aber nach, daß diese Annahme überflüssig ist. Die indifferenten Kindheitserinnerungen verdanken ihre Existenz einem Verschiebungsvorgang; sie sind der Ersatz in der Reproduktion für andere wirklich bedeutsame Eindrücke, deren Erinnerung sich durch psychische Analyse aus ihnen entwickeln läßt, deren direkte Reproduktion aber durch einen Widerstand gehindert ist. Da sie ihre Erhaltung nicht dem eigenen Inhalt, sondern einer assoziativen Beziehung ihres Inhalts zu einem anderen, verdrängten, verdanken, haben sie auf den Namen „Deckerinnerungen", mit welchen ich sie ausgezeichnet habe, begründeten Anspruch.

Die Mannigfaltigkeiten in den Beziehungen und Bedeutungen der Deckerinnerungen habe ich in dem erwähnten Aufsatz nur gestreift, keineswegs erschöpft. An dem dort ausführlich analysierten Beispiel habe ich eine Besonderheit der z e i t l i c h e n Relation zwischen der Deckerinnerung und dem durch sie gedeckten Inhalt besonders hervorgehoben. Der Inhalt der Deckerinnerung gehörte dort nämlich einem der ersten Kinderjahre an, während die durch sie im Gedächtnis vertretenen Gedankenerlebnisse, die fast unbewußt geblieben waren, in späte Jahre des Betreffenden fielen. Ich nannte diese Art der Verschiebung eine r ü c k g r e i f e n d e oder r ü c k l ä u f i g e. Vielleicht noch häufiger begegnet man dem entgegengesetzten Verhältnis, daß ein indifferenter Eindruck der jüngsten Zeit sich als Deckerinnerung im Gedächtnis festsetzt, der diese Auszeichnung nur der Verknüpfung mit einem früheren Erlebnis verdankt, gegen dessen direkte Reproduktion sich Widerstände ergeben. Dies wären v o r g r e i f e n d e oder v o r g e s c h o b e n e Deckerinnerungen. Das Wesentliche, was das Gedächtnis bekümmert, liegt hier der Zeit nach h i n t e r der Deckerinnerung. Endlich wird der dritte noch mögliche Fall nicht vermißt, daß die Deckerinnerung nicht nur durch ihren Inhalt, sondern auch durch Kontiguität in der Zeit mit dem von ihr gedeckten Eindruck verknüpft ist, also die g l e i c h z e i t i g e oder a n s t o ß e n d e Deckerinnerung.

Ein wie großer Teil unseres Gedächtnisschatzes in die Kategorie der Deckerinnerungen gehört und welche Rolle bei verschiedenen neurotischen Denkvorgängen diesen zufällt, das sind Probleme, in deren Würdigung ich weder dort eingegangen bin, noch hier eintreten werde. Es kommt mir nur darauf an, die Gleichartigkeit zwischen dem Vergessen von Eigennamen mit Fehlerinnern und der Bildung der Deckerinnerungen hervorzuheben.

Auf den ersten Anblick sind die Verschiedenheiten der beiden Phänomene weit auffälliger als ihre etwaigen Analogien. Dort

IV. Über Kindheits- und Deckerinnerungen

handelt es sich um Eigennamen, hier um komplette Eindrücke, um entweder in der Realität oder in Gedanken Erlebtes; dort um ein manifestes Versagen der Erinnerungsfunktion, hier um eine Erinnerungsleistung, die uns befremdend erscheint; dort um eine momentane Störung — denn der eben vergessene Name kann vorher hundertmal richtig reproduziert worden sein und es von morgen an wieder werden —, hier um dauernden Besitz ohne Ausfall, denn die indifferenten Kindheitserinnerungen scheinen uns durch ein langes Stück unseres Lebens begleiten zu können. Das Rätsel scheint in diesen beiden Fällen ganz anders orientiert zu sein. Dort ist es das Vergessen, hier das Erhaltensein, was unsere wissenschaftliche Neugierde rege macht. Nach einiger Vertiefung merkt man, daß trotz der Verschiedenheit im psychischen Material und in der Zeitdauer der beiden Phänomene die Übereinstimmungen weit überwiegen. Es handelt sich hier wie dort um das Fehlgehen des Erinnerns; es wird nicht das vom Gedächtnis reproduziert, was korrekterweise reproduziert werden sollte, sondern etwas anderes zum Ersatz. Dem Falle des Namenvergessens fehlt nicht die Gedächtnisleistung in der Form der Ersatznamen. Der Fall der Deckerinnerungsbildung beruht auf dem Vergessen von anderen, wichtigeren Eindrücken. In beiden Fällen gibt uns eine intellektuelle Empfindung Kunde von der Einmengung einer Störung, nur jedesmal in anderer Form. Beim Namenvergessen wissen wir, daß die Ersatznamen falsch sind; bei den Deckerinnerungen verwundern wir uns, daß wir sie überhaupt besitzen. Wenn dann die psychologische Analyse nachweist, daß die Ersatzbildung in beiden Fällen auf die nämliche Weise durch Verschiebung längs einer oberflächlichen Assoziation zustande gekommen ist, so tragen gerade die Verschiedenheiten im Material, in der Zeitdauer und in der Zentrierung der beiden Phänomene dazu bei, unsere Erwartung zu steigern, daß wir etwas Wichtiges und Allgemeingültiges aufgefunden haben. Dieses Allgemeine würde lauten, daß das Versagen und Irregehen der reproduzierenden

Funktion weit häufiger, als wir vermuten, auf die Einmengung eines parteiischen Faktors, einer T e n d e n z hinweist, welche die eine Erinnerung begünstigt, während sie einer anderen entgegenzuarbeiten bemüht ist.

Das Thema der Kindheitserinnerungen erscheint mir so bedeutsam und interessant, daß ich ihm noch einige Bemerkungen widmen möchte, die über die bisherigen Gesichtspunkte hinausgehen.

Wie weit zurück in die Kindheit reichen die Erinnerungen? Es sind mir einige Untersuchungen über diese Frage bekannt, so von V. et C. H e n r i[1] und P o t w i n[2]; dieselben ergeben, daß große individuelle Verschiedenheiten bei den Untersuchten bestehen, indem einzelne ihre erste Erinnerung in den sechsten Lebensmonat verlegen, andere von ihrem Leben bis zum vollendeten sechsten, ja achten Lebensjahr nichts wissen. Aber womit hängen diese Verschiedenheiten im Verhalten der Kindheitserinnerungen zusammen, und welche Bedeutung kommt ihnen zu? Es ist offenbar nicht ausreichend, das Material für diese Fragen durch Sammelerkundigung herbeizuschaffen; es bedarf dann noch einer Bearbeitung desselben, an der die auskunftgebende Person beteiligt sein muß.

Ich meine, wir nehmen die Tatsache der infantilen Amnesie, des Ausfalls der Erinnerungen für die ersten Jahre unseres Lebens viel zu gleichmütig hin und versäumen es, ein seltsames Rätsel in ihr zu finden. Wir vergessen, welch hoher intellektueller Leistungen und wie komplizierter Gefühlsregungen ein Kind von etwa vier Jahren fähig ist, und sollten uns geradezu verwundern, daß das Gedächtnis späterer Jahre von diesen seelischen Vorgängen in der Regel so wenig bewahrt hat, zumal da wir allen Grund zur Annahme haben, daß diese selben vergessenen Kindheits-

---

[1] Enquête sur les premiers souvenirs de l'enfance. L'année psychologique, III, 1897.
[2] Study of early memories. Psycholog. Review, 1901.

leistungen nicht etwa spurlos an der Entwicklung der Person abgeglitten sind, sondern einen für alle späteren Zeiten bestimmenden Einfluß ausgeübt haben. Und trotz dieser unvergleichlichen Wirksamkeit sind sie vergessen worden! Es weist dies auf ganz speziell geartete Bedingungen des Erinnerns (im Sinne der bewußten Reproduktion) hin, die sich unserer Erkenntnis bisher entzogen haben. Es ist sehr wohl möglich, daß das Kindheitsvergessen uns den Schlüssel zum Verständnis jener Amnesien liefern kann, die nach unseren neueren Erkenntnissen der Bildung aller neurotischen Symptome zugrunde liegen.

Von den erhaltenen Kindheitserinnerungen erscheinen uns einige gut begreiflich, andere befremdend oder unverständlich. Es ist nicht schwer, einige Irrtümer in betreff beider Arten zu berichtigen. Unterzieht man die erhaltenen Erinnerungen eines Menschen einer analytischen Prüfung, so kann man leicht feststellen, daß eine Gewähr für die Richtigkeit derselben nicht besteht. Einige der Erinnerungsbilder sind sicherlich gefälscht, unvollständig oder zeitlich und räumlich verschoben. Die Angaben der untersuchten Personen wie, ihre erste Erinnerung rühre etwa aus dem zweiten Lebensjahr her, sind offenbar unverläßlich. Es gelingt bald auch Motive zu finden, welche die Entstellung und Verschiebung des Erlebten verständlich machen, aber auch beweisen, daß nicht einfache Gedächtnisuntreue die Ursache dieser Erinnerungsfehler sein kann. Starke Mächte aus der späteren Lebenszeit haben die Erinnerungsfähigkeit der Kindheitserlebnisse gemodelt, dieselben Mächte wahrscheinlich, an denen es liegt, daß wir uns allgemein dem Verständnis unserer Kindheitsjahre so weit entfremdet haben.

Das Erinnern der Erwachsenen geht bekanntlich an verschiedenem psychischen Material vor sich. Die einen erinnern in Gesichtsbildern, ihre Erinnerungen haben visuellen Charakter; andere Individuen können kaum die dürftigsten Umrisse des Erlebten in der Erinnerung reproduzieren; man nennt solche Personen *Auditifs* und *Moteurs* im Gegensatz zu den *Visuels* nach Charcots Vorschlag. Im Träumen verschwinden diese Unterschiede, wir träumen alle vorwiegend in Gesichtsbildern. Aber ebenso bildet sich diese Entwicklung für die Kindheitserinnerungen zurück; diese sind plastisch visuell auch bei jenen Personen, deren späteres Erinnern des visuellen Elements entbehren muß. Das visuelle Erinnern bewahrt somit den Typus des infantilen Erinnerns. Bei mir sind die frühesten Kindheitserinnerungen die einzigen von visuellem Charakter; es sind geradezu plastisch herausgearbeitete Szenen, nur den Darstellungen auf der Bühne vergleichbar. In diesen Szenen aus der Kindheit, ob sie sich nun als wahr oder als verfälscht erweisen, sieht man regelmäßig auch die eigene kindliche Person in ihren Umrissen und mit ihrer Kleidung. Dieser Umstand muß Befremden erregen; erwachsene Visuelle sehen nicht mehr ihre Person in ihren Erinnerungen an spätere Erlebnisse[1]. Es widerspricht auch allen unseren Erfahrungen anzunehmen, daß die Aufmerksamkeit des Kindes bei seinen Erlebnissen auf sich selbst anstatt ausschließlich auf die äußeren Eindrücke gerichtet wäre. Man wird so von verschiedenen Seiten her zur Vermutung gedrängt, daß wir in den sogenannten frühesten Kindheitserinnerungen nicht die wirkliche Erinnerungsspur, sondern eine spätere Bearbeitung derselben besitzen, eine Bearbeitung, welche die Einflüsse mannigfacher späterer psychischer Mächte erfahren haben mag. Die „Kindheitserinnerungen" der Individuen rücken so ganz allgemein zur Bedeutung von „Deckerinnerungen" vor und gewinnen dabei eine bemerkenswerte Analogie mit den in Sagen und Mythen niedergelegten Kindheitserinnerungen der Völker.

Wer eine Anzahl von Personen mit der Methode der Psychoanalyse seelisch untersucht hat, hat bei dieser Arbeit reichlich Beispiele von Deckerinnerungen jeder Art gesammelt. Die Mit-

---

[1] Ich behaupte dies nach einigen von mir eingeholten Erkundigungen.

teilung dieser Beispiele wird aber gerade durch die vorhin erörterte Natur der Beziehungen der Kindheitserinnerungen zum späteren Leben außerordentlich erschwert; um eine Kindheitserinnerung als Deckerinnerung würdigen zu lassen, müßte man oft die ganze Lebensgeschichte der betreffenden Person zur Darstellung bringen. Es ist nur selten, wie im nachstehenden hübschen Beispiel, möglich, eine einzelne Kindheitserinnerung aus ihrem Zusammenhang für die Mitteilung herauszuheben.

Ein vierundzwanzigjähriger Mann hat folgendes Bild aus seinem fünften Lebensjahr bewahrt. Er sitzt im Garten eines Sommerhauses auf einem Stühlchen neben der Tante, die bemüht ist, ihm die Kenntnis der Buchstaben beizubringen. Die Unterscheidung von *m* und *n* bereitet ihm Schwierigkeiten und er bittet die Tante, ihm doch zu sagen, woran man erkennt, was das eine und was das andere ist. Die Tante macht ihn aufmerksam, daß das *m* doch um ein ganzes Stück, um den dritten Strich, mehr habe als das *n*. — Es fand sich kein Anlaß, die Zuverlässigkeit dieser Kindheitserinnerung zu bestreiten; ihre Bedeutung hatte sie aber erst später erworben, als sie sich geeignet zeigte, die symbolische Vertretung für eine andere Wißbegierde des Knaben zu übernehmen. Denn, so wie er damals den Unterschied zwischen *m* und *n* wissen wollte, so bemühte er sich später, den Unterschied zwischen Knaben und Mädchen zu erfahren, und wäre gewiß einverstanden gewesen, daß gerade diese Tante seine Lehrmeisterin werde. Er fand dann auch heraus, daß der Unterschied ein ähnlicher sei, daß der Bub wiederum ein ganzes Stück mehr habe als das Mädchen, und zur Zeit dieser Erkenntnis weckte er die Erinnerung an die entsprechende kindliche Wißbegierde.

Ein anderes Beispiel aus späteren Kindheitsjahren: Ein in seinem Liebesleben arg gehemmter Mann, jetzt über vierzig Jahre alt, ist das älteste von neun Kindern. Bei der Geburt des jüngsten Geschwisterchens war er fünfzehn Jahre, er behauptet aber steif und fest, daß er niemals eine Gravidität der Mutter bemerkt hatte. Unter dem Drucke meines Unglaubens stellte sich bei ihm die Erinnerung ein, er habe einmal im Alter von elf oder zwölf Jahren gesehen, daß die Mutter sich vor dem Spiegel hastig den R o c k a u f b a n d. Dazu ergänzte er jetzt zwanglos, sie sei von der Straße gekommen und von unerwarteten Wehen befallen worden. Das A u f b i n d e n des Rockes ist aber eine Deckerinnerung für die E n t b i n d u n g. Der Verwendung solcher „Wortbrücken" werden wir in noch anderen Fällen begegnen.

An einem einzigen Beispiel möchte ich noch zeigen, welchen Sinn eine Kindheitserinnerung durch analytische Bearbeitung gewinnen kann, die vorher keinen Sinn zu enthalten schien. Als ich in meinem dreiundvierzigsten Jahr begann, mein Interesse den Resten der Erinnerung an die eigene Kindheit zuzuwenden, fiel mir eine Szene auf, die mir seit langem — wie ich meinte, seit jeher — von Zeit zu Zeit zum Bewußtsein gekommen war, und die nach guten Merkzeichen vor das vollendete dritte Lebensjahr verlegt werden durfte. Ich sah mich fordernd und heulend vor einem Kasten stehen, dessen Tür mein um zwanzig Jahre älterer Halbbruder geöffnet hielt, und dann trat plötzlich meine Mutter, schön und schlank, wie von der Straße zurückkehrend, ins Zimmer. In diese Worte hatte ich die plastisch gesehene Szene gefaßt, mit der ich sonst nichts anzufangen wußte. Ob mein Bruder den Kasten — in der ersten Übersetzung des Bildes hieß es „Schrank" — öffnen oder schließen wollte, warum ich dabei weinte, und was die Ankunft der Mutter damit zu tun habe, das alles war mir dunkel; ich war versucht, mir die Erklärung zu geben, daß es sich um die Erinnerung an eine Hänselei des älteren Bruders handle, die durch die Mutter unterbrochen wurde. Solche Mißverständnisse einer im Gedächtnis bewahrten Kindheitsszene sind nichts Seltenes; man erinnert sich einer Situation, aber dieselbe ist nicht zentriert, man weiß nicht, auf welches Element derselben der psychische Akzent zu setzen ist. Analytische Bemühung führte mich zu einer ganz unerwarteten Auffassung des Bildes. Ich hatte die Mutter vermißt, war auf den Verdacht gekommen, daß sie in diesem Schrank oder Kasten eingesperrt sei, und forderte darum den Bruder auf, den Kasten aufzusperren. Als er mir willfahrte und ich mich überzeugte, die Mutter sei nicht im Kasten, fing ich zu schreien an; dies ist der von der Erinnerung festgehaltene Moment, auf den alsbald das meine Sorge oder Sehnsucht beschwichtigende Erscheinen der Mutter folgte. Wie kam aber das Kind zu der Idee, die abwesende Mutter im Kasten zu suchen? Gleichzeitige Träume wiesen dunkel auf eine Kinderfrau hin, von welcher noch andere Reminiszenzen erhalten waren, wie z. B. daß sie mich gewissenhaft anzuhalten pflegte, ihr die kleinen Münzen abzuliefern, die ich als Geschenke erhalten hatte, ein Detail, das selbst wieder auf den Wert einer Deckerinnerung für Späteres Anspruch machen kann. So beschloß ich denn, mir diesmal die Deutungsaufgabe zu erleichtern, und meine jetzt alte Mutter nach jener Kinderfrau zu befragen. Ich erfuhr allerlei, darunter, daß die kluge, aber unredliche Person während des Wochenbettes der Mutter große Hausdiebstähle verübt hatte und auf Betreiben meines Halbbruders dem Gerichte übergeben worden war. Diese Auskunft gab mir das Verständnis der Kinderszene wie durch eine Art von Erleuchtung. Das plötzliche Verschwinden der Kinderfrau war mir nicht gleichgültig gewesen; ich hatte mich gerade an diesen Bruder mit der Frage gewendet, wo sie sei, wahrscheinlich, weil ich gemerkt hatte, daß ihm eine Rolle bei ihrem Verschwinden zukomme, und er hatte ausweichend und wortspielerisch, wie seine Art immer war, geantwortet: sie ist „eingekastelt". Diese Antwort verstand ich nun nach kindlicher Weise, ließ aber zu fragen ab, weil nichts mehr zu erfahren war. Als mir nun kurze Zeit darauf die Mutter abging, argwöhnte ich, der schlimme Bruder habe mit ihr dasselbe angestellt wie mit der Kinderfrau, und nötigte ihn, mir den Kasten zu öffnen. Ich verstehe nun auch, warum in der Übersetzung der visuellen Kinderszene die Schlankheit der Mutter betont ist, die mir als neu wiederhergestellt aufgefallen sein muß. Ich bin zweieinhalb Jahre älter als die damals geborene Schwester, und als ich drei Jahre alt wurde, fand das Zusammenleben mit dem Halbbruder ein Ende[1].

---

1) Wer sich für das Seelenleben dieser Kinderjahre interessiert, wird leicht die tiefere Bedingtheit der an den großen Bruder gestellten Anforderung erraten. Das noch nicht dreijährige Kind hat verstanden, daß das letzthin angekommene Schwesterchen im Leib der Mutter gewachsen ist. Es ist gar nicht einverstanden mit diesem Zuwachs und mißtrauisch besorgt, daß der Mutterleib noch weitere Kinder bergen könnte. Der Schrank oder Kasten ist ihm ein Symbol des Mutterleibes. Es verlangt also in diesen Kasten zu schauen und wendet sich hiefür an den großen Bruder, der, wie aus anderem Material hervorgeht, an Stelle des Vaters zum Rivalen des Kleinen geworden ist. Gegen diesen Bruder richtet sich außer dem begründeten Verdacht, daß er die vermißte Kinderfrau „einkasteln" ließ, auch noch der andere, daß er irgendwie das kürzlich geborene Kind in den Mutterleib hineinpraktiziert hat. Der Affekt der Enttäuschung, wie der Kasten leer gefunden wird, geht nun von der oberflächlichen Motivierung des kindlichen Verlangens aus. Für die tiefere Strebung steht er an falscher Stelle. Dagegen ist die hohe Befriedigung über die Schlankheit der rückkehrenden Mutter erst aus dieser tieferen Schicht voll verständlich.

V

DAS VERSPRECHEN

Wenn das gebräuchliche Material unserer Rede in der Muttersprache gegen das Vergessen geschützt erscheint, so unterliegt dessen Anwendung um so häufiger einer anderen Störung, die als „Versprechen" bekannt ist. Das beim normalen Menschen beobachtete Versprechen macht den Eindruck der Vorstufe für die unter pathologischen Bedingungen auftretenden sogenannten „Paraphasien".

Ich befinde mich hier ausnahmsweise in der Lage, eine Vorarbeit würdigen zu können. Im Jahre 1895 haben Meringer und C. Mayer eine Studie über „Versprechen und Verlesen" publiziert, deren Gesichtspunkte fernab von den meinigen liegen. Der eine der Autoren, der im Texte das Wort führt, ist nämlich Sprachforscher und ist von linguistischen Interessen zur Untersuchung veranlaßt worden, den Regeln nachzugehen, nach denen man sich verspricht. Er hoffte, aus diesen Regeln auf das Vorhandensein „eines gewissen geistigen Mechanismus" schließen zu können, „in welchem die Laute eines Wortes, eines Satzes, und auch die Worte untereinander in ganz eigentümlicher Weise verbunden und verknüpft sind" (S. 10).

Die Autoren gruppieren die von ihnen gesammelten Beispiele des „Versprechens" zunächst nach rein deskriptiven Gesichtspunkten als Vertauschungen (z. B. die Milo von Venus anstatt Venus von Milo), **Vorklänge** oder **Antizipationen** (z. B. es war mir auf der Schwest... auf der Brust so schwer), **Nachklänge**, **Postpositionen** (z. B. „Ich fordere Sie auf, auf das Wohl unseres Chefs aufzustoßen" für anzustoßen), **Kontaminationen** (z. B. „Er setzt sich auf den Hinterkopf" aus: „Er setzt sich einen Kopf auf" und: „Er stellt sich auf die Hinterbeine"), **Substitutionen** (z. B. „Ich gebe die Präparate in den Briefkasten" statt Brütkasten), zu welchen Hauptkategorien noch einige minder wichtige (oder für unsere Zwecke minder bedeutsame) hinzugefügt werden. Es macht bei dieser Gruppierung keinen Unterschied, ob die Umstellung, Entstellung, Verschmelzung usw. einzelne Laute des Wortes, Silben oder ganze Worte des intendierten Satzes betrifft.

Zur Erklärung der beobachteten Arten des Versprechens stellt **Meringer** eine verschiedene psychische Wertigkeit der Sprachlaute auf. Wenn wir den ersten Laut eines Wortes, das erste Wort eines Satzes innervieren, wendet sich der Erregungsvorgang bereits den späteren Lauten, den folgenden Worten, zu, und soweit diese Innervationen miteinander gleichzeitig sind, können sie einander abändernd beeinflussen. Die Erregung des psychisch intensiveren Lautes klingt vor oder hallt nach und stört so den minderwertigen Innervationsvorgang. Es handelt sich nun darum zu bestimmen, welche die höchstwertigen Laute eines Wortes sind. **Meringer** meint: „Wenn man wissen will, welchem Laute eines Wortes die höchste Intensität zukommt, so beobachte man sich beim Suchen nach einem vergessenen Wort, z. B. einem Namen. Was zuerst wieder ins Bewußtsein kommt, hatte jedenfalls die größte Intensität vor dem Vergessen (S. 160). Die hochwertigen Laute sind also der Anlaut der Wurzelsilbe und der Wortanlaut und der oder die betonten Vokale" (S. 162).

Ich kann nicht umhin, hier einen Widerspruch zu erheben. Ob der Anlaut des Namens zu den höchstwertigen Elementen des Wortes gehöre oder nicht, es ist gewiß nicht richtig, daß er im Falle des Wortvergessens zuerst wieder ins Bewußtsein tritt; die obige Regel ist also unbrauchbar. Wenn man sich bei der Suche nach einem vergessenen Namen beobachtet, so wird man verhältnismäßig häufig die Überzeugung äußern müssen, er fange mit einem bestimmten Buchstaben an. Diese Überzeugung erweist sich nun ebenso oft als unbegründet wie als begründet. Ja, ich möchte behaupten, man proklamiert in der Mehrzahl der Fälle einen falschen Anlaut. Auch in unserem Beispiel „Signorelli" ist bei dem Ersatznamen der Anlaut und sind die wesentlichen Silben verloren gegangen; gerade das minderwertige Silbenpaar e l l i ist im Ersatznamen B o t t i c e l l i der Erinnerung wiedergekehrt. Wie wenig die Ersatznamen den Anlaut des entfallenen Namens respektieren, mag z. B. folgender Fall lehren:

Eines Tages ist es mir unmöglich, den Namen des kleinen Landes zu erinnern, dessen Hauptort M o n t e C a r l o ist. Die Ersatznamen für ihn lauten:

P i e m o n t, A l b a n i e n, M o n t e v i d e o, C o l i c o.

Für Albanien tritt bald M o n t e n e g r o ein, und dann fällt mir auf, daß die Silbe M o n t (M o n ausgesprochen) doch allen Ersatznamen bis auf den letzten zukommt. Es wird mir so erleichtert, vom Namen des Fürsten Albert aus das vergessene M o n a c o aufzufinden. C o l i c o ahmt die Silbenfolge und Rhythmik des vergessenen Namens ungefähr nach.

Wenn man der Vermutung Raum gibt, daß ein ähnlicher Mechanismus wie der fürs Namenvergessen nachgewiesene auch an den Erscheinungen des Versprechens Anteil haben könne, so wird man zu einer tiefer begründeten Beurteilung der Fälle von Versprechen geführt. Die Störung in der Rede, welche sich als Versprechen kundgibt, kann erstens verursacht sein durch den Einfluß eines anderen Bestandteils derselben Rede, also durch das Vorklingen oder Nachhallen, oder durch eine zweite Fassung innerhalb des Satzes oder des Zusammenhanges, den

auszusprechen man intendiert — hieher gehören alle oben
Meringer und Mayer entlehnten Beispiele —; zweitens aber
könnte die Störung analog dem Vorgang im Falle Signorelli
zustande kommen durch Einflüsse außerhalb dieses Wortes,
Satzes oder Zusammenhanges, von Elementen her, die auszusprechen man nicht intendiert und von deren Erregung man
erst durch eben die Störung Kenntnis erhält. In der Gleich-
zeitigkeit der Erregung läge das Gemeinsame, in der Stellung
innerhalb oder außerhalb desselben Satzes oder Zusammenhanges
das Unterscheidende für die beiden Entstehungsarten des Versprechens.
Der Unterschied erscheint zunächst nicht so groß, als er für
gewisse Folgerungen aus der Symptomatologie des Versprechens
in Betracht kommt. Es ist aber klar, daß man nur im ersteren
Falle Aussicht hat, aus den Erscheinungen des Versprechens
Schlüsse auf einen Mechanismus zu ziehen, der Laute und Worte
zur gegenseitigen Beeinflussung ihrer Artikulation miteinander
verknüpft, also Schlüsse, wie sie der Sprachforscher aus dem
Studium des Versprechens zu gewinnen hoffte. Im Falle der
Störung durch Einflüsse außerhalb des nämlichen Satzes oder
Redezusammenhanges würde es sich vor allem darum handeln,
die störenden Elemente kennen zu lernen, und dann entstünde
die Frage, ob auch der Mechanismus dieser Störung die zu
vermutenden Gesetze der Sprachbildung verraten kann.

Man darf nicht behaupten, daß Meringer und Mayer die
Möglichkeit der Sprechstörung durch „komplizierte psychische
Einflüsse", durch Elemente außerhalb desselben Wortes, Satzes
oder derselben Redefolge übersehen haben. Sie mußten ja bemerken,
daß die Theorie der psychischen Ungleichwertigkeit der Laute
streng genommen nur für die Aufklärung der Lautstörungen,
sowie der Vor- und Nachklänge ausreicht. Wo ich die Wort-
störungen nicht auf Lautstörungen reduzieren lassen, z. B. bei
den Substitutionen und Kontaminationen von Worten, haben
auch sie unbedenklich die Ursache des Versprechens außerhalb

des intendierten Zusammenhanges gesucht und diesen Sachverhalt durch schöne Beispiele erwiesen. Ich zitiere folgende Stellen:

(S. 62.) „Ru. erzählt von Vorgängen, die er in seinem Innern für ‚Schweinereien' erklärt. Er sucht aber nach einer milden Form und beginnt: ‚Dann aber sind Tatsachen zum V o r s c h w e i n gekommen...' M a y e r und ich waren anwesend und Ru. bestätigte, daß er ‚Schweinereien' gedacht hatte. Daß sich dieses gedachte Wort bei ‚Vorschein' verriet und plötzlich wirksam wurde, findet in der Ähnlichkeit der Wörter seine genügende Erklärung."

(S. 73.) „Auch bei den Substitutionen spielen wie bei den Kontaminationen und in wahrscheinlich viel höherem Grade die ‚schwebenden' oder ‚vagierenden' Sprachbilder eine große Rolle. Sie sind, wenn auch unter der Schwelle des Bewußtseins, so doch noch in wirksamer Nähe, können leicht durch eine Ähnlichkeit des zu sprechenden Komplexes herangezogen werden und führen dann eine Entgleisung herbei oder kreuzen den Zug der Wörter. Die ‚schwebenden' oder ‚vagierenden' Sprachbilder sind, wie gesagt, oft die Nachzügler von kürzlich abgelaufenen Sprachprozessen (Nachklänge)."

(S. 97.) „Eine Entgleisung ist auch durch Ähnlichkeit möglich, wenn ein anderes ähnliches Wort nahe unter der Bewußtseinsschwelle liegt, o h n e daß es gesprochen zu werden b e s t i m m t w ä r e. Das ist der Fall bei den Substitutionen. — So hoffe ich, daß man beim Nachprüfen meine Regeln wird bestätigen müssen. Aber dazu ist notwendig, daß man (wenn ein anderer spricht) s i c h K l a r h e i t d a r ü b e r v e r s c h a f f t, a n w a s a l l e s d e r S p r e c h e r g e d a c h t h a t[1]. Hier ein lehrreicher Fall. Klassendirektor Li. sagte in unserer Gesellschaft: ‚Die Frau würde mir Furcht ein*l*agen'. Ich wurde stutzig, denn das *l* schien mir unerklärlich. Ich erlaube mir, den Sprecher auf seinen Fehler ‚ein*l*agen' für ‚ein*j*agen' aufmerksam zu machen,

---

[1] Von m i r hervorgehoben.

worauf er sofort antwortete: ‚Ja, das kommt daher, weil ich dachte: ich wäre nicht in der Lage' usw."

„Ein anderer Fall. Ich frage R. v. Schid., wie es seinem kranken Pferd gehe. Er antwortete: ‚Ja, das d r a u t . . . dauert vielleicht noch einen Monat.' Das ‚draut' mit einem *r* war mir unverständlich, denn das *r* von ‚dauert' konnte unmöglich so gewirkt haben. Ich machte also R. v. S. aufmerksam, worauf er erklärte, er habe gedacht, ‚das ist eine t r a u r i g e Geschichte'. Der Sprecher hatte also zwei Antworten im Sinne und diese vermengten sich."

Es ist wohl unverkennbar, wie nahe die Rücksichtnahme auf die „vagierenden" Sprachbilder, die unter der Schwelle des Bewußtseins stehen und nicht zum Gesprochenwerden bestimmt sind, und die Forderung, sich zu erkundigen, an was der Sprecher alles gedacht habe, an die Verhältnisse bei unseren „Analysen" herankommen. Auch wir suchen unbewußtes Material, und zwar auf dem nämlichen Wege, nur daß wir von den Einfällen des Befragten bis zur Auffindung des störenden Elements einen längeren Weg durch eine komplexe Assoziationsreihe zurückzulegen haben.

Ich verweile noch bei einem anderen interessanten Verhalten, für das die Beispiele M e r i n g e r s Zeugnis ablegen. Nach der Einsicht des Autors selbst ist es irgend eine Ähnlichkeit eines Wortes im intendierten Satze mit einem anderen nicht intendierten, welche dem letzteren gestattet, sich durch die Verursachung einer Entstellung, Mischbildung, Kompromißbildung (Kontamination) im Bewußtsein zur Geltung zu bringen:

j a g e n , d a u e r t , V o r s c h e i n.
l a g e n , t r a u r i g , ...s c h w e i n.

Nun habe ich in meiner Schrift über die „Traumdeutung"[1] dargetan, welchen Anteil die V e r d i c h t u n g s arbeit an der Entstehung des sogenannten manifesten Trauminhalts aus den

---

[1] Die Traumdeutung. Leipzig und Wien 1900, 8. Aufl. 1930. (Ges. Werke, Bd. II/III).

latenten Traumgedanken hat. Irgend eine Ähnlichkeit der Dinge oder der Wortvorstellungen zwischen zwei Elementen des unbewußten Materials wird da zum Anlaß genommen, um ein Drittes, eine Misch- oder Kompromißvorstellung zu schaffen, welche im Trauminhalt ihre beiden Komponenten vertritt, und die infolge dieses Ursprungs so häufig mit widersprechenden Einzelbestimmungen ausgestattet ist. Die Bildung von Substitutionen und Kontaminationen beim Versprechen ist somit ein Beginn jener Verdichtungsarbeit, die wir in eifrigster Tätigkeit am Aufbau des Traumes beteiligt finden.

In einem kleinen, für weitere Kreise bestimmten Aufsatz („Neue Freie Presse" vom 23. August 1900: „Wie man sich versprechen kann") hat Meringer eine besondere praktische Bedeutung für gewisse Fälle von Wortvertauschungen in Anspruch genommen, für solche nämlich, in denen man ein Wort durch sein Gegenteil dem Sinne nach ersetzt. „Man erinnert sich wohl noch der Art, wie vor einiger Zeit der Präsident des österreichischen Abgeordnetenhauses die Sitzung eröffnete: ‚Hohes Haus! Ich konstatiere die Anwesenheit von soundsoviel Herren und erkläre somit die Sitzung für geschlossen!' Die allgemeine Heiterkeit machte ihn erst aufmerksam und er verbesserte den Fehler. Im vorliegenden Falle wird die Erklärung wohl diese sein, daß der Präsident sich wünschte, er wäre schon in der Lage, die Sitzung, von der wenig Gutes zu erwarten stand, zu schließen, aber — eine häufige Erscheinung — der Nebengedanke setzte sich wenigstens teilweise durch und das Resultat war ‚geschlossen' für ‚eröffnet', also das Gegenteil dessen, was zu sprechen beabsichtigt war. Aber vielfältige Beobachtung hat mich belehrt, daß man gegensätzliche Worte überhaupt sehr häufig miteinander vertauscht; sie sind eben schon in unserem Sprachbewußtsein assoziiert, liegen hart nebeneinander und werden leicht irrtümlich aufgerufen."

Nicht in allen Fällen von Gegensatzvertauschung wird es so leicht, wie hier im Beispiel des Präsidenten, wahrscheinlich zu machen, daß das Versprechen infolge eines Widerspruchs geschieht, der sich im Innern des Redners gegen den geäußerten Satz erhebt. Wir haben den analogen Mechanismus in der Analyse des Beispiels *aliquis* gefunden; dort äußerte sich der innere Widerspruch im Vergessen eines Wortes anstatt in seiner Ersetzung durch das Gegenteil. Wir wollen aber zur Ausgleichung des Unterschiedes bemerken, daß das Wörtchen *aliquis* eines ähnlichen Gegensatzes, wie ihn „schließen" und „eröffnen" ergeben, eigentlich nicht fähig ist, und daß „eröffnen" als gebräuchlicher Bestandteil des Redeschatzes dem Vergessen nicht unterworfen sein kann.

Zeigen uns die letzten Beispiele von Meringer und Mayer, daß die Sprechstörung ebensowohl durch einen Einfluß vor- und nachklingender Laute und Worte desselben Satzes entstehen kann, die zum Ausgesprochenwerden bestimmt sind, wie durch die Einwirkung von Worten außerhalb des intendierten Satzes, deren Erregung sich sonst nicht verraten hätte, so werden wir zunächst erfahren wollen, ob man die beiden Klassen von Versprechen scharf sondern und wie man ein Beispiel der einen von einem Falle der anderen Klasse unterscheiden kann. An dieser Stelle der Erörterung muß man aber der Äußerungen Wundts gedenken, der in seiner umfassenden Bearbeitung der Entwicklungsgesetze der Sprache (Völkerpsychologie, 1. Band, 1. Teil, S. 371 u. ff., 1900) auch die Erscheinungen des Versprechens behandelt. Was bei diesen Erscheinungen und anderen, ihnen verwandten niemals fehlt, das sind nach Wundt gewisse psychische Einflüsse. „Dahin gehört zunächst als positive Bedingung der ungehemmte Fluß der von den gesprochenen Lauten angeregten Laut- und Wortassoziationen. Ihm tritt der Wegfall oder der Nachlaß der diesen Lauf hemmenden Wirkungen des Willens und der auch hier als Willensfunktion sich betätigenden Aufmerksamkeit als negatives Moment zur Seite. Ob jenes Spiel der Assoziation darin sich äußert, daß ein kommender Laut antizipiert oder die vorausgegangenen reproduziert, oder ein gewohnheitsmäßig eingeübter zwischen andere eingeschaltet wird, oder endlich darin, daß ganz andere Worte, die mit den gesprochenen Lauten in assoziativer Beziehung stehen, auf diese herüberwirken — alles dies bezeichnet nur Unterschiede in der Richtung und allenfalls in dem Spielraum, der stattfindenden Assoziationen, nicht in der allgemeinen Natur derselben. Auch kann es in manchen Fällen zweifelhaft sein, welcher Form man eine bestimmte Störung zuzurechnen, oder ob man sie nicht mit größerem Rechte **nach dem Prinzip der Komplikation der Ursachen**[1] auf ein Zusammentreffen mehrerer Motive zurückzuführen habe." (S. 380 und 381.)

Ich halte diese Bemerkungen Wundts für vollberechtigt und sehr instruktiv. Vielleicht könnte man mit größerer Entschiedenheit als Wundt betonen, daß das positiv begünstigende Moment der Sprechfehler — der ungehemmte Fluß der Assoziationen — und das negative — der Nachlaß der hemmenden Aufmerksamkeit — regelmäßig miteinander zur Wirkung gelangen, so daß beide Momente nur zu verschiedenen Bestimmungen des nämlichen Vorganges werden. Mit dem Nachlaß der hemmenden Aufmerksamkeit tritt eben der ungehemmte Fluß der Assoziationen in Tätigkeit; noch unzweifelhafter ausgedrückt: **durch** diesen Nachlaß.

Unter den Beispielen von Versprechen, die ich selbst gesammelt, finde ich kaum eines, bei dem ich die Sprechstörung einzig und allein auf das, was Wundt „Kontaktwirkung der Laute" nennt, zurückführen müßte. Fast regelmäßig entdecke ich überdies einen störenden Einfluß von etwas **außerhalb** der intendierten Rede, und das Störende ist entweder ein einzelner, unbewußt gebliebener Gedanke, der sich durch das Versprechen kundgibt und oft erst durch eingehende Analyse zum Bewußtsein gefördert werden kann, oder es ist ein allgemeineres psychisches Motiv, welches sich gegen die ganze Rede richtet.

---

[1] Von mir hervorgehoben.

1) Ich will gegen meine Tochter, die beim Einbeißen in einen Apfel ein garstiges Gesicht geschnitten hat, zitieren:

> Der Affe gar possierlich ist,
> Zumal wenn er vom Apfel frißt.

Ich beginne aber: Der Apfe... Dies scheint eine Kontamination von „Affe" und „Apfel" (Kompromißbildung) oder kann auch als Antizipation des vorbereiteten „Apfel" aufgefaßt werden. Der genauere Sachverhalt ist aber der: Ich hatte das Zitat schon einmal begonnen und mich das erstemal dabei nicht versprochen. Ich versprach mich erst bei der Wiederholung, die sich als notwendig ergab, weil die Angesprochene, von anderer Seite mit Beschlag belegt, nicht zuhörte. Diese Wiederholung, die mit ihr verbundene Ungeduld, des Satzes ledig zu werden, muß ich in die Motivierung des Sprechfehlers, der sich als eine Verdichtungsleistung darstellt, mit einrechnen.

2) Meine Tochter sagt: Ich schreibe der Frau Schresinger... Die Frau heißt Schlesinger. Dieser Sprechfehler hängt wohl mit einer Tendenz zur Erleichterung der Artikulation zusammen, denn das *l* ist nach wiederholtem *r* schwer auszusprechen. Ich muß aber hinzufügen, daß sich dieses Versprechen bei meiner Tochter ereignete, nachdem ich ihr wenige Minuten zuvor „Apfe" anstatt „Affe" vorgesagt hatte. Nun ist das Versprechen in hohem Maße ansteckend, ähnlich wie das Namenvergessen, bei dem Meringer und Mayer diese Eigentümlichkeit bemerkt haben. Einen Grund für diese psychische Kontagiosität weiß ich nicht anzugeben.

3) „Ich klappe zusammen wie ein Tassenmescher — Taschenmesser", sagt eine Patientin zu Beginn der Behandlungsstunde, die Laute vertauschend, wobei ihr wieder die Artikulationsschwierigkeit („Wiener Weiber Wäscherinnen waschen weiße Wäsche" — „Fischflosse" und ähnliche Prüfworte) zur Entschuldigung dienen kann. Auf den Sprechfehler aufmerksam gemacht, erwidert sie prompt: „Ja, das ist nur, weil Sie heute ‚Ernscht'

gesagt haben." Ich hatte sie wirklich mit der Rede empfangen: „Heute wird es also Ernst" (weil es die letzte Stunde vor dem Urlaub werden sollte) und hatte das „Ernst" scherzhaft zu „Ernscht" verbreitert. Im Laufe der Stunde verspricht sie sich immer wieder von neuem, und ich merke endlich, daß sie mich nicht bloß imitiert, sondern daß sie einen besonderen Grund hat, im Unbewußten bei dem Worte Ernst als Namen zu verweilen[1].

4) „Ich bin so verschnupft, ich kann nicht durch die Ase natmen — Nase atmen" — passiert derselben Patientin ein andermal. Sie weiß sofort, wie sie zu diesem Sprechfehler kommt. „Ich steige jeden Tag in der Hasenauerstraße in die Tramway, und heute früh ist mir während des Wartens auf den Wagen eingefallen, wenn ich eine Französin wäre, würde ich Asenauer aussprechen, denn die Franzosen lassen das *H* im Anlaut immer weg." Sie bringt dann eine Reihe von Reminiszenzen an Franzosen, die sie kennen gelernt hat, und langt nach weitläufigen Umwegen bei der Erinnerung an, daß sie als vierzehnjähriges Mädchen in dem kleinen Stück „Kurmärker und Picarde" die Picarde gespielt und damals gebrochen Deutsch gesprochen hat. Die Zufälligkeit, daß in ihrem Logierhaus ein Gast aus Paris angekommen ist, hat die ganze Reihe von Erinnerungen wachgerufen. Die Lautvertauschung ist also Folge der Störung durch einen unbewußten Gedanken aus einem ganz fremden Zusammenhang.

5) Ähnlich ist der Mechanismus des Versprechens bei einer anderen Patientin, die mitten in der Reproduktion einer längst verschollenen Kindererinnerung von ihrem Gedächtnis verlassen wird. An welche Körperstelle die vorwitzige und lüsterne Hand

---

[1] Sie stand nämlich, wie sich zeigte, unter dem Einfluß von unbewußten Gedanken über Schwangerschaft und Kinderverhütung. Mit den Worten: „zusammengeklappt wie ein Taschenmesser", welche sie bewußt als Klage vorbrachte, wollte sie die Haltung des Kindes im Mutterleibe beschreiben. Das Wort „Ernst" in meiner Anrede hatte sie an den Namen (S. Ernst) einer bekannten Wiener Firma in der Kärntnerstraße gemahnt, welche sich als Verkaufsstätte von Schutzmitteln gegen die Konzeption zu annoncieren pflegt.

des anderen gegriffen hat, will ihr das Gedächtnis nicht mitteilen. Sie macht unmittelbar darauf einen Besuch bei einer Freundin und unterhält sich mit ihr über Sommerwohnungen. Gefragt, wo denn ihr Häuschen in M. gelegen sei, antwortet sie: an der Berglende anstatt Berglehne.

6) Eine andere Patientin, die ich nach Abbruch der Stunde frage, wie es ihrem Onkel geht, antwortet: „Ich weiß nicht, ich sehe ihn jetzt nur *in flagranti*." Am nächsten Tage beginnt sie: „Ich habe mich recht geschämt, Ihnen eine so dumme Antwort gegeben zu haben. Sie müssen mich natürlich für eine ganz ungebildete Person halten, die beständig Fremdwörter verwechselt. Ich wollte sagen: *en passant*. Wir wußten damals noch nicht, woher sie die unrichtig angewendeten Fremdwörter genommen hatte. In derselben Sitzung aber brachte sie als Fortsetzung des vortägigen Themas eine Reminiszenz, in welcher das Ertapptwerden *in flagranti* die Hauptrolle spielte. Der Sprechfehler am Tage vorher hatte also die damals noch nicht bewußt gewordene Erinnerung antizipiert.

7) Gegen eine andere muß ich an einer gewissen Stelle der Analyse die Vermutung aussprechen, daß sie sich zu der Zeit, von welcher wir eben handeln, ihrer Familie geschämt und ihrem Vater einen uns noch unbekannten Vorwurf gemacht habe. Sie erinnert sich nicht daran, erklärt es übrigens für unwahrscheinlich. Sie setzt aber das Gespräch mit Bemerkungen über ihre Familie fort: „Man muß ihnen das eine lassen: Es sind doch besondere Menschen, sie haben alle Geiz — ich wollte sagen Geist." Das war auch denn wirklich der Vorwurf, den sie aus ihrem Gedächtnis verdrängt hatte. Daß sich in dem Versprechen gerade jene Idee durchdrängt, die man zurückhalten will, ist ein häufiges Vorkommnis (vgl. den Fall von Meringer: zum Vorschwein gekommen). Der Unterschied liegt nur darin, daß die Person bei Meringer etwas zurückhalten will, was ihr bewußt ist, während meine Patientin das Zurückgehaltene nicht weiß,

oder wie man auch sagen kann, nicht weiß, daß sie etwas, und was sie zurückhält.

8) Auf absichtliche Zurückhaltung geht auch das nachstehende Beispiel von Versprechen zurück. Ich treffe einmal in den Dolomiten mit zwei Damen zusammen, die als Touristinnen verkleidet sind. Ich begleite sie ein Stück weit, und wir besprechen die Genüsse, aber auch die Beschwerden der touristischen Lebensweise. Die eine der Damen gibt zu, daß diese Art, den Tag zu verbringen, manches Unbequeme hat. „Es ist wahr," sagt sie, „daß es gar nicht angenehm ist, wenn man so in der Sonne den ganzen Tag marschiert hat und Bluse und Hemd ganz durchgeschwitzt sind." In diesem Satze hat sie einmal eine kleine Stockung zu überwinden. Dann setzt sie fort: „Wenn man aber dann nach Hose kommt und sich umkleiden kann..." Ich meine, es bedurfte keines Examens, um dieses Versprechen aufzuklären. Die Dame hatte offenbar die Absicht gehabt, die Aufzählung vollständiger zu halten und zu sagen: Bluse, Hemd und Hose. Dies dritte Wäschestück zu nennen, unterdrückte sie dann aus Gründen der Wohlanständigkeit. Aber im nächsten, inhaltlich unabhängigen Satz setzte sich das unterdrückte Wort als Verunstaltung des ähnlichen Wortes „nach Hause" wider ihren Willen durch.

9) „Wenn Sie Teppiche kaufen wollen, so gehen Sie nur zu Kaufmann in der Matthäusgasse. Ich glaube, ich kann Sie dort auch empfehlen," sagt mir eine Dame. Ich wiederhole: „Also bei Matthäus... bei Kaufmann will ich sagen." Es sieht aus wie Folge von Zerstreutheit, wenn ich den einen Namen an Stelle des anderen wiederhole. Die Rede der Dame hat mich auch wirklich zerstreut gemacht, denn sie hat meine Aufmerksamkeit auf anderes gelenkt, was mir weit wichtiger ist als Teppiche. In der Matthäusgasse steht nämlich das Haus, in dem meine Frau als Braut gewohnt hatte. Der Eingang des Hauses war in einer anderen Gasse, und nun merke ich, daß ich deren

Namen vergessen habe und ihn mir erst auf einem Umweg bewußt machen muß. Der Name Matthäus, bei dem ich verweile, ist mir also ein Ersatzname für den vergessenen Namen der Straße. Er eignet sich besser dazu als der Name Kaufmann, denn Matthäus ist ausschließlich ein Personenname, was Kaufmann nicht ist, und die vergessene Straße heißt auch nach einem Personennamen: R a d e t z k y.

10) Folgenden Fall könnte ich ebensogut bei den später zu besprechenden „Irrtümern" unterbringen, führe ihn aber hier an, weil die Lautbeziehungen, auf Grund deren die Wortersetzung erfolgt, ganz besonders deutlich sind. Eine Patientin erzählt mir ihren Traum: Ein Kind hat beschlossen, sich durch einen Schlangenbiß zu töten. Es führt den Beschluß aus. Sie sieht zu, wie es sich in Krämpfen windet usw. Sie soll nun die Tagesanknüpfung für diesen Traum finden. Sie erinnert sofort, daß sie gestern abends eine populäre Vorlesung über erste Hilfe bei Schlangenbissen mitangehört hat. Wenn ein Erwachsener und ein Kind gleichzeitig gebissen worden sind, so soll man zuerst die Wunde des Kindes behandeln. Sie erinnert auch, welche Vorschriften für die Behandlung der Vortragende gegeben hat. Es käme sehr viel darauf an, hatte er auch geäußert, von welcher Art man gebissen worden ist. Hier unterbreche ich sie und frage: Hat er denn nicht gesagt, daß wir nur sehr wenige giftige Arten in unserer Gegend haben, und welche die gefürchteten sind? „Ja, er hat die K l a p p e r schlange hervorgehoben." Mein Lachen macht sie dann aufmerksam, daß sie etwas Unrichtiges gesagt hat. Sie korrigiert jetzt aber nicht etwa den Namen, sondern sie nimmt ihre Aussage zurück. „Ja so, die kommt ja bei uns nicht vor, er hat von der Viper gesprochen. Wie gerate ich nur auf die Klapperschlange?" Ich vermutete, durch die Einmengung der Gedanken, die sich hinter ihrem Traum verborgen hatten. Der Selbstmord durch Schlangenbiß kann kaum etwas anderes sein, als eine Anspielung auf die schöne *Kleopatra*. Die weitgehende Lautähnlichkeit der

beiden Worte, die Übereinstimmung in den Buchstaben *Kl..p..r* in der nämlichen Reihenfolge und in dem betonten *a* sind nicht zu verkennen. Die gute Beziehung zwischen den Namen Klapperschlange und Kleopatra erzeugt bei ihr eine momentane Einschränkung des Urteils, derzufolge sie in der Behauptung, der Vortragende habe sein Publikum in Wien an der Behandlung von Klapperschlangenbissen unterwiesen, keinen Anstoß nimmt. Sie weiß sonst so gut wie ich, daß diese Schlange nicht zur Fauna unserer Heimat gehört. Wir wollen es ihr nicht verübeln, daß sie an die Versetzung der Klapperschlange nach Ägypten ebensowenig Bedenken knüpfte, denn wir sind gewohnt, alles Außereuropäische, Exotische zusammenzuwerfen, und ich selbst mußte mich einen Moment besinnen, ehe ich die Behauptung aufstellte, daß die Klapperschlange nur der neuen Welt angehört.

Weitere Bestätigungen ergeben sich bei Fortsetzung der Analyse. Die Träumerin hat gestern zum erstenmal die in der Nähe ihrer Wohnung aufgestellte Antoniusgruppe von Straßer besichtigt. Dies war also der zweite Traumanlaß (der erste der Vortrag über Schlangenbisse). In der Fortsetzung ihres Traumes wiegte sie ein Kind in ihren Armen, zu welcher Szene ihr das Gretchen einfällt. Weitere Einfälle bringen Reminiszenzen an „Arria und Messalina". Das Auftauchen so vieler Namen von Theaterstücken in den Traumgedanken läßt bereits vermuten, daß bei der Träumerin in früheren Jahren eine geheimgehaltene Schwärmerei für den Beruf der Schauspielerin bestand. Der Anfang des Traumes: „Ein Kind hat beschlossen, sein Leben durch einen Schlangenbiß zu enden", bedeutet wirklich nichts anderes als: Sie hat sich als Kind vorgenommen, einmal eine berühmte Schauspielerin zu werden. Von dem Namen Messalina zweigt endlich der Gedankenweg ab, der zu dem wesentlichen Inhalt dieses Traumes führt. Gewisse Vorfälle der letzten Zeit haben in ihr die Besorgnis erweckt, daß ihr einziger Bruder eine nicht standesgemäße Ehe mit einer Nicht-Arierin, eine Mésalliance eingehen könnte.

11) Ein völlig harmloses oder vielleicht uns nicht genügend in seinen Motiven aufgeklärtes Beispiel will ich hier wiedergeben, weil es einen durchsichtigen Mechanismus erkennen läßt:

Ein in Italien reisender Deutscher bedarf eines Riemens, um seinen schadhaft gewordenen Koffer zu umschnüren. Das Wörterbuch liefert ihm für Riemen das italienische Wort coreggia. Dieses Wort werde ich mir leicht merken, meint er, indem ich an den Maler (Correggio) denke. Er geht dann in einen Laden und verlangt: una ribera.

Es war ihm anscheinend nicht gelungen, das deutsche Wort in seinem Gedächtnis durch das italienische zu ersetzen, aber seine Bemühung war doch nicht gänzlich ohne Erfolg geblieben. Er wußte, daß er sich an den Namen eines Malers halten müsse, und so geriet er nicht auf jenen Malernamen, der an das italienische Wort anklingt, sondern an einen anderen, der sich dem deutschen Worte Riemen annähert. Ich hätte dieses Beispiel natürlich ebensowohl beim Namenvergessen wie hier beim Versprechen unterbringen können.

Als ich Erfahrungen von Versprechen für die erste Auflage dieser Schrift sammelte, ging ich so vor, daß ich alle Fälle, die ich beobachten konnte, darunter also auch die minder eindrucksvollen, der Analyse unterzog. Seither haben manche andere sich der amüsanten Mühe, Versprechen zu sammeln und zu analysieren, unterzogen und mich so in den Stand gesetzt, Auswahl aus einem reicheren Material zu schöpfen.

12) Ein junger Mann sagt zu seiner Schwester: Mit den D. bin ich jetzt ganz zerfallen, ich grüße sie nicht mehr. Sie antwortet: Überhaupt eine saubere Lippschaft. Sie wollte sagen: Sippschaft, aber sie drängte noch zweierlei in dem Sprechirrtum zusammen, daß ihr Bruder einst selbst mit der Tochter dieser Familie einen Flirt begonnen hatte, und daß es von dieser hieß,

V. Das Versprechen

sie habe sich in letzter Zeit in eine ernsthafte unerlaubte L i e b s c h a f t eingelassen.

13) Ein junger Mann spricht eine Dame auf der Straße mit den Worten an: „Wenn Sie gestatten, mein Fräulein, möchte ich Sie b e g l e i t - d i g e n." Er dachte offenbar, er möchte sie gern b e g l e i t e n, fürchtete aber, sie mit dem Antrag zu b e l e i d i g e n. Daß diese beiden einander widerstreitenden Gefühlsregungen in einem Worte — eben dem Versprechen — Ausdruck fanden, weist darauf hin, daß die eigentlichen Absichten des jungen Mannes jedenfalls nicht die lautersten waren und ihm dieser Dame gegenüber selbst beleidigend erscheinen mußten. Während er aber gerade dies vor ihr zu verbergen sucht, spielt ihm das Unbewußte den Streich, seine eigentliche Absicht zu verraten, wodurch er aber andererseits der Dame gleichsam die konventionelle Antwort: „Ja, was glauben Sie denn von mir, wie können Sie mich denn so b e l e i d i g e n" vorwegnimmt. (Mitgeteilt von O R a n k.)

Eine Anzahl von Beispielen entnehme ich einem Aufsatz von W. S t e k e l aus dem „Berliner Tageblatt" vom 4. Jänner 1904, betitelt. „Unbewußte Geständnisse".

14) „Ein unangenehmes Stück meiner unbewußten Gedanken enthüllt das folgende Beispiel. Ich schicke voraus, daß ich in meiner Eigenschaft als Arzt niemals auf meinen Erwerb bedacht bin und immer nur das Interesse des Kranken im Auge habe, was ja eine selbstverständliche Sache ist. Ich befinde mich bei einer Kranken, der ich nach schwerer Krankheit in einem Rekonvaleszentenstadium meinen ärztlichen Beistand leiste. Wir haben schwere Tage und Nächte mitgemacht. Ich bin glücklich, sie besser zu finden, male ihr die Wonnen eines Aufenthaltes in Abbazia aus und gebrauche dabei den Nachsatz: ‚wenn Sie, was ich hoffe, das Bett bald n i c h t verlassen werden —'. Offenbar entsprang das einem egoistischen Motiv des Unbewußten, diese wohlhabende Kranke noch länger behandeln zu dürfen, einem

Wunsche, der meinem wachen Bewußtsein vollkommen fremd ist und den ich mit Entrüstung zurückweisen würde."

15) Ein anderes Beispiel (W. Stekel). „Meine Frau nimmt eine Französin für die Nachmittage auf und will, nachdem man sich über die Bedingungen geeinigt hatte, ihre Zeugnisse zurückbehalten. Die Französin bittet, sie behalten zu dürfen, mit der Motivierung: *Je cherche encore pour les après-midis, pardon, pour les avant-midis.* Offenbar hatte sie die Absicht, sich noch anderweitig umzusehen und vielleicht bessere Bedingungen zu erhalten — eine Absicht, die sie auch ausgeführt hat."

16) (Dr. Stekel:) „Ich soll einer Frau die Leviten lesen, und ihr Mann, auf dessen Bitte das geschieht, steht lauschend hinter der Tür. Am Ende meiner Predigt, die einen sichtlichen Eindruck gemacht hatte, sagte ich: ‚Küss' die Hand, gnädiger Herr!' Dem Kundigen hatte ich damit verraten, daß die Worte an die Adresse des Herrn gerichtet waren, daß ich sie um seinetwillen gesprochen hatte."

17) Dr. Stekel berichtet von sich selbst, daß er zu einer Zeit zwei Patienten aus Triest in Behandlung gehabt habe, die er immer verkehrt zu begrüßen pflegte. „Guten Morgen, Herr Peloni," sagte ich zu Askoli, — „Guten Morgen, Herr Askoli," zu Peloni. Er war anfangs geneigt, dieser Verwechslung keine tiefere Motivierung zuzuschreiben, sondern sie durch die mehrfachen Gemeinsamkeiten der beiden Herren zu erklären. Er ließ sich aber leicht überzeugen, daß die Namenvertauschung hier einer Art Prahlerei entsprach, indem er durch sie jeden seiner italienischen Patienten wissen lassen konnte, er sei nicht der einzige Triestiner, der nach Wien gekommen sei, um seinen ärztlichen Rat zu suchen.

18) Dr. Stekel selbst in einer stürmischen Generalversammlung: Wir **streiten** (schreiten) nun zu Punkt 4 der Tagesordnung.

19) Ein Professor in seiner Antrittsvorlesung: „Ich bin nicht **geneigt** (geeignet), die Verdienste meines sehr geschätzten Vorgängers zu schildern."

V. Das Versprechen

20) Dr. Stekel zu einer Dame, bei welcher er Basedowsche Krankheit vermutet: „Sie sind um einen Kropf (Kopf) größer als Ihre Schwester."

21) Dr. Stekel berichtet: Jemand will das Verhältnis zweier Freunde schildern, von denen einer als Jude charakterisiert werden soll. Er sagt: Sie lebten zusammen wie Kastor und Pollak. Das war durchaus kein Witz, der Redner hatte das Versprechen selbst nicht bemerkt und wurde erst von mir darauf aufmerksam gemacht.

22) Gelegentlich ersetzt ein Versprechen eine ausführliche Charakteristik. Eine junge Dame, die das Regiment im Hause führt, erzählt mir von ihrem leidenden Manne, er sei beim Arzt gewesen, um ihn nach der ihm zuträglichen Diät zu befragen. Der Arzt habe aber gesagt, darauf käme es nicht an. „Er kann essen und trinken was ich will."

Die folgenden zwei Beispiele von Th. Reik (Intern. Zeitschr. f. Psychoanalyse, III, 1915) stammen aus Situationen, in denen sich Versprechen besonders leicht ereignen, weil in ihnen mehr zurückgehalten werden muß, als gesagt werden kann.

23) Ein Herr spricht einer jungen Dame, deren Gatte kürzlich gestorben ist, sein Beileid aus und setzt hinzu: „Sie werden Trost finden, indem Sie sich völlig ihren Kindern widwen." Der unterdrückte Gedanke wies auf andersartigen Trost hin: eine junge schöne Witwe wird bald neue Sexualfreuden genießen.

24) Derselbe Herr unterhält sich mit derselben Dame in einer Abendgesellschaft über die großen Vorbereitungen, welche in Berlin zum Osterfeste getroffen werden, und fragt: „Haben Sie heute die Auslage bei Wertheim gesehen? Sie ist ganz dekolletiert." Er hatte seiner Bewunderung über die Dekolletage der schönen Frau nicht laut Ausdruck geben dürfen, und nun setzte sich der verpönte Gedanke durch, indem er die Dekoration einer Warenauslage in eine Dekolletage verwandelte, wobei das Wort Auslage unbewußt doppelsinnig verwendet wurde.

Dieselbe Bedingung trifft auch für eine Beobachtung zu, über welche Dr. Hanns Sachs ausführliche Rechenschaft zu geben versucht:

25) „Eine Dame erzählt mir von einem gemeinsamen Bekannten, er sei, als sie ihn das letztemal sah, so elegant angezogen gewesen wie immer, besonders habe er hervorragend schöne, braune Halbschuhe getragen. Auf meine Frage, wo sie ihn denn getroffen habe, berichtete sie: ‚Er hat an meiner Haustür geläutet und ich hab' ihn durch die heruntergelassenen Rouleaux gesehen. Ich habe aber weder geöffnet noch sonst ein Lebenszeichen gegeben, denn ich wollte nicht, daß er es erfährt, daß ich schon in der Stadt bin.' Ich denke mir beim Zuhören, daß sie mir dabei etwas verschweigt, am wahrscheinlichsten wohl, daß sie deswegen nicht geöffnet habe, weil sie nicht allein und nicht in der Toilette war, um Besuche zu empfangen, und frage ein wenig ironisch: ‚Also durch die geschlossenen Jalousien hindurch haben Sie seine Hausschuhe — seine Halbschuhe bewundern können?' In ‚Hausschuhe' kommt der von der Äußerung abgehaltene Gedanke an ihr **Hauskleid** zum Ausdruck. Das Wort ‚Halb' wurde anderseits wieder deswegen zu beseitigen versucht, weil gerade in diesem Worte der Kern der verpönten Antwort: ‚Sie sagen mir nur die **halbe** Wahrheit und verschweigen, daß Sie **halb** angezogen waren' enthalten ist. Befördert wurde das Versprechen auch dadurch, daß wir unmittelbar vorher von dem Eheleben des betreffenden Herrn, von seinem ‚häuslichen Glück' gesprochen hatten, was wohl die Verschiebung auf seine Person mitdeterminierte. Schließlich muß ich gestehen, daß vielleicht mein Neid mitgewirkt hat, wenn ich diesen eleganten Herrn in Hausschuhen auf der Straße stehen ließ; ich selbst habe mir erst vor kurzem braune Halbschuhe gekauft, die keineswegs mehr ‚hervorragend schön' sind."

Kriegszeiten wie die gegenwärtigen bringen eine Reihe von Versprechen hervor, deren Verständnis wenig Schwierigkeiten macht.

26) „Bei welcher Waffe befindet sich Ihr Herr Sohn?" wird eine Dame gefragt. Sie antwortet: „Bei den 42er Mördern."

27) Leutnant Henrik H a i m a n schreibt aus dem Felde: „Ich werde aus der Lektüre eines fesselnden Buches herausgerissen, um für einen Moment den Aufklärungstelephonisten zu vertreten. Auf die Leitungsprobe der Geschützstation reagiere ich mit: Kontrolle richtig, R u h e. Reglementmäßig sollte es lauten: Kontrolle richtig, Schluß. Meine Abweichung erklärt sich durch den Ärger über die Störung im Lesen." (Intern. Zeitschr. f. Psychoanalyse, IV, 1916/17.)

28) Ein Feldwebel instruiert die Mannschaft, ihre Adressen genau nach Hause anzugeben, damit die G e s p e c k stücke nicht verloren gehen.

29) Das nachstehende, hervorragend schöne und durch seinen tieftraurigen Hintergrund bedeutsame Beispiel verdanke ich der Mitteilung von Dr. L. C z e s z e r, der während seines Aufenthaltes in der neutralen Schweiz zu Kriegszeiten diese Beobachtung gemacht und sie erschöpfend analysiert hat. Ich gebe seine Zuschrift mit unwesentlichen Auslassungen im folgenden wieder:

„Ich gestatte mir, einen Fall von ‚Versprechen' mitzuteilen, der Herrn Professor M. N. in O. bei einem seiner im eben verflossenen Sommersemester abgehaltenen Vorträge über die Psychologie der Empfindungen unterlief. Ich muß voraussenden, daß diese Vorlesungen in der Aula der Universität unter großem Zudrang der französischen internierten Kriegsgefangenen und im übrigen der meist aus entschieden ententefreundlich gesinnten Französisch-Schweizern bestehenden Studentenschaft gehalten wurden. In O. wird, wie in Frankreich selbst, das Wort *boche* jetzt allgemein und ausschließlich zur Bezeichnung der Deutschen gebraucht. Bei öffentlichen Kundgebungen aber, sowie bei Vorlesungen u. dgl. bestreben sich höhere Beamte, Professoren und sonst verantwortliche Personen, aus Neutralitätsgründen das ominöse Wort zu vermeiden.

Professor N. nun war gerade im Zuge, die praktische Bedeutung der Affekte zu besprechen, und beabsichtigte, ein Beispiel zu zitieren für die zielbewußte Ausbeutung eines Affekts, um eine an sich uninteressante Muskelarbeit mit Lustgefühlen zu laden und so intensiver zu gestalten. Er erzählte also, natürlich in französischer Sprache, die gerade damals von hiesigen Blättern aus einem alldeutschen Blatte abgedruckte Geschichte von einem deutschen Schulmeister, der seine Schüler im Garten arbeiten ließ und, um sie zu intensiverer Arbeit anzufeuern, sie aufforderte, sich vorzustellen, daß sie statt jeder Erdscholle einen französischen Schädel einschlügen. Beim Vortrag seiner Geschichte sagte N. natürlich jedesmal, wo von Deutschen die Rede war, ganz korrekt *Allemand* und nicht *boche*. Doch als es zur Pointe der Geschichte kam, trug er die Worte des Schulmeisters folgenderweise vor: *Imaginez vous, qu'en chaque moche vous écrasez le crâne d'un Français*. Also statt *motte* — *moche!*

Sieht man da nicht förmlich, wie der korrekte Gelehrte vom Anfang der Erzählung sich zusammennimmt, um ja nicht der Gewohnheit und vielleicht auch der Versuchung nachzugeben und das sogar durch einen Bundeserlaß ausdrücklich verpönte Wort von dem Katheder der Universitätsaula fallen zu lassen! Und gerade im Augenblick, wo er glücklich das letztemal ganz korrekt ‚*instituteur allemand*' gesagt hat und innerlich aufatmend zum unverfänglichen Schlusse eilt, klammert sich die mühsam zurückgedrängte Vokabel an den Gleichklang des Wortes *motte* und — das Unheil ist geschehen. Die Angst vor der politischen Taktlosigkeit, vielleicht eine zurückgedrängte Lust, das gewohnte und von allen erwartete Wort doch zu gebrauchen, sowie der Unwillen des geborenen Republikaners und Demokraten gegen jeden Zwang in der freien Meinungsäußerung interferieren mit der auf die korrekte Wiedergabe des Beispiels gerichteten Hauptabsicht. Die interferierende Tendenz ist dem Redner bekannt und er hat, wie nicht anders anzunehmen ist, unmittelbar vor dem Versprechen an sie gedacht.

Sein Versprechen hat Professor N. nicht bemerkt, wenigstens hat er es nicht verbessert, was man doch meist geradezu automatisch tut. Dagegen wurde der Lapsus von der meist französischen Zuhörerschaft mit wahrer Genugtuung aufgenommen und wirkte vollkommen wie ein beabsichtigter Wortwitz. Ich aber folgte diesem anscheinend harmlosen Vorgang mit wahrer innerer Erregung. Denn wenn ich mir auch aus naheliegenden Gründen versagen mußte, dem Professor die sich nach psychoanalytischer Methode aufdrängenden Fragen zu stellen, so war doch dieses Versprechen für mich ein schlagender Beweis für die Richtigkeit Ihrer Lehre von der Determinierung der Fehlhandlungen und den tiefen Analogien und Zusammenhängen zwischen dem Versprechen und dem Witz."

30) Unter den betrübenden Eindrücken der Kriegszeit entstand auch das Versprechen, welches ein heimgekehrter österreichischer Offizier, Oberleutnant T., berichtet:

„Während mehrerer Monate meiner italienischen Kriegsgefangenschaft waren wir, eine Zahl von 200 Offizieren, in einer engen Villa untergebracht. In dieser Zeit starb einer unserer Kameraden an der Grippe. Der Eindruck, der durch diesen Vorfall hervorgerufen wurde, war naturgemäß ein tiefgehender; denn die Verhältnisse, in denen wir uns befanden, das Fehlen ärztlichen Beistands, die Hilflosigkeit unserer damaligen Existenz ließen ein Umsichgreifen der Seuche mehr denn wahrscheinlich werden. — Wir hatten den Toten in einem Kellerraume aufgebahrt. Am Abend, als ich mit einem Freunde einen Rundgang um unser Haus angetreten hatte, äußerten wir beide den Wunsch, die Leiche zu sehen. Mir als dem Voranschreitenden bot sich beim Eintritt in den Keller ein Anblick, der mich heftig erschrecken ließ; denn ich war nicht vorbereitet gewesen, die Bahre so nahe beim Eingang aufgestellt zu finden und aus solcher Nähe in das durch spielende Kerzenlichter in Unruhe versetzte Antlitz schauen zu müssen. Noch unter diesem nachwirkenden Bilde setzten wir dann den Rundgang fort. An einer Stelle, von wo sich dem Auge die Ansicht des im vollen Mondenscheine schwimmenden Parkes, einer hellbestrahlten Wiese und dahintergelegter, leichter Nebelschleier zeigte, gab ich der damit verknüpften Vorstellung Ausdruck, einen Reigen Elfen unter dem Saume der anschließenden Kiefern tanzen zu sehen.

Am folgenden Nachmittag begruben wir den toten Gefährten. Der Weg von unserem Kerker bis zum Friedhof des kleinen, benachbarten Ortes war für uns gleicherweise bitter und entwürdigend; denn halbwüchsige, johlende Burschen, eine spöttische, höhnende Bevölkerung, derbe, schreiende Lärmer hatten diesen Anlaß benützt, um unverhohlen ihren von Neugierde und Haß gemischten Gefühlen Ausdruck zu verleihen. Die Empfindung, selbst in diesem wehrlosen Zustand nicht ungekränkt bleiben zu können, der Abscheu vor der bekundeten Roheit beherrschten mich bis zum Abend mit Erbitterung. Zur gleichen Stunde wie tagszuvor, in der nämlichen Begleitung begingen wir auch diesmal den Kiesweg rund um das Wohnhaus; und an dem Kellergitter vorüberkommend, hinter dem die Leiche gelegen hatte, überfiel mich die Erinnerung des Eindrucks, den ihr Anblick in mir hinterlassen hatte. An der Stelle, von der sich mir dann wiederum der erhellte Park darbot, unter dem gleichen Vollmondlichte, hielt ich an und äußerte zu meinem Begleiter: ‚Wir könnten uns hier ins **Grab** — — **Gras** setzen und eine Serenade **sinken!**' — Erst beim zweiten Versprechen wurde ich aufmerksam; das erstemal hatte ich verbessert, ohne des Sinnes im Fehler bewußt geworden zu sein. Nun überlegte ich und reihte aneinander: ‚ins Grab — sinken!' Blitzartig folgten diese Bilder: im Mondschein tanzende, schwebende Elfen; der aufgebahrte Kamerad, der erweckte Eindruck; einzelne Szenen vom Begräbnis, die Empfindung des gehabten Ekels und der gestörten Trauer; Erinnerung an einzelne Gespräche über die aufgetretene Seuche, Furchtäußerungen mehrerer Offiziere. Später entsann ich mich des Umstandes, daß es der Todestag meines Vaters sei, was für mich meines sonst sehr schlechten Datengedächtnisses wegen auffallend wurde.

Beim nachherigen Überdenken wurde mir klar: das Zusammentreffen äußerer Bedingungen zwischen beiden Abenden, die gleiche Stunde, Beleuchtung, der nämliche Ort und Begleiter. Ich erinnerte mich des Unbehagens, das ich empfunden hatte, als die Besorgnis einer Ausbreitung der Grippe erörtert wurde; aber zugleich auch des inneren Verbotes, mich Furcht anwandeln zu lassen. Auch die Wortstellung: ‚wir könnten ins Grab sinken' wurde mir darauf in ihrer Bedeutung bewußt, wie ich auch die Überzeugung gewann, nur die zuerst stattgehabte Korrektur von ‚Grab' in ‚Gras', die noch ohne Deutlichkeit geschehen war, habe auch das zweite Versprechen: ‚singen' in ‚sinken' zur Folge gehabt, um dem unterdrückten Komplex endgültige Wirkung zu sichern.

Ich füge bei, daß ich zu jener Zeit an beängstigenden Träumen litt, in denen ich eine mir sehr nahestehende Angehörige wiederholt krank, einmal selbst tot sah. Ich hatte noch knapp vor meiner Gefangennahme die Nachricht erhalten, daß die Grippe gerade in der Heimat dieser Angehörigen mit besonderer Heftigkeit wüte, hatte ihr auch meine lebhaften Befürchtungen geäußert. Seither war ich ohne Verbindung geblieben. Monate später empfing ich die Kunde, daß sie zwei Wochen vor dem geschilderten Ereignis ein Opfer der Epidemie geworden sei!"

31) Das nachstehende Beispiel von Versprechen beleuchtet blitzähnlich einen der schmerzlichen Konflikte, die das Los des Arztes sind. Ein wahrscheinlich dem Tode verfallener Mann, dessen Diagnose aber noch nicht feststeht, ist nach Wien gekommen, um hier die Lösung seines Knotens abzuwarten, und hat einen Jugendfreund, der ein bekannter Arzt geworden ist, gebeten, seine Behandlung zu übernehmen, worauf dieser nicht ohne Widerstreben schließlich einging. Der Kranke soll in einer Heilanstalt Aufenthalt nehmen und der Arzt schlägt das Sanatorium „Hera" vor. Das ist doch eine Anstalt nur für bestimmte Zwecke (eine Entbindungsanstalt), wendet der Kranke ein. O nein, ereifert sich der Arzt: In der „Hera" kann man jeden Patienten **umbringen**

— unterbringen, meine ich. Er sträubt sich dann heftig gegen die Deutung seines Versprechens. „Du wirst doch nicht glauben, daß ich feindselige Impulse gegen dich habe?" Eine Viertelstunde später sagte er zu der ihn hinausbegleitenden Dame, die die Pflege des Kranken übernommen hat: „Ich kann nichts finden und glaube ja noch immer nicht daran. Aber wenn es so sein sollte, bin ich für eine tüchtige Dosis Morphium, und dann ist Ruhe." Es kommt heraus, daß der Freund ihm die Bedingung gestellt hat, daß er seine Leiden durch ein Medikament abkürze, sobald es feststeht, daß ihm nicht mehr zu helfen ist. Der Arzt hatte also wirklich die Aufgabe übernommen, den Freund umzubringen.

32) Auf ein ganz besonders lehrreiches Beispiel von Versprechen möchte ich nicht verzichten, obwohl es sich nach Angabe meines Gewährsmannes vor etwa 20 Jahren zugetragen hat. „Eine Dame äußerte einmal in einer Gesellschaft — man hört es den Worten an, daß sie im Eifer und unter dem Drucke allerlei geheimer Regungen zustande gekommen sind: ‚Ja, eine Frau muß schön sein, wenn sie den Männern gefallen soll. Da hat es ein Mann viel besser; wenn er nur seine **fünf geraden** Glieder hat, mehr braucht er nicht!' Dieses Beispiel gestattet uns einen guten Einblick in den intimen Mechanismus eines Versprechens durch **Verdichtung** oder einer **Kontamination** (vgl. S. 62). Es liegt nahe, anzunehmen, daß hier zwei sinnähnliche Redeweisen verschmolzen sind:

> wenn er seine **vier geraden Glieder** hat
> wenn er seine **fünf Sinne** beisammen hat.

Oder aber das Element **gerade** ist das Gemeinsame zweier Redeintentionen gewesen, die gelautet haben:

> wenn er nur seine **geraden** Glieder hat
> alle **fünf gerade** sein lassen.

Es hindert uns auch nichts anzunehmen, daß **beide** Redensarten, die von den fünf Sinnen und die von den geraden fünf mitgewirkt haben, um in den Satz von den geraden Gliedern zunächst eine Zahl und dann die geheimsinnige fünf anstatt der simpeln vier einzuführen. Diese Verschmelzung wäre aber gewiß nicht erfolgt, wenn sie nicht in der als Versprechen resultierenden Form einen eigenen guten Sinn hätte, den einer zynischen Wahrheit, wie sie von einer Frau allerdings nicht ohne Bemäntelung bekannt werden darf. — Endlich wollen wir nicht versäumen, aufmerksam zu machen, daß die Rede der Dame ihrem Wortlaut nach ebensowohl einen vortrefflichen Witz wie ein lustiges Versprechen bedeuten kann. Es hängt nur davon ab, ob sie diese Worte mit bewußter Absicht oder — mit unbewußter Absicht gesprochen hat. Das Benehmen der Rednerin in unserem Falle widerlegte allerdings die bewußte Absicht und schloß den Witz aus."

Die Annäherung eines Versprechens an einen Witz kann so weit gehen wie in dem von O. Rank mitgeteilten Falle, in dem die Urheberin des Versprechens es schließlich selbst als Witz belacht:

33) „Ein jung verheirateter Ehemann, dem seine um ihr mädchenhaftes Aussehen besorgte Frau den häufigen Geschlechtsverkehr nur ungern gestattet, erzählte mir folgende, nachträglich auch ihn und seine Frau höchst belustigende Geschichte: Nach einer Nacht, in welcher er das Abstinenzgebot seiner Frau wieder einmal übertreten hat, rasiert er sich morgens in ihrem gemeinsamen Schlafzimmer und benützt dabei — wie schon öfter aus Bequemlichkeit — die auf dem Nachtkästchen liegende Puderquaste seiner noch ruhenden Gattin. Die um ihren Teint äußerst besorgte Dame hatte ihm auch dies schon mehrmals verwiesen und ruft ihm darum geärgert zu: ‚Du puderst mich ja schon wieder mit deiner Quaste!' Durch des Mannes Gelächter auf ihr Versprechen aufmerksam gemacht (sie wollte sagen: du puderst dich schon wieder mit meiner Quaste), lacht sie schließlich belustigt mit („pudern' ist ein jedem Wiener geläufiger Ausdruck für koitieren, die Quaste als phallisches Symbol kaum zweifelhaft)."
(Internat. Zeitschr. f. Psychoanalyse, I, 1913.)

34) An die Absicht eines Witzes könnte man auch in folgendem Falle denken (A. J. Storfer):

Frau B., die an einem Leiden, offenbar psychogenen Ursprungs, laboriert, wird wiederholt nahegelegt, den Psychoanalytiker X. zu konsultieren. Sie lehnt es stets mit der Bemerkung ab, so eine Behandlung sei doch nie etwas Rechtes, der Arzt würde doch alles fälschlicherweise auf sexuelle Dinge zurückführen. Schließlich ist sie einmal doch bereit, dem Rate Folge zu leisten und sie fragt: „Nun gut, wann ordinärt also dieser Dr. X.?"

Die Verwandtschaft zwischen Witz und Versprechen bekundet sich auch darin, daß das Versprechen oft nichts anderes ist als eine Verkürzung:

35) Ein junges Mädchen hat nach dem Verlassen der Schule den herrschenden Zeitströmungen Rechnung getragen, indem sie sich zum Studium der Medizin inskribierte. Nach wenigen Semestern hatte sie die Medizin mit der Chemie vertauscht. Von dieser Schwenkung erzählt sie einige Jahre später in folgender Rede: Ich hab' mich ja im allgemeinen beim Sezieren nicht gegraust, aber wie ich einmal an einer Leiche die Nägel von den Fingern abziehen sollte, da habe ich die Lust an der ganzen — Chemie verloren.

36) Ich reihe hier einen anderen Fall von Versprechen an, dessen Deutung wenig Kunst erfordert. „Der Professor bemüht sich in der Anatomie um die Erklärung der Nasenhöhle, eines bekanntlich sehr schwierigen Abschnittes der Eingeweidelehre. Auf seine Frage, ob die Hörer seine Ausführungen erfaßt haben, wird ein allgemeines ‚Ja' vernehmlich. Darauf bemerkt der bekannt selbstbewußte Professor: Ich glaube kaum, denn die Leute, welche die Nasenhöhle verstehen, kann man selbst in einer Millionenstadt wie Wien an einem Finger, pardon, an den Fingern einer Hand wollte ich sagen, abzählen."

37) Derselbe Anatom ein andermal: „Beim weiblichen Genitale hat man trotz vieler Versuchungen — pardon, Versuche..."

38) Herrn Dr. Alf. Robitsek in Wien verdanke ich den Hinweis auf zwei von einem altfranzösischen Autor bemerkte Fälle von Versprechen, die ich unübersetzt wiedergeben werde. Brantôme (1527—1614.) Vies des Dames galantes, Discours second: „Si ay-je cogneu une très belle et honneste dame de par le monde, qui, devisant avec un honneste gentilhomme de la cour des affaires de la guerre durant ces civiles, elle luy dit: ‚J'ay ouy dire que le roy a faiet rompre tous les c... de ce pays là. Elle vouloit dire les ponts. Pensez que, venant de coucher d'avec son mary, ou songeant à son amant, elle avoit encor ce nom frais en la bouche; et le gentilhomme s'en eschauffer en amours d'elle pour ce mot.'"

„Une autre dame que j'ai cogneue, entretenant une autre grand dame plus qu'elle, et luy louant et exaltant ses beautez, elle luy dit après: ‚Non, madame, ce que je vous en dis: ce n'est point pour vous *adultérer*; voulant dire *adulater*, comme elle le rhabilla ainsi: pensez qu'elle songeoit à *adultérer*.'"

39) Es gibt natürlich auch modernere Beispiele für die Entstehung sexueller Zweideutigkeiten durch Versprechen: Frau F. erzählt über ihre erste Stunde in einem Sprachkurs: „Es ist ganz interessant, der Lehrer ist ein netter junger Engländer. Er hat mir gleich in der ersten Stunde durch die Bluse (korrigiert sich: durch die Blume) zu verstehen gegeben, daß er mir lieber Einzelunterricht erteilen möchte." (Storfer.)

Bei dem psychotherapeutischen Verfahren, dessen ich mich zur Auflösung und Beseitigung neurotischer Symptome bediene, ist sehr häufig die Aufgabe gestellt, aus den wie zufällig vorgebrachten Reden und Einfällen des Patienten einen Gedankeninhalt aufzuspüren, der zwar sich zu verbergen bemüht ist, aber doch nicht umhin kann, sich in mannigfaltigster Weise unabsichtlich zu verraten. Dabei leistet oft das Versprechen die wertvollsten Dienste, wie ich an den überzeugendsten und anderseits sonderbarsten Beispielen dartun könnte. Die Patienten sprechen z. B.

von ihrer Tante und nennen sie konsequent, ohne das Versprechen zu bemerken, „meine Mutter", oder bezeichnen ihren Mann als ihren „Bruder". Sie machen mich auf diese Weise aufmerksam, daß sie diese Personen miteinander „identifiziert", in eine Reihe gebracht haben, welche für ihr Gefühlsleben die Wiederkehr desselben Typus bedeutet. Oder: ein junger Mann von 20 Jahren stellt sich mir in der Sprechstunde mit den Worten vor: Ich bin der Vater des N. N., den Sie behandelt haben. — Pardon, ich will sagen, der Bruder; er ist ja um vier Jahre älter als ich. Ich verstehe, daß er durch dieses Versprechen ausdrücken will, daß er wie der Bruder durch die Schuld des Vaters erkrankt sei, wie der Bruder Heilung verlange, daß aber der Vater derjenige ist, dem die Heilung am dringlichsten wäre. Andere Male reicht eine ungewöhnlich klingende Wortfügung, eine gezwungen erscheinende Ausdrucksweise hin, um den Anteil eines verdrängten Gedankens an der anders motivierten Rede des Patienten aufzudecken.

In groben wie in solchen feineren Redestörungen, die sich eben noch dem „Versprechen" subsumieren lassen, finde ich also nicht den Einfluß von Kontaktwirkungen der Laute, sondern den von Gedanken außerhalb der Redeintention maßgebend für die Entstehung des Versprechens und hinreichend zur Aufhellung des zustande gekommenen Sprechfehlers. Die Gesetze, nach denen die Laute verändernd aufeinander einwirken, möchte ich nicht anzweifeln; sie scheinen mir aber nicht wirksam genug, um für sich allein die korrekte Ausführung der Rede zu stören. In den Fällen, die ich genauer studiert und durchschaut habe, stellen sie bloß den vorgebildeten Mechanismus dar, dessen sich ein ferner gelegenes psychisches Motiv bequemerweise bedient, ohne sich aber an den Machtbereich dieser Beziehungen zu binden. **In einer großen Reihe von Substitutionen wird beim Versprechen von solchen Lautgesetzen völlig abgesehen.** Ich befinde mich hiebei in voller Übereinstimmung mit Wundt, der gleichfalls die Bedingungen des Versprechens als zusammengesetzte und weit über die Kontaktwirkungen der Laute hinausgehende vermutet.

Wenn ich diese „entfernteren psychischen Einflüsse" nach Wundts Ausdruck für gesichert halte, so weiß ich anderseits von keiner Abhaltung um auch zuzugeben, daß bei beschleunigter Rede und einigermaßen abgelenkter Aufmerksamkeit die Bedingungen fürs Versprechen sich leicht auf das von Meringer und Mayer bestimmte Maß einschränken können. Bei einem Teile der von diesen Autoren gesammelten Beispiele ist wohl eine kompliziertere Auflösung wahrscheinlicher. Ich greife etwa den vorhin angeführten Fall heraus:

Es war mir auf der Schwest...
Brust so schwer.

Geht es hier wohl so einfach zu, daß das schwe das gleichwertige Bru als Vorklang verdrängt? Es ist kaum abzuweisen, daß die Laute schwe außerdem durch eine besondere Relation zu dieser Vordringlichkeit befähigt werden. Diese könnte dann keine andere sein als die Assoziation: Schwester — Bruder, etwa noch: Brust der Schwester, die zu anderen Gedankenkreisen hinüberleitet. Dieser hinter der Szene unsichtbare Helfer verleiht dem sonst harmlosen schwe die Macht, deren Erfolg sich als Sprechfehler äußert.

Für anderes Versprechen läßt sich annehmen, daß der Anklang an obszöne Worte und Bedeutungen das eigentlich Störende ist. Die absichtliche Entstellung und Verzerrung der Worte und Redensarten, die bei unartigen Menschen so beliebt ist, bezweckt nichts anderes, als beim harmlosen Anlaß an das Verpönte zu mahnen, und diese Spielerei ist so häufig, daß es nicht wunderbar wäre, wenn sie sich auch unabsichtlich und wider Willen durchsetzen sollte. Beispiele wie: Eischeißweibchen für Eiweißscheibchen, Apopos Fritz für Apropos, Lokuskapitäl für Lotuskapitäl usw., vielleicht noch die Alabüsterbachse (Alabaster-

büchse) der hl. Magdalena gehören wohl in diese Kategorie[1]. —
„Ich fordere Sie auf, auf das Wohl unseres Chefs aufzustoßen,"
ist kaum etwas anderes als eine unabsichtliche Parodie als Nach-
klang einer beabsichtigten. Wenn ich der Chef wäre, zu dessen
Feierlichkeit der Festredner diesen Lapsus beigetragen hätte, würde
ich wohl daran denken, wie klug die Römer gehandelt haben, als
sie den Soldaten des triumphierenden Imperators gestatteten, den
inneren Einspruch gegen den Gefeierten in Spottliedern laut
zu äußern. — Meringer erzählt von sich selbst, daß er zu
einer Person, die als die älteste der Gesellschaft mit dem ver-
traulichen Ehrennamen „Senexl" oder „altes Senexl" angesprochen
wurde, einmal gesagt habe: „Prost, Senex altesl!" Er erschrak
selbst über diesen Fehler (S. 50). Wir können uns vielleicht seinen
Affekt deuten, wenn wir daran mahnen, wie nahe „Altesl" an
den Schimpf „alter Esel" kommt. Auf die Verletzung der Ehr-
furcht vor dem Alter (d. i., auf die Kindheit reduziert: vor dem
Vater) sind große innere Strafen gesetzt.

---

1) Bei einer meiner Patientinnen setzte sich das Versprechen als Symptom so lange fort, bis es auf den Kinderstreich, das Wort ruinieren durch urinieren zu ersetzen, zurückgeführt war. — An die Versuchung, durch den Kunstgriff des Versprechens zum freien Gebrauch unanständiger und unerlaubter Worte zu kommen, knüpfen sich Abrahams Beobachtungen über Fehlleistungen „mit überkompensierender Tendenz" (Intern. Zeitschr. f. Psychoanalyse VIII, 1922). Eine Patientin mit leichter Neigung, die Anfangssilbe von Eigennamen durch Stottern zu verdoppeln, hatte den Namen Protagoras in Protragoras verändert. Kurz vorher hatte sie anstatt Alexandros — A—alexandros gesagt. Die Erkundigung ergab, daß sie als Kind besonders gerne die Unart gepflegt hatte die anlautenden Silben a und po zu wiederholen, eine Spielerei, die nicht selten das Stottern der Kinder einleitet. Beim Namen Protagoras verspürte sie nun die Gefahr, das r der ersten Silbe auszulassen und Po—potagoras zu sagen. Zum Schutz dagegen hielt sie aber dies r krampfhaft fest und schob noch ein weiteres r in die zweite Silbe ein. In ähnlicher Weise entstellte sie andere Male die Worte parterre und Kondolenz zu partrerre und Kodolenz, um den in ihrer Assoziation naheliegenden Worten pater (Vater) und Kondom auszuweichen. Ein anderer Patient Abrahams bekannte sich zur Neigung anstatt Angina jedesmal Angora zu sagen, sehr wahrscheinlich, weil er die Versuchung fürchtete, Angina durch Vagina zu ersetzen. Diese Versprechungen kommen also dadurch zustande, daß an Stelle der entstellenden eine abwehrende Tendenz die Oberhand behält, und Abraham macht mit Recht auf die Analogie dieses Vorganges mit der Symptombildung bei Zwangsneurosen aufmerksam.

Ich hoffe, die Leser werden den Wertunterschied dieser Deutungen, die sich durch nichts beweisen lassen, und der Beispiele, die ich selbst gesammelt und durch Analysen erläutert habe, nicht vernachlässigen. Wenn ich aber im stillen immer noch an der Erwartung festhalte, auch die scheinbar einfachen Fälle von Versprechen würden sich auf Störung durch eine halb unterdrückte Idee a u ß e r h a l b des intendierten Zusammenhanges zurückführen lassen, so verlockt mich dazu eine sehr beachtenswerte Bemerkung von M e r i n g e r. Dieser Autor sagt, es ist merkwürdig, daß niemand sich versprochen haben will. Es gibt sehr gescheite und ehrliche Menschen, welche beleidigt sind, wenn man ihnen sagt, sie hätten sich versprochen. Ich getraue mich nicht, diese Behauptung so allgemein zu nehmen, wie sie durch das „niemand" von M e r i n g e r hingestellt wird. Die Spur Affekt aber, die am Nachweis des Versprechens hängt und offenbar von der Natur des Schämens ist, hat ihre Bedeutung. Sie ist gleichzusetzen dem Ärger, wenn wir einen vergessenen Namen nicht erinnern, und der Verwunderung über die Haltbarkeit einer scheinbar belanglosen Erinnerung und weist allemal auf die Beteiligung eines Motivs am Zustandekommen der Störung hin.

Das Verdrehen von Namen entspricht einer Schmähung, wenn es absichtlich geschieht, und dürfte in einer ganzen Reihe von Fällen, wo es als unabsichtliches Versprechen auftritt, dieselbe Bedeutung haben. Jene Person, die nach M a y e r s Bericht einmal „F r e u d e r" sagte anstatt F r e u d, weil sie kurz darauf den Namen „B r e u e r" vorbrachte (S. 38), ein andermal von einer F r e u e r - B r e u dschen Methode (S. 28) sprach, war wohl ein Fachgenosse und von dieser Methode nicht sonderlich entzückt. Einen gewiß nicht anders aufzuklärenden Fall von Namenentstellung werde ich weiter unten beim Verschreiben mitteilen[1].

---

1) Man kann auch bemerken, daß gerade Aristokraten besonders häufig die Namen von Ärzten, die sie konsultiert haben, entstellen, und darf daraus schließen, daß sie dieselben innerlich geringschätzen, trotz der Höflichkeit, mit welcher sie ihnen zu

In diesen Fällen mengt sich als störendes Moment eine Kritik ein, welche beiseite gelassen werden soll, weil sie gerade in dem Zeitpunkt der Intention des Redners nicht entspricht. Umgekehrt muß die Namenersetzung, die Aneignung des fremden Namens, die Identifizierung mittels des Namenversprechens, eine Anerkennung bedeuten, die im Augenblick aus irgendwelchen Gründen im Hintergrunde verbleiben soll. Ein Erlebnis dieser Art erzählt S. Ferenczi aus seinen Schuljahren:

„In der ersten Gymnasialklasse habe ich (zum erstenmal in meinem Leben) öffentlich (d. h. vor der ganzen Klasse) ein Gedicht rezitieren müssen. Ich war gut vorbereitet und war bestürzt, gleich

---

begegnen pflegen. — Ich zitiere hier einige treffende Bemerkungen über das Namenvergessen aus der englischen Bearbeitung unseres Themas durch Dr. E. Jones, damals in Toronto (The Psychology of Everyday Life. American Journal of Psychology, Oct. 1911):

„Wenige Leute können sich einer Anwandlung von Ärger erwehren, wenn sie finden, daß man ihren Namen vergessen hat, besonders dann, wenn sie von der betreffenden Person gehofft oder erwartet hatten, sie würde den Namen behalten haben. Sie sagen sich sofort ohne Überlegung, daß die Person den Namen nicht vergessen hätte, wenn man einen stärkeren Eindruck bei ihr hinterlassen hätte; denn der Name ist ein wesentlicher Bestandteil der Persönlichkeit. Anderseits gibt es wenig Dinge, die schmeichelhafter empfunden werden, als wenn man von einer hohen Persönlichkeit, wo man es nicht erwartet hätte, mit seinem Namen angeredet wird. Napoleon, ein Meister in der Kunst, Menschen zu behandeln, gab während des unglücklichen Feldzuges von 1814 eine erstaunliche Probe seines Gedächtnisses nach dieser Richtung. Als er sich in einer Stadt bei Graonne befand, erinnerte er sich, daß er deren Bürgermeister De Bussy etwa 20 Jahre vorher in einem bestimmten Regiment kennen gelernt hatte; die Folge war, daß der entzückte De Bussy sich seinem Dienst mit schrankenloser Hingebung widmete. Dementsprechend gibt es auch kein verläßlicheres Mittel, einen Menschen zu beleidigen, als indem man so tut, als habe man seinen Namen vergessen; man drückt damit aus, die Person sei einem so gleichgültig, daß man sich nicht die Mühe zu nehmen brauche, sich ihren Namen zu merken. Dieser Kunstgriff spielt auch in der Literatur eine gewisse Rolle. So heißt es in Turgenjews ‚Rauch‘ einmal: ‚Sie finden Baden noch immer amüsant, Herr — Litvinov?‘ Ratmirov pflegte Litvinovs Namen immer zögernd auszusprechen, als ob er sich erst auf ihn besinnen müßte. Dadurch, wie durch die hochmütige Art, wie er seinen Hut beim Gruß lüftete, wollte er Litvinov in seinem Stolze kränken." An einer anderen Stelle in ‚Väter und Söhne‘ schreibt der Dichter: ‚Der Gouverneur lud Kirsanov und Bazarov zum Balle ein und wiederholte diese Einladung einige Minuten später, wobei er sie als Brüder zu betrachten schien und Kisarov ansprach.‘ Hier ergibt das Vergessen der früheren Einladung, die Irrung in den Namen und die Unfähigkeit, die beiden jungen Männer auseinander zu halten, geradezu eine Häufung von kränkenden Momenten. Namenentstellung hat dieselbe Bedeutung wie Namenvergessen, es ist ein erster Schritt gegen das Vergessen hin."

beim Beginne durch eine Lachsalve gestört zu werden. Der Professor erklärte mir dann diesen sonderbaren Empfang: ich sagte nämlich den Titel des Gedichtes „Aus der Ferne' ganz richtig, nannte aber als Autor nicht den wirklichen Dichter, sondern — mich selber. Der Name des Dichters ist Alexander (Sándor) Petöfi. Die Gleichheit des Vornamens mit meinem eigenen begünstigte die Verwechslung; die eigentliche Ursache derselben aber war sicherlich die, daß ich mich damals in meinen geheimen Wünschen mit dem gefeierten Dichterhelden identifizierte. Ich hegte für ihn auch bewußt eine an Anbetung grenzende Liebe und Hochachtung. Natürlich steckt auch der ganze leidige Ambitionskomplex hinter dieser Fehlleistung."

Eine ähnliche Identifizierung mittels des vertauschten Namens wurde mir von einem jungen Arzt berichtet, der sich zaghaft und verehrungsvoll dem berühmten Virchow mit den Worten vorstellte: Dr. Virchow. Der Professor wendete sich erstaunt zu ihm und fragte: Ah, heißen Sie auch Virchow? Ich weiß nicht, wie der junge Ehrgeizige das Versprechen rechtfertigte, ob er die anmutende Ausrede fand, er sei sich so klein neben dem großen Namen vorgekommen, daß ihm sein eigener entschwinden mußte, oder ob er den Mut hatte zu gestehen, er hoffe auch noch einmal ein so großer Mann wie Virchow zu werden, der Herr Geheimrat möge ihn darum nicht so geringschätzig behandeln. Einer dieser beiden Gedanken — oder vielleicht gleichzeitig beide — mag den jungen Mann bei seiner Vorstellung in Verwirrung gebracht haben.

Aus höchst persönlichen Motiven muß ich es in der Schwebe lassen, ob eine ähnliche Deutung auch auf den nun anzuführenden Fall anwendbar ist. Auf dem internationalen Kongreß in Amsterdam 1907 war die von mir vertretene Hysterielehre Gegenstand einer lebhaften Diskussion. Einer meiner energischesten Gegner soll sich in seiner Brandrede gegen mich wiederholt in der Weise versprochen haben, daß er sich an meine Stelle setzte und in meinem

Namen sprach. Er sagte z. B.: B r e u e r und i c h haben bekanntlich nachgewiesen, während er nur beabsichtigen konnte zu sagen: B r e u e r und F r e u d. Der Name dieses Gegners zeigt nicht die leiseste Klangähnlichkeit mit dem meinigen. Wir werden durch dieses Beispiel wie durch viele andere Fälle von Namenvertauschung beim Versprechen daran gemahnt, daß das Versprechen jener Erleichterung, die ihm der Gleichklang gewährt, völlig entbehren und sich nur auf verdeckte inhaltliche Beziehungen gestützt durchsetzen kann.

In anderen und weit bedeutsameren Fällen ist es Selbstkritik, innerer Widerspruch gegen die eigene Äußerung, was zum Versprechen, ja zum Ersatz des Intendierten durch seinen Gegensatz nötigt. Man merkt dann mit Erstaunen, wie der Wortlaut einer Beteuerung die Absicht derselben aufhebt, und wie der Sprechfehler die innere Unaufrichtigkeit bloßgelegt hat[1]. Das Versprechen wird hier zu einem mimischen Ausdrucksmittel, freilich oftmals für den Ausdruck dessen, was man nicht sagen wollte, zu einem Mittel des Selbstverrats. So z. B. wenn ein Mann, der in seinen Beziehungen zum Weibe den sogenannten normalen Verkehr nicht bevorzugt, in ein Gespräch über ein für kokett erklärtes Mädchen mit den Worten einfällt: Im Umgang mit mir würde sie sich das K o ë t t i e r e n schon abgewöhnen. Kein Zweifel, daß es nur das andere Wort k o i t i e r e n sein kann, dessen Einwirkung auf das intendierte k o k e t t i e r e n solche Abänderung zuzuschreiben ist. Oder im folgenden Falle: „Wir haben einen Onkel, der schon seit Monaten sehr beleidigt ist, weil wir ihn nie besuchen. Den Umzug in eine neue Wohnung nehmen wir zum Anlaß, um nach langer Zeit einmal bei ihm zu erscheinen. Er freut sich anscheinend sehr mit uns und sagt beim Abschied so recht gefühlvoll: ‚Von nun an hoffe ich euch noch s e l t e n e r zu sehen als bisher'."

---

1) Durch solches Versprechen brandmarkt z. B. A n z e n g r u b e r im „G'wissenswurm" den heuchlerischen Erbschleicher.

Die zufällige Gunst des Sprachmaterials läßt oft Beispiele von Versprechen entstehen, denen die geradezu niederschmetternde Wirkung einer Enthüllung oder der volle komische Effekt eines Witzes zukommt.

So in nachstehendem von Dr. Reitler beobachteten und mitgeteilten Falle:

„‚Diesen neuen, reizenden Hut haben Sie wohl sich selbst auf*gepatzt*?' sagte eine Dame in bewunderndem Tone zu einer anderen. — Die Fortsetzung des beabsichtigten Lobes mußte nunmehr unterbleiben; denn die im stillen geübte Kritik, der Hutauf*putz* sei eine ‚Patzerei', hatte sich denn doch viel zu deutlich in dem unliebsamen Versprechen geäußert, als daß irgendwelche Phrasen konventioneller Bewunderung noch glaubwürdig erschienen wären."

Milder, aber doch auch unzweideutig ist die Kritik in folgendem Beispiel:

„Eine Dame machte bei einer Bekannten einen Besuch und wurde durch die wortreichen, weitschweifigen Erörterungen der Betreffenden sehr ungeduldig und müde. Endlich gelang es ihr, aufzubrechen, sich zu verabschieden, als sie, von der sie ins Vorzimmer begleitenden Bekannten mit einem neuerlichen Wortschwall aufgehalten wurde und nun, schon im Weggehen begriffen, vor der Tür stehen und neuerdings zuhören mußte. Endlich unterbrach sie sie mit der Frage: ‚Sind Sie im Vorzimmer zu Hause?' Erst an der erstaunten Miene bemerkte sie ihr Versprechen. Sie wollte, durch das lange Stehen im Vorzimmer ermüdet, das Gespräch mit der Frage: ‚Sind Sie Vormittag zu Hause?' abbrechen und verriet so ihre Ungeduld über den neuerlichen Aufenthalt."

Einer Mahnung zur Selbstbesinnung entspricht das nächste von Dr. Max Graf erlebte Beispiel:

„In der Generalversammlung des Journalistenvereines ‚Concordia' hält ein junges, stets geldbedürftiges Mitglied eine heftige Opposi-

tionsrede und sagt in seiner Erregung: ‚Die Herren Vorschuß-
mitglieder' (anstatt Vorstands- oder Ausschußmitglieder). Dieselben haben das Recht, Darlehen zu bewilligen, und auch der
junge Redner hat ein Darlehensgesuch eingebracht."

An dem Beispiel „Vorschwein" haben wir gesehen, daß ein
Versprechen leicht zustande kommt, wenn man sich bemüht hat,
Schimpfworte zu unterdrücken. Man macht sich dann eben auf
diesem Wege Luft:

Ein Photograph, der sich vorgenommen hat, im Verkehr mit
seinen ungeschickten Angestellten der Zoologie auszuweichen, sagt
zu einem Lehrling, der eine große, ganz volle Schale ausgießen
will und dabei natürlich die Hälfte auf den Boden schüttet: „Aber
Mensch, schöpsen Sie doch zuerst etwas davon ab!" Und bald
darauf zu einer Gehilfin, die durch ihre Unvorsichtigkeit ein
Dutzend wertvoller Platten gefährdet hat, im Fluß einer längeren
Brandrede: „Aber sind Sie denn so hornverbrannt..."

Das nachstehende Beispiel zeigt einen ernsthaften Fall von Selbstverrat durch Versprechen. Einige Nebenumstände berechtigen seine
vollständige Wiedergabe aus der Mitteilung von A. A. Brill im
„Zentralbl. f. Psychoanalyse", II. Jahrg.[1].

„Eines Abends gingen Dr. Frink und ich spazieren und
besprachen einige Angelegenheiten der New Yorker Psychoanalytischen Gesellschaft. Wir begegneten einem Kollegen, Herrn Dr. R.,
den ich seit Jahren nicht gesehen hatte, und von dessen Privat-
leben ich nichts wußte. — Wir freuten uns sehr, uns wieder zu
treffen, und gingen auf meine Aufforderung in ein Kaffeehaus,
wo wir uns zwei Stunden lang angeregt unterhielten. Er schien
von mir Näheres zu wissen, denn nach der gewöhnlichen Begrüßung
erkundigte er sich nach meinem kleinen Kinde und erklärte mir,
daß er von Zeit zu Zeit über mich von einem gemeinsamen
Freunde höre und sich für meine Tätigkeit interessiere, nachdem

---

[1] Im „Zentralbl. f. Psychoanalyse" irrtümlicherweise E. Jones zugeschrieben.

er darüber in den medizinischen Zeitschriften gelesen hatte. — Auf meine Frage, ob er verheiratet sei, gab er eine verneinende Auskunft und fügte hinzu: ‚Wozu soll ein Mensch wie ich heiraten?‘ "

„Beim Verlassen des Kaffeehauses wandte er sich plötzlich an mich: ‚Ich möchte wissen, was Sie in folgendem Falle tun würden: Ich kenne eine Krankenpflegerin, die als Mitschuldige in einen Ehescheidungsprozeß verwickelt war. Die Ehefrau klagte ihren Mann auf Scheidung und bezeichnete die Pflegerin als Mitschuldige und e r bekam die Scheidung[1].‘ — Ich unterbrach ihn, ‚Sie wollen sagen, s i e bekam die Scheidung.‘ — Er verbesserte sofort: ‚Natürlich, s i e bekam die Scheidung,‘ und erzählte weiter, daß die Pflegerin sich derart über den Prozeß und Skandal aufgeregt habe, daß sie zu trinken begann, schwer nervös wurde usw., und fragte mich um meinen Rat, wie er sie behandeln solle."

„Sobald ich den Fehler korrigiert hatte, bat ich ihn, ihn zu erklären, aber ich bekam die gewöhnlichen erstaunten Antworten: ob es nicht eines jeden Menschen gutes Recht sei, sich zu versprechen, daß das nur ein Zufall sei, nichts dahinter zu suchen sei usw. Ich erwiderte, daß jedes Fehlsprechen begründet sein müsse, und daß ich versucht wäre zu glauben, daß er selbst der Held der Geschichte sei, wenn er mir nicht früher mitgeteilt hätte, daß er unvermählt sei, denn dann wäre das Versprechen durch den Wunsch erklärt, seine Frau und nicht er hätte den Prozeß verlieren sollen, damit er nicht (nach unserem Eherecht) Alimente zu zahlen brauche und in der Stadt New York wieder heiraten könne. Er lehnte meine Vermutung hartnäckig ab, bestärkte sie aber gleichzeitig durch eine übertriebene Affektreaktion, deutliche Zeichen von Erregung und danach Gelächter. Auf meinen Appell, die Wahrheit im Interesse der wissenschaft-

---

[1] „Nach unseren (amerikanischen) Gesetzen wird die Ehescheidung nur ausgesprochen, wenn bewiesen wird, daß der eine Teil die Ehe gebrochen hat, und zwar wird die Scheidung nur dem betrogenen Teile bewilligt."

lichen Klarstellung zu sagen, bekam ich die Antwort: ‚Wenn Sie nicht eine Lüge hören wollen, müssen Sie an mein Junggesellentum glauben, und daher ist Ihre psychoanalytische Erklärung durchaus falsch.' — Er fügte noch hinzu, daß solch ein Mensch, der jede Kleinigkeit beachte, direkt gefährlich sei. Plötzlich fiel ihm ein anderes Rendezvous ein, und er verabschiedete sich."

„Wir beide, Dr. Frink und ich, waren dennoch von meiner Auflösung seines Versprechens überzeugt, und ich beschloß, durch Erkundigung den Beweis oder Gegenbeweis zu erhalten. — Einige Tage später besuchte ich einen Nachbar, einen alten Freund des Dr. R., der mir vollinhaltlich meine Erklärung bestätigen konnte. Der Prozeß hatte vor wenigen Wochen stattgefunden und die Pflegerin war als Mitschuldige vorgeladen worden. — Dr. R. ist jetzt von der Richtigkeit der Freudschen Mechanismen fest überzeugt."

Der Selbstverrat ist ebenso unzweifelhaft in folgendem von O. Rank mitgeteilten Falle:

„Ein Vater, der keinerlei patriotisches Gefühl besitzt und seine Kinder auch von diesem ihm überflüssig erscheinenden Empfinden frei erziehen will, tadelt seine Söhne wegen ihrer Teilnahme an einer patriotischen Kundgebung und weist ihre Berufung auf das gleiche Verhalten des Onkels mit den Worten zurück: ‚Gerade dem sollt ihr nicht nacheifern; der ist ja ein Idiot.' Das über diesen ungewohnten Ton des Vaters erstaunte Gesicht der Kinder macht ihn aufmerksam, daß er sich versprochen habe, und entschuldigend bemerkt er: Ich wollte natürlich sagen: Patriot."

Als Selbstverrat wird auch von der Partnerin des Gesprächs ein Versprechen gedeutet, das J. Stärcke (l. c.) berichtet, und zu dem er eine treffende, wenn auch die Aufgabe der Deutung überschreitende Bemerkung hinzufügt.

„Eine Zahnärztin hatte mit ihrer Schwester verabredet, daß sie bei ihr einmal nachsehen würde, ob sie zwischen zwei Backenzähnen wohl Kontakt hätte (d. h. ob die Backenzähne mit ihren Seitenflächen einander berühren, so daß keine Nahrungsreste dazwischen bleiben können). Ihre Schwester beklagte sich jetzt darüber, daß sie auf diese Untersuchung so lange warten mußte, und sagte im Scherze: ‚Jetzt behandelt sie wohl eine Kollegin, aber ihre Schwester muß noch immer warten.' — Die Zahnärztin untersucht sie jetzt, findet wirklich ein kleines Loch in dem einen Backenzahn und sagt: ‚Ich dachte nicht, daß es so schlimm war; ich dachte, daß du nur **kein Kontant hättest... kein Kontakt hättest**.' — ‚Siehst du wohl,' rief ihre Schwester lachend, ‚daß es nur wegen deiner Habsucht ist, daß du mich soviel länger warten läßt als deine zahlenden Patienten?!' " —

(„Ich darf selbstverständlich meine eigenen Einfälle nicht den ihrigen hinzufügen oder daraus Schlüsse ziehen, aber beim Vernehmen dieser Versprechung ging mein Gedankengang sofort dahin, daß diese zwei lieben und geistreichen jungen Frauen unverheiratet sind und auch sehr wenig mit jungen Männern umgehen, und ich fragte mich selbst, ob sie mehr Kontakt mit jungen Leuten haben würden, wenn sie mehr Kontant hätten.")

Den Wert eines Selbstverrates hat auch nachstehendes, von Th. Reik (l. c.) mitgeteiltes Versprechen:

„Ein junges Mädchen sollte einem ihr unsympathischen jungen Manne verlobt werden. Um die beiden jungen Leute einander näherzubringen, verabredeten deren Eltern eine Zusammenkunft, der auch Braut und Bräutigam in spe beiwohnten. Das junge Mädchen besaß Selbstüberwindung genug, ihren Freier, der sich sehr galant gegen sie benahm, ihre Abneigung nicht merken zu lassen. Doch auf die Frage ihrer Mutter, wie ihr der junge Mann gefiele, antwortete sie höflich: ‚Gut. Er ist sehr **liebenswidrig**!' "

Nicht minder aber ein anderes, das O. Rank als „witziges Versprechen" beschreibt.

„Einer verheirateten Frau, die gern Anekdoten hört und von der man behauptet, daß sie auch außerehelichen Werbungen nicht abhold sei, wenn sie durch entsprechende Geschenke unterstützt werden, erzählt ein junger Mann, der sich auch um ihre Gunst bewirbt, nicht ohne Absicht die folgende altbekannte Geschichte. Von zwei Geschäftsfreunden bemüht sich der eine um die Gunst der etwas spröden Frau seines Kompagnons; schließlich will sie ihm diese gegen ein Geschenk von tausend Gulden gewähren. Als nun ihr Mann verreisen will, borgt sich sein Kompagnon von ihm tausend Gulden aus und verspricht sie noch am nächsten Tage seiner Frau zurückzustellen. Natürlich gibt er dann diesen Betrag als vermeintlichen Liebeslohn der Frau, die sich schließlich noch entdeckt glaubt, als ihr zurückgekehrter Mann die tausend Gulden verlangt und zum Schaden noch den Schimpf hat. — Als der junge Mann in der Erzählung dieser Geschichte bei der Stelle angelangt war, wo der Verführer zum Kompagnon sagt: ‚Ich werde das Geld morgen deiner Frau zurückgeben‘, unterbrach ihn seine Zuhörerin mit den vielsagenden Worten: ‚Sagen Sie, haben Sie mir das nicht schon — zurückgegeben? Ah, pardon, ich wollte sagen — erzählt?‘ — Sie könnte ihre Bereitwilligkeit, sich unter denselben Bedingungen hinzugeben, kaum deutlicher kundgeben, ohne sie direkt auszusprechen." (Internat. Zeitschr. f. Psychoanalyse, I, 1914.)

Einen schönen Fall von solchem Selbstverrat mit harmlosem Ausgang berichtet V. Tausk unter dem Titel „Der Glauben der Väter": „Da meine Braut Christin war", erzählte Herr A., „und nicht zum Judentum übertreten wollte, mußte ich selbst vom Judentum zum Christentum übertreten, um heiraten zu können. Ich wechselte die Konfession nicht ohne inneren Widerstand, aber das Ziel schien mir den Konfessionswechsel zu rechtfertigen, und dies um so eher, als ich nur eine äußere Zugehörigkeit zum Judentum, keine religiöse Überzeugung, da ich eine solche nicht besaß, abzulegen hatte. Ich habe mich trotzdem später immer zum Judentum bekannt und wenige meiner Bekannten wissen, daß ich getauft bin. Aus dieser Ehe entstammen zwei Söhne, die christlich getauft wurden. Als die Knaben entsprechend herangewachsen waren, erfuhren sie von ihrer jüdischen Abstammung, damit sie sich nicht, durch antisemitische Einflüsse der Schule bestimmt, aus diesem überflüssigen Grunde gegen den Vater kehrten. — Vor einigen Jahren wohnte ich mit den Kindern, die damals die Volksschule besuchten, zur Sommerfrische in D. bei einer Lehrerfamilie. Als wir eines Tages mit unseren, übrigens freundlichen Wirtsleuten bei der Jause saßen, machte die Frau des Hauses, da sie von der jüdischen Herkunft ihrer Sommerpartei nichts ahnte, einige recht scharfe Ausfälle gegen die Juden. Ich hätte nun tapfer die Situation deklarieren sollen, um meinen Söhnen das Beispiel vom ‚Mut der Überzeugung' zu geben, fürchtete aber die unerquicklichen Auseinandersetzungen, die einem solchen Bekenntnis zu folgen pflegen. Außerdem bangte mir davor, die gute Unterkunft, die wir gefunden hatten, eventuell verlassen zu müssen und mir und meinen Kindern so die ohnehin kurz bemessene Erholungszeit zu verderben, falls unsere Wirtsleute ihr Benehmen gegen uns, weil wir Juden waren, in unfreundlicher Weise verändern sollten. Da ich jedoch erwarten durfte, daß meine Knaben in freimütiger Weise und unbefangen die folgenschwere Wahrheit verraten würden, wenn sie noch länger dem Gespräche beiwohnten, wollte ich sie aus der Gesellschaft entfernen, indem ich sie in den Garten schickte. ‚Geht in den Garten, J u d e n —,' sagte ich und korrigierte schnell: ‚J u n g e n'. Womit ich also durch eine Fehlleistung meinem ‚Mut der Überzeugung' zum Ausdruck verhalf. Die anderen hatten zwar aus diesem Versprechen keine Konsequenzen gezogen, weil sie ihm keine Bedeutung zumaßen, ich aber mußte die Lehre ziehen, daß der ‚Glauben der Väter' sich nicht ungestraft verleugnen läßt, wenn man ein Sohn ist und Söhne hat." (Internat. Zeitschr. f. Psychoanalyse, IV. 1916.)

Keineswegs harmlos wirkt folgender Fall von Versprechen, den ich nicht mitteilen würde, wenn ihn nicht der Gerichtsbeamte selbst während des Verhörs für diese Sammlung aufgezeichnet hätte:

Ein des **Einbruchs** beschuldigter Volkswehrmann sagt aus: „Ich wurde seither aus dieser militärischen **Diebs**stellung noch nicht entlassen, gehöre also derzeit noch der Volkswehr an."

Erheiternd wirkt das Versprechen, wenn es als Mittel benützt wird, um während eines Widerspruches zu bestätigen, was dem Arzte in der psychoanalytischen Arbeit sehr willkommen sein mag. Bei einem meiner Patienten hatte ich einst einen Traum zu deuten, in welchem der Name **Jauner** vorkam. Der Träumer kannte eine Person dieses Namens, es ließ sich aber nicht finden, weshalb diese Person in den Zusammenhang des Traumes aufgenommen war, und darum wagte ich die Vermutung, es könne bloß wegen des Namens, der an den Schimpf **Gauner** anklinge, geschehen sein. Der Patient widersprach rasch und energisch, versprach sich aber dabei und bestätigte meine Vermutung, indem er sich der Ersetzung ein zweitesmal bediente. Seine Antwort lautete: „Das erscheint mir doch zu **jewagt**." Als ich ihn auf das Versprechen aufmerksam machte, gab er meiner Deutung nach.

Wenn im ernsthaften Wortstreit ein solches Versprechen, welches die Redeabsicht in ihr Gegenteil verkehrt, sich dem einen der beiden Streiter ereignet, so setzt es ihn sofort in Nachteil gegen den anderen, der es selten versäumt, sich seiner verbesserten Position zu bedienen.

Es wird dabei klar, daß die Menschen ganz allgemein dem Versprechen wie anderen Fehlleistungen dieselbe Deutung geben, wie ich sie in diesem Buche vertrete, auch wenn sie sich in der Theorie nicht für diese Auffassung einsetzen, und wenn sie für ihre eigene Person nicht geneigt sind, auf die mit der Duldung der Fehlleistungen verbundene Bequemlichkeit zu verzichten. Die Heiterkeit und der Hohn, die solches Fehlgehen der Rede im entscheidenden Moment mit Gewißheit hervorrufen, zeugen gegen die angeblich allgemein zugelassene Konvention, ein Versprechen sei ein Lapsus linguae und psychologisch bedeutungslos. Es war kein geringerer als der deutsche Reichskanzler Fürst B ü l o w, der durch solchen Einspruch die Situation zu retten versuchte, als ihm der Wortlaut seiner Verteidigungsrede für seinen Kaiser (November 1907) durch ein Versprechen ins Gegenteil umschlug.

„Was nun die Gegenwart, die neue Zeit Kaiser Wilhelms II., angeht, so kann ich nur wiederholen, was ich vor einem Jahre gesagt habe, daß es **unbillig und ungerecht wäre, von einem Ring verantwortlicher Ratgeber um unseren Kaiser zu sprechen**... (Lebhafte Zurufe: Unverantwortlicher), **unverantwortlicher** Ratgeber zu sprechen. Verzeihen Sie den Lapsus linguae." (Heiterkeit.)

Indes, der Satz des Fürsten B ü l o w war durch die Häufung der Negationen einigermaßen undurchsichtig ausgefallen; die Sympathie für den Redner und die Rücksicht auf seine schwierige Stellung wirkten dahin, daß dies Versprechen nicht weiter gegen ihn ausgenützt wurde. Schlimmer erging es ein Jahr später an demselben Orte einem anderen, der zu einer **rückhaltlosen** Kundgebung an den Kaiser auffordern wollte und dabei durch ein böses Versprechen an andere in seiner loyalen Brust wohnende Gefühle gemahnt wurde:

„**Lattmann** (Deutschnational): Wir stellen uns bei der Frage der Adresse auf den Boden der **Geschäftsordnung** des Reichstages. Danach hat der Reichstag das Recht, eine solche Adresse an den Kaiser einzureichen. Wir glauben, daß der einheitliche Gedanke und der Wunsch des deutschen Volkes dahin geht, eine **einheitliche Kundgebung** auch in dieser Angelegenheit zu erreichen, und wenn wir das in einer Form tun können, die den monarchischen Gefühlen durchaus Rechnung trägt, so sollen wir das auch **rückgratlos** tun. (Stürmische Heiterkeit, die minutenlang anhält.) Meine Herren, es hieß nicht rückgratlos, sondern **rückhaltlos** (Heiterkeit), und solche rückhaltlose Äußerung des Volkes, das wollen wir hoffen, nimmt auch unser Kaiser in dieser schweren Zeit entgegen."

Der „**Vorwärts**" vom 12. November 1908 versäumte es nicht, die psychologische Bedeutung dieses Versprechens aufzuzeigen: „Nie ist wohl je in einem Parlament von einem Abgeordneten in unfreiwilliger Selbstbezichtigung seine und der Parlamentsmehrheit Haltung gegenüber dem Monarchen so treffend gekennzeichnet worden, wie das dem Antisemiten **Lattmann** gelang, als er am zweiten Tage der Interpellation mit feierlichem Pathos in das Bekenntnis entgleiste, er und seine Freunde wollten dem Kaiser **rückgratlos** ihre Meinung sagen. — Stürmische Heiterkeit auf allen Seiten erstickte die weiteren Worte des Unglücklichen, der es noch für notwendig hielt, ausdrücklich entschuldigend zu stammeln, er meine eigentlich ‚**rückhaltlos**'."

Ich füge noch ein Beispiel an, in dem das Versprechen den geradezu unheimlichen Charakter einer Prophezeiung bekam: Im Frühjahr 1923 erregte es in der internationalen Finanzwelt großes Aufsehen, daß der ganz junge Bankier X., von den „neuen Reichen" in W. wohl einer der Neuesten, jedenfalls der Reichste und der an Jahren Jüngste, nach kurzem Majoritätskampfe in den Besitz der Aktienmajorität der ***Bank gelangte, was auch zur Folge hatte, daß in einer bemerkenswerten Generalversammlung die alten Leiter dieses Instituts, Finanzleute alten Schlages, nicht wiedergewählt wurden und der junge X. Präsident der Bank wurde. In der Abschiedsrede, die dann das Verwaltungsratmitglied Dr. Y. für den nicht wiedergewählten alten Präsidenten hielt, fiel manchem Zuhörer ein wiederholtes peinliches Versprechen des Redners auf. Er sprach immerfort vom **dahinscheidenden** (statt: dem ausscheidenden) Präsidenten. — Es ereignete sich dann, daß der nicht wiedergewählte alte Präsident einige Tage nach dieser Versammlung starb. Er hatte aber das Alter von 80 Jahren überschritten! (**Storfer**.)

V. Das Versprechen

Ein schönes Beispiel von Versprechen, welches nicht so sehr den Verrat des Redners als die Orientierung des außer der Szene stehenden Hörers bezweckt, findet sich im Wallenstein (Piccolomini, I. Aufzug, 5. Auftritt) und zeigt uns, daß der Dichter, der sich hier dieses Mittels bedient, Mechanismus und Sinn des Versprechens wohl gekannt hat. Max Piccolomini hat in der vorhergehenden Szene aufs leidenschaftlichste für den Herzog Partei genommen und dabei von den Segnungen des Friedens geschwärmt, die sich ihm auf seiner Reise enthüllt, während er die Tochter Wallensteins ins Lager begleitete. Er läßt seinen Vater und den Abgesandten des Hofes, Questenberg, in voller Bestürzung zurück. Und nun geht der fünfte Auftritt weiter:

QUESTENBERG: O weh uns! Steht es so?
    Freund, und wir lassen ihn in diesem Wahn
    Dahingehen, rufen ihn nicht gleich
    Zurück, daß wir die Augen auf der Stelle
    Ihm öffnen?
OCTAVIO *(aus einem tiefen Nachdenken zu sich kommend)*:
        Mir hat er sie jetzt geöffnet,
    Und mehr erblick' ich, als mich freut.
QUESTENBERG: Was ist, Freund?
OCTAVIO: Fluch über diese Reise!
QUESTENBERG: Wieso? Was ist es?
OCTAVIO: Kommen Sie! Ich muß
    Sogleich die unglückselige Spur verfolgen,
    Mit meinen Augen sehen — kommen Sie —
        (will ihn fortführen).
QUESTENBERG: Was denn? Wohin?
OCTAVIO *(pressiert)*:   Zu ihr!
QUESTENBERG: Zu —
OCTAVIO *(korrigiert sich)*: Zum Herzog! Gehen wir! usw.

Dies kleine Versprechen „zu ihr" anstatt „zu ihm" soll uns verraten, daß der Vater das Motiv der Parteinahme seines Sohnes durchschaut hat, während der Höfling klagt: „daß er in lauter Rätseln zu ihm rede".

Ein anderes Beispiel von poetischer Verwertung des Versprechens
hat Otto Rank bei Shakespeare entdeckt. Ich zitiere Ranks
Mitteilung nach dem Zentralblatt für Psychoanalyse, I, 3:

„Ein dichterisch überaus fein motiviertes und technisch glänzend
verwertetes Versprechen, welches wie das von Freud im
„Wallenstein" aufgezeigte verrät, daß die Dichter Mechanismus
und Sinn dieser Fehlleistung wohl kennen und deren Verständnis
auch beim Zuhörer voraussetzen, findet sich in Shakespeares
„Kaufmann von Venedig" (III. Aufzug, 2. Szene). Die durch
den Willen ihres Vaters an die Wahl eines Gatten durch das Los
gefesselte Porzia ist bisher allen ihren unliebsamen Freiern durch das
Glück des Zufalls entronnen. Da sie endlich in Bassanio den Bewerber
gefunden hat, dem sie wirklich zugetan ist, muß sie fürchten, daß
auch er das falsche Los ziehen werde. Sie möchte ihm nun am liebsten
sagen, daß er auch in diesem Fall ihrer Liebe sicher sein könne, ist
aber durch ihr Gelübde daran gehindert. In diesem inneren Zwiespalt
läßt sie der Dichter zu dem willkommenen Freier sagen:

> Ich bitt' Euch, wartet; ein, zwei Tage noch,
> Bevor Ihr wagt: denn wählt Ihr falsch, so büße
> Ich Euern Umgang ein; darum verzieht.
> Ein Etwas sagt mir (doch es ist nicht Liebe),
> Ich möcht' Euch nicht verlieren; — — —
> — — — Ich könnt' Euch leiten
> Zur rechten Wahl, dann bräch' ich meinen Eid;
> Das will ich nicht; so könnt Ihr mich verfehlen.
> Doch wenn Ihr's tut, macht Ihr mich sündlich wünschen,
> Ich hätt' ihn nur gebrochen. O, der Augen,
> Die mich so übersehn und mich geteilt!
> Halb bin ich Euer, die andre Hälfte Euer —
> Mein wollt ich sagen; doch wenn mein, dann Euer,
> Und so ganz Euer.
>   (Nach der Übersetzung von Schlegel und Tieck.)

Gerade das, was sie ihm also bloß leise andeuten möchte, weil
sie es eigentlich ihm überhaupt verschweigen sollte, daß sie nämlich
schon vor der Wahl ganz die Seine sei und ihn liebe, das läßt

der Dichter mit bewundernswertem psychologischen Feingefühl in dem Versprechen sich offen durchdrängen und weiß durch diesen Kunstgriff die unerträgliche Ungewißheit des Liebenden sowie die gleichgestimmte Spannung des Zuhörers über den Ausgang der Wahl zu beruhigen."

Bei dem Interesse, welches solche Parteinahme der großen Dichter für unsere Auffassung des Versprechens verdient, halte ich es für gerechtfertigt, ein drittes solches Beispiel anzuführen, welches von E. Jones mitgeteilt worden ist[1]:

„Otto Rank macht in einem unlängst publizierten Aufsatz auf ein schönes Beispiel aufmerksam, in welchem Shakespeare eine seiner Gestalten, die Porzia, ein ‚Versprechen‘ begehen läßt, durch welches ihre geheimen Gedanken einem aufmerksamen Hörer offenbar werden. Ich habe die Absicht, ein ähnliches Beispiel aus ‚The Egoist‘, dem Meisterwerke des größten englischen Romanschriftstellers, George Meredith, zu erzählen. Die Handlung des Romans ist kurz folgende: Sir Willoughby Patterne, ein von seinem Kreise sehr bewunderter Aristokrat, verlobt sich mit einer Miß Konstantia Durham. Sie entdeckt in ihm einen intensiven Egoismus, den er jedoch vor der Welt geschickt verbirgt, und geht, um der Heirat zu entrinnen, mit einem Kapitän namens Oxford durch. Einige Jahre später verlobt er sich mit einer Miß Klara Middleton. Der größte Teil des Buches ist nun mit der ausführlichen Beschreibung des Konfliktes erfüllt, der in Klara Middletons Seele entsteht, als sie in ihrem Verlobten denselben hervorstechenden Charakterzug entdeckt. Äußere Umstände und ihr Ehrbegriff fesseln sie an ihr gegebenes Wort, während ihr Bräutigam ihr immer verächtlicher erscheint. Teilweise macht sie Vernon Whitford, dessen Vetter und Sekretär (den sie zuletzt auch heiratet), zum Vertrauten. Er jedoch hält sich aus Loyalität Patterne gegenüber und aus anderen Motiven zurück.

---

[1] Ein Beispiel von literarischer Verwertung des Versprechens. Zentralbl. f. Psychoanalyse, I, 10.

In einem Monolog über ihren Kummer spricht Klara folgendermaßen: ‚Wenn doch ein edler Mann mich sehen könnte, wie ich bin, und es nicht zu gering erachtete, mir zu helfen! Oh! befreit zu werden aus diesem Kerker von Dornen und Gestrüpp. Ich kann mir allein meinen Weg nicht bahnen. Ich bin ein Feigling. Ein Fingerzeig¹ — ich glaube, er würde mich verändern. Zu einem Kameraden könnt' ich fliehn, blutig zerrissen und umbraust von Verachtung und Geschrei ... Konstantia begegnete einem Soldaten. Vielleicht betete sie, und ihr Gebet ward erhört. Sie tat nicht recht. Aber, oh, wie lieb' ich sie darum. Sein Name war Harry Oxford... Sie schwankte nicht, sie riß die Ketten, sie ging offen zu dem andern über. Tapferes Mädchen, wie denkst du über mich? Ich aber habe keinen Harry W h i t f o r d, ich bin allein.' — —

Die plötzliche Erkenntnis, daß sie einen anderen Namen für O x f o r d gebraucht habe, traf sie wie ein Faustschlag und übergoß sie mit flammender Röte.

Die Tatsache, daß die Namen beider Männer mit ‚f o r d' endigen, erleichtert das Verwechseln der beiden offensichtlich und würde von vielen als ein hinreichender Grund dafür angesehen werden. Der wahre tieferliegende Grund jedoch ist von dem Dichter klar ausgeführt.

An einer anderen Stelle kommt dasselbe Versprechen wieder vor. Es folgt ihm jene spontane Unschlüssigkeit und jener plötzliche Wechsel des Themas, mit denen uns die Psychoanalyse und J u n g s Werk über die Assoziationen vertraut machen, und die nur eintreten, wenn ein halbbewußter Komplex berührt wird. Patterne sagt in patronisierendem Tone von Whitford: ‚Falscher Alarm! Der gute alte Vernon ist gar nicht imstande, etwas Ungewöhnliches zu tun.' Klara antwortet: ‚Wenn aber nun O x f o r d — W h i t f o r d ... da — Ihre Schwäne kommen gerade den See

---

1) Anmerkung des Übersetzers: Ich wollte ursprünglich das Orginal *beckoning of a finger* mit „leiser Wink" übersetzen, bis mir klar wurde, daß ich durch Unterschlagung des Wortes „Finger" den Satz einer psychologischen Feinheit beraube.

durchsegelnd; wie schön sie aussehen, wenn sie indigniert sind! Was ich Sie eben fragen wollte. Männer, die Zeugen einer offensichtlichen Bewunderung für jemand anderen sind, werden wohl natürlicherweise entmutigt?' Sir Willoughby traf eine plötzliche Erleuchtung, er richtete sich steif auf.

Noch an einer anderen Stelle verrät Klara durch ein anderes Versprechen ihren geheimen Wunsch nach einer innigeren Verbindung mit Vernon Whitford. Zu einem Burschen sprechend, sagt sie: ‚Sage abends dem Mr. V e r n o n — sage abends dem Mr. Whitford ... usw¹.' "

Die hier vertretene Auffassung des Versprechens hält übrigens der Probe an dem Kleinsten stand. Ich habe wiederholt zeigen können, daß die geringfügigsten und naheliegendsten Fälle von Redeirrung ihren guten Sinn haben und die nämliche Lösung zulassen wie die auffälligeren Beispiele. Eine Patientin, die ganz gegen meinen Willen, aber mit starkem eigenen Vorsatz einen kurzen Ausflug nach Budapest unternimmt, rechtfertigt sich vor mir, sie gehe ja nur für drei T a g e dahin, verspricht sich aber und sagt: nur für drei W o c h e n. Sie verrät, daß sie mir zum Trotze lieber drei Wochen als drei Tage in jener Gesellschaft bleiben will, die ich als unpassend für sie erachte. — Ich soll mich eines Abends entschuldigen, daß ich meine Frau nicht vom Theater abgeholt, und sage: Ich war zehn Minuten n a c h 10 Uhr beim Theater. Man korrigiert mich: Du willst sagen: v o r 10 Uhr. Natürlich wollte ich v o r 10 Uhr sagen. N a c h 10 Uhr wäre ja keine Entschuldigung. Man hatte mir gesagt, auf dem Theaterzettel stehe: Ende vor 10 Uhr. Als ich beim Theater anlangte, fand ich das Vestibül verdunkelt und das Theater entleert. Die Vorstellung war eben früher zu Ende gewesen, und meine Frau hatte nicht auf

---

1) Andere Beispiele von Versprechen, die nach des Dichters Absicht als sinnvoll, meist als Selbstverrat, aufgefaßt werden sollen, finden sich bei S h a k e s p e a r e in Richard II. (II, 2), bei S c h i l l e r im Don Carlos (II, 8, Versprechen der Eboli). Es wäre gewiß ein leichtes, diese Liste zu vervollständigen.

mich gewartet. Als ich auf die Uhr sah, fehlten noch fünf Minuten zu 10 Uhr. Ich nahm mir aber vor, meinen Fall zu Hause günstiger darzustellen und zu sagen, es hätten noch zehn Minuten zur zehnten Stunde gefehlt. Leider verdarb mir das Versprechen die Absicht und stellte meine Unaufrichtigkeit bloß, indem es mich selbst mehr bekennen ließ, als ich zu bekennen hatte.

Man gelangt von hier aus zu jenen Redestörungen, die nicht mehr als Versprechen beschrieben werden, weil sie nicht das einzelne Wort, sondern Rhythmus und Ausführung der ganzen Rede beeinträchtigen, wie z. B. das Stammeln und Stottern der Verlegenheit. Aber hier wie dort ist es der innere Konflikt, der uns durch die Störung der Rede verraten wird. Ich glaube wirklich nicht, daß jemand sich versprechen würde in der Audienz bei Seiner Majestät, in einer ernstgemeinten Liebeswerbung, in einer Verteidigungsrede um Ehre und Namen vor den Geschworenen, kurz in all den Fällen, in denen man ganz dabei ist, wie wir so bezeichnend sagen. Selbst bis in die Schätzung des Stils, den ein Autor schreibt, dürfen wir und sind wir gewöhnt, das Erklärungsprinzip zu tragen, welches wir bei der Ableitung des einzelnen Sprechfehlers nicht entbehren können. Eine klare und unzweideutige Schreibweise belehrt uns, daß der Autor hier mit sich einig ist, und wo wir gezwungenen und gewundenen Ausdruck finden, der, wie so richtig gesagt wird, nach mehr als einem Scheine schielt, da können wir den Anteil eines nicht genugsam erledigten, komplizierenden Gedankens erkennen oder die erstickte Stimme der Selbstkritik des Autors heraushören[1].

Seit dem ersten Erscheinen dieses Buches haben fremdsprachige Freunde und Kollegen begonnen, dem Versprechen, das sie in den Ländern ihrer Zunge beobachten konnten, ihre Aufmerksamkeit

---

[1]
Ce qu'on conçoit bien
S'annonce clairement
Et les mots pour le dire
Arrivent aisément.   B o i l e a u, Art poétique.

zuzuwenden. Sie haben, wie zu erwarten stand, gefunden, daß die
Gesetze der Fehlleistung vom Sprachmaterial unabhängig sind, und
haben dieselben Deutungen vorgenommen, die hier an Beispielen
von Deutsch redenden Personen erläutert wurden. Ich führe nur
ein Beispiel anstatt ungezählt vieler an:

Dr. A. A. Brill (New York) berichtet von sich: *A friend descri-
bed to me a nervous patient and wished to know whether I could
benefit him. I remarked, I believe that in time I could remove all his
symptoms by psycho-analysis because it is a d u r a b l e case wishing
to say „c u r a b l e"!* (A contribution to the Psychopathology of
Everyday Life. Psychotherapy, Vol. III, Nr. 1, 1909.)

Schließlich will ich für diejenigen Leser, die eine gewisse
Anstrengung nicht scheuen und denen die Psychoanalyse nicht
fremd ist, ein Beispiel anfügen, aus dem zu ersehen ist, in
welche seelischen Tiefen auch die Verfolgung eines Versprechens
führen kann.

Dr. L. Jekels berichtet: „Am 11. Dezember werde ich von
einer mir befreundeten Dame in polnischer Sprache etwas heraus-
fordernd und übermütig mit den Worten apostrophiert: ‚W a r u m
h a b e i c h h e u t e g e s a g t, d a ß i c h z w ö l f F i n g e r h a b e?'
— Sie reproduziert nun über meine Aufforderung die Szene, in
der die Bemerkung gefallen ist. Sie habe sich angeschickt, mit
der Tochter auszugehen, um einen Besuch zu machen, habe ihre
Tochter, eine in Remission befindliche Dementia praecox, aufgefordert, die Bluse zu wechseln, was diese im anstoßenden
Zimmer auch getan hat. Als die Tochter wieder eintrat, fand sie
die Mutter mit dem Reinigen der Nägel beschäftigt; und da
entwickelte sich folgendes Gespräch:

T o c h t e r: ‚Nun siehst du, ich bin schon fertig und du noch
nicht!'

M u t t e r: ‚Du hast ja aber auch nur e i n e Bluse und ich
z w ö l f N ä g e l.'

T o c h t e r: ‚Was?'

Mutter (ungeduldig): ‚Nun natürlich, ich habe ja doch zwölf Finger.'

Die Frage eines die Erzählung mitanhörenden Kollegen, was ihr zu zwölf einfalle, wird ebenso prompt wie bestimmt beantwortet: ‚Zwölf ist für mich kein Datum (von Bedeutung).'

Zu Finger wird unter einem leichten Zögern die Assoziation geliefert: ‚In der Familie meines Mannes kamen sechs Finger an den Füßen (im Polnischen gibt es keinen eigenen Ausdruck für Zehe) vor. Als unsere Kinder zur Welt kamen, wurden sie sofort darauf untersucht, ob sie nicht sechs Finger haben.' Aus äußeren Ursachen wurde an diesem Abend die Analyse nicht fortgesetzt.

Am nächsten Morgen, dem 12. Dezember, besucht mich die Dame und erzählt mir sichtlich erregt: ‚Denken Sie, was mir passiert ist; seit etwa 20 Jahren gratuliere ich dem alten Onkel meines Mannes zu seinem Geburtstag, der heute fällig ist, schreibe ihm immer am 11. einen Brief; und diesmal habe ich es vergessen und mußte soeben telegraphieren.'

Ich erinnere mich und die Dame, mit welcher Bestimmtheit sie am gestrigen Abend die Frage des Kollegen nach der Zahl Zwölf, die doch eigentlich sehr geeignet war, ihr den Geburtstag in Erinnerung zu bringen, abgetan hat mit der Bemerkung, der Zwölfte sei für sie kein Datum von Bedeutung.

Nun gesteht sie, dieser Onkel ihres Mannes sei ein Erbonkel, auf dessen Erbschaft sie eigentlich immer gerechnet habe, ganz besonders in ihrer jetzigen bedrängten finanziellen Lage.

So sei er, respektive sein Tod, ihr sofort in den Sinn gekommen, als ihr vor einigen Tagen eine Bekannte aus Karten prophezeit habe, sie werde viel Geld bekommen. Es schoß ihr sofort durch den Kopf, der Onkel sei der einzige, von dem sie, respektive ihre Kinder, Geld erhalten könnten; auch erinnerte sie sich bei dieser Szene augenblicklich, daß schon die Frau dieses Onkels versprochen habe, die Kinder der Erzählerin testamentarisch zu bedenken; nun ist sie aber ohne Testament gestorben; vielleicht hat sie ihrem Manne den bezüglichen Auftrag gegeben.

Der Todeswunsch gegen den Onkel muß offenbar sehr intensiv aufgetreten sein, wenn sie der ihr prophezeienden Dame gesagt hat: ‚Sie verleiten die Leute dazu, andere umzubringen.'

In diesen vier oder fünf Tagen, die zwischen der Prophezeiung und dem Geburtstage des Onkels lagen, suchte sie stets in den im Wohnorte des Onkels erscheinenden Blättern die auf seinen Tod bezügliche Parte.

Kein Wunder somit, daß bei so intensivem Wunsche nach seinem Tode die Tatsache und das Datum seines demnächst zu feiernden Geburtstages so stark unterdrückt wurden, daß es nicht bloß zum Vergessen eines sonst seit Jahren ausgeführten Vorsatzes gekommen ist, sondern auch, daß sie nicht einmal durch die Frage des Kollegen ins Bewußtsein gebracht wurden.

In dem Lapsus ‚zwölf Finger' hat sich nun die unterdrückte Zwölf durchgesetzt und hat die Fehlleistung mitbestimmt.

Ich meine: mitbestimmt, denn die auffällige Assoziation zu ‚Finger' läßt uns noch weitere Motivierungen ahnen; sie erklärt uns auch, warum der Zwölfer gerade diese so harmlose Redensart von den zehn Fingern verfälscht hat.

Der Einfall lautete: ‚In der Familie meines Mannes kamen sechs Finger an den Füßen vor.'

Sechs Zehen sind Merkmale einer gewissen Abnormität, somit sechs Finger ein abnormes Kind und

zwölf Finger zwei abnorme Kinder.

Und tatsächlich traf dies in diesem Falle zu.

Die in sehr jungem Alter verheiratete Frau hatte als einzige Erbschaft nach ihrem Manne, der stets als exzentrischer, abnormer Mensch galt und sich nach kurzer Ehe das Leben nahm, zwei Kinder, die wiederholt von Ärzten als väterlicherseits schwer hereditär belastet und abnorm bezeichnet wurden.

Die ältere Tochter ist nach einem schweren katatonen Anfall vor kurzem nach Hause zurückgekehrt; bald nachher erkrankte auch die jüngere, in der Pubertät befindliche Tochter an einer schweren Neurose.

Daß die Abnormität der Kinder hier zusammengestellt wird mit dem Sterbewunsche gegen den Onkel und sich mit diesem ungleich stärker unterdrückten und psychisch valenteren Element verdichtet, läßt uns als zweite Determinierung dieses Versprechens den **Todeswunsch gegen die abnormen Kinder** annehmen.

Die prävalierende Bedeutung des Zwölfers als Sterbewunsch erhellt aber schon daraus, daß in der Vorstellung der Erzählenden der Geburtstag des Onkels sehr innig assoziiert war mit dem Todesbegriffe. Denn ihr Mann hat sich am 13. das Leben genommen, also einen Tag nach dem Geburtstag ebendesselben Onkels, dessen Frau zu der jungen Witwe gesagt hatte: „Gestern gratulierte er noch so herzlich und lieb, — und heute!"

Ferner will ich noch hinzufügen, daß die Dame auch genug reale Gründe hatte, den Kindern den Tod zu wünschen, von denen sie gar keine Freude erfuhr, sondern nur Kummer und arge Einschränkungen ihrer Selbstbestimmung zu leiden hatte, und denen zuliebe sie auf jegliches Liebesglück verzichtet hatte.

Auch diesmal war sie außerordentlich bemüht, jeglichen Anlaß zur Verstimmung der Tochter, mit der sie zu Besuch ging, zu vermeiden; und man kann sich vorstellen, welchen Aufwand an Geduld und Selbstverleugnung einer Dementia praecox gegenüber dies verlangt, und wie viele Wutregungen dabei unterdrückt werden müssen.

Demzufolge würde der Sinn der Fehlleistung lauten:

Der Onkel soll sterben, diese abnormen Kinder sollen sterben (sozusagen diese ganze abnorme Familie), und ich soll das Geld von ihnen haben.

Diese Fehlleistung besitzt nach meiner Ansicht mehrere Merkmale einer ungewöhnlichen Struktur, und zwar:

a) Das Vorhandensein von zwei Determinanten, die in einem Element verdichtet sind.

b) Das Vorhandensein der zwei Determinanten spiegelt sich in der Doppelung des Versprechens (zwölf Nägel, zwölf Finger).

c) Auffällig ist, daß die eine Bedeutung des Zwölfers, nämlich die die Abnormität der Kinder ausdrückenden zwölf Finger, eine indirekte Darstellung repräsentiert; die psychische Abnormität wird hier durch die physische, das Oberste durch das Unterste dargestellt"[1].

---

[1] Internat. Zeitschr. f. Psychoanalyse, I, 1913.

VI
VERLESEN UND VERSCHREIBEN

Daß für die Fehler im Lesen und Schreiben die nämlichen Gesichtspunkte und Bemerkungen Geltung haben wie für die Sprechfehler, ist bei der inneren Verwandtschaft dieser Funktionen nicht zu verwundern. Ich werde mich hier darauf beschränken, einige sorgfältig analysierte Beispiele mitzuteilen, und keinen Versuch unternehmen, das Ganze der Erscheinungen zu umfassen.

A) VERLESEN

1) Ich durchblättere im Kaffeehaus eine Nummer der „Leipziger Illustrierten", die ich schräg vor mir halte, und lese als Unterschrift eines sich über die Seite erstreckenden Bildes: Eine Hochzeitsfeier in der Odyssee. Aufmerksam geworden und verwundert rücke ich mir das Blatt zurecht und korrigiere jetzt: Eine Hochzeitsfeier an der Ostsee. Wie komme ich zu diesem unsinnigen Lesefehler? Meine Gedanken lenken sich sofort auf ein Buch von Ruths „Experimentaluntersuchungen über Musikphantome usw."[1], das mich in der letzten Zeit viel beschäftigt hat, weil es nahe an die von mir behandelten psychologischen Probleme streift. Der Autor verspricht für nächste Zeit ein Werk, welches „Analyse und Grundgesetze der Traumphänomene" heißen wird. Kein Wunder, daß ich, der ich eben eine „Traumdeutung" veröffentlicht habe, mit größter Spannung diesem Buche entgegen-

---

1) Darmstadt 1898 bei H. L. Schlapp.

sehe. In der Schrift **Ruths** über Musikphantome fand ich vorn im Inhaltsverzeichnis die Ankündigung des ausführlichen induktiven Nachweises, daß die althellenischen Mythen und Sagen ihre Hauptwurzeln in Schlummer- und Musikphantomen, in Traumphänomenen und auch in Delirien haben. Ich schlug damals sofort im Texte nach, um herauszufinden, ob er auch um die Zurückführung der Szene, wie **Odysseus vor Nausikaa** erscheint, auf den gemeinen Nacktheitstraum wisse. Mich hatte ein Freund auf die schöne Stelle in G. **Kellers** „Grünem Heinrich" aufmerksam gemacht, welche diese Episode der Odyssee als Objektivierung der Träume des fern von der Heimat irrenden Schiffers aufklärt, und ich hatte die Beziehung zum Exhibitionstraum der Nacktheit hinzugefügt (8. Aufl., S. 170). (Ges. Werke, Bd. II/III). Bei **Ruths** entdeckte ich nichts davon. Mich beschäftigen in diesem Falle offenbar Prioritätsgedanken.

2) Wie kam ich dazu, eines Tages aus der Zeitung zu lesen: „Im **Faß** durch Europa", anstatt zu **Fuß**? Diese Auflösung bereitete mir lange Zeit Schwierigkeiten. Die nächsten Einfälle deuteten allerdings: Es müsse das Faß des Diogenes gemeint sein, und in einer Kunstgeschichte hatte ich unlängst etwas über die Kunst zur Zeit Alexanders gelesen. Es lag dann nahe, an die bekannte Rede Alexanders zu denken: Wenn ich nicht Alexander wäre, möchte ich Diogenes sein. Auch schwebte mir etwas von einem gewissen **Hermann Zeitung** vor, der in eine Kiste verpackt sich auf Reisen begeben hatte. Aber weiter wollte sich der Zusammenhang nicht herstellen, und es gelang mir nicht, die Seite in der Kunstgeschichte wieder aufzuschlagen, auf welcher mir jene Bemerkung ins Auge gefallen war. Erst Monate später fiel mir das beiseite geworfene Rätsel plötzlich wieder ein, und diesmal zugleich mit seiner Lösung. Ich erinnerte mich an die Bemerkung in einem Zeitungsartikel, was für sonderbare Arten der **Beförderung** die Leute jetzt wählten, um nach Paris zur Weltausstellung zu kommen, und dort war auch, wie ich

glaube, scherzhaft mitgeteilt worden, daß irgend ein Herr die Absicht habe, sich von einem anderen Herrn in einem F a ß nach Paris rollen zu lassen. Natürlich hätten diese Leute kein anderes Motiv, als durch solche Torheiten Aufsehen zu machen. H e r m a n n Z e i t u n g war in der Tat der Name desjenigen Mannes, der für solche außergewöhnliche Beförderung das erste Beispiel gegeben hatte. Dann fiel mir ein, daß ich einmal einen Patienten behandelt, dessen krankhafte Angst vor der Zeitung sich als Reaktion gegen den krankhaften E h r g e i z auflöste, sich gedruckt und als berühmt in der Zeitung erwähnt zu sehen. Der mazedonische Alexander war gewiß einer der ehrgeizigsten Männer, die je gelebt. Er klagte ja, daß er keinen Homer finden werde, der seine Taten besinge. Aber wie konnte ich nur n i c h t d a r a n d e n k e n, daß ein anderer A l e x a n d e r mir näher stehe, daß Alexander der Name meines jüngeren Bruders ist! Ich fand nun sofort den anstößigen und der Verdrängung bedürftigen Gedanken in betreff dieses Alexanders und die aktuelle Veranlassung für ihn. Mein Bruder ist Sachverständiger in Dingen, die Tarife und T r a n s - p o r t e angehen, und sollte zu einer gewissen Zeit für seine Lehrtätigkeit an einer kommerziellen Hochschule den Titel Professor erhalten. Für die gleiche B e f ö r d e r u n g war ich an der Universität seit mehreren Jahren vorgeschlagen, ohne sie erreicht zu haben. Unsere Mutter äußerte damals ihr Befremden darüber, daß ihr kleiner Sohn eher Professor werden sollte als ihr großer. So stand es zur Zeit, als ich die Lösung für jenen Leseirrtum nicht finden konnte. Dann erhoben sich Schwierigkeiten auch bei meinem Bruder; seine Chancen, Professor zu werden, fielen noch unter die meinigen. Da aber wurde mir plötzlich der Sinn jenes Verlesens offenbar; es war, als hätte die Minderung in den Chancen des Bruders ein Hindernis beseitigt. Ich hatte mich so benommen, als läse ich die Ernennung des Bruders in der Zeitung, und sagte mir dabei: Merkwürdig, daß man wegen solcher Dummheiten (wie er sie als Beruf betreibt) in der Zeitung stehen (d. h. zum Professor ernannt werden) kann! Die Stelle über die hellenistische Kunst im Zeitalter Alexanders schlug ich dann ohne Mühe auf und überzeugte mich zu meinem Erstaunen, daß ich während des vorherigen Suchens wiederholt auf derselben Seite gelesen und jedesmal wie unter der Herrschaft einer negativen Halluzination den betreffenden Satz übergangen hatte. Dieser enthielt übrigens gar nichts, was mir Aufklärung brachte, was des Vergessens wert gewesen wäre. Ich meine, das Symptom des Nichtauffindens im Buche ist nur zu meiner Irreführung geschaffen worden. Ich sollte die Fortsetzung der Gedankenverknüpfung dort suchen, wo meiner Nachforschung ein Hindernis in den Weg gelegt war, also in irgend einer Idee über den mazedonischen Alexander, und sollte so vom gleichnamigen Bruder sicherer abgelenkt werden. Dies gelang auch vollkommen; ich richtete alle meine Bemühungen darauf, die verlorene Stelle in jener Kunstgeschichte wieder aufzufinden.

Der Doppelsinn des Wortes „Beförderung" ist in diesem Falle die Assoziationsbrücke zwischen den zwei Komplexen, dem unwichtigen, der durch die Zeitungsnotiz angeregt wird, und dem interessanteren, aber anstößigen, der sich hier als Störung des zu Lesenden geltend machen darf. Man ersieht aus diesem Beispiel, daß es nicht immer leicht wird, Vorkommnisse wie diesen Lesefehler aufzuklären. Gelegentlich ist man auch genötigt, die Lösung des Rätsels auf eine günstigere Zeit zu verschieben. Je schwieriger sich aber die Lösungsarbeit erweist, desto sicherer darf man erwarten, daß der endlich aufgedeckte störende Gedanke von unserem bewußten Denken als fremdartig und gegensätzlich beurteilt werden wird.

3) Ich erhalte eines Tages einen Brief aus der Nähe Wiens, der mir eine erschütternde Nachricht mitteilt. Ich rufe auch sofort meine Frau an und fordere sie zur Teilnahme daran auf, daß d i e arme Wilhelm M. so schwer erkrankt und von den Ärzten aufgegeben ist. An den Worten, in welche ich mein

Bedauern kleide, muß aber etwas falsch geklungen haben, denn meine Frau wird mißtrauisch, verlangt den Brief zu sehen und äußert als ihre Überzeugung, so könne es nicht darin stehen, denn niemand nenne eine Frau nach dem Namen des Mannes, und überdies sei der Korrespondentin der Vorname der Frau sehr wohl bekannt. Ich verteidige meine Behauptung hartnäckig und verweise auf die so gebräuchlichen Visitkarten, auf denen eine Frau sich selbst mit dem Vornamen des Mannes bezeichnet. Ich muß endlich den Brief zur Hand nehmen, und wir lesen darin tatsächlich „der arme W. M.", ja sogar, was ich ganz übersehen hatte: „der arme Dr. W. M.". Mein Versehen bedeutet also einen sozusagen krampfhaften Versuch, die traurige Neuigkeit von dem Manne auf die Frau zu überwälzen. Der zwischen Artikel, Beiwort und Name eingeschobene Titel paßt schlecht zu der Forderung, es müßte die Frau gemeint sein. Darum wurde er auch beim Lesen beseitigt. Das Motiv dieser Verfälschung war aber nicht, daß mir die Frau weniger sympathisch wäre als der Mann, sondern das Schicksal des armen Mannes hatte meine Besorgnisse um eine andere, mir nahe stehende Person rege gemacht, welche eine der mir bekannten Krankheitsbedingungen mit diesem Falle gemeinsam hatte.

4) Ärgerlich und lächerlich ist mir ein Verlesen, dem ich sehr häufig unterliege, wenn ich in den Ferien in den Straßen einer fremden Stadt spaziere. Ich lese dann jede Ladentafel, die dem irgendwie entgegenkommt, als **Antiquitäten**. Hierin äußert sich die Abenteuerlust des Sammlers.

5) **Bleuler** erzählt in seinem bedeutsamen Buche „Affektivität, Suggestibilität, Paranoia" (1906), S. 121: „Beim Lesen hatte ich einmal das intellektuelle Gefühl, zwei Zeilen weiter unten meinen Namen zu sehen. Zu meinem Erstaunen finde ich nur das Wort ‚Blutkörperchen'. Unter vielen Tausenden von mir analysierten Verlesungen des peripheren wie des zentralen Gesichtsfeldes ist dieses der krasseste Fall. Wenn ich etwa meinen Namen

zu sehen glaubte, so war das Wort, das dazu Anlaß gab, meinem Namen meist viel ähnlicher, in den meisten Fällen mußten geradezu alle Buchstaben des Namens in der Nähe vorhanden sein, bis mir ein solcher Irrtum begegnen konnte. In diesem Falle ließ sich aber der Beziehungswahn und die Illusion sehr leicht begründen: Was ich gerade las, war das Ende einer Bemerkung über eine Art schlechten Stils von wissenschaftlichen Arbeiten, von der ich mich nicht frei fühlte."

6) H. Sachs: „ ‚An dem, was die Leute frappiert, geht er in seiner Steifleinenheit vorüber.' Dies Wort fiel mir aber auf und ich entdeckte bei näherem Hinsehen, daß es Stilfeinheit hieß. Die Stelle fand sich in einer überschwenglich lobenden Auslassung eines von mir verehrten Autors über einen Historiker, der mir unsympathisch ist, weil er das ‚Deutsch-Professorenhafte' zu stark hervorkehrt."

7) Über einen Fall von Verlesen im Betriebe der philologischen Wissenschaft berichtet Dr. Marcell Eibenschütz im Zentralblatt für Psychoanalyse, I, 5/6. „Ich beschäftige mich mit der Überlieferung des ‚Buches der Märtyrer', eines mittelhochdeutschen Legendenwerkes, das ich in den ‚Deutschen Texten des Mittelalters', herausgegeben von der Preußischen Akademie der Wissenschaften, edieren soll. Über das bisher noch ungedruckte Werk war recht wenig bekannt; es bestand eine einzige Abhandlung darüber von J. Haupt ‚Über das mittelhochdeutsche Buch der Märtyrer', Wiener Sitzungsberichte, 1867, 70. Bd., S. 101 ff. — Haupt legte seiner Arbeit nicht eine alte Handschrift zugrunde, sondern eine aus neuerer Zeit (XIX. Jahrhundert) stammende Abschrift der Haupthandschrift C (Klosterneuburg), eine Abschrift, die in der Hofbibliothek aufbewahrt wird. Am Ende dieser Abschrift steht folgende Subskription:

Anno Domini MDCCCL *in vigilia exaltacionis sancte crucis ceptus est iste liber et in vigilia pasce anni subsequentis finitus cum adiutorio omnipotentis per me Hartmanum de Krasna tunc temporis ecclesie niwenburgensis custodem.*

Haupt teilt nun in seiner Abhandlung diese Subscriptio mit, in der Meinung, daß sie vom Schreiber von *C* selbst herrühre, und läßt *C*, mit konsequenter Verlesung der römisch geschriebenen Jahreszahl 1850, im Jahre 1350 geschrieben sein, trotzdem daß er die Subscriptio vollständig richtig kopiert hat, trotzdem daß sie in der Abhandlung am angeführten Orte vollständig richtig (nämlich MDCCCL) abgedruckt ist.

Die Mitteilung **Haupts** bildete für mich eine Quelle von Verlegenheiten. Zunächst stand ich als blutjunger Anfänger in der gelehrten Wissenschaft ganz unter der Autorität **Haupts** und las lange Zeit aus der vollkommen klar und richtig gedruckt vor mir liegenden Subscriptio wie **Haupt** 1350 statt 1850; doch in der von mir benutzten Haupthandschrift *C* war keine Spur irgend einer Subscriptio zu finden, es stellte sich ferner heraus, daß im ganzen XIV. Jahrhundert zu Klosterneuburg kein Mönch namens Hartmann gelebt hatte. Und als endlich der Schleier von meinen Augen sank, da hatte ich auch schon den ganzen Sachverhalt erraten, und die weiteren Nachforschungen bestätigen meine Vermutung: die vielgenannte Subscriptio steht nämlich nur in der von **Haupt** benutzten Abschrift und rührt von ihrem Schreiber her, P. Hartman Zeibig, geb. zu Krasna in Mähren, Augustinerchorherr zu Klosterneuburg, der im Jahre 1850 als Kirchenschatzmeister des Stiftes die Handschrift *C* abgeschrieben und sich am Ende seiner Abschrift in altertümlicher Weise selbst nennt. Die mittelalterliche Diktion und die alte Orthographie der Subscriptio haben wohl bei dem **Wunsche Haupts**, über das von ihm behandelte Werk möglichst viel mitteilen zu können, also auch die **Handschrift** *C* **zu datieren**, mitgeholfen, daß er statt 1850 immer 1350 las. (Motiv der Fehlhandlung.)"

8) In den „Witzigen und Satirischen Einfällen" von **Lichtenberg** findet sich eine Bemerkung, die wohl einer Beobachtung entstammt und fast die ganze Theorie des Verlesens enthält: Er las immer **Agamemnon** statt „**angenommen**", so sehr hatte er den Homer gelesen.

In einer übergroßen Anzahl von Fällen ist es nämlich die Bereitschaft des Lesers, die den Text verändert und etwas, worauf er eingestellt oder womit er beschäftigt ist, in ihn hineinliest. Der Text selbst braucht dem Verlesen nur dadurch entgegenzukommen, daß er irgend eine Ähnlichkeit im Wortbild bietet, die der Leser in seinem Sinne verändern kann. Flüchtiges Hinschauen, besonders mit unkorrigiertem Auge, erleichtert ohne Zweifel die Möglichkeit einer solchen Illusion, ist aber keineswegs eine notwendige Bedingung für sie.

9) Ich glaube, die Kriegszeit, die bei uns allen gewisse feste und langanhaltende Präokkupationen schuf, hat keine andere Fehlleistung so sehr begünstigt wie gerade das Verlesen. Ich konnte eine große Anzahl von solchen Beobachtungen machen, von denen ich leider nur einige wenige bewahrt habe. Eines Tages greife ich nach einem der Mittags- oder Abendblätter und finde darin groß gedruckt: Der Friede von Görz. Aber nein, es heißt ja nur: Die Feinde vor Görz. Wer gerade zwei Söhne als Kämpfer auf diesem Kriegsschauplatze hat, mag sich leicht so verlesen. Ein anderer findet in einem gewissen Zusammenhange eine alte Brotkarte erwähnt, die er bei besserer Aufmerksamkeit gegen alte Brokate eintauschen muß. Es ist immerhin mitteilenswert, daß er sich in einem Hause, wo er oft gern gesehener Gast ist, bei der Hausfrau durch die Abtretung von Brotkarten beliebt zu machen pflegt. Ein Ingenieur, dessen Ausrüstung der im Tunnel während des Baues herrschenden Feuchtigkeit nie lang gewachsen ist, liest zu seinem Erstaunen in einer Annonce Gegenstände aus „Schundleder" angepriesen. Aber Händler sind selten so aufrichtig; was da zum Kaufe empfohlen wird, ist Seehundleder.

Der Beruf oder die gegenwärtige Situation des Lesers bestimmt auch das Ergebnis seines Verlesens. Ein Philologe, der wegen seiner letzten trefflichen Arbeiten im Streite mit seinen Fachgenossen liegt, liest „Sprachstrategie" anstatt Schachstrategie. Ein Mann, der in einer fremden Stadt spazieren geht, gerade um die Stunde, auf welche seine durch eine Kur hergestellte Darmtätigkeit reguliert ist, liest auf einem großen Schilde im ersten Stock eines hohen Warenhauses: „Klosetthaus"; seiner Befriedigung darüber mengt sich doch ein Befremden über die ungewöhnliche Unterbringung der wohltätigen Anstalt bei. Im nächsten Moment ist die Befriedigung doch geschwunden, denn die Tafelaufschrift heißt richtiger: Korsetthaus.

10) In einer zweiten Gruppe von Fällen ist der Anteil des Textes am Verlesen ein bei weitem größerer. Er enthält etwas, was die Abwehr des Lesers rege macht, eine ihm peinliche Mitteilung oder Zumutung, und erfährt darum durch das Verlesen eine Korrektur im Sinne der Abweisung oder Wunscherfüllung. Es ist dann natürlich unabweisbar anzunehmen, daß der Text zunächst richtig aufgenommen und beurteilt wurde, ehe er diese Korrektur erfuhr, wenngleich das Bewußtsein von dieser ersten Lesung nichts erfahren hat. Das Beispiel 3 auf den vorstehenden Seiten ist von dieser Art; ein anderes von höchster Aktualität teile ich hier nach Dr. M. Eitingon (z. Z. im Kriegsspital in Igló, Internat. Zeitschr. f. Psychoanalyse, II, 1915) mit.

„Leutnant X., der sich mit einer kriegstraumatischen Neurose in unserem Spital befindet, liest mir eines Tages den Schlußvers der letzten Strophe eines Gedichtes des so früh gefallenen Dichters Walter Heymann[1] in sichtlicher Ergriffenheit folgendermaßen vor:

> Wo aber steht's geschrieben, frag' ich, daß von allen
> Ich übrig bleiben soll, ein andrer für mich fallen?
> Wer immer von euch fällt, der stirbt gewiß für mich;
> Und ich soll übrig bleiben? warum denn nicht?

Durch mein Befremden aufmerksam gemacht, liest er dann, etwas betreten, richtig:

> Und ich soll übrig bleiben? warum denn ich?

---

[1] W. Heymann: Kriegsgedichte und Feldpostbriefe, p. 11: „Den Ausziehenden."

Dem Fall X. verdanke ich einigen analytischen Einblick in das psychische Material dieser ‚Traumatischen Neurosen des Krieges', und da war es mir möglich, trotz der unserer Art zu arbeiten so wenig günstigen Verhältnisse eines Kriegslazaretts mit starkem Belag und wenig Ärzten, ein wenig über die als ‚Ursache' hochbewerteten Granatexplosionen hinauszusehen.

Es bestanden auch in diesem Falle die schweren Tremores, die den ausgesprochenen Fällen dieser Neurosen eine auf den ersten Blick frappante Ähnlichkeit verleihen, Ängstlichkeit, Weinerlichkeit, Neigung zu Wutanfällen mit konvulsiven, infantilmotorischen Entäußerungen und zu Erbrechen („bei geringsten Aufregungen').

Gerade des letzteren Symptoms Psychogeneität, zunächst im Dienste sekundären Krankheitsgewinnes, mußte sich jedem aufdrängen: Das Erscheinen des Spitalskommandanten, der von Zeit zu Zeit die Genesenden sich ansieht, auf der Abteilung, die Phrase eines Bekannten auf der Straße: ‚Sie schauen ja prächtig aus, sind gewiß schon gesund', genügen zur prompten Auslösung eines Brechanfalls.

‚Gesund... wieder einrücken... warum denn ich?...' "

11) Andere Fälle von „Kriegs"-Verlesen hat Dr. Hanns Sachs mitgeteilt:

„Ein naher Bekannter hatte mir wiederholt erklärt, er werde, wenn die Reihe an ihn komme, keinen Gebrauch von seiner, durch ein Diplom bestätigten Fachausbildung machen, sondern auf den dadurch begründeten Anspruch auf entsprechende Verwendung im Hinterlande verzichten und zum Frontdienst einrücken. Kurz bevor der Termin wirklich herankam, teilte er mir eines Tages in knappster Form, ohne weitere Begründung mit, er habe die Nachweise seiner Fachbildung an zuständiger Stelle vorgelegt und werde infolgedessen demnächst seine Zuteilung für eine industrielle Tätigkeit erhalten. Am nächsten Tage trafen wir

uns in einem Amtslokal. Ich stand gerade vor einem Pulte und
schrieb; er trat heran, sah mir eine Weile über die Schulter und
sagte dann: Ach, das Wort da oben heißt ‚Druckbogen' —
ich habe es für ‚Drückeberger' gelesen." (Internat. Zeitschr.
f. Psychoanalyse, IV. 1916/17.)

12) „In der Tramway sitzend, dachte ich darüber nach, daß
manche meiner Jugendfreunde, die immer als zart und schwäch-
lich gegolten hatten, jetzt die allerhärtesten Strapazen zu ertragen
imstande sind, denen ich ganz bestimmt erliegen würde. Mitten in
diesem unerfreulichen Gedankenzuge las ich im Vorüberfahren mit
halber Aufmerksamkeit die großen schwarzen Lettern einer Firma-
tafel: ‚Eisenkonstitution'. Einen Augenblick später fiel mir
ein, daß dieses Wort für eine Geschäftsaufschrift nicht recht passe;
mich rasch umdrehend, erhaschte ich noch einen Blick auf die
Inschrift und sah, daß sie richtig ‚Eisenkonstruktion'
lautete". (L. c.)

13) „In den Abendblättern stand die inzwischen als unrichtig
erkannte Reuterdepesche, daß Hughes zum Präsidenten der
Vereinigten Staaten gewählt sei. Anschließend daran erschien ein
kurzer Lebenslauf des angeblich Gewählten und in diesem stieß
ich auf die Mitteilung, daß Hughes in Bonn Universitätsstudien
absolviert habe. Es schien mir sonderbar, daß dieses Umstandes in
den wochenlangen Zeitungsdebatten, die dem Wahltag voran-
gegangen waren, keine Erwähnung geschehen war. Nochmalige
Überprüfung ergab denn auch, daß nur von der ‚Brown'-Uni-
versität die Rede war. Dieser krasse Fall, bei dem für das
Zustandekommen des Verlesens eine ziemlich große Gewaltsamkeit notwendig war, erklärt sich außer aus der Flüchtigkeit bei
der Zeitungslektüre vor allem daraus, daß mir die Sympathie
des neuen Präsidenten für die Mittelmächte als Grundlage
künftiger guter Beziehungen nicht bloß aus politischen, sondern
auch darüber hinaus aus persönlichen Gründen wünschenswert
schien." (L. c.)

B) VERSCHREIBEN

1) Auf einem Blatte, welches kurze tägliche Aufzeichnungen meist von geschäftlichem Interesse enthält, finde ich zu meiner Überraschung mitten unter den richtigen Daten des Monats September eingeschlossen das verschriebene Datum „Donnerstag, den 20. Okt.". Es ist nicht schwierig, diese Antizipation aufzuklären, und zwar als Ausdruck eines Wunsches. Ich bin wenige Tage vorher frisch von der Ferienreise zurückgekehrt und fühle mich bereit für ausgiebige ärztliche Beschäftigung, aber die Anzahl der Patienten ist noch gering. Bei meiner Ankunft fand ich einen Brief von einer Kranken vor, die sich für den 20. **Oktober** ankündigte. Als ich die gleiche Tageszahl im September niederschrieb, kann ich wohl gedacht haben: Die X. sollte doch schon da sein; wie schade um den vollen Monat! und in diesem Gedanken rückte ich das Datum vor. Der störende Gedanke ist in diesem Falle kaum ein anstößiger zu nennen; dafür weiß ich auch sofort die Auflösung des Schreibfehlers, nachdem ich ihn erst bemerkt habe. Ein ganz analoges und ähnlich motiviertes Verschreiben wiederhole ich dann im Herbst des nächsten Jahres. — E. **Jones** hat ähnliche Verschreibungen im Datum studiert und sie in den meisten Fällen leicht als motivierte erkannt.

2) Ich erhalte die Korrektur meines Beitrags zum „Jahresbericht für Neurologie und Psychiatrie" und muß natürlich mit besonderer Sorgfalt die Autornamen revidieren, die, weil verschiedenen Nationen angehörig, dem Setzer die größten Schwierigkeiten zu bereiten pflegen. Manchen fremd klingenden Namen finde ich wirklich noch zu korrigieren, aber einen einzigen Namen hat merkwürdigerweise der Setzer **gegen** mein Manuskript verbessert, und zwar mit vollem Rechte. Ich hatte nämlich **Buckrhard** geschrieben, während der Setzer **Burckhard** erriet. Ich hatte die Abhandlung eines Geburtshelfers über den Einfluß der Geburt auf die Entstehung der Kinderlähmungen selbst als verdienstlich gelobt, wüßte

auch nichts gegen deren Autor zu sagen, aber den gleichen Namen wie er trägt auch ein Schriftsteller in Wien, der mich durch eine unverständige Kritik über meine „Traumdeutung" geärgert hat. Es ist gerade so, als hätte ich mir bei der Niederschrift des Namens Burckhard, der den Geburtshelfer bezeichnete, etwas Arges über den anderen B., den Schriftsteller, gedacht, denn Namenverdrehen bedeutet häufig genug, wie ich schon beim Versprechen erwähnt habe, Schmähung[1].

3) Diese Behauptung wird sehr schön durch eine Selbstbeobachtung von A. J. Storfer bekräftigt, in welcher der Autor mit rühmenswerter Offenheit die Motive klarlegt, die ihn den Namen eines vermeintlichen Konkurrenten falsch erinnern und dann entstellt niederschreiben hießen:

„Im Dezember 1910 sah ich im Schaufenster einer Züricher Buchhandlung das damals neue Buch von Dr. Eduard Hitschmann über die Freudsche Neurosenlehre. Ich arbeitete damals gerade am Manuskript eines Vortrags, den ich demnächst in einem akademischen Verein über die Grundzüge der Freudschen Psychologie halten sollte. In der damals schon niedergeschriebenen Einleitung des Vortrags hatte ich auf die historische Entwicklung der Freudschen Psychologie aus Forschungen auf einem angewandten Gebiete, auf gewisse, daraus folgende Schwierigkeiten einer zusammenfassenden Darstellung der Grundzüge hingewiesen, und darauf, daß noch keine allgemeine Darstellung bestehe. Als ich das Buch (des mir bis dahin unbekannten Autors) im Schaufenster sah, dachte ich zunächst nicht daran, es zu kaufen. Einige Tage nachher beschloß ich aber, es zu tun. Das Buch war nicht mehr im Schaufenster. Ich nannte dem Buchhändler das vor kurzem erschienene Buch;

---

1) Vgl. etwa die Stelle im „Julius Cäsar", III, 3:
CINNA. Ehrlich, mein Name ist Cinna.
BÜRGER. Reißt ihn in Stücke! er ist ein Verschworener.
CINNA. Ich bin Cinna der Poet! Ich bin nicht Cinna der Verschworene.
BÜRGER. Es tut nichts; sein Name ist Cinna, reißt ihm den Namen aus dem Herzen und laßt ihn laufen.

als Autor nannte ich ‚Dr. Eduard Hartmann'. Der Buchhändler verbesserte: ‚Sie meinen wohl Hitschmann', und brachte mir das Buch.

Das unbewußte Motiv der Fehlleistung war naheliegend. Ich hatte es mir gewissermaßen zum Verdienst angerechnet, die Grundzüge der psychoanalytischen Lehren zusammengefaßt zu haben und habe offenbar das Buch Hitschmanns als Minderer meines Verdienstes mit Neid und Ärger angesehen. Die Abänderung des Namens sei ein Akt der unbewußten Feindseligkeit, sagte ich mir nach der ‚Psychopathologie des Alltagslebens'. Mit dieser Erklärung gab ich mich damals zufrieden.

Einige Wochen später notierte ich mir jene Fehlleistung. Bei dieser Gelegenheit warf ich auch die Frage auf, warum ich Eduard Hitschmann gerade in Eduard Hartmann umgeändert hatte. Sollte mich bloß die Namensähnlichkeit auf den Namen des bekannten Philosophen geführt haben? Meine erste Assoziation war die Erinnerung an einen Ausspruch, den ich einmal von Professor Hugo v. Meltzl, einem begeisterten Schopenhauerverehrer, gehört hatte und der ungefähr so lautete: ‚Eduard v. Hartmann ist der verhunzte, der auf seine linke Seite umgestülpte Schopenhauer'. Die affektive Tendenz, durch die das Ersatzgebilde für den vergessenen Namen determiniert war, war also: ‚Ach, an diesem Hitschmann und seiner zusammenfassenden Darstellung wird wohl nicht viel daran sein; er verhält sich wohl zu Freud wie Hartmann zu Schopenhauer'.

Ich hatte also diesen Fall eines determinierten Vergessens mit Ersatzeinfall niedergeschrieben.

Nach einem halben Jahre kam mir das Blatt, auf dem ich die Aufzeichnung gemacht hatte, in die Hand. Da bemerkte ich, daß ich statt Hitschmann durchwegs Hintschmann geschrieben hatte." (Internat. Zeitschr. f. Psychoanalyse, II, 1914).

4.) Ein anscheinend ernsterer Fall von Verschreiben, den ich vielleicht mit ebensoviel Recht dem „Vergreifen" einordnen könnte:

Ich habe die Absicht, mir aus der Postsparkasse die Summe von
300 Kronen kommen zu lassen, die ich einem zum Kurgebrauch
abwesenden Verwandten schicken will. Ich bemerke dabei, daß
mein Konto auf 4380 K lautet und nehme mir vor, es jetzt auf
die runde Summe von 4000 K herunterzusetzen, die in der nächsten
Zeit nicht angegriffen werden soll. Nachdem ich den Scheck
ordnungsmäßig ausgeschrieben und die der Zahl entsprechenden
Ziffern ausgeschnitten habe, merke ich plötzlich, daß ich nicht
380 K, wie ich wollte, sondern gerade 438 bestellt habe, und
erschrecke über die Unzuverlässigkeit meines Tuns. Den Schreck
erkenne ich bald als unberechtigt; ich bin ja jetzt nicht ärmer
geworden, als ich vorher war. Aber ich muß eine ganze Weile
darüber nachsinnen, welcher Einfluß hier meine erste Intention
gestört hat, ohne sich meinem Bewußtsein anzukündigen. Ich
gerate zuerst auf falsche Wege, will die beiden Zahlen, 380 und
438, voneinander abziehen, weiß aber dann nicht, was ich mit
der Differenz anfangen soll. Endlich zeigt mir ein plötzlicher
Einfall den wahren Zusammenhang. 438 entspricht ja zehn
Prozent des ganzen Kontos von 4380 K! 10% Rabatt hat man
aber beim Buchhändler. Ich besinne mich, daß ich vor wenigen
Tagen eine Anzahl medizinischer Werke, die ihr Interesse für
mich verloren haben, ausgesucht, um sie dem Buchhändler gerade
für 300 K anzubieten. Er fand die Forderung zu hoch und
versprach, in den nächsten Tagen endgültige Antwort zu sagen.
Wenn er mein Angebot annimmt, so hat er mir gerade die Summe
ersetzt, welche ich für den Kranken verausgaben soll. Es ist nicht
zu verkennen, daß es mir um diese Ausgabe leid tut. Der Affekt
bei der Wahrnehmung meines Irrtums läßt sich besser verstehen
als Furcht, durch solche Ausgaben arm zu werden. Aber beides,
das Bedauern wegen dieser Ausgabe und die an sie geknüpfte
Verarmungsangst, sind meinem Bewußtsein völlig fremd; ich habe
das Bedauern nicht verspürt, als ich jene Summe zusagte, und
fände die Motivierung desselben lächerlich. Ich würde mir eine

solche Regung wahrscheinlich gar nicht zutrauen, wenn ich nicht durch die Übung in Psychoanalysen bei Patienten mit dem Verdrängten im Seelenleben ziemlich vertraut wäre, und wenn ich nicht vor einigen Tagen einen Traum gehabt hätte, welcher die nämliche Lösung erforderte[1].

5) Nach W. Stekel zitiere ich folgenden Fall, für dessen Authentizität ich gleichfalls einstehen kann: „Ein geradezu unglaubliches Beispiel von Verschreiben und Verlesen ist in der Redaktion eines verbreiteten Wochenblattes vorgekommen. Die betreffende Leitung wurde öffentlich als ‚käuflich' bezeichnet; es galt, einen Artikel der Abwehr und Verteidigung zu schreiben. Das geschah auch — mit großer Wärme und großem Pathos. Der Chefredakteur des Blattes las den Artikel, der Verfasser selbstverständlich mehrmals im Manuskript, dann noch im Bürstenabzug, alle waren sehr befriedigt. Plötzlich meldet sich der Korrektor und macht auf einen kleinen Fehler aufmerksam, der der Aufmerksamkeit aller entgangen war. Dort stand es ja deutlich: ‚Unsere Leser werden uns das Zeugnis ausstellen, daß wir immer in eigennützigster Weise für das Wohl der Allgemeinheit eingetreten sind.' Selbstverständlich sollte es uneigennützigster Weise heißen. Aber die wahren Gedanken brachen mit elementarer Gewalt durch die pathetische Rede."

6) Einer Leserin des „Pester Lloyd", Frau Kata Levy in Budapest, ist kürzlich eine ähnlich unbeabsichtigte Aufrichtigkeit in einer Äußerung aufgefallen, die sich das Blatt am 11. Oktober 1918 aus Wien hatte telegraphieren lassen:

„Als zweifellos darf auf Grund des absoluten Vertrauensverhältnisses, das während des ganzen Krieges zwischen uns und dem deutschen Verbündeten geherrscht hat, vorausgesetzt werden, daß die beiden Mächte in jedem Falle zu einer einmütigen Ent-

---

[1] Es ist dies jener Traum, den ich in einer kurzen Abhandlung: „Über den Traum", (Nr. VIII der „Grenzfragen des Nerven- und Seelenlebens", hg. von Löwenfeld und Kurella, 1901. — Enthalten in Bd. III dieser Gesamtausgabe) zum Paradigma genommen habe.

schließung gelangen würden. Es ist überflüssig, noch ausdrücklich zu erwähnen, daß auch in der gegenwärtigen Phase ein reges und lückenhaftes Zusammenarbeiten der verbündeten Diplomatien stattfindet."

Nur wenige Wochen später konnte man sich über dieses „Vertrauensverhältnis" freimütiger äußern, brauchte man nicht mehr zum Verschreiben (oder Verdrucken) zu flüchten.

7) Ein in Europa weilender Amerikaner, der seine Frau in schlechtem Einvernehmen verlassen hat, glaubt, daß er sich nun mit ihr versöhnen könne, und fordert sie auf, ihm zu einem bestimmten Termin über den Ozean nachzukommen: „Es wäre schön," schreibt er, „wenn Du wie ich mit der ‚Mauretania' fahren könntest." Das Blatt, auf dem dieser Satz steht, getraut er sich dann aber nicht abzuschicken. Er zieht es vor, es neu zu schreiben. Denn er will nicht, daß sie die Korrektur bemerke, die an dem Namen des Schiffes notwendig geworden war. Er hatte nämlich anfänglich „Lusitania" geschrieben.

Dies Verschreiben bedarf keiner Erläuterung, es ist ohne weiteres deutbar. Doch läßt die Gunst des Zufalles noch einiges hinzufügen: Seine Frau war vor dem Kriege zum erstenmal nach Europa gefahren, nach dem Tode ihrer einzigen Schwester. Wenn ich nicht irre, ist die „Mauretania" das überlebende Schwesterschiff der während des Krieges versenkten „Lusitania".

8) Ein Arzt hat ein Kind untersucht und schreibt nun ein Rezept für dasselbe nieder, in welchem Alcohol vorkommt. Die Mutter belästigt ihn während dieser Tätigkeit mit törichten und überflüssigen Fragen. Er nimmt sich innerlich fest vor, sich jetzt darüber nicht zu ärgern, führt diesen Vorsatz auch durch, hat sich aber während der Störung verschrieben. Auf dem Rezept steht anstatt Alcohol zu lesen Achol[1].

9) Der stofflichen Verwandtschaft wegen reihe ich hier einen Fall an, den E. Jones von A. A. Brill berichtet. Letzterer

---

[1] Etwa: Keine Galle.

hatte sich, obwohl sonst völlig abstinent, von einem Freunde
verleiten lassen, etwas Wein zu trinken. Am nächsten Morgen
gab ihm ein heftiger Kopfschmerz Anlaß, diese Nachgiebigkeit zu
bedauern. Er hatte den Namen einer Patientin niederzuschreiben,
die Ethel hieß, und schrieb anstatt dessen Ethyl[1]. Es kam
dabei wohl auch in Betracht, daß die betreffende Dame selbst
mehr zu trinken pflegte, als ihr gut tat.

Da ein Verschreiben des Arztes beim Rezeptieren eine Bedeutung
beansprucht, die weit über den sonstigen praktischen Wert der
Fehlleistungen hinausgeht, bediene ich mich des Anlasses, um die
einzige bis jetzt publizierte Analyse von solchem ärztlichen
Verschreiben ausführlich mitzuteilen:

10) Dr. Ed. Hitschmann (Ein wiederholter Fall von
Verschreiben bei der Rezeptierung): „Ein Kollege erzählte mir,
es sei ihm im Laufe der Jahre mehrmals passiert, daß er
sich beim Verschreiben eines bestimmten Medikaments für weibliche Patienten vorgeschrittenen Alters irrte. Zweimal verschrieb
er die zehnfache Dosis und mußte nachher, da ihm dies plötzlich
einfiel, unter größter Angst, der Patientin geschadet zu haben
und selbst in größte Unannehmlichkeit zu kommen, eiligst die
Zurückziehung des Rezepts anstreben. Diese sonderbare Symptomhandlung verdient durch genauere Darstellung der einzelnen Fälle
und durch Analyse klargelegt zu werden.

Erster Fall: Der Arzt verschreibt einer an der Schwelle des
Greisenalters stehenden armen Frau gegen spastische Obstipation
zehnfach zu starke Belladonna-Zäpfchen. Er verläßt das Ambulatorium
und etwa eine Stunde später fällt ihm zu Hause, während er
Zeitung liest und frühstückt, plötzlich sein Irrtum ein; es über-
fällt ihn Angst, er eilt zunächst ins Ambulatorium zurück, um
die Adresse der Patientin zu requirieren, und von dort in ihre
weit entlegene Wohnung. Er findet das alte Weiblein noch mit
unausgeführtem Rezept, worüber er höchst erfreut und beruhigt

---

[1] Äthylalkohol.

heimkehrt. Er entschuldigt sich vor sich selbst nicht ohne Berechtigung damit, daß ihm der gesprächige Chef der Ambulanz während der Rezeptur über die Schulter geschaut und ihn gestört hatte.

Zweiter Fall: Der Arzt muß sich aus seiner Ordination von einer koketten und pikant schönen Patientin losreißen, um ein älteres Fräulein ärztlich aufzusuchen. Er benützt ein Automobil, da er nicht viel Zeit für diesen Besuch übrig hat; denn er soll um eine bestimmte Stunde, nahe von ihrer Wohnung, ein geliebtes junges Mädchen heimlich treffen. Auch hier ergibt sich die Indikation für Belladonna wegen analoger Beschwerden wie im ersten Falle. Es wird wieder der Fehler begangen, das Medikament zehnfach zu stark zu rezeptieren. Die Patientin bringt einiges nicht zum Gegenstand gehörige Interessante vor, der Arzt aber verrät Ungeduld, wenn er sie auch mit Worten verleugnet, und verläßt die Patientin, so daß er reichlich zurecht zum Rendezvous erscheint. Etwa zwölf Stunden nachher, gegen sieben Uhr morgens, erwacht der Arzt; der Einfall seines Verschreibens und Angst treten fast gleichzeitig in sein Bewußtsein, und er sendet rasch zu der Kranken, in der Hoffnung, daß das Medikament noch nicht aus der Apotheke geholt sei, und bittet um Rückstellung des Rezepts, um es zu revidieren. Er erhält jedoch das bereits ausgeführte Rezept zurück und begibt sich mit einer gewissen stoischen Resignation und dem Optimismus des Erfahrenen in die Apotheke, wo ihn der Provisor damit beruhigt, daß er selbstverständlich (oder vielleicht auch durch ein Versehen?) das Medikament in einer geringeren Dosis verabreicht habe.

Dritter Fall: Der Arzt will seiner greisen Tante, Schwester seiner Mutter, die Mischung von Tinct. belladonnae und Tinct. opii in harmloser Dosis verschreiben. Das Rezept wird sofort durch das Mädchen in die Apotheke getragen. Ganz kurze Zeit später fällt dem Arzt ein, daß er anstatt tinctura ‚extractum' geschrieben habe, und gleich darauf telephoniert der Apotheker, über diesen Irrtum interpellierend. Der Arzt entschuldigt sich mit der erlogenen Ausrede, er hätte das Rezept noch nicht vollendet gehabt, es sei ihm durch die unerwartet rasche Wegnehmung des Rezepts vom Tische die Schuld abgenommen.

Die auffällig gemeinsamen Punkte dieser drei Irrtümer in der Verschreibung sind darin gelegen, daß es dem Arzte nur bei diesem einen Medikament bisher passiert ist, daß es sich jedesmal um eine weibliche Patientin im vorgeschrittenen Alter handelte und daß die Dosis immer zu stark war. Bei der kurzen Analyse stellte es sich heraus, daß das Verhältnis des Arztes zur Mutter von entscheidender Bedeutung sein mußte. Es fiel ihm nämlich ein, daß er einmal — und zwar höchstwahrscheinlich vor diesen Symptomhandlungen — seiner gleichfalls greisen Mutter dasselbe Rezept verschrieben hatte, und zwar in der Dosis von 0.03, obwohl die gewöhnliche 0.02 ihm geläufiger war, um ihr radikal zu helfen, wie er sich dachte. Die Reaktion der zarten Mutter auf dieses Medikament war Kopfkongestion und unangenehme Trockenheit im Rachen. Sie beklagte sich darüber mit einer halb scherzhaften Anspielung auf die gefährlichen Ordinationen, die von einem Sohne ausgehen können. Auch sonst hat die Mutter, übrigens Arztenstochter, gegen gelegentlich vom ärztlichen Sohne empfohlene Medikamente ähnlich ablehnende, halb scherzhafte Einwendungen erhoben und vom Vergiften gesprochen.

Soweit Referent die Beziehungen dieses Sohnes zu seiner Mutter durchschaut, ist er zwar ein instinktiv liebevolles Kind, aber in der geistigen Schätzung der Mutter und im persönlichen Respekt keineswegs übertrieben. Mit dem um ein Jahr jüngeren Bruder und der Mutter in gemeinsamem Haushalt lebend, empfindet er dieses Zusammensein seit Jahren für seine erotische Freiheit als Hemmung, wobei wir allerdings aus psychoanalytischer Erfahrung wissen, daß solche Begründungen zum Vorwand für inneres Gebundensein gern mißbraucht werden. Der Arzt akzeptierte die Analyse unter ziemlicher Befriedigung über die Aufklärung und meinte lächelnd, das Wort Belladonna = schöne Frau könnte auch eine erotische Beziehung bedeuten. Er hat das Medikament früher gelegentlich auch selbst verwendet." (Internat. Zeitschr. f. Psychoanalyse, I, 1913.)

Ich möchte urteilen, daß solche ernsthafte Fehlleistungen auf keinem anderen Wege zustandekommen als die harmlosen, die wir sonst untersuchen.

11) Für ganz besonders harmlos wird man das nachstehende, von S. Ferenczi berichtete Verschreiben halten. Man kann es als Verdichtungsleistung infolge von Ungeduld deuten (vergl. das Versprechen: Der Apfe, S. 70) und wird diese Auffassung verteidigen dürfen, bis nicht etwa eine eingehende Analyse des Vorfalls ein stärkeres störendes Moment nachgewiesen hätte:

„Hiezu paßt die Anektode" — schreibe ich einmal in mein Notizbuch. Natürlich meinte ich Anekdote, und zwar von einem zu Tode verurteilten Zigeuner, der sich die Gnade erbat, selber den Baum zu wählen, auf den er gehängt werden soll. (Er fand trotz eifrigen Suchens keinen passenden Baum.)

12) Andere Male kann im Gegensatz hiezu der unscheinbarste Schreibfehler gefährlichen geheimen Sinn zum Ausdruck bringen. Ein Anonymus berichtet:

„Ich schließe einen Brief mit den Worten: ‚Herzlichste Grüße an Ihre Frau Gemahlin und ihren Sohn.' Knapp bevor ich das Blatt ins Kuvert stecke, bemerke ich den Irrtum im Anfangsbuchstaben bei ‚ihren Sohn' und verbessere ihn. Auf dem Heimweg von dem letzten Besuche bei diesem Ehepaar hatte meine Begleiterin bemerkt, der Sohn sehe einem Hausfreund frappant ähnlich und sei auch sicher sein Kind."

13) Eine Dame richtet an ihre Schwester einige beglückwünschende Zeilen zum Einzug in deren neue und geräumige Wohnung. Eine dabei anwesende Freundin bemerkt, daß die Schreiberin eine falsche Adresse auf den Brief gesetzt hat, und zwar nicht die der eben verlassenen Wohnung, sondern die der

ersten, längst aufgegebenen, welche die Schwester als eben verheiratete Frau bezogen hatte. Sie macht die Schreiberin darauf aufmerksam. Sie haben recht, muß diese zugeben, aber wie komme ich darauf? Warum habe ich das getan? Die Freundin meint: Wahrscheinlich gönnen Sie ihr die schöne große Wohnung nicht, die sie jetzt bekommen soll, während Sie sich selbst im Raum beengt fühlen, und versetzen sie darum in die erste Wohnung zurück, in der sie es auch nicht besser hatte. — Gewiß gönne ich ihr die neue Wohnung nicht, gesteht die andere ehrlich zu. Sie setzt dann fort: Wie schade, daß man bei diesen Dingen immer so gemein ist!

14) E. Jones teilt folgendes, ihm von A. A. Brill überlassene Beispiel von Verschreiben mit: Ein Patient richtete an Dr. Brill ein Schreiben, in welchem er sich bemühte, seine Nervosität auf die Sorge und Erregung über den Geschäftsgang während einer Baumwollkrise zurückzuführen. In diesem Schreiben hieß es: *my trouble is all due to that damned frigid wave; there is'nt even any seed.* Er meinte mit „*wave*" natürlich eine Welle, Strömung auf dem Geldmarkt; in Wirklichkeit schrieb er aber nicht *wave*, sondern *wife*. Auf dem Grunde seines Herzens ruhten Vorwürfe gegen seine Frau wegen ihrer ehelichen Kälte und ihrer Kinderlosigkeit, und er war nicht weit entfernt von der Erkenntnis, daß die ihm aufgezwungene Entbehrung einen großen Anteil an der Verursachung seines Leidens habe.

15) Dr. R. Wagner erzählt von sich im Zentralblatt für Psychoanalyse, I, 12:

„Beim Durchlesen eines alten Kollegienheftes fand ich, daß mir in der Geschwindigkeit des Mitschreibens ein kleiner Lapsus unterlaufen war. Statt ‚E*p*ithel' hatte ich nämlich ‚E*d*ithel' geschrieben. Mit Betonung der ersten Silbe gibt das das Diminutivum eines Mädchennamens. Die retrospektive Analyse ist einfach genug. Zur Zeit des Verschreibens war die Bekanntschaft zwischen mir und der Trägerin dieses Namens nur eine ganz oberflächliche, und erst viel später wurde daraus ein intimer Verkehr. Das Verschreiben ist also ein hübscher Beweis für den Durchbruch der unbewußten Neigung zu einer Zeit, wo ich selbst eigentlich davon noch keine Ahnung hatte, und die gewählte Form des Diminutivums charakterisiert gleichzeitig die begleitenden Gefühle."

16) Frau Dr. v. Hug-Hellmuth: „Ein Arzt verordnet einer Patientin Levitico- statt Levicowasser. Dieser Irrtum, der einem Apotheker willkommenen Anlaß zu abfälligen Bemerkungen gegeben hatte, kann leicht einer milderen Auffassung begegnen, wenn man nach den möglichen Beweggründen aus dem Unbewußten forscht und ihnen, sind sie auch nur subjektive Annahme eines diesem Arzte Fernstehenden, eine gewisse Wahrscheinlichkeit nicht von vornherein abspricht: Dieser Arzt erfreute sich, trotzdem er seinen Patienten ihre wenig rationelle Ernährung in ziemlich derben Worten vorhielt, ihnen sozusagen die Leviten las, starken Zuspruchs, so daß sein Wartezimmer vor und in der Ordinationsstunde dicht besetzt war, was den Wunsch des Arztes rechtfertigte, das Ankleiden der absolvierten Patienten möge sich möglichst rasch, *vite, vite* vollziehen. Wie ich mich richtig zu erinnern glaube, war seine Gattin aus Frankreich gebürtig, was die etwas kühn scheinende Annahme, daß er sich bei seinem Wunsche nach größerer Geschwindigkeit seiner Patienten gerade der französischen Sprache bediente, einigermaßen rechtfertigt. Übrigens ist es eine bei vielen Personen anzutreffende Gewohnheit, solchen Wünschen in fremder Sprache Worte zu verleihen, wie mein eigener Vater uns Kinder bei Spaziergängen gern durch den Zuruf „*Avanti gioventù*' oder „*Marchez au pas*' zur Eile drängte, dagegen wieder ein schon recht bejahrter Arzt, bei dem ich als junges Mädchen wegen eines Halsübels in Behandlung stand, meine ihm allzu raschen Bewegungen durch ein beschwichtigendes „*Piano, piano*' zu hemmen suchte. So erscheint es mir recht gut denkbar, daß auch jener Arzt dieser

Gewohnheit huldigte; und so ‚verschreibt' er Levitico- — statt Levicowasser." (Zentralblatt für Psychoanalyse, II, 5.)

Andere Beispiele aus der Jugenderinnerung der Verfasserin ebendaselbst (frazösisch statt französisch — Verschreiben des Namens Karl).

17) Ein Verschreiben, das sich inhaltlich mit einem bekannten schlechten Witz deckt, bei dem aber die Witzabsicht sicherlich ausgeschlossen war, danke ich der Mitteilung eines Herrn J. G., von dem ein anderer Beitrag bereits Erwähnung gefunden hat:

„Als Patient eines (Lungen-)Sanatoriums erfahre ich zu meinem Bedauern, daß bei einem nahen Verwandten dieselbe Krankheit konstatiert wurde, die mich zur Aufsuchung einer Heilanstalt genötigt hat. In einem Briefe lege ich nun meinem Verwandten nahe, zu einem Spezialisten zu gehen, einem bekannten Professor, bei dem ich selbst in Behandlung stehe, und von dessen medizinischer Autorität ich überzeugt bin, während ich anderseits allen Grund habe, seine Unhöflichkeit zu beklagen; denn der betreffende Professor hat mir — erst kurze Zeit vorher — die Ausstellung eines Zeugnisses verweigert, das für mich von großer Wichtigkeit war. In der Antwort auf meinen Brief werde ich von meinem Verwandten auf einen Schreibfehler aufmerksam gemacht, der mich, da ich seine Ursache augenblicklich erkannte, außerordentlich erheiterte. Ich hatte in meinem Schreiben folgenden Passus verwendet: ‚... übrigens rate ich Dir, ohne Verzögerung Prof. X. zu insultieren.' Natürlich hatte ich konsultieren schreiben wollen. — Es bedarf vielleicht des Hinweises darauf, daß meine Latein- und Französischkenntnisse die Erklärung ausschalten, daß es sich um einen aus Unwissenheit resultierenden Fehler handelte."

18) Auslassungen im Schreiben haben natürlich Anspruch auf dieselbe Beurteilung wie Verschreibungen. Im Zentralblatt für Psychoanalyse, I, 12, hat Dr. jur. B. Dattner ein merkwürdiges Beispiel einer „historischen Fehlleistung" mitgeteilt. In einem der

Gesetzesartikel über finanzielle Verpflichtungen der beiden Staaten, welche in dem Ausgleich zwischen Österreich und Ungarn im Jahre 1867 vereinbart wurden, ist das Wort effektiv in der ungarischen Übersetzung weggeblieben, und Dattner macht es wahrscheinlich, daß die unbewußte Strömung der ungarischen Gesetzesredaktoren, Österreich möglichst wenig Vorteile zuzugestehen, an dieser Auslassung beteiligt gewesen sei.

Wir haben auch allen Grund anzunehmen, daß die so häufigen Wiederholungen derselben Worte beim Schreiben und Abschreiben — Perseverationen — gleichfalls nicht bedeutungslos sind. Setzt der Schreiber dasselbe Wort, das er bereits geschrieben hat, noch ein zweites Mal hin, so zeigt er damit wohl, daß er von diesem Worte nicht so leicht losgekommen ist, daß er an dieser Stelle mehr hätte äußern können, was er aber unterlassen hat, oder ähnliches. Die Perseveration beim Abschreiben scheint die Äußerung eines „auch, auch ich" zu ersetzen. Ich habe lange gerichtsärztliche Gutachten in der Hand gehabt, welche Perseverationen von seiten des Abschreibers an besonders ausgezeichneten Stellen aufwiesen, und hätte sie gern so gedeutet, als ob der seiner unpersönlichen Rolle Überdrüssige die Glosse einfügen würde: Ganz mein Fall, oder ganz so wie bei uns.

19) Es steht ferner nichts im Wege, die Druckfehler als „Verschreibungen" des Setzers zu behandeln und sie als größtenteils motiviert aufzufassen. Eine systematische Sammlung solcher Fehlleistungen, die recht amüsant und lehrreich ausfallen könnte, habe ich nicht angelegt. Jones hat in seiner hier mehrfach erwähnten Arbeit den „Misprints" einen besonderen Absatz gewidmet. Auch die Entstellungen in Telegrammen lassen sich gelegentlich als Verschreibungen des Telegraphisten verstehen. In den Sommerferien trifft mich ein Telegramm meines Verlags, dessen Text mir unbegreiflich ist. Es lautet:

„Vorräte erhalten, Einladung X. dringend." Die Lösung des Rätsels geht von dem darin erwähnten Namen X. aus. X. ist doch der Autor, zu dessen Buch ich eine Einleitung schreiben soll. Aus dieser Einleitung ist die Einladung geworden. Dann darf ich mich aber erinnern, daß ich vor einigen Tagen eine Vorrede zu einem anderen Buch an den Verlag abgeschickt habe, deren Eintreffen mir also so bestätigt wird. Der richtige Text hat sehr wahrscheinlich so geheißen: „Vorrede erhalten, Einleitung X. dringend." Wir dürfen annehmen, daß er einer Bearbeitung durch den Hungerkomplex des Telegraphisten zum Opfer gefallen ist, wobei übrigens die beiden Hälften des Satzes in innigeren Zusammenhang gebracht wurden, als vom Absender beabsichtigt war. Nebstbei ein schönes Beispiel von „sekundärer Bearbeitung", wie sie in den meisten Träumen nachweisbar ist[1].

H. Silberer erörtert in der Internat. Zeitschrift für Psychoanalyse, VIII, 1922, die Möglichkeit „tendenziöser Druckfehler."

Gelegentlich sind von Anderen Druckfehler aufgezeigt worden, denen man eine Tendenz nicht leicht streitig machen kann, so von Storfer im Zentralblatt für Psychoanalyse, II, 1914: „Der politische Druckfehlerteufel" und ibid. III, 1915, die kleine Notiz, die ich hier abdrucke:

20) „Ein politischer Druckfehler findet sich in der Nummer des ‚März' vom 25. April d. J. In einem Briefe aus Argyrokastron wurden Äußerungen von Zographos, dem Führer der aufständischen Epiroten in Albanien (oder wenn man will: dem Präsidenten der unabhängigen Regierung des Epirus) wiedergegeben. Unter anderem heißt es: ‚Glauben Sie mir; ein autonomer Epirus läge im ureigensten Interesse des Fürsten Wied. Auf ihn könnte er sich stürzen...' Daß die Annahme der Stütze, die ihm die Epiroten anbieten, seinen Sturz bedeuten würde, weiß wohl der Fürst von Albanien auch ohne jenen fatalen Druckfehler."

21) Ich las selbst vor kurzem in einer unserer Wiener Tageszeitungen einen Aufsatz „die Bukowina unter rumänischer

---

[1] Vgl. Traumdeutung, Ges. Werke, Bd. II/III. Abschnitt über die Traumarbeit.

Herrschaft", dessen Überschrift man zum mindesten als verfrüht erklären durfte, denn damals hatten sich die Rumänen noch nicht zu ihrer Feindseligkeit bekannt. Es hätte nach dem Inhalt unzweifelhaft **russisch** anstatt rumänisch heißen müssen, aber auch dem Zensor scheint die Zusammenstellung so wenig befremdend gewesen zu sein, daß er selbst diesen Druckfehler übersah.

Es ist schwer, nicht an einen „politischen" Druckfehler zu denken, wenn man in dem gedruckten Zirkular der rühmlich bekannten (ehemaligen k. k. Hof-)Buchdruckerei Karl Prochaska in Teschen folgende orthographische Verschreibung liest:

„P. T. Durch den Machtspruch der Entente wurde durch die Bestimmung des Olsaflusses als Grenze nicht nur Schlesien, sondern auch Teschen in zwei Teile geteilt, von welchen einer Polen, der andere der Tschecho-Slovakei zu*v*iel."

In amüsanter Weise mußte sich Th. Fontane einmal gegen einen allzu sinnreichen Druckfehler zur Wehre setzen. Er schrieb am 29. März 1860 an den Verleger Julius Springer:

Sehr geehrter Herr!

Es scheint mir nicht beschieden, meine kleinen Wünsche in Erfüllung gehen zu sehen. Ein Einblick in den Korrekturbogen[1], den ich beischließe, wird Ihnen sagen, was ich meine. Auch hat man mir nur einen Bogen geschickt, wiewohl ich zwei, aus angegebenen Gründen, brauche. Auch die Wiedereinsendung des ersten Bogens zu nochmaliger Durchsicht — namentlich der englischen Wörter und Sätze halber — ist nicht erfolgt. Mir liegt sehr daran. Seite 27 heißt es z. B. im heutigen Korrekturbogen in einer Szene zwischen John Knox und der Königin: „worauf Maria **aa**srief." Solchen fulminanten Sachen gegenüber

---

[1] Es handelt sich um den Druck des 1860 bei Julius Springer erschienenen Buches „Jenseits des Tweed. Bilder und Briefe aus Schottland."

will man gern die Beruhigung haben, daß der Fehler auch wirklich beseitigt ist. Es ist dies unglückliche „aas" statt „aus" um so schlimmer, als kein Zweifel ist, daß sie (die Königin) ihn im stillen wirklich so genannt haben wird. Mit bekannter Hochachtung
Ihr ergebenster Th. Fontane.

Wundt gibt eine bemerkenswerte Begründung für die leicht zu bestätigende Tatsache, daß wir uns leichter verschreiben als versprechen (1. c. S. 374). „Im Verlaufe der normalen Rede ist fortwährend die Hemmungsfunktion des Willens dahin gerichtet, Vorstellungsverlauf und Artikulationsbewegung miteinander in Einklang zu bringen. Wird die den Vorstellungen folgende Ausdrucksbewegung durch mechanische Ursachen verlangsamt wie beim Schreiben..., so treten daher solche Antizipationen besonders leicht ein."

Die Beobachtung der Bedingungen, unter denen das Verlesen auftritt, gibt Anlaß zu einem Zweifel, den ich nicht unerwähnt lassen möchte, weil er nach meiner Schätzung der Ausgangspunkt einer fruchtbaren Untersuchung werden kann. Es ist jedermann bekannt, wie häufig beim Vorlesen die Aufmerksamkeit des Lesenden den Text verläßt und sich eigenen Gedanken zuwendet. Die Folge dieses Abschweifens der Aufmerksamkeit ist nicht selten, daß er überhaupt nicht anzugeben weiß, was er gelesen hat, wenn man ihn im Vorlesen unterbricht und befragt. Er hat dann wie automatisch gelesen, aber er hat fast immer richtig vorgelesen. Ich glaube nicht, daß die Lesefehler sich unter solchen Bedingungen merklich vermehren. Von einer ganzen Reihe von Funktionen sind wir auch gewohnt anzunehmen, daß sie automatisch, also von kaum bewußter Aufmerksamkeit begleitet, am exaktesten vollzogen werden. Daraus scheint zu folgen, daß die Aufmerksamkeitsbedingung der Sprech-, Lese- und Schreibfehler anders zu bestimmen ist, als sie bei Wundt lautet (Wegfall oder Nachlaß der Aufmerksamkeit). Die Beispiele, die wir der Analyse unterzogen haben, gaben uns eigentlich nicht das Recht, eine quantitative Verminderung der Aufmerksamkeit anzunehmen; wir fanden, was vielleicht nicht ganz dasselbe ist, eine Störung der Aufmerksamkeit durch einen fremden, Anspruch erhebenden Gedanken.

*

Zwischen „Verschreiben" und „Vergessen" darf man den Fall einschalten, daß jemand eine Unterschrift anzubringen vergißt. Ein nicht unterschriebener Scheck ist soviel wie ein vergessener. Für die Bedeutung eines solchen Vergessens will ich eine Stelle aus einem Roman anführen, die Dr. H. Sachs aufgefallen ist:

„Ein sehr lehrreiches und durchsichtiges Beispiel, mit welcher Sicherheit die Dichter den Mechanismus der Fehl- und Symptomhandlungen im Sinne der Psychoanalyse zu verwenden wissen, enthält der Roman von John Galsworthy: ‚The Island Pharisees.‘ Im Mittelpunkte steht das Schwanken eines jungen Mannes, der dem reichen Mittelstand angehört, zwischen tiefem sozialen Mitgefühl und den gesellschaftlichen Konventionen seiner Klasse. Im XXVI. Kapitel wird geschildert, wie er auf einen Brief eines jungen Vagabunden reagiert, den er, durch seine originelle Lebensauffassung angezogen, einigemal unterstützt hatte. Der Brief enthält keine direkte Bitte um Geld, aber die Schilderung einer großen Notlage, die keine andere Deutung zuläßt. Der Empfänger weist zunächst den Gedanken von sich, das Geld an einen Unverbesserlichen wegzuwerfen, statt damit wohltätige Anstalten zu unterstützen. ‚Eine helfende Hand, ein Stück von sich selbst, ein kameradschaftliches Nicken einem Mitgeschöpf zu geben, ohne Rücksicht auf einen Anspruch, nur weil es ihm eben schlecht ging, welch ein sentimentaler Unsinn! Irgendwo muß der Scheidestrich gezogen werden!‘ Aber während er diese Schlußfolgerung vor sich hinmurmelte, fühlte er, wie seine Aufrichtigkeit Einspruch erhob: ‚Schwindler! Du willst dein Geld behalten, das ist alles!‘

Er schreibt daraufhin einen freundlichen Brief, der mit den Worten endigt: ‚Ich schließe einen Scheck bei. Aufrichtig Ihr Richard Shelton.'

‚Bevor er noch den Scheck geschrieben hatte, lenkte eine Motte, die um die Kerze schwirrte, seine Aufmerksamkeit ab; er ging daran, sie zu fangen und im Freien loszulassen, darüber vergaß er aber, daß der Scheck nicht in den Brief eingeschlossen war.' Der Brief wird auch wirklich, so wie er ist, befördert.

Das Vergessen ist aber noch feiner motiviert als durch die Durchsetzung der scheinbar überwundenen selbstsüchtigen Tendenz, sich die Ausgabe zu ersparen.

Shelton fühlt sich auf dem Landsitz seiner künftigen Schwiegereltern mitten zwischen seiner Braut, ihrer Familie und deren Gästen vereinsamt; durch seine Fehlhandlung wird angedeutet, daß er sich nach seinem Schützling sehnt, der durch seine Vergangenheit und Lebensauffassung den vollsten Gegensatz zu der ihn umgebenden tadellosen, nach ein und derselben Konvention gleichförmig abgestempelten Umgebung bildet. Tatsächlich kommt dieser, der ohne die Unterstützung sich auf seinem Posten nicht mehr halten kann, einige Tage nachher an, um sich Aufklärung über die Gründe der Abwesenheit des angekündigten Schecks zu verschaffen."

VII

VERGESSEN VON EINDRÜCKEN UND VORSÄTZEN

Wenn jemand geneigt sein sollte, den Stand unserer gegenwärtigen Kenntnis vom Seelenleben zu überschätzen, so brauchte man ihn nur an die Gedächtnisfunktion zu mahnen, um ihn zur Bescheidenheit zu zwingen. Keine psychologische Theorie hat es noch vermocht, von dem fundamentalen Phänomen des Erinnerns und Vergessens im Zusammenhange Rechenschaft zu geben; ja, die vollständige Zergliederung dessen, was man tatsächlich beobachten kann, ist noch kaum in Angriff genommen. Vielleicht ist uns heute das Vergessen rätselhafter geworden als das Erinnern, seitdem uns das Studium des Traumes und pathologischer Ereignisse gelehrt hat, daß auch das plötzlich wieder im Bewußtsein auftauchen kann, was wir für längst vergessen geschätzt haben.

Wir sind allerdings im Besitze einiger weniger Gesichtspunkte, für welche wir allgemeine Anerkennung erwarten. Wir nehmen an, daß das Vergessen ein spontaner Vorgang ist, dem man einen gewissen zeitlichen Ablauf zuschreiben kann. Wir heben hervor, daß beim Vergessen eine gewisse Auswahl unter den dargebotenen Eindrücken stattfindet und ebenso unter den Einzelheiten eines jeden Eindrucks oder Erlebnisses. Wir kennen einige der Bedingungen für die Haltbarkeit im Gedächtnis und für die Erweckbarkeit dessen, was sonst vergessen würde.

VII. Vergessen von Eindrücken und Vorsätzen

Bei unzähligen Anlässen im täglichen Leben können wir aber bemerken, wie unvollständig und unbefriedigend unsere Erkenntnis ist. Man höre zu, wie zwei Personen, die gemeinsam äußere Eindrücke empfangen, z. B. eine Reise miteinander gemacht haben, eine Zeitlang später ihre Erinnerungen austauschen. Was dem einen fest im Gedächtnis geblieben ist, das hat der andere oft vergessen, als ob es nicht geschehen wäre, und zwar ohne daß man ein Recht zur Behauptung hätte, der Eindruck sei für den einen psychisch bedeutsamer gewesen als für den anderen. Eine ganze Anzahl der die Auswahl fürs Gedächtnis bestimmenden Momente entzieht sich offenbar noch unserer Kenntnis.

In der Absicht, zur Kenntnis der Bedingungen des Vergessens einen kleinen Beitrag zu liefern, pflege ich die Fälle, in denen mir das Vergessen selbst widerfährt, einer psychologischen Analyse zu unterziehen. Ich beschäftige mich in der Regel nur mit einer gewissen Gruppe dieser Fälle, mit jenen nämlich, in denen das Vergessen mich in Erstaunen setzt, weil ich nach meiner Erwartung das Betreffende wissen sollte. Ich will noch bemerken, daß ich zur Vergeßlichkeit im allgemeinen (für Erlebtes, nicht für Gelerntes!) nicht neige, und daß ich durch eine kurze Periode meiner Jugend auch außergewöhnlicher Gedächtnisleistungen nicht unfähig war. In meiner Schulknabenzeit war es mir selbstverständlich, die Seite des Buches, die ich gelesen hatte, auswendig hersagen zu können, und kurz vor der Universität war ich imstande, populäre Vorträge wissenschaftlichen Inhalts unmittelbar nachher fast wortgetreu niederzuschreiben. In der Spannung vor dem letzten medizinischen Rigorosum muß ich noch Gebrauch von dem Reste dieser Fähigkeit gemacht haben, denn ich gab in einigen Gegenständen den Prüfern wie automatisch Antworten, die sich getreu mit dem Texte des Lehrbuches deckten, welchen ich doch nur einmal in der größten Hast durchflogen hatte.

Die Verfügung über den Gedächtnisschatz ist seither bei mir immer schlechter geworden, doch habe ich mich bis in die letzte Zeit hinein überzeugt, daß ich mit Hilfe eines Kunstgriffes weit mehr erinnern kann, als ich mir sonst zutraue. Wenn z. B. ein Patient in der Sprechstunde sich darauf beruft, daß ich ihn schon einmal gesehen habe, und ich mich weder an die Tatsache noch an den Zeitpunkt erinnern kann, so helfe ich mir, indem ich rate, das heißt mir rasch eine Zahl von Jahren, von der Gegenwart an gerechnet, einfallen lasse. Wo Aufschreibungen oder die sichere Angabe des Patienten eine Kontrolle meines Einfalls ermöglichen, da zeigt es sich, daß ich selten um mehr als ein Halbjahr bei über zehn Jahren geirrt habe[1]. Ähnlich, wenn ich einen entfernteren Bekannten treffe, den ich aus Höflichkeit nach seinen kleinen Kindern frage. Erzählt er von den Fortschritten derselben, so suche ich mir einfallen zu lassen, wie alt das Kind jetzt ist, kontrolliere durch die Auskunft des Vaters und gehe höchstens um einen Monat, bei älteren Kindern um ein Vierteljahr fehl, obwohl ich nicht angeben kann, welche Anhaltspunkte ich für diese Schätzung hatte. Ich bin zuletzt so kühn geworden, daß ich meine Schätzung immer spontan vorbringe, und laufe dabei nicht Gefahr, den Vater durch die Bloßstellung meiner Unwissenheit über seinen Sprößling zu kränken. Ich erweitere so mein bewußtes Erinnern durch Anrufen meines jedenfalls weit reichhaltigeren unbewußten Gedächtnisses.

Ich werde also über **auffällige** Beispiele von Vergessen, die ich zumeist an mir selbst beobachtet, berichten. Ich unterscheide Vergessen von Eindrücken und Erlebnissen, also von Wissen, und Vergessen von Vorsätzen, also Unterlassungen. Das einförmige Ergebnis der ganzen Reihe von Beobachtungen kann ich voranstellen: **In allen Fällen erwies sich das Vergessen als begründet durch ein Unlustmotiv.**

---

[1] Gewöhnlich pflegen dann im Laufe der Besprechung die Einzelheiten des damaligen ersten Besuches bewußt aufzutauchen.

A) VERGESSEN VON EINDRÜCKEN UND KENNTNISSEN

1) In einem Sommer gab mir meine Frau einen an sich harmlosen Anlaß zu heftigem Ärger. Wir saßen an der Table d'hôte einem Herrn aus Wien gegenüber, den ich kannte und der sich wohl auch an mich zu erinnern wußte. Ich hatte aber meine Gründe, die Bekanntschaft nicht zu erneuern. Meine Frau, die nur den ansehnlichen Namen ihres Gegenüber gehört hatte, verriet zu sehr, daß sie seinem Gespräch mit den Nachbarn zuhörte, denn sie wandte sich von Zeit zu Zeit an mich mit Fragen, die den dort gesponnenen Faden aufnahmen. Ich wurde ungeduldig und endlich gereizt. Wenige Wochen später führte ich bei einer Verwandten Klage über dieses Verhalten meiner Frau. Ich war aber nicht imstande, auch nur ein Wort von der Unterhaltung jenes Herrn zu erinnern. Da ich sonst eher nachtragend bin und keine Einzelheit eines Vorfalles, der mich geärgert hat, vergessen kann, ist meine Amnesie in diesem Falle wohl durch Rücksichten auf die Person der Ehefrau motiviert. Ähnlich erging es mir erst vor kurzem wieder. Ich wollte mich gegen einen intim Bekannten über eine Äußerung meiner Frau lustig machen, die erst vor wenigen Stunden gefallen war, fand mich aber in diesem Vorsatz durch den bemerkenswerten Umstand gehindert, daß ich die betreffende Äußerung spurlos vergessen hatte. Ich mußte erst meine Frau bitten, mich an dieselbe zu erinnern. Es ist leicht zu verstehen, daß dies mein Vergessen analog zu fassen ist der typischen Urteilsstörung, welcher wir unterliegen, wenn es sich um unsere nächsten Angehörigen handelt.

2) Ich hatte es übernommen, einer fremd in Wien angekommenen Dame eine kleine eiserne Handkassette zur Aufbewahrung ihrer Dokumente und Gelder zu besorgen. Als ich mich dazu erbot, schwebte mir mit ungewöhnlicher visueller Lebhaftigkeit das Bild einer Auslage in der Inneren Stadt vor, in

welcher ich solche Kassen gesehen haben mußte. Ich konnte mich zwar an den Namen der Straße nicht erinnern, fühlte mich aber sicher, daß ich den Laden auf einem Spaziergang durch die Stadt auffinden werde, denn meine Erinnerung sagte mir, daß ich unzähligemal an ihm vorübergegangen sei. Zu meinem Ärger gelang es mir aber nicht, diese Auslage mit den Kassetten aufzufinden, obwohl ich die Innere Stadt nach allen Richtungen durchstreifte. Es blieb mir nichts anderes übrig, meinte ich, als mir aus einem Adressenkalender die Kassenfabrikanten herauszusuchen, um dann auf einem zweiten Rundgange die gesuchte Auslage zu identifizieren. Es bedurfte aber nicht so viel; unter den im Kalender angezeigten Adressen befand sich eine, die sich mir sofort als die vergessene enthüllte. Es war richtig, daß ich ungezählte Male an dem Auslagefenster vorübergegangen war, jedesmal nämlich, wenn ich die Familie M. besucht hatte, die seit langen Jahren in dem nämlichen Hause wohnt. Seitdem dieser intime Verkehr einer völligen Entfremdung gewichen war, pflegte ich, ohne mir von den Gründen Rechenschaft zu geben, auch die Gegend und das Haus zu meiden. Auf jenem Spaziergang durch die Stadt hatte ich, als ich die Kassetten in der Auslage suchte, jede Straße in der Umgebung begangen, dieser einen aber war ich, als ob ein Verbot darauf läge, ausgewichen. Das Unlustmotiv, welches in diesem Falle meine Unorientiertheit verschuldete, ist greifbar. Der Mechanismus des Vergessens ist aber nicht mehr so einfach wie im vorigen Beispiel. Meine Abneigung gilt natürlich nicht dem Kassenfabrikanten, sondern einem anderen, von dem ich nichts wissen will, und überträgt sich von diesem anderen auf die Gelegenheit, wo sie das Vergessen zustande bringt. Ganz ähnlich hatte im Falle Burckhard der Groll gegen den einen den Schreibfehler im Namen hervorgebracht, wo es sich um den anderen handelte. Was hier die Namensgleichheit leistete, die Verknüpfung zwischen zwei im Wesen verschiedenen Gedankenkreisen herzustellen, das konnte

im Beispiel von dem Auslagefenster die Kontiguität im Raume,
die untrennbare Nachbarschaft, ersetzen. Übrigens war dieser
letztere Fall fester gefügt; es fand sich noch eine zweite inhaltliche
Verknüpfung vor, denn unter den Gründen der Entfremdung
mit der im Hause wohnenden Familie hatte das Geld eine
Rolle gespielt.

3) Ich werde von dem Bureau B. & R. bestellt, einen ihrer
Beamten ärztlich zu besuchen. Auf dem Wege zu dessen Wohnung
beschäftigt mich die Idee, ich müßte schon wiederholt in dem
Hause gewesen sein, in welchem sich die Firma befindet. Es ist
mir, als ob mir die Tafel derselben in einem niedrigen Stock-
werk aufgefallen wäre, während ich in einem höheren einen
ärztlichen Besuch zu machen hatte. Ich kann mich aber weder
daran erinnern, welches dieses Haus ist, noch wen ich dort
besucht habe. Obwohl die ganze Angelegenheit gleichgültig und
bedeutungslos ist, beschäftige ich mich doch mit ihr und erfahre
endlich auf dem gewöhnlichen Umweg, indem ich meine Einfälle dazu sammle, daß sich einen Stock über den Lokalitäten
der Firma B. & R. die Pension Fischer befindet, in welcher
ich häufig Patienten besucht habe. Ich kenne jetzt auch das
Haus, welches die Bureaus und die Pension beherbergt. Rätselhaft
ist mir noch, welches Motiv bei diesem Vergessen im Spiele
war. Ich finde nichts für die Erinnerung Anstößiges an der
Firma selbst oder an Pension Fischer oder an den Patienten, die
dort wohnten. Ich vermute auch, daß es sich um nichts sehr
Peinliches handeln kann; sonst wäre es mir kaum gelungen, mich
des Vergessenen auf einem Umweg wieder zu bemächtigen, ohne,
wie im vorigen Beispiel, äußere Hilfsmittel heranzuziehen. Es
fällt mir endlich ein, daß mich eben vorhin, als ich den Weg
zu dem neuen Patienten antrat, ein Herr auf der Straße gegrüßt
hat, den ich Mühe hatte zu erkennen. Ich hatte diesen Mann
vor Monaten in einem anscheinend schweren Zustand gesehen
und die Diagnose der progressiven Paralyse über ihn verhängt,

dann aber gehört, daß er hergestellt sei, so daß mein Urteil unrichtig gewesen wäre. Wenn nicht etwa hier eine der Remissionen vorliegt, die sich auch bei Dementia paralytica finden, so daß meine Diagnose doch noch gerechtfertigt wäre! Von dieser Begegnung ging der Einfluß aus, der mich an die Nachbarschaft der Bureaus von B. & R. vergessen ließ, und mein Interesse, die Lösung des Vergessenen zu finden, war von diesem Fall strittiger Diagnostik her übertragen. Die assoziative Verknüpfung aber wurde bei geringem inneren Zusammenhang — der wider Erwarten Genesene war auch Beamter eines großen Bureaus, welches mir Kranke zuzuweisen pflegte — durch eine Namensgleichheit besorgt. Der Arzt, mit welchem gemeinsam ich den fraglichen Paralytiker gesehen hatte, hieß auch Fischer, wie die in dem Hause befindliche, vom Vergessen betroffene Pension.

4.) Ein Ding verlegen heißt ja nichts anderes als vergessen, wohin man es gelegt hat, und wie die meisten mit Schriften und Büchern hantierenden Personen bin ich auf meinem Schreibtisch wohl orientiert und weiß das Gesuchte mit einem Griffe hervorzuholen. Was anderen als Unordnung erscheint, ist für mich historisch gewordene Ordnung. Warum habe ich aber unlängst einen Bücherkatalog, der mir zugeschickt wurde, so verlegt, daß er unauffindbar geblieben ist? Ich hatte doch die Absicht, ein Buch, das ich darin angezeigt fand, „Über die Sprache", zu bestellen, weil es von einem Autor herrührt, dessen geistreich belebten Stil ich liebe, dessen Einsicht in der Psychologie und dessen Kenntnisse in der Kulturhistorie ich zu schätzen weiß. Ich meine, gerade darum habe ich den Katalog verlegt. Ich pflege nämlich Bücher dieses Autors zur Aufklärung unter meinen Bekannten zu verleihen, und vor wenigen Tagen hat mir jemand bei der Rückstellung gesagt: „Der Stil erinnert mich ganz an den Ihrigen, und auch die Art zu denken ist dieselbe." Der Redner wußte nicht, an was er mit dieser Bemerkung rührte. Vor Jahren, als ich noch jünger und anschlußbedürftiger war, hat mir ungefähr das Nämliche ein älterer Kollege gesagt, dem ich die Schriften eines bekannten medizinischen Autors angepriesen hatte. „Ganz Ihr Stil und Ihre Art." So beeinflußt hatte ich diesem Autor einen um näheren Verkehr werbenden Brief geschrieben, wurde aber durch eine kühle Antwort in meine Schranken zurückgewiesen. Vielleicht verbergen sich außerdem noch frühere abschreckende Erfahrungen hinter dieser letzten, denn ich habe den verlegten Katalog nicht wiedergefunden und bin durch dieses Vorzeichen wirklich abgehalten worden, das angezeigte Buch zu bestellen, obwohl ein wirkliches Hindernis durch das Verschwinden des Katalogs nicht geschaffen worden ist. Ich habe ja die Namen des Buches und des Autors im Gedächtnis behalten[1].

5) Ein anderer Fall von **Verlegen** verdient wegen der Bedingungen, unter denen das Verlegte wiedergefunden wurde, unser Interesse. Ein jüngerer Mann erzählt mir: „Es gab vor einigen Jahren Mißverständnisse in meiner Ehe, ich fand meine Frau zu kühl, und obwohl ich ihre vortrefflichen Eigenschaften gern anerkannte, lebten wir ohne Zärtlichkeit nebeneinander. Eines Tages brachte sie mir von einem Spaziergang ein Buch mit, das sie gekauft hatte, weil es mich interessieren dürfte. Ich dankte für dieses Zeichen von ‚Aufmerksamkeit', versprach das Buch zu lesen, legte es mir zurecht und fand es nicht wieder. Monate vergingen so, in denen ich mich gelegentlich an dies verschollene Buch erinnerte und es auch vergeblich aufzufinden versuchte. Etwa ein halbes Jahr später erkrankte meine, getrennt von uns wohnende, geliebte Mutter. Meine Frau verließ das Haus, um ihre Schwiegermutter zu pflegen. Der Zustand der Kranken wurde ernst und gab meiner Frau Gelegenheit, sich von ihren besten Seiten zu zeigen. Eines Abends komme ich begeistert von der Leistung meiner Frau und dankerfüllt gegen sie nach

---

[1] Für vielerlei Zufälligkeiten, die man seit Th. V i s c h e r der „Tücke des Objekts" zuschreibt, möchte ich ähnliche Erklärungen vorschlagen.

Hause. Ich trete zu meinem Schreibtisch, öffne ohne bestimmte
Absicht, aber wie mit somnambuler Sicherheit, eine bestimmte Lade
desselben und zu oberst in ihr finde ich das so lange vermißte,
das verlegte Buch."

Einen Fall von Verlegen, der in dem letzten Charakter mit
diesem zusammentrifft, in der merkwürdigen Sicherheit des
Wiederfindens, wenn das Motiv des Verlegens erloschen ist,
erzählt J. Stärcke (l. c.).

6) „Ein junges Mädchen hatte einen Lappen, aus welchem sie
einen Kragen anfertigen wollte, im Zuschneiden verdorben. Nun
mußte die Näherin kommen und versuchen, es noch zurechtzu-
bringen. Als die Näherin gekommen war und das Mädchen den
zerschnittenen Kragen aus der Schublade, in die sie ihn gelegt
zu haben glaubte, zum Vorschein holen wollte, konnte sie ihn
nicht finden. Sie warf das Unterste zu oberst, aber sie fand ihn
nicht. Als sie nun im Zorne sich setzte und sich abfragte, warum
er plötzlich verschwunden war und ob sie ihn vielleicht nicht
finden wollte, überlegte sie, daß sie sich natürlich vor der
Näherin schämte, weil sie etwas so Einfaches wie einen
Kragen doch noch verdorben hatte. Als sie das bedacht hatte,
stand sie auf, ging auf einen anderen Schrank zu und brachte
daraus beim ersten Griff den zerschnittenen Kragen zum
Vorschein."

7) Das nachstehende Beispiel von „Verlegen" entspricht einem
Typus, der jedem Psychoanalytiker bekannt geworden ist. Ich
darf angeben, der Patient, der dieses Verlegen produzierte, hat
den Schlüssel dazu selbst gefunden:

„Ein in psychoanalytischer Behandlung stehender Patient, bei
dem die sommerliche Unterbrechung der Kur in eine Periode
des Widerstandes und schlechten Befindens fällt, legt abends beim
Entkleiden seinen Schlüsselbund, wie er meint, auf den gewohnten
Platz. Dann erinnert er sich, daß er für die Abreise am nächsten
Tag, dem letzten der Kur, an dem auch das Honorar fällig

wird, noch einige Gegenstände aus dem Schreibtisch nehmen will, wo er auch das Geld verwahrt hat. Aber die Schlüssel sind — verschwunden. Er beginnt seine kleine Wohnung systematisch, aber in steigender Erregung abzusuchen — ohne Erfolg. Da er das ‚Verlegen' der Schlüssel als Symptomhandlung, also als beabsichtigt, erkennt, weckt er seinen Diener, um mit Hilfe einer ‚unbefangenen' Person weiterzusuchen. Nach einer weiteren Stunde gibt er das Suchen auf und fürchtet, daß er die Schlüssel verloren habe. Am nächsten Morgen bestellt er beim Fabrikanten der Schreibtischkasse neue Schlüssel, die in aller Eile angefertigt werden. Zwei Bekannte, die ihn im Wagen nach Hause begleitet haben, wollen sich erinnern, etwas auf den Boden klirren gehört zu haben, als er aus dem Wagen stieg. Er ist überzeugt, daß ihm die Schlüssel aus der Tasche gefallen sind. Abends präsentierte ihm der Diener triumphierend die Schlüssel. Sie lagen zwischen einem dicken Buche und einer dünnen Broschüre (einer Arbeit eines meiner Schüler), die er zur Lektüre für die Ferien mitnehmen wollte, so geschickt hingelegt, daß niemand sie dort vermutet hätte. Es war ihm dann unmöglich, die Lage der Schlüssel so unsichtbar nachzuahmen. Die unbewußte Geschicklichkeit, mit der ein Gegenstand infolge von geheimen, aber starken Motiven verlegt wird, erinnert ganz an die ‚somnambule Sicherheit'. Das Motiv war natürlich Unmut über die Unterbrechung der Kur und die geheime Wut, bei so schlechtem Befinden ein hohes Honorar zahlen zu müssen."

8) Ein Mann, erzählt A. A. Brill, wurde von seiner Frau gedrängt, an einer gesellschaftlichen Veranstaltung teilzunehmen, die ihm im Grunde sehr gleichgültig war. Er gab ihren Bitten endlich nach und begann seinen Festanzug aus dem Koffer zu nehmen, unterbrach sich aber darin und beschloß, sich zuerst zu rasieren. Als er damit fertig geworden war, kehrte er zum Koffer zurück, fand ihn aber zugeklappt, und der Schlüssel war

nicht aufzufinden. Ein Schlosser war nicht aufzutreiben, da es Sonntag abend war, und so mußten die beiden sich in der Gesellschaft entschuldigen lassen. Als der Koffer am nächsten Morgen geöffnet wurde, fand sich der Schlüssel drinnen. Der Mann hatte ihn in der Zerstreutheit in den Koffer fallen lassen und diesen ins Schloß geworfen. Er gab mir zwar die Versicherung, daß er ganz ohne Wissen und Absicht so getan habe, aber wir wissen, daß er nicht in die Gesellschaft gehen wollte. Das Verlegen des Schlüssels ermangelte also nicht eines Motivs.

E. Jones beobachtete an sich selbst, daß er jedesmal die Pfeife zu verlegen pflegte, nachdem er zuviel geraucht hatte und sich darum unwohl fühlte. Die Pfeife fand sich dann an allen möglichen Stellen, wo sie nicht hingehörte und wo sie für gewöhnlich nicht aufbewahrt wurde.

9) Einen harmlosen Fall mit eingestandener Motivierung berichtet Dora Müller:

Fräulein Erna A. erzählt zwei Tage vor Weihnachten: „Denken Sie, gestern abend nahm ich aus meinem Pfefferkuchenpaket und aß; ich denke dabei, daß ich Fräulein S. (der Gesellschafterin ihrer Mutter), wenn sie mir Gutenacht sagen komme, davon anbieten müsse; ich hatte keine rechte Lust dazu, nahm mir aber trotzdem vor, es zu tun. Wie sie nachher kam und ich nach meinem Tischchen hin die Hand ausstreckte, um das Paket zu nehmen, fand ich es dort nicht. Ich suchte danach und fand es eingeschlossen in meinem Schranke. Da hatte ich das Paket, ohne es zu wissen, hineingestellt." Eine Analyse war überflüssig, die Erzählerin war sich selbst über den Zusammenhang klar. Die eben verdrängte Regung, das Gebäck für sich allein behalten zu wollen, war gleichwohl in automatischer Handlung durchgedrungen, um freilich in diesem Falle durch die nachfolgende bewußte Handlung wieder rückgängig gemacht zu werden. (Internationale Zeitschrift für Psychoanalyse, III, 1915.)

10) H. Sachs schildert, wie er sich einmal durch ein solches Verlegen der Verpflichtung zu arbeiten entzogen hat: „Vergangenen Sonntag nachmittag schwankte ich eine Weile, ob ich arbeiten oder einen Spaziergang mit daranschließendem Besuche machen solle, entschloß mich aber nach einigem Kampfe für das erstere. Nach etwa einer Stunde bemerkte ich, daß ich mit meinem Papiervorrat zu Ende sei. Ich wußte, daß ich irgendwo in einer Lade schon seit Jahren ein Bündel Papier aufbewahrt habe, suchte aber danach vergeblich in meinem Schreibtisch und an anderen Stellen, wo ich es zu finden vermutete, obgleich ich mir große Mühe gab und in allen möglichen alten Büchern, Broschüren, Briefschaften u. dgl. herumwühlte. So sah ich mich doch genötigt, die Arbeit einzustellen und fortzugehen. Als ich abends nach Hause kam, setzte ich mich auf das Sofa und sah in Gedanken, halb abwesend auf den gegenüberstehenden Bücherschrank. Da fiel mir eine Lade in die Augen und ich erinnerte, daß ich ihren Inhalt schon lange nicht durchgemustert habe. Ich ging also hin und öffnete sie. Zu oberst lag eine Ledermappe und in dieser unbeschriebenes Papier. Aber erst als ich es herausgenommen hatte und im Begriffe stand, es in der Schreibtischlade zu verwahren, fiel mir ein, daß dies ja dasselbe Papier sei, das ich nachmittags vergeblich gesucht hatte. Ich muß hiezu noch bemerken, daß ich, obgleich sonst nicht sparsam, mit Papier sehr vorsichtig umgehe und jedes verwendbare Restchen aufhebe. Diese von einem Triebe gespeiste Gewohnheit war es offenbar, die mich zur sofortigen Korrektur des Vergessens veranlaßte, sobald das aktuelle Motiv dafür verschwunden war."

Wenn man die Fälle von Verlegen übersieht, wird es wirklich schwer anzunehmen, daß ein Verlegen jemals anders als infolge einer unbewußten Absicht erfolgt.

11) Im Sommer des Jahres 1901 erklärte ich einmal einem Freunde, mit dem ich damals in regem Gedankenaustausch über wissenschaftliche Fragen stand: Diese neurotischen Probleme sind

nur dann zu lösen, wenn wir uns ganz und voll auf den Boden der Annahme einer ursprünglichen Bisexualität des Individuums stellen. Ich erhielt zur Antwort: „Das habe ich dir schon vor zweieinhalb Jahren in Br. gesagt, als wir jenen Abendspaziergang machten. Du wolltest damals nichts davon hören." Es ist nun schmerzlich, so zum Aufgeben seiner Originalität aufgefordert zu werden. Ich konnte mich an ein solches Gespräch und an diese Eröffnung meines Freundes nicht erinnern. Einer von uns beiden mußte sich da täuschen; nach dem Prinzip der Frage *cui prodest?* mußte ich das sein. Ich habe im Laufe der nächsten Woche in der Tat alles so erinnert, wie mein Freund es in mir erwecken wollte; ich weiß selbst, was ich damals zur Antwort gab: Dabei halte ich noch nicht, ich will mich darauf nicht einlassen. Aber ich bin seither um ein Stück toleranter geworden, wenn ich irgendwo in der medizinischen Literatur auf eine der wenigen Ideen stoße, mit denen man meinen Namen verknüpfen kann, und wenn ich dabei die Erwähnung meines Namens vermisse.

Ausstellungen an seiner Ehefrau — Freundschaft, die ins Gegenteil umgeschlagen hat — Irrtum in ärztlicher Diagnostik — Zurückweisung durch Gleichstrebende — Entlehnung von Ideen: es ist wohl kaum zufällig, daß eine Anzahl von Beispielen des Vergessens, die ohne Auswahl gesammelt worden sind, zu ihrer Auflösung des Eingehens auf so peinliche Themata bedürfen. Ich vermute vielmehr, daß jeder andere, der sein eigenes Vergessen einer Prüfung nach den Motiven unterziehen will, eine ähnliche Musterkarte von Widerwärtigkeiten aufzeichnen können wird. Die Neigung zum Vergessen des Unangenehmen scheint mir ganz allgemein zu sein; die Fähigkeit dazu ist wohl bei den verschiedenen Personen verschieden gut ausgebildet. Manches A b l e u g n e n, das uns in der ärztlichen Tätigkeit begegnet, ist wahrscheinlich auf V e r g e s s e n zurückzuführen[1]. Unsere Auf-

---

[1] Wenn man sich bei einem Menschen erkundigt, ob er vor zehn oder fünfzehn Jahren eine luetische Infektion durchgemacht hat, vergißt man zu leicht daran, daß

fassung eines solchen Vergessens beschränkt den Unterschied zwischen dem und jenem Benehmen allerdings auf rein psychologische Verhältnisse und gestattet uns, in beiden Reaktionsweisen den Ausdruck desselben Motivs zu sehen. Von all den zahlreichen Beispielen der Verleugnung unangenehmer Erinnerungen, die ich bei Angehörigen von Kranken gesehen habe, ist mir eines als besonders seltsam im Gedächtnis geblieben. Eine Mutter informierte mich über die Kinderjahre ihres nervösen, in der Pubertät befindlichen Sohnes und erzählte dabei, daß er wie seine Geschwister bis in späte Jahre an Bettnässen gelitten habe, was ja für eine neurotische Krankengeschichte nicht bedeutungslos ist. Einige Wochen später, als sie sich Auskunft über den Stand der Behandlung holen wollte, hatte ich Anlaß, sie auf die Zeichen

---

der Befragte diesen Krankheitszufall psychisch ganz anders behandelt hat als etwa einen akuten Rheumatismus. — In den Anamnesen, welche Eltern über ihre neurotisch erkrankten Töchter geben, ist der Anteil des Vergessens von dem des Verbergens kaum je mit Sicherheit zu sondern, weil alles, was der späteren Verheiratung des Mädchens im Wege steht, von den Eltern systematisch beseitigt, d. h. verdrängt wird. — Ein Mann, der vor kurzem seine geliebte Frau an einer Lungenaffektion verloren, teilt mir nachstehenden Fall von Irreführung der ärztlichen Erkundigung mit, der nur auf solches Vergessen zurückführbar ist: „Als die Pleuritis meiner armen Frau nach vielen Wochen noch nicht weichen wollte, wurde Dr. P. als Konsiliarius berufen. Bei der Aufnahme der Anamnese stellte er die üblichen Fragen, u. a. auch, ob in der Familie meiner Frau etwa Lungenkrankheiten vorgekommen seien. Meine Frau verneinte und auch ich erinnerte mich nicht. Bei der Verabschiedung des Dr. P. kommt das Gespräch wie zufällig auf Ausflüge, und meine Frau sagt: Ja, auch bis Langersdorf, wo mein armer Bruder begraben liegt, ist eine weite Reise. Dieser Bruder war vor etwa fünfzehn Jahren nach mehrjährigem tuberkulösem Leiden gestorben. Meine Frau hatte ihn sehr geliebt und mir oft von ihm gesprochen. Ja, es fiel mir ein, daß sie seinerzeit, als die Pleuritis festgestellt wurde, sehr besorgt war und trübsinnig meinte: Auch mein Bruder ist an der Lunge gestorben. Nun aber war die Erinnerung daran so sehr verdrängt, daß sie auch nach dem vorhin angeführten Ausspruch über den Ausflug nach L. keine Veranlassung fand, ihre Auskunft über Erkrankungen in ihrer Familie zu korrigieren. Mir selbst fiel das Vergessen in demselben Moment wieder ein, wo sie von Langersdorf sprach." — Ein völlig analoges Erlebnis erzählt E. Jones in der hier bereits mehrmals erwähnten Arbeit. Ein Arzt, dessen Frau an einer diagnostisch unklaren Unterleibserkrankung litt, bemerkte zu ihr wie tröstend: „Es ist doch gut, daß in deiner Familie kein Fall von Tuberkulose vorgekommen ist." Die Frau antwortete aufs äußerste überrascht: „Hast du denn vergessen, daß meine Mutter an Tuberkulose gestorben ist und daß meine Schwester von ihrer Tuberkulose nicht eher hergestellt wurde, als bis die Ärzte sie aufgegeben hatten?"

konstitutioneller Krankheitsveranlagung bei dem jungen Manne aufmerksam zu machen, und berief mich hiebei auf das anamnestisch erhobene Bettnässen. Zu meinem Erstaunen bestritt sie die Tatsache sowohl für dies als auch für die anderen Kinder, fragte mich, woher ich das wissen könne, und hörte endlich von mir, daß sie selbst es mir vor kurzer Zeit erzählt habe, was also von ihr vergessen worden war[1].

Man findet also auch bei gesunden, nicht neurotischen Menschen reichlich Anzeichen dafür, daß sich der Erinnerung an peinliche Eindrücke, der Vorstellung peinlicher Gedanken, ein Widerstand entgegensetzt[2]. Die volle Bedeutung dieser Tatsache

---

1) In den Tagen, während ich mit der Niederschrift dieser Seiten beschäftigt war, ist mir folgender, fast unglaublicher Fall von Vergessen widerfahren: Ich revidiere am 1. Jänner mein ärztliches Buch, um meine Honorarrechnungen aussenden zu können, stoße dabei im Juni auf den Namen M...l und kann mich an eine zu ihm gehörige Person nicht erinnern. Mein Befremden wächst, indem ich beim Weiterblättern bemerke, daß ich den Fall in einem Sanatorium behandelt, und daß ich ihn durch Wochen täglich besucht habe. Einen Kranken, mit dem man sich unter solchen Bedingungen beschäftigt, vergißt man als Arzt nicht nach kaum sechs Monaten. Sollte es ein Mann, ein Paralytiker, ein Fall ohne Interesse gewesen sein, frage ich mich? Endlich bei dem Vermerk über das empfangene Honorar kommt mir all die Kenntnis wieder, die sich der Erinnerung entziehen wollte. M...l war ein vierzehnjähriges Mädchen gewesen, der merkwürdigste Fall meiner letzten Jahre, welcher mir eine Lehre hinterlassen, die ich kaum je vergessen werde, und dessen Ausgang mir die peinlichsten Stunden bereitet hat. Das Kind erkrankte an unzweideutiger Hysterie, die sich auch unter meinen Händen rasch und gründlich besserte. Nach dieser Besserung wurde mir das Kind von den Eltern entzogen; es klagte noch über abdominale Schmerzen, denen die Hauptrolle im Symptombild der Hysterie zugefallen war. Zwei Monate später war es an Sarkom der Unterleibsdrüsen gestorben. Die Hysterie, zu der das Kind nebstbei prädisponiert war, hatte die Tumorbildung zur provozierenden Ursache genommen und ich hatte, von den lärmenden, aber harmlosen Erscheinungen der Hysterie gefesselt, vielleicht die ersten Anzeichen der schleichenden und unheilvollen Erkrankung übersehen.

2) A. Pick hat kürzlich (Zur Psychologie des Vergessens bei Geistes- und Nervenkranken, Archiv für Kriminal-Anthropologie und Kriminalistik von H. Groß) eine Reihe von Autoren zusammengestellt, die den Einfluß affektiver Faktoren auf das Gedächtnis würdigen und — mehr oder minder deutlich — den Beitrag anerkennen, den das Abwehrbestreben gegen Unlust zum Vergessen leistet. Keiner von uns allen hat aber das Phänomen und seine psychologische Begründung so erschöpfend und zugleich so eindrucksvoll darstellen können wie Nietzsche in einem seiner Aphorismen (Jenseits von Gut und Böse, II. Hauptstück, 68): „Das habe ich getan, sagt mein ‚Gedächtnis‘. Das kann ich nicht getan haben, sagt mein Stolz und bleibt unerbittlich. Endlich — gibt das Gedächtnis nach."

läßt sich aber erst ermessen, wenn man in die Psychologie neurotischer Personen eingeht. Man ist genötigt, ein solches **elementares Abwehrbestreben** gegen Vorstellungen, welche Unlustempfindungen erwecken können, ein Bestreben, das sich nur dem Fluchtreflex bei Schmerzreizen an die Seite stellen läßt, zu einem der Hauptpfeiler des Mechanismus zu machen, welcher die hysterischen Symptome trägt. Man möge gegen die Annahme einer solchen Abwehrtendenz nicht einwenden, daß wir es im Gegenteil häufig genug unmöglich finden, peinliche Erinnerungen, die uns verfolgen, los zu werden und peinliche Affektregungen wie Reue, Gewissensvorwürfe zu verscheuchen. Es wird ja nicht behauptet, daß diese Abwehrtendenz sich überall durchzusetzen vermag, daß sie nicht im Spiele der psychischen Kräfte auf Faktoren stoßen kann, welche zu anderen Zwecken das Entgegengesetzte anstreben und ihr zum Trotze zustande bringen. **Als das architektonische Prinzip des seelischen Apparates läßt sich die Schichtung, der Aufbau aus einander überlagernden Instanzen erraten**, und es ist sehr wohl möglich, daß dies Abwehrbestreben einer niedrigen psychischen Instanz angehört, von höheren Instanzen aber gehemmt wird. Es spricht jedenfalls für die Existenz und Mächtigkeit dieser Tendenz zur Abwehr, wenn wir Vorgänge wie die in unseren Beispielen von Vergessen auf sie zurückführen können. Wir sehen, daß manches um seiner selbst willen vergessen wird; wo dies nicht möglich ist, verschiebt die Abwehrtendenz ihr Ziel und bringt wenigstens etwas anderes, minder Bedeutsames, zum Vergessen, was in assoziative Verknüpfung mit dem eigentlich Anstößigen geraten ist.

Der hier entwickelte Gesichtspunkt, daß peinliche Erinnerungen mit besonderer Leichtigkeit dem motivierten Vergessen verfallen, verdiente auf mehrere Gebiete bezogen zu werden, in denen er heute noch keine oder eine zu geringe Beachtung gefunden hat.

So erscheint er mir noch immer nicht genügend scharf betont bei der Würdigung von Zeugenaussagen vor Gericht[1], wobei man offenbar der Beeidung des Zeugen einen allzu großen purifizierenden Einfluß auf dessen psychisches Kräftespiel zutraut. Daß man bei der Entstehung der Traditionen und der Sagengeschichte eines Volkes einem solchen Motiv, das dem Nationalgefühl Peinliche aus der Erinnerung auszumerzen, Rechnung tragen muß, wird allgemein zugestanden. Vielleicht würde sich bei genauerer Verfolgung eine vollständige Analogie herausstellen zwischen der Art, wie Völkertraditionen und wie die Kindheitserinnerungen des einzelnen Individuums gebildet werden. Der große Darwin hat aus seiner Einsicht in dies Unlustmotiv des Vergessens eine „goldene Regel" für den wissenschaftlichen Arbeiter gezogen[2].

Ganz ähnlich wie beim Namenvergessen kann auch beim Vergessen von Eindrücken Fehlerinnern eintreten, das dort, wo es Glauben findet, als Erinnerungstäuschung bezeichnet wird. Die Erinnerungstäuschung in pathologischen Fällen — in der Paranoia spielt sie geradezu die Rolle eines konstituierenden Moments bei der Wahnbildung — hat eine ausgedehnte Literatur wachgerufen, in welcher ich durchgängig den Hinweis auf eine Motivierung derselben vermisse. Da auch dieses Thema der Neurosenpsychologie

---

[1] Vgl. Hans Groß, Kriminalpsychologie, 1898.

[2] Ernest Jones verweist auf folgende Stelle in der Autobiographie Darwins, welche seine wissenschaftliche Ehrlichkeit und seinen psychologischen Scharfsinn überzeugend widerspiegelt:

„*I had, during many years, followed a golden rule, namely, that whenever a published fact, a new observation or thought came across me, which was opposed to my general results, to make a memorandum of it without fail and at once; for I had found by experience that such facts and thoughts were far more apt to escape from the memory than favourable ones.*" — „Viele Jahre hindurch befolgte ich eine goldene Regel. Fand ich nämlich eine veröffentlichte Tatsache, eine neue Beobachtung oder einen Gedanken, welcher einem meiner allgemeinen Ergebnisse widersprach, so notierte ich denselben sofort möglichst wortgetreu. Denn die Erfahrung hatte mich gelehrt, daß solche Tatsachen und Erfahrungen dem Gedächtnisse leichter entschwinden als die uns genehmen."

angehört, entzieht es sich in unserem Zusammenhange der Behandlung. Ich werde dafür ein sonderbares Beispiel einer eigenen Erinnerungstäuschung mitteilen, bei dem die Motivierung durch unbewußtes verdrängtes Material und die Art und Weise der Verknüpfung mit demselben deutlich genug kenntlich werden.

Als ich die späteren Abschnitte meines Buches über Traumdeutung schrieb, befand ich mich in einer Sommerfrische ohne Zugang zu Bibliotheken und Nachschlagebüchern und war genötigt, mit Vorbehalt späterer Korrektur, allerlei Beziehungen und Zitate aus dem Gedächtnis in das Manuskript einzutragen. Beim Abschnitt über das Tagträumen fiel mir die ausgezeichnete Figur des armen Buchhalters im „Nabab" von Alph. D a u d e t ein, mit welcher der Dichter wahrscheinlich seine eigene Träumerei geschildert hat. Ich glaubte mich an eine der Phantasien, die dieser Mann — Mr. Jocelyn nannte ich ihn — auf seinen Spaziergängen durch die Straßen von Paris ausbrütet, deutlich zu erinnern und begann sie aus dem Gedächtnis zu reproduzieren. Wie also Herr Jocelyn auf der Straße sich kühn einem durchgehenden Pferde entgegenwirft, es zum Stehen bringt, der Wagenschlag sich öffnet, eine hohe Persönlichkeit dem Coupé entsteigt, Herrn Jocelyn die Hand drückt und ihm sagt: „Sie sind mein Retter, Ihnen verdanke ich mein Leben. Was kann ich für Sie tun?"

Etwaige Ungenauigkeiten in der Wiedergabe dieser Phantasie, tröstete ich mich, würden sich leicht zu Hause verbessern lassen, wenn ich das Buch zur Hand nähme. Als ich dann aber den „N a b a b" durchblätterte, um die druckbereite Stelle meines Manuskripts zu vergleichen, fand ich zu meiner größten Beschämung und Bestürzung nichts von einer solchen Träumerei des Herrn Jocelyn darin, ja der arme Buchhalter trug gar nicht diesen Namen, sondern hieß Mr. J o y e u s e. Dieser zweite Irrtum gab dann bald den Schlüssel zur Klärung des ersten, der Erinnerungstäuschung. Joyeux (wovon der Name die feminine Form darstellt): so und nicht anders müßte ich meinen eigenen Namen: Freud ins Französische übersetzen. Woher konnte also die fälschlich erinnerte Phantasie sein, die ich Daudet zugeschrieben hatte? Sie konnte nur ein eigenes Produkt sein, ein Tagtraum, den ich selbst gemacht und der mir nicht bewußt geworden, oder der mir einst bewußt gewesen, und den ich seither gründlich vergessen habe. Vielleicht daß ich ihn selbst in Paris gemacht, wo ich oft genug einsam und voll Sehnsucht durch die Straßen spaziert bin, eines Helfers und Protektors sehr bedürftig, bis Meister Charcot mich dann in seinen Verkehr zog. Den Dichter des „Nabab" habe ich dann wiederholt im Hause Charcots gesehen[1].

Ein anderer Fall von Erinnerungstäuschung, der sich befriedigend aufklären ließ, mahnt an die später zu besprechende *fausse reconnaissance:* Ich hatte einem meiner Patienten, einem ehrgeizigen und befähigten Manne, erzählt, daß ein junger Student sich kürzlich durch eine interessante Arbeit „Der Künstler, Ver-

---

[1] Vor einiger Zeit wurde mir aus dem Kreise meiner Leser ein Bändchen der Jugendbibliothek von Fr. Hoffmann zugeschickt, in dem eine solche Rettungsszene, wie ich sie in Paris phantasiert, ausführlich erzählt wird. Die Übereinstimmung erstreckt sich bis auf einzelne, nicht ganz gewöhnliche Ausdrücke, die hier wie dort vorkommen. Die Vermutung, daß ich in frühen Knabenjahren diese Jugendschrift wirklich gelesen habe, läßt sich nicht gut abweisen. Die Schülerbibliothek unseres Gymnasiums enthielt die Hoffmannsche Sammlung und war immer bereit, sie den Schülern an Stelle jeder anderen geistigen Nahrung anzubieten. Die Phantasie, die ich mit 43 Jahren als die Produktion eines anderen zu erinnern glaubte und dann als eigene Leistung aus dem 29. Lebensjahr erkennen mußte, mag also leicht die getreue Reproduktion eines im Alter zwischen 11 und 13 aufgenommenen Eindrucks gewesen sein. Die Rettungsphantasie, die ich dem stellenlosen Buchhalter im „Nabab" angedichtet, soll ja nur der Phantasie der eigenen Rettung den Weg bahnen, die Sehnsucht nach einem Gönner und Beschützer dem Stolz erträglich machen. Es wird dann keinem Seelenkenner befremdlich sein zu hören, daß ich selbst in meinem bewußten Leben der Vorstellung, von der Gunst eines Protektors abhängig zu sein, das größte Widerstreben entgegengebracht und die wenigen realen Situationen, in denen sich etwas ähnliches ereignete, schlecht vertragen habe. Die tiefere Bedeutung der Phantasien mit solchem Inhalt und eine nahezu erschöpfende Erklärung ihrer Eigentümlichkeiten hat Abraham in einer Arbeit, „Vaterrettung und Vatermord in den neurotischen Phantasiegebilden", 1922 (Internationale Zeitschrift für Psychoanalyse, VIII) zutage gefördert.

such einer Sexualpsychologie" in den Kreis meiner Schüler eingeführt habe. Als diese Schrift eineinviertel Jahr später gedruckt vorlag, behauptete mein Patient, sich mit Sicherheit daran erinnern zu können, daß er die Ankündigung derselben bereits vor meiner ersten Mitteilung (einen Monat oder ein halbes Jahr vorher) irgendwo, etwa in einer Buchhändleranzeige, gelesen habe. Es sei ihm diese Notiz auch damals gleich in den Sinn gekommen, und er konstatierte überdies, daß der Autor den Titel verändert habe, da es nicht mehr „Versuch", sondern „Ansätze zu einer Sexualpsychologie" heiße. Sorgfältige Erkundigung beim Autor und Vergleichung aller Zeitangaben zeigten indes, daß mein Patient etwas Unmögliches erinnern wollte. Von jener Schrift war nirgends eine Anzeige vor dem Drucke erschienen, am wenigsten aber eineinviertel Jahr vor ihrer Drucklegung. Als ich eine Deutung dieser Erinnerungstäuschung unterließ, brachte derselbe Mann eine gleichwertige Erneuerung derselben zustande. Er meinte, vor kurzem eine Schrift über „Agoraphobie" in dem Auslagefenster einer Buchhandlung bemerkt zu haben, und suchte derselben nun durch Nachforschung in allen Verlagskatalogen habhaft zu werden. Ich konnte ihn dann aufklären, warum diese Bemühung erfolglos bleiben mußte. Die Schrift über Agoraphobie bestand erst in seiner Phantasie als unbewußter Vorsatz und sollte von ihm selbst abgefaßt werden. Sein Ehrgeiz, es jenem jungen Manne gleichzutun und durch eine solche wissenschaftliche Arbeit zum Schüler zu werden, hatte ihn zu jener ersten wie zur wiederholten Erinnerungstäuschung geführt. Er besann sich dann auch, daß die Buchhändleranzeige, welche ihm zu diesem falschen Erkennen gedient hatte, sich auf ein Werk, betitelt: „Genesis, das Gesetz der Zeugung", bezog. Die von ihm erwähnte Abänderung des Titels kam aber auf meine Rechnung, denn ich wußte mich selbst zu erinnern, daß ich diese Ungenauigkeit in der Wiedergabe des Titels, „Versuch" anstatt „Ansätze" begangen hatte.

B) DAS VERGESSEN VON VORSÄTZEN

Keine andere Gruppe von Phänomenen eignet sich besser zum Beweis der These, daß die Geringfügigkeit der Aufmerksamkeit für sich allein nicht hinreiche, die Fehlleistung zu erklären, als die des Vergessens von Vorsätzen. Ein Vorsatz ist ein Impuls zur Handlung, der bereits Billigung gefunden hat, dessen Ausführung aber auf einen geeigneten Zeitpunkt verschoben wurde. Nun kann in dem so geschaffenen Intervall allerdings eine derartige Veränderung in den Motiven eintreten, daß der Vorsatz nicht zur Ausführung gelangt, aber dann wird er nicht vergessen, sondern revidiert und aufgehoben. Das Vergessen von Vorsätzen, dem wir alltäglich und in allen möglichen Situationen unterliegen, pflegen wir uns nicht durch eine Neuerung in der Motivengleichung zu erklären, sondern lassen es gemeinhin unerklärt, oder wir suchen eine psychologische Erklärung in der Annahme, gegen die Zeit der Ausführung hin habe sich die erforderliche Aufmerksamkeit für die Handlung nicht mehr bereit gefunden, die doch für das Zustandekommen des Vorsatzes unerläßliche Bedingung war, damals also für die nämliche Handlung zur Verfügung stand. Die Beobachtung unseres normalen Verhaltens gegen Vorsätze läßt uns diesen Erklärungsversuch als willkürlich abweisen. Wenn ich des Morgens einen Vorsatz fasse, der abends ausgeführt werden soll, so kann ich im Laufe des Tages einigemal an ihn gemahnt werden. Er braucht aber tagsüber überhaupt nicht mehr bewußt zu werden. Wenn sich die Zeit der Ausführung nähert, fällt er mir plötzlich ein und veranlaßt mich, die zur vorgesetzten Handlung nötigen Vorbereitungen zu treffen. Wenn ich auf einen Spaziergang einen Brief mitnehme, welcher noch befördert werden soll, so brauche ich ihn als normales und nicht nervöses Individuum keineswegs die ganze Strecke über in der Hand zu tragen und unterdessen nach einem Briefkasten auszuspähen, in den ich ihn werfe, sondern ich pflege ihn in die Tasche zu stecken, meiner

Wege zu gehen, meine Gedanken frei schweifen zu lassen, und ich rechne darauf, daß einer der nächsten Briefkasten meine Aufmerksamkeit erregen und mich veranlassen wird, in die Tasche zu greifen und den Brief hervorzuziehen. Das normale Verhalten beim gefaßten Vorsatz deckt sich vollkommen mit dem experimentell zu erzeugenden Benehmen von Personen, denen man eine sogenannte „posthypnotische Suggestion auf lange Sicht" in der Hypnose eingegeben hat[1]. Man ist gewöhnt, das Phänomen in folgender Art zu beschreiben: Der suggerierte Vorsatz schlummert in den betreffenden Personen, bis die Zeit seiner Ausführung herannaht. Dann wacht er auf und treibt zur Handlung.

In zweierlei Lebenslagen gibt sich auch der Laie Rechenschaft davon, daß das Vergessen in bezug auf Vorsätze keineswegs den Anspruch erheben darf, als ein nicht weiter zurückführbares Elementarphänomen zu gelten, sondern zum Schluß auf uneingestandene Motive berechtigt. Ich meine: im Liebesverhältnis und in der Militärabhängigkeit. Ein Liebhaber, der das Rendezvous versäumt hat, wird sich vergeblich bei seiner Dame entschuldigen, er habe leider ganz vergessen. Sie wird nicht versäumen, ihm zu antworten: „Vor einem Jahre hättest du es nicht vergessen. Es liegt dir eben nichts mehr an mir." Selbst wenn er nach der oben erwähnten psychologischen Erklärung griffe und sein Vergessen durch gehäufte Geschäfte entschuldigen wollte, würde er nur erreichen, daß die Dame — so scharfsichtig geworden wie der Arzt in der Psychoanalyse — zur Antwort gäbe: „Wie merkwürdig, daß sich solche geschäftliche Störungen früher nicht ereignet haben." Gewiß will auch die Dame die Möglichkeit des Vergessens nicht in Abrede stellen; sie meint nur, und nicht mit Unrecht, aus dem unabsichtlichen Vergessen sei ungefähr der nämliche Schluß auf ein gewisses Nichtwollen zu ziehen wie aus der bewußten Ausflucht.

---

1) Vgl. Bernheim, Neue Studien über Hypnotismus, Suggestion und Psychotherapie, 1892.

Ähnlich wird im militärischen Dienstverhältnis der Unterschied zwischen der Unterlassung durch Vergessen und der infolge von Absicht prinzipiell, und zwar mit Recht, vernachlässigt. Der Soldat d a r f nichts vergessen, was der militärische Dienst von ihm fordert. Wenn er es doch vergißt, obwohl ihm die Forderung bekannt ist, so geht dies so zu, daß sich den Motiven, die auf Erfüllung der militärischen Forderung dringen, andere Gegenmotive entgegenstellen. Der Einjährige etwa, der sich beim Rapport entschuldigen wollte, er habe v e r g e s s e n, seine Knöpfe blank zu putzen, ist der Strafe sicher. Aber diese Strafe ist geringfügig zu nennen im Vergleich zu jener, der er sich aussetzte, wenn er das Motiv seiner Unterlassung sich und seinen Vorgesetzten eingestehen würde: „Der elende Gamaschendienst ist mir ganz zuwider." Wegen dieser Strafersparnis, aus ökonomischen Gründen gleichsam, bedient er sich des Vergessens als Ausrede, oder es kommt als Kompromiß zustande.

Frauendienst wie Militärdienst erheben den Anspruch, daß alles zu ihnen gehörige dem Vergessen entrückt sein müsse, und erwecken so die Meinung, Vergessen sei zulässig bei unwichtigen Dingen, während es bei wichtigen Dingen ein Anzeichen davon sei, daß man sie wie unwichtige behandeln wolle, ihnen also die Wichtigkeit abspreche[1]. Der Gesichtspunkt der psychischen Wertschätzung ist hier in der Tat nicht abzuweisen. Kein Mensch vergißt Handlungen auszuführen, die ihm selbst wichtig erscheinen, ohne sich dem Verdachte geistiger Störung auszusetzen. Unsere Untersuchung kann sich also nur auf das Vergessen von mehr oder minder nebensächlichen Vorsätzen erstrecken; für ganz und

---

[1] In dem Schauspiel „Cäsar und Kleopatra" von B. S h a w quält sich der von Ägypten scheidende Cäsar eine Weile mit der Idee, er habe noch etwas vorgehabt, was er jetzt vergessen. Endlich stellt sich heraus, was Cäsar vergessen hatte: von Kleopatra Abschied zu nehmen! Durch diesen kleinen Zug soll veranschaulicht werden — übrigens im vollen Gegensatz zur historischen Wahrheit — wie wenig sich Cäsar aus der kleinen ägyptischen Prinzessin gemacht hatte. (Nach E. J o n e s, l. c., S. 488.)

VII. Vergessen von Eindrücken und Vorsätzen

gar gleichgültig werden wir keinen Vorsatz erachten, denn in diesem Falle wäre er wohl gewiß nicht gefaßt worden.

Ich habe nun wie bei den früheren Funktionsstörungen die bei mir selbst beobachteten Fälle von Unterlassung durch Vergessen gesammelt und aufzuklären gesucht und hiebei ganz allgemein gefunden, daß sie auf Einmengung unbekannter und uneingestandener Motive — oder, wie man sagen kann, auf einen Gegenwillen — zurückzuführen waren. In einer Reihe dieser Fälle befand ich mich in einer dem Dienstverhältnisse ähnlichen Lage, unter einem Zwange, gegen welchen ich es nicht ganz aufgegeben hatte, mich zu sträuben, so daß ich durch Vergessen gegen ihn demonstrierte. Dazu gehört, daß ich besonders leicht vergesse, zu Geburtstagen, Jubiläen, Hochzeitsfeiern und Standeserhöhungen zu gratulieren. Ich nehme es mir immer wieder vor und überzeuge mich immer mehr, daß es mir nicht gelingen will. Ich bin jetzt im Begriffe, darauf zu verzichten, und den Motiven, die sich sträuben, mit Bewußtsein recht zu geben. In einem Übergangsstadium habe ich einem Freund, der mich bat, auch für ihn ein Glückwunschtelegramm zum bestimmten Termin zu besorgen, vorher gesagt, ich würde an beide vergessen, und es war nicht zu verwundern, daß die Prophezeiung wahr wurde. Es hängt nämlich mit schmerzlichen Lebenserfahrungen zusammen, daß ich nicht imstande bin, Anteilnahme zu äußern, wo diese Äußerung notwendigerweise übertrieben ausfallen muß, da für den geringen Betrag meiner Ergriffenheit der entsprechende Ausdruck nicht zulässig ist. Seitdem ich erkannt, daß ich oft vorgebliche Sympathie bei anderen für echte genommen habe, befinde ich mich in einer Auflehnung gegen diese Konventionen der Mitgefühlsbezeigung, deren soziale Nützlichkeit ich anderseits einsehe. Kondolenzen bei Todesfällen sind von dieser zwiespältigen Behandlung ausgenommen; wenn ich mich zu ihnen entschlossen habe, versäume ich sie auch nicht. Wo meine Gefühlsbetätigung mit gesellschaftlicher Pflicht nichts mehr zu tun hat, da findet sie ihren Ausdruck auch niemals durch Vergessen gehemmt.

Von einem solchen Vergessen, in dem der zunächst unterdrückte Vorsatz als „Gegenwille" durchbrach und eine unerquickliche Situation zur Folge hatte, berichtet Oberleutnant T. aus der Kriegsgefangenschaft: „Der Rangälteste eines Lagers kriegsgefangener Offiziere wird von einem seiner Kameraden beleidigt. Er will, um Weiterungen zu entgehen, von dem einzigen ihm zur Verfügung stehenden Gewaltmittel Gebrauch machen und letzteren entfernen und in ein anderes Lager versetzen lassen. Erst über Anraten mehrerer Freunde entschließt er sich, gegen seinen geheimen Wunsch, hievon Abstand zu nehmen und den Ehrenweg, der aber vielerlei Unannehmlichkeiten im Gefolge haben mußte, gleich zu beschreiten. — Am nämlichen Vormittag hat dieser Kommandant die Liste der Offiziere unter Kontrolle eines Wachorganes vorzulesen. Fehler waren ihm, der seine Gefährten schon durch längere Zeit kannte, darin bisher nicht unterlaufen. Heute überliest er den Namen seines Beleidigers, so daß dieser, als alle Kameraden bereits abgetreten waren, allein am Platze zurückbleiben muß, bis sich der Irrtum geklärt hat. Der übersehene Name stand in voller Deutlichkeit in der Mitte eines Blattes. — Dieser Vorfall wurde von der einen Seite als beabsichtigte Kränkung ausgelegt; von der anderen als peinlicher und zur Fehldeutung geeigneter Zufall angesehen. Doch gewann der Urheber späterhin, nach Kenntnisnahme von Freuds ‚Psychopathologie' ein richtiges Urteil des Stattgefundenen."

Ähnlich erklären sich durch den Widerstreit einer konventionellen Pflicht und einer nicht eingestandenen inneren Schätzung die Fälle, in denen man Handlungen auszuführen vergißt, die man einem anderen zu seinen Gunsten auszuführen versprochen hat. Hier trifft es dann regelmäßig zu, daß nur der Gönner an die entschuldigende Kraft des Vergessens glaubt, während der Bittsteller sich ohne Zweifel die richtige Antwort gibt: Er hat kein

Interesse daran, sonst hätte er es nicht vergessen. Es gibt Menschen, die man als allgemein vergeßlich bezeichnet und darum in ähnlicher Weise als entschuldigt gelten läßt wie etwa den Kurzsichtigen, wenn er auf der Straße nicht grüßt[1]. Diese Personen vergessen alle kleinen Versprechungen, die sie gegeben, lassen alle Aufträge unausgeführt, die sie empfangen haben, erweisen sich also in kleinen Dingen als unverläßlich und erheben dabei die Forderung, daß man ihnen diese kleineren Verstöße nicht übelnehmen, d. h. nicht durch ihren Charakter erklären, sondern auf organische Eigentümlichkeit zurückführen solle[2]. Ich gehöre selbst nicht zu diesen Leuten und habe keine Gelegenheit gehabt, die Handlungen einer solchen Person zu analysieren, um durch die Auswahl des Vergessens die Motivierung desselben aufzudecken. Ich kann mich aber der Vermutung per analogiam nicht erwehren, daß hier ein ungewöhnlich großes Maß von nicht eingestandener Geringschätzung des anderen das Motiv ist, welches das konstitutionelle Moment für seine Zwecke ausbeutet[3].

---

1) Frauen sind mit ihrem feineren Verständnis für unbewußte seelische Vorgänge in der Regel eher geneigt, es als Beleidigung anzusehen, wenn man sie auf der Straße nicht erkennt, also nicht grüßt, als an die nächstliegenden Erklärungen zu denken, daß der Säumige kurzsichtig sei oder in Gedanken versunken sie nicht bemerkt habe. Sie schließen, man hätte sie schon bemerkt, wenn man sich „etwas aus ihnen machen würde".

2) S. Ferenczi berichtet von sich, daß er selbst ein „Zerstreuter" gewesen ist und seinen Bekannten durch die Häufigkeit und Sonderbarkeit seiner Fehlhandlungen auffällig war. Die Zeichen dieser „Zerstreutheit" sind aber fast völlig geschwunden, seitdem er die psychoanalytische Behandlung von Kranken zu üben begann und sich genötigt sah, auch der Analyse seines eigenen Ichs Aufmerksamkeit zuzuwenden. Man verzichtet, meint er, auf die Fehlhandlungen, wenn man seine eigene Verantwortlichkeit um so vieles auszudehnen lernt. Er hält daher mit Recht die Zerstreutheit für einen Zustand, der von unbewußten Komplexen abhängig und durch die Psychoanalyse heilbar ist. Eines Tages aber stand er unter dem Selbstvorwurfe, bei einem Patienten einen Kunstfehler in der Psychoanalyse begangen zu haben. An diesem Tage stellten sich alle seine früheren „Zerstreutheiten" wieder ein. Er stolperte mehrmals im Gehen auf der Straße (Darstellung jenes *faux pas* in der Behandlung), vergaß seine Brieftasche zu Hause, wollte auf der Trambahn einen Kreuzer weniger zahlen, hatte seine Kleidungsstücke nicht ordentlich zugeknöpft u. dgl.

3) E. Jones bemerkt hiezu: *Often the resistance is of a general order. Thus a busy man forgets to post letters entrusted to him — to his slight annoyance — by his wife, just as he may „forget" to carry out her shopping orders.*

Bei anderen Fällen sind die Motive des Vergessens weniger leicht aufzufinden und erregen, wenn gefunden, ein größeres Befremden. So merkte ich in früheren Jahren, daß ich bei einer größeren Anzahl von Krankenbesuchen nie einen anderen Besuch vergesse als den bei einem Gratispatienten oder bei einem Kollegen. Aus Beschämung hierüber hatte ich mir angewöhnt, die Besuche des Tages schon am Morgen als Vorsatz zu notieren. Ich weiß nicht, ob andere Ärzte auf dem nämlichen Wege zu der gleichen Übung gekommen sind. Aber man gewinnt so eine Ahnung davon, was den sogenannten Neurastheniker veranlaßt, die Mitteilungen, die er dem Arzt machen will, auf dem berüchtigten „Zettel" zu notieren. Angeblich fehlt es ihm an Zutrauen zur Reproduktionsleistung seines Gedächtnisses. Das ist gewiß richtig, aber die Szene geht zumeist so vor sich: Der Kranke hat seine verschiedenen Beschwerden und Anfragen höchst langatmig vorgebracht. Nachdem er fertig geworden ist, macht er einen Moment Pause, darauf zieht er den Zettel hervor und sagt entschuldigend: Ich habe mir etwas aufgeschrieben, weil ich mir so gar nichts merke. In der Regel findet er auf dem Zettel nichts Neues. Er wiederholt jeden Punkt und beantwortet ihn selbst: Ja, danach habe ich schon gefragt. Er demonstriert mit dem Zettel wahrscheinlich nur eines seiner Symptome, die Häufigkeit, mit der seine Vorsätze durch Einmengung dunkler Motive gestört werden.

Ich rühre ferner an Leiden, an welchen auch der größere Teil der mir bekannten Gesunden krankt, wenn ich zugestehe, daß ich besonders in früheren Jahren sehr leicht und für lange Zeit vergessen habe, entlehnte Bücher zurückzugeben, oder daß es mir besonders leicht begegnet ist, Zahlungen durch Vergessen aufzuschieben. Unlängst verließ ich eines Morgens die Tabaktrafik, in welcher ich meinen täglichen Zigarreneinkauf gemacht hatte, ohne ihn zu bezahlen. Es war eine höchst harmlose Unterlassung, denn ich bin dort bekannt und konnte daher erwarten, am nächsten Tag an die Schuld gemahnt zu werden. Aber die kleine Versäumnis, der Versuch, Schulden zu machen, steht gewiß nicht außer Zusammenhang mit den Budgeterwägungen, die mich den Vortag über beschäftigt hatten. In Bezug auf das Thema von Geld und Besitz lassen sich die Spuren eines zwiespältigen Verhaltens auch bei den meisten sogenannt anständigen Menschen leicht nachweisen. Die primitive Gier des Säuglings, der sich aller Objekte zu bemächtigen sucht (um sie zum Munde zu führen), zeigt sich vielleicht allgemein als nur unvollständig durch Kultur und Erziehung überwunden[1].

Ich fürchte, ich bin mit allen bisherigen Beispielen einfach banal geworden. Es kann mir aber doch nur recht sein, wenn ich auf Dinge stoße, die jedermann bekannt sind, und die jeder in der nämlichen Weise versteht, da ich bloß vorhabe, das Alltägliche zu sammeln und wissenschaftlich zu verwerten. Ich sehe nicht ein, weshalb der Weisheit, die Niederschlag der gemeinen Lebenserfahrung ist, die Aufnahme unter die Erwerbungen

---

1) Der Einheit des Themas zuliebe darf ich hier die gewählte Einteilung durchbrechen und dem eben Gesagten anschließen, daß in bezug auf Geldsachen das Gedächtnis der Menschen eine besondere Parteilichkeit zeigt. Erinnerungstäuschungen, etwas bereits bezahlt zu haben, sind, wie ich von mir selbst weiß, oft sehr hartnäckig. Wo der gewinnsüchtigen Absicht abseits von den großen Interessen der Lebensführung und daher eigentlich zum Scherz freier Lauf gelassen wird wie beim Kartenspiel, neigen die ehrlichsten Männer zu Irrtümern, Erinnerungs- und Rechenfehlern und finden sich selbst, ohne recht zu wissen wie, in kleine Betrügereien verwickelt. Auf solchen Freiheiten beruht zum Teil der psychisch erfrischende Charakter des Spieles. Das Sprichwort, daß man beim Spiel den Charakter des Menschen erkennt, ist zuzugeben, wenn man dabei nicht den manifesten Charakter im Auge hat. — Wenn es unabsichtliche Rechenfehler bei Zahlkellnern noch gibt, so unterliegen sie offenbar derselben Beurteilung. — Im Kaufmannstande kann man häufig eine gewisse Zögerung in der Verausgabung von Geldsummen, bei der Bezahlung von Rechnungen u. dgl. beobachten, die dem Eigner keinen Gewinn bringt, sondern nur psychologisch zu verstehen ist als eine Äußerung des Gegenwillens, Geld von sich zu tun. — B r i l l bemerkt hierüber mit epigrammatischer Schärfe: *We are more apt to mislay letters containing bills than checks.* — Mit den intimsten und am wenigsten klar gewordenen Regungen hängt es zusammen, wenn gerade Frauen eine besondere Unlust zeigen, den Arzt zu honorieren. Sie haben gewöhnlich ihr Portemonnaie vergessen, können darum in der Ordination nicht zahlen, vergessen dann regelmäßig, das Honorar vom Hause aus zu schicken, und setzen es so durch, daß man sie umsonst — „um ihrer schönen Augen willen" — behandelt hat. Sie zahlen gleichsam mit ihrem Anblick.

der Wissenschaft versagt sein sollte. Nicht die Verschiedenheit der Objekte, sondern die strengere Methode bei der Feststellung und das Streben nach weitreichendem Zusammenhang machen den wesentlichen Charakter der wissenschaftlichen Arbeit aus.

Für die Vorsätze von einigem Belang haben wir allgemein gefunden, daß sie dann vergessen werden, wenn sich dunkle Motive gegen sie erheben. Bei noch weniger wichtigen Vorsätzen erkennt man als zweiten Mechanismus des Vergessens, daß ein Gegenwille sich von wo anders her auf den Vorsatz überträgt, nachdem zwischen jenem anderen und dem Inhalt des Vorsatzes eine äußerliche Assoziation hergestellt worden ist. Hiezu gehört folgendes Beispiel: Ich lege Wert auf schönes Löschpapier und nehme mir vor, auf meinem heutigen Nachmittagsweg in die Innere Stadt neues einzukaufen. Aber an vier aufeinanderfolgenden Tagen vergesse ich es, bis ich mich befrage, welchen Grund diese Unterlassung hat. Ich finde ihn dann leicht, nachdem ich mich besonnen habe, daß ich zwar „Löschpapier" zu schreiben, aber „Fließpapier" zu sagen gewohnt bin. „Fließ" ist der Name eines Freundes in Berlin, der mir in den nämlichen Tagen Anlaß zu einem quälenden, besorgten Gedanken gegeben hatte. Diesen Gedanken kann ich nicht los werden, aber die Abwehrneigung (vgl. oben S. 163) äußert sich, indem sie sich mittels der Wortgleichheit auf den indifferenten und darum wenig resistenten Vorsatz überträgt.

Direkter Gegenwille und entferntere Motivierung treffen in folgendem Falle von Aufschub zusammen: In der Sammlung „Grenzfragen des Nerven- und Seelenlebens" hatte ich eine kurze Abhandlung über den Traum geschrieben, welche den Inhalt meiner „Traumdeutung" resümiert. B e r g m a n n in Wiesbaden sendet eine Korrektur und bittet um umgehende Erledigung, weil er das Heft noch vor Weihnachten ausgeben will. Ich mache die Korrektur noch in der Nacht und lege sie auf meinen Schreibtisch, um sie am nächsten Morgen mitzunehmen.

Am Morgen vergesse ich daran, erinnere mich erst nachmittags beim Anblick des Kreuzbandes auf meinem Schreibtisch. Ebenso vergesse ich die Korrektur am Nachmittag, am Abend und am nächsten Morgen, bis ich mich aufraffe und am Nachmittag des zweiten Tages die Korrektur zu einem Briefkasten trage, verwundert, was der Grund dieser Verzögerung sein mag. Ich will sie offenbar nicht absenden, aber ich finde nicht, warum. Auf demselben Spaziergang trete ich aber bei meinem Wiener Verleger, der auch das Traumbuch publiziert hat, ein, mache eine Bestellung und sage dann, wie von einem plötzlichen Einfall getrieben: „Sie wissen doch, daß ich den ‚Traum' ein zweites Mal geschrieben habe?" — „Ah, da würde ich doch bitten." — „Beruhigen Sie sich, nur ein kurzer Aufsatz für die Löwenfeld-Kurellasche Sammlung." Es war ihm aber doch nicht recht; er besorgte, der Vortrag würde dem Absatz des Buches schaden. Ich widersprach und fragte endlich: „Wenn ich mich früher an Sie gewendet hätte, würden Sie mir die Publikation untersagt haben?" — „Nein, das keineswegs." Ich glaube selbst, daß ich in meinem vollen Recht gehandelt und nichts anderes getan habe, als was allgemein üblich ist; doch scheint es mir gewiß, daß ein ähnliches Bedenken, wie es der Verleger äußerte, das Motiv meiner Zögerung war, die Korrektur abzusenden. Dies Bedenken geht auf eine frühere Gelegenheit zurück, bei welcher ein anderer Verleger Schwierigkeiten erhob, als ich, wie unvermeidlich, einige Blätter Text aus einer früheren, in anderem Verlage erschienenen Arbeit über zerebrale Kinderlähmung unverändert in die Bearbeitung desselben Themas im Handbuch von Nothnagel hinübernahm. Dort findet aber der Vorwurf abermals keine Anerkennung; ich hatte auch damals meinen ersten Verleger (identisch mit dem der „Traumdeutung") loyal von meiner Absicht verständigt. Wenn aber diese Erinnerungsreihe noch weiter zurückgeht, so rückt sie mir einen noch früheren Anlaß vor, den einer Übersetzung aus dem Französischen, bei welchem ich wirklich die bei einer Publikation in Betracht kommenden Eigentumsrechte verletzt habe. Ich hatte dem übersetzten Text Anmerkungen beigefügt, ohne für diese Anmerkungen die Erlaubnis des Autors nachgesucht zu haben, und habe einige Jahre später Grund zur Annahme bekommen, daß der Autor mit dieser Eigenmächtigkeit unzufrieden war.

Es gibt ein Sprichwort, welches die populäre Kenntnis verrät, daß das Vergessen von Vorsätzen nichts Zufälliges ist. „Was man einmal zu tun vergessen hat, das vergißt man dann noch öfter."

Ja, man kann sich mitunter des Eindrucks nicht erwehren, daß alles, was man über das Vergessen und die Fehlhandlungen überhaupt sagen kann, den Menschen ohnedies wie etwas Selbstverständliches bekannt ist. Wunderbar genug, daß es doch notwendig ist, ihnen dies so Wohlbekannte vors Bewußtsein zu rücken! Wie oft habe ich sagen gehört: Gib mir diesen Auftrag nicht, ich werde gewiß an ihn vergessen. Das Eintreffen dieser Vorhersagung hatte dann sicherlich nichts Mystisches an sich. Der so sprach, verspürte in sich den Vorsatz, den Auftrag nicht auszuführen, und weigerte sich nur, sich zu ihm zu bekennen.

Das Vergessen von Vorsätzen erfährt übrigens eine gute Beleuchtung durch etwas, was man als „Fassen von falschen Vorsätzen" bezeichnen könnte. Ich hatte einmal einem jungen Autor versprochen, ein Referat über sein kleines Opus zu schreiben, schob es aber wegen innerer, mir nicht unbekannter Widerstände auf, bis ich mich eines Tages durch sein Drängen bewegen ließ zu versprechen, daß es noch am selben Abend geschehen werde. Ich hatte auch die ernste Absicht, so zu tun, aber ich hatte vergessen, daß die Abfassung eines unaufschiebbaren Gutachtens für den nämlichen Abend angesetzt war. Nachdem ich so meinen Vorsatz als falsch erkannt hatte, gab ich den Kampf gegen meine Widerstände auf und sagte dem Autor ab.

VIII

DAS VERGREIFEN

Der oben erwähnten Arbeit von Meringer und Mayer entnehme ich noch die Stelle (S. 98):
„Die Sprechfehler stehen nicht ganz allein da. Sie entsprechen den Fehlern, die bei anderen Tätigkeiten der Menschen sich oft einstellen und ziemlich töricht ‚Vergeßlichkeiten' genannt werden."
Ich bin also keinesfalls der erste, der Sinn und Absicht hinter den kleinen Funktionsstörungen des täglichen Lebens Gesunder vermutet[1].
Wenn die Fehler beim Sprechen, das ja eine motorische Leistung ist, eine solche Auffassung zugelassen haben, so liegt es nahe, auf die Fehler unserer sonstigen motorischen Verrichtungen die nämliche Erwartung zu übertragen. Ich habe hier zwei Gruppen von Fällen gebildet; alle die Fälle, in denen der Fehleffekt das Wesentliche scheint, also die Abirrung von der Intention, bezeichne ich als „Vergreifen", die anderen, in denen eher die ganze Handlung unzweckmäßig erscheint, benenne ich „Symptom- und Zufallshandlungen". Die Scheidung ist aber wiederum nicht reinlich durchzuführen; wir kommen ja wohl zur Einsicht, daß alle in dieser Abhandlung gebrauchten

---

[1] Eine zweite Publikation Meringers hat mir später gezeigt, wie sehr ich diesem Autor unrecht tat, als ich ihm solches Verständnis zumutete.

Einteilungen nur deskriptiv bedeutsame sind und der inneren
Einheit des Erscheinungsgebietes widersprechen.

Das psychologische Verständnis des „Vergreifens" erfährt
offenbar keine besondere Förderung, wenn wir es der Ataxie
und speziell der „kortikalen Ataxie" subsumieren. Versuchen wir
lieber, die einzelnen Beispiele auf ihre jeweiligen Bedingungen
zurückzuführen. Ich werde wiederum Selbstbeobachtungen hiezu
verwenden, zu denen sich die Anlässe bei mir nicht besonders
häufig finden.

a) In früheren Jahren, als ich Hausbesuche bei Patienten noch
häufiger machte als gegenwärtig, geschah es mir oft, daß ich,
vor der Tür, an die ich anklopfen oder anläuten sollte, angekommen,
die Schlüssel meiner eigenen Wohnung aus der Tasche zog, um
— sie dann fast beschämt wieder einzustecken. Wenn ich mir
zusammenstelle, bei welchen Patienten dies der Fall war, so
muß ich annehmen, die Fehlhandlung — Schlüssel herausziehen
anstatt läuten — bedeutete eine Huldigung für das Haus, wo
ich in diesen Mißgriff verfiel. Sie war äquivalent dem Gedanken:
„Hier bin ich wie zu Hause," denn sie trug sich nur zu, wo
ich den Kranken liebgewonnen hatte. (An meiner eigenen
Wohnungstür läute ich natürlich niemals.)

Die Fehlhandlung war also eine symbolische Darstellung eines
doch eigentlich nicht für ernsthafte, bewußte Annahme bestimmten
Gedankens, denn in der Realität weiß der Nervenarzt genau,
daß der Kranke ihm nur so lange anhänglich bleibt, als er noch
Vorteil von ihm erwartet, und daß er selbst nur zum Zwecke
der psychischen Hilfeleistung ein übermäßig warmes Interesse für
seine Patienten bei sich gewähren läßt.

Daß das sinnvoll fehlerhafte Hantieren mit dem Schlüssel
keineswegs eine Besonderheit meiner Person ist, geht aus zahlreichen Selbstbeobachtungen anderer hervor.

Eine fast identische Wiederholung meiner Erfahrungen beschreibt
A. Maeder (Contrib. à la psychopathologie de la vie quotidienne,

Arch. de Psychol., VI, 1906): *Il est arrivé à chacun de sortir son trousseau, en arrivant à la porte d'un ami particulièrement cher, de se surprendre pour ainsi dire, en train d'ouvrir avec sa clé comme chez soi. C'est un retard, puisqu'il faut sonner malgré tout, mais c'est une preuve qu'on se sent — ou qu'on voudrait se sentir — comme chez soi, auprès de cet ami.*

E. Jones (l. c., p. 509): *The use of keys is a fertile source of occurrences of this kind of which two examples may be given. If I am disturbed in the midst of some engrossing work at home by having to go to the hospital to carry out some routine work, I am very apt to find myself trying to open the door of my laboratory there with the key of my desk at home, although the two keys are quite unlike each other. The mistake unconsciously demonstrates where I would rather be at the moment.*

Some years ago I was acting in a subordinate position at a certain institution, the front door of which was kept locked, so that it was necessary to ring for admission. On several occasions I found myself making serious attempts to open the door with my house key. Each one of the permanent visiting staff, of which I aspired to be a member, was provided with a key to avoid the trouble of having to wait at the door. My mistakes thus expressed my desire to be on a similar footing, and to be quite „at home" there.

Ähnlich berichtet Dr. Hanns Sachs: Ich trage stets zwei Schlüssel bei mir, von denen der eine die Tür zur Kanzlei, der andere die zu meiner Wohnung öffnet. Leicht verwechselbar sind sie durchaus nicht, da der Kanzleischlüssel mindestens dreimal so groß ist wie der Wohnungsschlüssel. Überdies trage ich den ersteren in der Hosentasche, den anderen in der Weste. Trotzdem geschah es öfters, daß ich vor der Tür stehend bemerkte, daß ich auf der Treppe den falschen Schlüssel vorbereitet hatte. Ich beschloß, einen statistischen Versuch zu machen; da ich ja täglich ungefähr in derselben Gemütsverfassung vor den beiden

Türen stehe, mußte auch die Verwechslung der beiden Schlüssel, wenn anders sie psychisch determiniert sein sollte, eine regelmäßige Tendenz zeigen. Die Beobachtung bei späteren Fällen ergab dann, daß ich regelmäßig den Wohnungsschlüssel vor der Kanzleitür herausnahm, nur ein einziges Mal war das Umgekehrte der Fall: ich kam ermüdet nach Hause, wo, wie ich wußte, ein Gast meiner wartete. Vor der Tür machte ich einen Versuch, sie mit dem natürlich viel zu großen Kanzleischlüssel aufzusperren.

b) In einem bestimmten Hause, wo ich seit sechs Jahren zweimal täglich zu festgesetzten Zeiten vor einer Tür im zweiten Stock auf Einlaß warte, ist es mir während dieses langen Zeitraumes zweimal (mit einem kurzen Intervall) geschehen, daß ich um einen Stock höher gegangen bin, also mich „verstiegen" habe. Das eine Mal befand ich mich in einem ehrgeizigen Tagtraum, der mich „höher und immer höher steigen" ließ. Ich überhörte damals sogar, daß sich die fragliche Tür geöffnet hatte, als ich den Fuß auf die ersten Stufen des dritten Stockwerks setzte. Das andere Mal ging ich wiederum „in Gedanken versunken" zu weit; als ich es bemerkte, umkehrte und die mich beherrschende Phantasie zu erhaschen suchte, fand ich, daß ich mich über eine (phantasierte) Kritik meiner Schriften ärgerte, in welcher mir der Vorwurf gemacht wurde, daß ich immer „zu weit ginge", und in die ich nun den wenig respektvollen Ausdruck „verstiegen" einzusetzen hatte.

c) Auf meinem Schreibtisch liegen seit vielen Jahren nebeneinander ein Reflexhammer und eine Stimmgabel. Eines Tages eile ich nach Schluß der Sprechstunde fort, weil ich einen bestimmten Stadtbahnzug erreichen will, stecke bei vollem Tageslicht anstatt des Hammers die Stimmgabel in die Rocktasche und werde durch die Schwere des die Tasche herabziehenden Gegenstandes auf meinen Mißgriff aufmerksam gemacht. Wer sich über so kleine Vorkommnisse Gedanken zu machen nicht gewohnt ist, wird ohne Zweifel den Fehlgriff durch die Eile des Moments erklären und entschuldigen. Ich habe es trotzdem vorgezogen, mir die Frage zu stellen, warum ich eigentlich die Stimmgabel anstatt des Hammers genommen. Die Eilfertigkeit hätte ebensowohl ein Motiv sein können, den Griff richtig auszuführen, um nicht Zeit mit der Korrektur zu versäumen.

Wer hat zuletzt nach der Stimmgabel gegriffen? lautet die Frage, die sich mir da aufdrängt. Das war vor wenigen Tagen ein idiotisches Kind, bei dem ich die Aufmerksamkeit auf Sinneseindrücke prüfte, und das durch die Stimmgabel so gefesselt wurde, daß ich sie ihm nur schwer entreißen konnte. Soll das also heißen, ich sei ein Idiot? Allerdings scheint es so, denn der nächste Einfall, der sich an Hammer assoziiert, lautet „Chamer" (hebräisch: Esel).

Was soll aber dieses Geschimpfe? Man muß hier die Situation befragen. Ich eile zu einer Konsultation in einem Orte an der Westbahnstrecke, zu einer Kranken, die nach der brieflich mitgeteilten Anamnese vor Monaten vom Balkon herabgestürzt ist und seither nicht gehen kann. Der Arzt, der mich einlädt, schreibt, er wisse trotzdem nicht, ob es sich um Rückenmarksverletzung oder um traumatische Neurose — Hysterie — handle. Da soll ich nun entscheiden. Da wäre also eine Mahnung am Platze, in der heiklen Differentialdiagnose besonders vorsichtig zu sein. Die Kollegen meinen ohnedies, man diagnostiziere viel zu leichtsinnig Hysterie, wo es sich um ernstere Dinge handle. Aber die Beschimpfung ist noch nicht gerechtfertigt! Ja, es kommt hinzu, daß die kleine Bahnstation der nämliche Ort ist, an dem ich vor Jahren einen jungen Mann gesehen, der seit einer Gemütsbewegung nicht ordentlich gehen konnte. Ich diagnostizierte damals Hysterie und nahm den Kranken später in psychische Behandlung, und dann stellte es sich heraus, daß ich freilich nicht unrichtig diagnostiziert hatte, aber auch nicht richtig. Eine ganze Anzahl der Symptome des Kranken war hysterisch gewesen, und diese schwanden auch prompt im Laufe der Behandlung. Aber hinter diesen wurde nun ein für die Therapie unantastbarer Rest sichtbar, der sich nur auf eine multiple Sklerose beziehen ließ. Die den Kranken nach mir sahen, hatten es leicht, die organische Affektion zu erkennen; ich hätte kaum anders vorgehen und anders urteilen können, aber der Eindruck war doch der eines schweren Irrtums; das Versprechen der Heilung, das ich ihm gegeben hatte, war natürlich nicht zu halten. Der Mißgriff nach der Stimmgabel anstatt nach dem Hammer ließ sich also so in Worte übersetzen: Du Trottel, du Esel, nimm dich diesmal zusammen, daß du nicht wieder eine Hysterie diagnostizierst, wo eine unheilbare Krankheit vorliegt, wie bei dem armen Mann an demselben Ort vor Jahren! Und zum Glück für diese kleine Analyse, wenn auch zum Unglück für meine Stimmung, war dieser selbe Mann mit schwerer spastischer Lähmung wenige Tage vorher und einen Tag nach dem idiotischen Kind in meiner Sprechstunde gewesen.

Man merkt, es ist diesmal die Stimme der Selbstkritik, die sich durch das Fehlgreifen vernehmlich macht. Zu solcher Verwendung als Selbstvorwurf ist der Fehlgriff ganz besonders geeignet. Der Mißgriff hier will den Mißgriff, den man anderswo begangen hat, darstellen.

d) Selbstverständlich kann das Fehlgreifen auch einer ganzen Reihe anderer dunkler Absichten dienen. Hier ein erstes Beispiel: Es kommt sehr selten vor, daß ich etwas zerschlage. Ich bin nicht besonders geschickt, aber infolge der anatomischen Integrität meiner Nervmuskelapparate sind Gründe für so ungeschickte Bewegungen mit unerwünschtem Erfolge bei mir offenbar nicht gegeben. Ich weiß also kein Objekt in meinem Hause zu erinnern, dessengleichen ich je zerschlagen hätte. Ich war durch die Enge in meinem Studierzimmer oft genötigt, in den unbequemsten Stellungen mit einer Anzahl von antiken Ton- und Steinsachen, von denen ich eine kleine Sammlung habe, zu hantieren, so daß

Zuschauer die Besorgnis ausdrückten, ich würde etwas herunterschleudern und zerschlagen. Es ist aber niemals geschehen. Warum habe ich also einmal den marmornen Deckel meines einfachen Tintengefäßes zu Boden geworfen, so daß er zerbrach?

Mein Tintenzeug besteht aus einer Platte von Untersberger Marmor, die für die Aufnahme des gläsernen Tintenfäßchens ausgehöhlt ist; das Tintenfaß trägt einen Deckel mit Knopf aus demselben Stein. Ein Kranz von Bronzestatuetten und Terrakottafigürchen ist hinter diesem Tintenzeug aufgestellt. Ich setze mich an den Tisch, um zu schreiben, mache mit der Hand, welche den Federstiel hält, eine merkwürdig ungeschickte, ausfahrende Bewegung und werfe so den Deckel des Tintenfasses, der bereits auf dem Tische lag, zu Boden. Die Erklärung ist nicht schwer zu finden. Einige Stunden vorher war meine Schwester im Zimmer gewesen, um sich einige neue Erwerbungen anzusehen. Sie fand sie sehr schön und äußerte dann: „Jetzt sieht dein Schreibtisch wirklich hübsch aus, nur das Tintenzeug paßt nicht dazu. Du mußt ein schöneres haben." Ich begleitete die Schwester hinaus und kam erst nach Stunden zurück. Dann aber habe ich, wie es scheint, an dem verurteilten Tintenzeug die Exekution vollzogen. Schloß ich etwa aus den Worten der Schwester, daß sie sich vorgenommen habe, mich zur nächsten festlichen Gelegenheit mit einem schöneren Tintenzeug zu beschenken, und zerschlug das unschöne alte, um sie zur Verwirklichung ihrer angedeuteten Absicht zu nötigen? Wenn dem so ist, so war meine schleudernde Bewegung nur scheinbar ungeschickt; in Wirklichkeit war sie höchst geschickt und zielbewußt und verstand es, allen wertvolleren, in der Nähe befindlichen Objekten schonend auszuweichen.

Ich glaube wirklich, daß man diese Beurteilung für eine ganze Reihe von anscheinend zufällig ungeschickten Bewegungen annehmen muß. Es ist richtig, daß diese etwas Gewaltsames, Schleuderndes, wie Spastisch-Ataktisches zur Schau tragen, aber sie erweisen sich als von einer Intention beherrscht und treffen ihr Ziel mit einer Sicherheit, die man den bewußt willkürlichen Bewegungen nicht allgemein nachrühmen kann. Beide Charaktere, die Gewaltsamkeit wie die Treffsicherheit, haben sie übrigens mit den motorischen Äußerungen der hysterischen Neurose und zum Teile auch mit den motorischen Leistungen des Somnambulismus gemeinsam, was wohl hier wie dort auf die nämliche unbekannte Modifikation des Innervationsvorganges hinweist.

Auch eine von Frau Lou Andreas-Salomé mitgeteilte Selbstbeobachtung kann überzeugend dartun, wie eine hartnäckig festgehaltene „Ungeschicklichkeit" in sehr geschickter Weise uneingestandenen Absichten dient.

„Genau von der Zeit an, wo die Milch seltene und kostbare Ware geworden war, geschah es mir, zu meinem ständigen Schrecken und Ärgernis, sie beständig überkochen zu lassen. Umsonst mühte ich mich, dessen Herr zu werden, obwohl ich durchaus nicht sagen kann, daß ich mich bei sonstigen Gelegenheiten zerstreut oder unachtsam bewiesen hätte. Eher hätte das Ursache gehabt nach dem Tode meines lieben weißen Terriers (der so berechtigterweise wie nur je ein Mensch ‚Freund' [russisch Drujok] hieß). Aber — siehe da! — niemals seitdem ist die Milch auch nur um ein Tröpfchen übergekocht. Mein nächster Gedanke darüber lautete: ‚Wie gut ist das, da das auf Herdplatte oder Fußboden sich Ergießende nun nicht einmal Verwendung fände!' — Und gleichzeitig sah ich meinen ‚Freund' vor mir, wie er gespannt dasaß, die Kochprozedur zu beobachten: den Kopf etwas schiefgeneigt und mit dem Schwanzende schon erwartungsvoll wedelnd, — mit getroster Sicherheit des sich vollziehenden prächtigen Unglücks gewärtig. Damit war freilich alles klar, und auch dies: daß er mir noch mehr lieb gewesen war, als ich selbst wußte."

Es ist mir in den letzten Jahren, seitdem ich solche Beobachtungen sammle, noch einigemal geschehen, daß ich Gegen-

stände von gewissem Werte zerschlagen oder zerbrochen habe,
aber die Untersuchung dieser Fälle hat mich überzeugt, daß es
niemals ein Erfolg des Zufalls oder meiner absichtslosen Ungeschicklichkeit war. So habe ich eines Morgens, als ich im Bade-
kostüm, die Füße mit Strohpantoffeln bekleidet, durch ein Zimmer
ging, einem plötzlichen Impuls folgend, einen der Pantoffel vom
Fuß weg gegen die Wand geschleudert, so daß er eine hübsche
kleine Venus von Marmor von ihrer Konsole herunterholte.
Während sie in Stücke ging, zitierte ich ganz ungerührt die
Verse von Busch:

> Ach! die Venus ist perdü —
> Klickeradoms! — von Medici!

Dieses tolle Treiben und meine Ruhe bei dem Schaden finden
ihre Aufklärung in der damaligen Situation. Wir hatten eine
Schwerkranke in der Familie, an deren Genesung ich im stillen
bereits verzweifelt hatte. An jenem Morgen hatte ich von einer
großen Besserung erfahren; ich weiß, daß ich mir gesagt hatte:
also bleibt sie doch am Leben. Dann diente mein Anfall von
Zerstörungswut zum Ausdruck einer dankbaren Stimmung gegen
das Schicksal und gestattete mir, eine „Opferhandlung" zu
vollziehen, gleichsam als hätte ich gelobt, wenn sie gesund wird,
bringe ich dies oder jenes zum Opfer! Daß ich für dieses Opfer
die Venus von Medici ausgesucht, sollte gewiß nichts anderes als
eine galante Huldigung für die Genesende sein; unbegreiflich
bleibt mir aber auch diesmal, daß ich so rasch entschlossen, so
geschickt gezielt und kein anderes der in so großer Nähe
befindlichen Objekte getroffen habe.

Ein anderes Zerbrechen, für das ich mich wiederum des der
Hand entfahrenden Federstieles bedient habe, hatte gleichfalls die
Bedeutung eines Opfers, aber diesmal eines Bittopfers zur
Abwendung. Ich hatte mir einmal darin gefallen, einem treuen
und verdienten Freunde einen Vorwurf zu machen, der sich auf
die Deutung gewisser Zeichen aus seinem Unbewußten, auf nichts

anderes, stützte. Er nahm es übel auf und schrieb mir einen Brief, in dem er mich bat, meine Freunde nicht psychoanalytisch zu behandeln. Ich mußte ihm recht geben und beschwichtigte ihn durch meine Antwort. Während ich diesen Brief schrieb, hatte ich meine neueste Erwerbung, ein prächtig glasiertes ägyptisches Figürchen, vor mir stehen. Ich zerschlug es auf die beschriebene Weise und wußte dann sofort, daß ich dies Unheil angerichtet, um ein größeres abzuwenden. Zum Glück ließ sich beides — die Freundschaft wie die Figur — so kitten, daß man den Sprung nicht merken würde.

Ein drittes Zerbrechen stand in weniger ernsthaftem Zusammenhang; es war nur eine maskierte „Exekution", um den Ausdruck von Th. Vischer („Auch einer") zu gebrauchen, an einem Objekt, das sich meines Gefallens nicht mehr erfreute. Ich hatte eine Zeitlang einen Stock mit Silbergriff getragen; als die dünne Silberplatte einmal ohne mein Verschulden beschädigt worden war, wurde sie schlecht repariert. Bald nachdem der Stock zurückgekommen war, benützte ich den Griff, um im Übermut nach dem Beine eines meiner Kleinen zu angeln. Dabei brach er natürlich entzwei und ich war von ihm befreit.

Der Gleichmut, mit dem man in all diesen Fällen den entstandenen Schaden aufnimmt, darf wohl als Beweis für das Bestehen einer unbewußten Absicht bei der Ausführung in Anspruch genommen werden.

Gelegentlich stößt man, wenn man den Begründungen einer so geringfügigen Fehlleistung nachforscht, wie es das Zerbrechen eines Gegenstandes ist, auf Zusammenhänge, die tief in die Vorgeschichte eines Menschen hineinführen und überdies an der gegenwärtigen Situation desselben haften. Nachstehende Analyse von L. Jekels soll hiefür ein Beispiel geben.

„Ein Arzt befindet sich im Besitze einer, wenn auch nicht kostbaren, so doch sehr hübschen irdenen Blumenvase. Dieselbe wurde ihm seinerzeit nebst vielen anderen, darunter auch kost-

baren Gegenständen von einer (verheirateten) Patientin geschenkt.
Als bei derselben die Psychose manifest wurde, hat er all die
Geschenke den Angehörigen der Patientin zurückerstattet — bis
auf eine weit weniger kostspielige Vase, von der er sich nicht
trennen konnte, angeblich wegen ihrer Schönheit. Doch kostete
diese Unterschlagung den sonst so skrupulösen Menschen einen
gewissen inneren Kampf, war er sich doch der Ungehörigkeit
dieser Handlung vollkommen bewußt und half sich bloß über
seine Gewissensbisse mit dem Vorhalt hinweg, die Vase habe
eigentlich keinen Materialwert, sei schwerer einzupacken usw. —
Als er nun einige Monate später im Begriffe war, den ihm streitig
gemachten Restbetrag für die Behandlung dieser Patientin durch
einen Rechtsanwalt reklamieren und eintreiben zu lassen, meldeten
sich die Selbstvorwürfe wieder; flüchtig befiel ihn auch die
Angst, die vermeintliche Unterschlagung könnte von den Angehörigen entdeckt und ihm im Strafverfahren entgegengehalten
werden. Besonders jedoch das erste Moment war eine Weile
hindurch so stark, daß er schon daran dachte, auf eine etwa
hundertmal höhere Forderung zu verzichten — quasi als
Entschädigung für den unterschlagenen Gegenstand — er überwand jedoch alsbald diesen Gedanken, indem er ihn als absurd
beiseite schob.

Während dieser Stimmung passiert es ihm nun, daß er, der
sonst außerordentlich selten etwas zerbricht und seinen Muskelapparat gut beherrscht, beim Erneuern des Wassers in der Vase
dieselbe durch eine organisch mit dieser Handlung gar nicht
zusammenhängende, sonderbar ‚ungeschickte' Bewegung vom
Tische wirft, so daß sie etwa in fünf oder sechs größere Stücke
zerbricht. Und dies, nachdem er am Abend zuvor, nur nach
vorherigem starken Zögern, sich entschlossen hatte, gerade diese
Vase blumengefüllt vor die geladenen Gäste auf den Tisch des
Speisezimmers zu stellen, und nachdem er knapp vor dem Zerbrechen an sie gedacht, sie in seinem Wohnzimmer angstvoll

vermißt und eigenhändig aus dem anderen Zimmer geholt hat! Als er nun nach der anfänglichen Bestürzung die Stücke aufsammelt, und gerade als er durch Zusammenpassen derselben konstatiert, es werde noch möglich sein, die Vase fast lückenlos zu rekonstruieren, da — gleiten ihm die zwei oder drei größeren Bruchstücke aus den Händen; sie zerstieben in tausend Splitter und mit ihnen auch jegliche Hoffnung auf diese Vase.

Fraglos hatte diese Fehlleistung die aktuelle Tendenz, dem Arzte das Verfolgen seines Rechtes zu ermöglichen, indem dieselbe das beseitigte, was er zurückbehalten hatte und was ihn einigermaßen behinderte, das zu verlangen, was man ihm zurückbehalten hatte.

Doch außer dieser direkten, besitzt für jeden Psychoanalytiker diese Fehlleistung noch eine weitere, ungleich tiefere und wichtigere, s y m b o l i s c h e Determinierung; ist doch Vase ein unzweifelhaftes Symbol der Frau.

Der Held dieser kleinen Geschichte hatte seine schöne, junge und heißgeliebte Frau auf tragische Weise verloren; er verfiel in eine Neurose, deren Grundnote war, er sei an dem Unglück schuld („er habe eine schöne Vase zerbrochen'). Auch fand er kein Verhältnis mehr zu den Frauen und hatte Abneigung vor der Ehe und vor dauernden Liebesbeziehungen, die im Unbewußten als Untreue gegen seine verstorbene Frau gewertet, im Bewußten aber damit rationalisiert wurden, er bringe den Frauen Unglück, es könnte sich eine seinetwegen töten usw. (Da durfte er natürlich die Vase nicht dauernd behalten!)

Bei seiner starken Libido ist es nun nicht verwunderlich, daß ihm als die adäquatesten die ihrer Natur nach doch passageren Beziehungen zu verheirateten Frauen vorschwebten (daher Zurückhalten der Vase eines anderen).

Eine schöne Bestätigung für diese Symbolik findet sich in nachstehenden zwei Momenten: Infolge der Neurose unterzog er sich der psychoanalytischen Behandlung. Im Verlaufe der Sitzung, in der er von dem Zerbrechen der ‚irdenen' Vase erzählte, kam er viel später wieder einmal auf sein Verhältnis zu den Frauen zu sprechen und meinte, er sei bis zur Unsinnigkeit anspruchsvoll; so verlange er z. B. von den Frauen ‚unirdische Schönheit'. Doch eine sehr deutliche Betonung, daß er noch an seiner (verstorbenen i. e. unirdischen) Frau hänge und von ‚irdischer Schönheit' nichts wissen wolle; daher das Zerbrechen der ‚irdenen' (irdischen) Vase.

Und genau zur Zeit, als er in der Übertragung die Phantasie bildete, die Tochter seines Arztes zu heiraten, — da verehrte er demselben eine — Vase, quasi als Andeutung, nach welcher Richtung ihm die Revanche erwünscht wäre.

Voraussichtlich läßt sich die symbolische Bedeutung der Fehlleistung noch mannigfaltig variieren, z. B. die Vase nicht füllen wollen usw. Interessanter erscheint mir jedoch die Erwägung, daß das Vorhandensein von mehreren, mindestens zweien, wahrscheinlich auch getrennt aus dem Vor- und Unbewußten wirksamen Motiven, sich in der Doppelung der Fehlleistung — Umstoßen und Entgleiten der Vase — widerspiegelt[1]."

e) Das Fallenlassen von Objekten, Umwerfen, Zerschlagen derselben scheint sehr häufig zum Ausdruck unbewußter Gedankengänge verwendet zu werden, wie man gelegentlich durch Analyse beweisen kann, häufiger aber aus den abergläubisch oder scherzhaft daran geknüpften Deutungen im Volksmunde erraten möchte. Es ist bekannt, welche Deutungen sich an das Ausschütten von Salz, Umwerfen eines Weinglases, Steckenbleiben eines zu Boden gefallenen Messers u. dgl. knüpfen. Welches Anrecht auf Beachtung solche abergläubische Deutungen haben, werde ich erst an späterer Stelle erörtern; hieher gehört nur die Bemerkung, daß die einzelne ungeschickte Verrichtung keineswegs einen konstanten Sinn hat,

---

1) Internat. Zeitschrift für Psychoanalyse, I, 1913.

sondern je nach Umständen sich dieser oder jener Absicht als Darstellungsmittel bietet.

Vor kurzem gab es in meinem Hause eine Zeit, in der ungewöhnlich viel Glas und Porzellangeschirr zerbrochen wurde; ich selbst trug mehreres zum Schaden bei. Allein die kleine psychische Endemie war leicht aufzuklären; es waren die Tage vor der Vermählung meiner ältesten Tochter. Bei solchen Feiern pflegte man sonst mit Absicht ein Gerät zu zerbrechen und ein glückbringendes Wort dazu zu sagen. Diese Sitte mag die Bedeutung eines Opfers und noch anderen symbolischen Sinn haben.

Wenn dienende Personen zerbrechliche Gegenstände durch Fallenlassen vernichten, so wird man an eine psychologische Erklärung hiefür zwar nicht in erster Linie denken, doch ist auch dabei ein Beitrag dunkler Motive nicht unwahrscheinlich. Nichts liegt dem Ungebildeten ferner als die Schätzung der Kunst und der Kunstwerke. Eine dumpfe Feindseligkeit gegen deren Erzeugnisse beherrscht unser dienendes Volk, zumal wenn die Gegenstände, deren Wert sie nicht einsehen, eine Quelle von Arbeitsanforderung für sie werden. Leute von derselben Bildungsstufe und Herkunft zeichnen sich dagegen in wissenschaftlichen Instituten oft durch große Geschicklichkeit und Verläßlichkeit in der Handhabung heikler Objekte aus, wenn sie erst begonnen haben, sich mit ihrem Herrn zu identifizieren und sich zum wesentlichen Personal des Instituts zu rechnen.

Ich schalte hier die Mitteilung eines jungen Technikers ein, welche Einblick in den Mechanismus einer Sachbeschädigung gestattet.

„Vor einiger Zeit arbeitete ich mit mehreren Kollegen im Laboratorium der Hochschule an einer Reihe komplizierter Elastizitätsversuche, eine Arbeit, die wir freiwillig übernommen hatten, die aber begann, mehr Zeit zu beanspruchen, als wir erwartet hatten. Als ich eines Tages wieder mit meinem

Kollegen F. ins Laboratorium ging, äußerte dieser, wie unangenehm es ihm gerade heute sei, so viel Zeit zu verlieren, er hätte zu Hause so viel anderes zu tun; ich konnte ihm nur beistimmen und äußerte noch halb scherzhaft, auf einen Vorfall der vergangenen Woche anspielend: ‚Hoffentlich wird wieder die Maschine versagen, so daß wir die Arbeit abbrechen und früher weggehen können!'
— Bei der Arbeitsteilung trifft es sich, daß Kollege F. das Ventil der Presse zu steuern bekommt, d. h. er hat die Druckflüssigkeit aus dem Akkumulator durch vorsichtiges Öffnen des Ventils langsam in den Zylinder der hydraulischen Presse einzulassen; der Leiter des Versuches steht beim Manometer und ruft, wenn der richtige Druck erreicht ist, ein lautes ‚Halt'. Auf dieses Kommando faßt F. das Ventil und dreht es mit aller Kraft — nach links (alle Ventile werden ausnahmslos nach rechts geschlossen!). Dadurch wird plötzlich der volle Druck des Akkumulators in der Presse wirksam, worauf die Rohrleitung nicht eingerichtet ist, so daß sofort eine Rohrverbindung platzt — ein ganz harmloser Maschinendefekt, der uns jedoch zwingt, für heute die Arbeit einzustellen und nach Hause zu gehen. — Charakteristisch ist übrigens, daß einige Zeit nachher, als wir diesen Vorfall besprachen, Freund F. sich an meine von mir mit Sicherheit erinnerte Äußerung absolut nicht erinnern wollte."

Sich selbst fallen lassen, einen Fehltritt machen, ausgleiten, braucht gleichfalls nicht immer als rein zufälliges Fehlschlagen motorischer Aktion gedeutet zu werden. Der sprachliche Doppelsinn dieser Ausdrücke weist bereits auf die Art von verhaltenen Phantasien hin, die sich durch solches Aufgeben des Körpergleichgewichtes darstellen können. Ich erinnere mich an eine Anzahl von leichteren nervösen Erkrankungen bei Frauen und Mädchen, die nach einem Falle ohne Verletzung aufgetreten waren und als traumatische Hysterie zufolge des Schrecks beim Falle aufgefaßt wurden. Ich bekam schon damals den Eindruck, als ob die Dinge anders zusammenhingen, als wäre das Fallen bereits eine Veranstaltung der Neurose und ein Ausdruck derselben unbewußten Phantasien sexuellen Inhalts gewesen, die man als die bewegenden Kräfte hinter den Symptomen vermuten darf. Sollte dasselbe nicht auch ein Sprichwort sagen wollen, welches lautet: „Wenn eine Jungfrau fällt, fällt sie auf den Rücken"?

Zum **Vergreifen** kann man auch den Fall rechnen, daß jemand einem Bettler anstatt einer Kupfer- oder kleinen Silbermünze ein Goldstück gibt. Die Auflösung solcher Fehlgriffe ist leicht; es sind Opferhandlungen, bestimmt, das Schicksal zu erweichen, Unheil abzuwehren u. dgl. Hat man die zärtliche Mutter oder Tante unmittelbar vor dem Spaziergang, auf dem sie sich so widerwillig großmütig erzeigt, eine Besorgnis über die Gesundheit eines Kindes äußern gehört, so kann man an dem Sinne des angeblich unliebsamen Zufalls nicht mehr zweifeln. Auf solche Art ermöglichen unsere Fehlleistungen die Ausübung aller jener frommen und abergläubischen Gebräuche, die wegen des Sträubens unserer ungläubig gewordenen Vernunft das Licht des Bewußtseins scheuen müssen.

f) Daß zufällige Aktionen eigentlich absichtliche sind, wird auf keinem anderen Gebiete eher Glauben finden als auf dem der sexuellen Betätigung, wo die Grenze zwischen beiderlei Arten sich wirklich zu verwischen scheint. Daß eine scheinbar ungeschickte Bewegung höchst raffiniert zu sexuellen Zwecken ausgenützt werden kann, davon habe ich vor einigen Jahren an mir selbst ein schönes Beispiel erlebt. Ich traf in einem befreundeten Hause ein als Gast angelangtes junges Mädchen, welches ein längst für erloschen gehaltenes Wohlgefallen bei mir erregte und mich darum heiter, gesprächig und zuvorkommend stimmte. Ich habe damals auch nachgeforscht, auf welchen Bahnen dies zuging; ein Jahr vorher hatte dasselbe Mädchen mich kühl gelassen. Als nun der Onkel des Mädchens, ein sehr alter Herr, ins Zimmer trat, sprangen wir beide auf, um ihm einen in der Ecke stehenden Stuhl zu bringen. Sie war behender als ich, wohl auch dem Objekt näher; so hatte sie sich zuerst des Sessels bemächtigt und trug ihn mit der Lehne nach rückwärts, beide Hände auf die Sesselränder gelegt, vor sich hin. Indem ich später hinzutrat und den Anspruch, den Sessel zu tragen, doch nicht aufgab, stand ich plötzlich dicht hinter ihr, hatte beide Arme von rückwärts um sie geschlungen, und meine Hände trafen sich einen Moment lang vor ihrem Schoß. Ich löste natürlich die Situation ebenso rasch, als sie entstanden war. Es schien auch keinem aufzufallen, wie geschickt ich diese ungeschickte Bewegung ausgebeutet hatte.

Gelegentlich habe ich mir auch sagen müssen, daß das ärgerliche, ungeschickte Ausweichen auf der Straße, wobei man durch einige Sekunden hin und her, aber doch stets nach der nämlichen Seite wie der oder die andere, Schritte macht, bis endlich beide voreinander stehen bleiben, daß auch dieses „den Weg Vertreten" ein unartig provozierendes Benehmen früherer Jahre wiederholt und sexuelle Absichten unter der Maske der Ungeschicklichkeit verfolgt. Aus meinen Psychoanalysen Neurotischer weiß ich, daß die sogenannte Naivität junger Leute und Kinder häufig nur solch eine Maske ist, um das Unanständige unbeirrt durch Genieren aussprechen oder tun zu können.

Ganz ähnliche Beobachtungen hat W. Stekel von seiner eigenen Person mitgeteilt: „Ich trete in ein Haus ein und reiche der Dame des Hauses meine Rechte. Merkwürdigerweise löse ich dabei die Schleife, die ihr loses Morgenkleid zusammenhält. Ich bin mir keiner unehrbaren Absicht bewußt, und doch habe ich diese ungeschickte Bewegung mit der Geschicklichkeit eines Eskamoteurs vollbracht."

Ich habe schon wiederholt Proben dafür geben können, daß die Dichter Fehlleistungen ebenso als sinnvoll und motiviert auffassen, wie wir es hier vertreten. Es wird uns darum nicht verwundern, an einem neuen Beispiel zu ersehen, wie ein Dichter auch eine ungeschickte Bewegung bedeutungsvoll macht und zum Vorzeichen späterer Begebenheiten werden läßt.

In Theodor Fontanes Roman: „L'Adultera" heißt es (Bd. II, S. 64 der Gesammelten Werke, Verlag S. Fischer): „... und Melanie sprang auf und warf ihrem Gatten, wie zur Begrüßung, einen der großen Bälle zu. Aber sie hatte nicht richtig gezielt, der Ball ging seitwärts und Rubehn fing ihn auf." Bei der Heimkehr von dem Ausfluge, der diese kleine Episode gebracht hat, findet ein Gespräch zwischen Melanie und Rubehn statt, das die erste Andeutung einer keimenden Neigung verrät. Diese Neigung wächst zur Leidenschaft, so daß Melanie schließlich ihren Gatten verläßt, um dem geliebten Manne ganz anzugehören. (Mitgeteilt von H. Sachs.)

g) Die Effekte, die durch das Fehlgreifen normaler Menschen zustandekommen, sind in der Regel von harmlosester Art. Gerade darum wird sich ein besonderes Interesse an die Frage knüpfen, ob Fehlgriffe von erheblicher Tragweite, die von bedeutsamen Folgen begleitet sein können, wie zum Beispiel die des Arztes oder Apothekers, nach irgendeiner Richtung unter unsere Gesichtspunkte fallen.

Da ich sehr selten in die Lage komme, ärztliche Eingriffe vorzunehmen, habe ich nur über ein Beispiel von ärztlichem Vergreifen aus eigener Erfahrung zu berichten. Bei einer sehr alten Dame, die ich seit Jahren zweimal täglich besuche, beschränkt sich meine ärztliche Tätigkeit beim Morgenbesuch auf zwei Akte: ich träufle ihr ein paar Tropfen Augenwasser ins Auge und gebe ihr eine Morphiuminjektion. Zwei Fläschchen, ein blaues für das Kollyrium und ein weißes für die Morphinlösung, sind regelmäßig vorbereitet. Während der beiden Verrichtungen beschäftigen sich meine Gedanken wohl meist mit etwas anderem; das hat sich eben schon so oft wiederholt, daß die Aufmerksamkeit sich wie frei benimmt. Eines Morgens bemerkte ich, daß der Automat falsch gearbeitet hatte, das Tropfröhrchen hatte ins weiße anstatt ins blaue Fläschchen eingetaucht und nicht Kollyrium, sondern Morphin ins Auge geträufelt. Ich erschrak heftig und beruhigte mich dann durch die Überlegung, daß einige Tropfen einer zweiprozentigen Morphinlösung auch im Bindehautsack kein Unheil anzurichten vermögen. Die Schreckempfindung war offenbar anderswoher abzuleiten.

Bei dem Versuche, den kleinen Fehlgriff zu analysieren, fiel mir zunächst die Phrase ein: „sich an der Alten vergreifen", die den kurzen Weg zur Lösung weisen konnte. Ich stand unter dem Eindruck eines Traumes, den mir am Abend vorher ein junger Mann erzählt hatte, dessen Inhalt sich nur auf den sexuellen Verkehr mit der eigenen Mutter deuten ließ[1] Die Sonderbarkeit, daß die Sage keinen Anstoß an dem Alter der Königin Jokaste nimmt, schien mir gut zu dem Ergebnis zu stimmen, daß es sich bei der Verliebtheit in die eigene Mutter niemals um deren gegenwärtige Person handelt, sondern um ihr jugendliches Erinnerungsbild aus den Kinderjahren. Solche Inkongruenzen stellen sich immer heraus, wo eine zwischen zwei Zeiten schwankende Phantasie bewußt gemacht und dadurch an eine bestimmte Zeit gebunden wird. In Gedanken solcher Art versunken, kam ich zu meiner über neunzigjährigen Patientin, und ich muß wohl auf dem Wege gewesen sein, den allgemein menschlichen Charakter der Ödipusfabel als das Korrelat des Verhängnisses, das sich in den Orakeln äußert, zu erfassen, denn ich vergriff mich dann „bei oder an der Alten". Indes dies Vergreifen war wiederum harmlos; ich hatte von den beiden möglichen Irrtümern, die Morphinlösung fürs Auge zu verwenden oder das Augenwasser zur Injektion zu nehmen, den bei weitem harmloseren gewählt. Es bleibt immer noch die Frage, ob man

---

[1] Des Ödipustraumes, wie ich ihn zu nennen pflege, weil er den Schlüssel zum Verständnis der Sage von König Ödipus enthält. Im Text des Sophokles ist die Beziehung auf einen solchen Traum der Jokaste in den Mund gelegt. (Vgl. „Traumdeutung", S. 182, VIII. Aufl., S. 182. Ges. Werke, Bd. II/III).

bei Fehlgriffen, die schweren Schaden stiften können, in ähnlicher Weise wie bei den hier behandelten eine unbewußte Absicht in Erwägung ziehen darf.

Hier läßt mich denn, wie zu erwarten steht, das Material im Stiche, und ich bleibe auf Vermutungen und Schlüsse angewiesen. Es ist bekannt, daß bei den schwereren Fällen von Psychoneurose Selbstbeschädigungen gelegentlich als Krankheitssymptome auftreten, und daß der Ausgang des psychischen Konflikts in Selbstmord bei ihnen niemals auszuschließen ist. Ich habe nun erfahren und kann es durch gut aufgeklärte Beispiele belegen, daß viele scheinbar zufällige Schädigungen, die solche Kranke treffen, eigentlich Selbstbeschädigungen sind, indem eine beständig lauernde Tendenz zur Selbstbestrafung, die sich sonst als Selbstvorwurf äußert, oder ihren Beitrag zur Symptombildung stellt, eine zufällig gebotene äußere Situation geschickt ausnützt, oder ihr etwa noch bis zur Erreichung des gewünschten schädigenden Effekts nachhilft. Solche Vorkommnisse sind auch bei mittelschweren Fällen keineswegs selten, und sie verraten den Anteil der unbewußten Absicht durch eine Reihe von besonderen Zügen, zum Beispiel durch die auffällige Fassung, welche die Kranken bei dem angeblichen Unglücksfalle bewahren[1].

Aus meiner ärztlichen Erfahrung will ich anstatt vieler nur ein einziges Beispiel ausführlich berichten: Eine junge Frau bricht sich bei einem Wagenunfall die Knochen des einen Unterschenkels, so daß sie für Wochen bettlägerig wird, fällt dabei durch den Mangel an Schmerzensäußerungen und die Ruhe auf, mit der sie ihr Ungemach erträgt. Dieser Unfall leitet eine lange und schwere neurotische Erkrankung ein, von der sie endlich durch Psychoanalyse hergestellt wird. In der Behandlung erfahre ich

---

1) Die Selbstbeschädigung, die nicht auf volle Selbstvernichtung hinzielt, hat in unserem gegenwärtigen Kulturzustand überhaupt keine andere Wahl, als sich hinter der Zufälligkeit zu verbergen, oder sich durch Simulation einer spontanen Erkrankung durchzusetzen. Früher einmal war sie ein gebräuchliches Zeichen der Trauer; zu anderen Zeiten konnte sie Tendenzen der Frömmigkeit und Weltentsagung Ausdruck geben.

die Nebenumstände des Unfalls sowie gewisse Ereignisse, die ihm vorausgegangen waren. Die junge Frau befand sich mit ihrem sehr eifersüchtigen Manne auf dem Gute einer verheirateten Schwester in Gesellschaft ihrer zahlreichen übrigen Geschwister und deren Männer und Frauen. Eines Abends gab sie in diesem intimen Kreise eine Vorstellung in einer ihrer Künste, sie tanzte kunstgerecht Cancan unter großem Beifall der Verwandten, aber zur geringen Befriedigung ihres Mannes, der ihr nachher zuzischelte: Du hast dich wieder benommen wie eine Dirne. Das Wort traf; wir wollen es dahingestellt sein lassen, ob gerade wegen der Tanzproduktion. Sie schlief die Nacht unruhig, am nächsten Vormittag begehrte sie eine Ausfahrt zu machen. Aber sie wählte die Pferde selbst, refüsierte das eine Paar und verlangte ein anderes. Die jüngste Schwester wollte ihren Säugling mit seiner Amme im Wagen mitfahren lassen; dem widersetzte sie sich energisch. Auf der Fahrt zeigte sie sich nervös, mahnte den Kutscher, daß die Pferde scheu würden, und als die unruhigen Tiere wirklich einen Augenblick Schwierigkeiten machten, sprang sie im Schrecken aus dem Wagen und brach sich den Fuß, während die im Wagen Verbliebenen heil davonkamen. Kann man nach der Aufdeckung dieser Einzelheiten kaum mehr bezweifeln, daß dieser Unfall eigentlich eine Veranstaltung war, so wollen wir doch nicht versäumen, die Geschicklichkeit zu bewundern, welche den Zufall nötigte, die Strafe so passend für die Schuld auszuteilen. Denn nun war ihr das Cancantanzen für längere Zeit unmöglich gemacht.

Von eigenen Selbstbeschädigungen weiß ich in ruhigen Zeiten wenig zu berichten, aber ich finde mich solcher unter außerordentlichen Bedingungen nicht unfähig. Wenn eines der Mitglieder meiner Familie sich beklagt, jetzt habe es sich auf die Zunge gebissen, die Finger gequetscht usw., so erfolgt anstatt der erhofften Teilnahme von meiner Seite die Frage: Wozu hast du das getan? Aber ich habe mir selbst aufs schmerzhafteste den

Daumen eingeklemmt, nachdem ein jugendlicher Patient in der Behandlungsstunde die (natürlich nicht ernsthaft zu nehmende) Absicht bekannt hatte, meine älteste Tochter zu heiraten, während ich wußte, daß sie sich gerade im Sanatorium in äußerster Lebensgefahr befand.

Einer meiner Knaben, dessen lebhaftes Temperament der Krankenpflege Schwierigkeiten zu bereiten pflegte, hatte eines Morgens einen Zornanfall gehabt, weil man ihm zugemutet hatte, den Vormittag im Bette zuzubringen, und gedroht sich umzubringen, wie es ihm aus der Zeitung bekannt geworden war. Abends zeigte er mir eine Beule, die er sich durch Anstoßen an die Türklinke an der Seite des Brustkorbes zugezogen hatte. Auf meine ironische Frage, wozu er das getan und was er damit gewollt habe, antwortete das elfjährige Kind wie erleuchtet: Das war mein Selbstmordversuch, mit dem ich in der Früh gedroht habe. Ich glaube übrigens nicht, daß meine Anschauungen über die Selbstbeschädigung meinen Kindern damals zugänglich waren.

Wer an das Vorkommen von halb absichtlicher Selbstbeschädigung — wenn der ungeschickte Ausdruck gestattet ist — glaubt, der wird dadurch vorbereitet, anzunehmen, daß es außer dem bewußt absichtlichen Selbstmord auch halb absichtliche Selbstvernichtung — mit unbewußter Absicht — gibt, die eine Lebensbedrohung geschickt auszunützen und sie als zufällige Verunglückung zu maskieren weiß. Eine solche braucht keineswegs selten zu sein. Denn die Tendenz zur Selbstvernichtung ist bei sehr viel mehr Menschen in einer gewissen Stärke vorhanden, als bei denen sie sich durchsetzt; die Selbstbeschädigungen sind in der Regel ein Kompromiß zwischen diesem Trieb und den ihm noch entgegenwirkenden Kräften, und auch wo es wirklich zum Selbstmord kommt, da ist die Neigung dazu eine lange Zeit vorher in geringerer Stärke oder als unbewußte und unterdrückte Tendenz vorhanden gewesen.

Auch die bewußte Selbstmordabsicht wählt ihre Zeit, Mittel und Gelegenheit; es ist ganz im Einklang damit, wenn die unbewußte einen Anlaß abwartet, der einen Teil der Verursachung auf sich nehmen und sie durch Inanspruchnahme der Abwehrkräfte der Person von ihrer Bedrückung frei machen kann[1]. Es sind keineswegs müßige Erwägungen, die ich da vorbringe; mir ist mehr als ein Fall von anscheinend zufälligem Verunglücken (zu Pferde oder aus dem Wagen) bekannt geworden, dessen nähere Umstände den Verdacht auf unbewußt zugelassenen Selbstmord rechtfertigen. Da stürzt z. B. während eines Offizierswettrennens ein Offizier vom Pferde und verletzt sich so schwer, daß er mehrere Tage nachher erliegt. Sein Benehmen, nachdem er zu sich gekommen, ist in manchen Stücken auffällig. Noch bemerkenswerter ist sein Benehmen vorher gewesen. Er ist tief verstimmt durch den Tod seiner geliebten Mutter; wird von Weinkrämpfen in der Gesellschaft seiner Kameraden befallen, er äußert Lebensüberdruß gegen seine vertrauten Freunde, will den Dienst quittieren, um an einem Kriege in Afrika Anteil zu nehmen, der ihn sonst nicht berührt[2]; früher ein schneidiger Reiter, weicht er jetzt dem Reiten aus, wo es nur möglich ist. Vor dem Wett-

---

[1] Der Fall ist dann schließlich kein anderer als der des sexuellen Attentats auf eine Frau, bei dem der Angriff des Mannes nicht durch die volle Muskelkraft des Weibes abgewehrt werden kann, weil ihm ein Teil der unbewußten Regungen der Angegriffenen fördernd entgegenkommt. Man sagt ja wohl, eine solche Situation l ä h m e die Kräfte der Frau; man braucht dann nur noch die Gründe für diese Lähmung hinzuzufügen. Insofern ist der geistreiche Richterspruch des S a n c h o P a n s a, den er als Gouverneur auf seiner Insel fällt, psychologisch ungerecht (Don Quijote, II. Teil, Kap. XLV). Eine Frau zerrt einen Mann vor den Richter, der sie angeblich gewaltsam ihrer Ehre beraubt hat. Sancho entschädigt sie durch die volle Geldbörse, die er dem Angeklagten abnimmt, und gibt diesem nach dem Abgange der Frau die Erlaubnis, ihr nachzueilen und ihr die Börse wieder zu entreißen. Sie kommen beide ringend wieder, und die Frau rühmt sich, daß der Bösewicht nicht imstande gewesen sei, sich der Börse zu bemächtigen. Darauf Sancho: „Hättest du deine Ehre halb so ernsthaft verteidigt wie diese Börse, so hätte sie dir der Mann nicht rauben können."

[2] Daß die Situation des Schlachtfeldes eine solche ist, wie sie der bewußten Selbstmordabsicht entgegenkommt, die doch den direkten Weg scheut, ist einleuchtend. Vgl. im „Wallenstein" die Worte des schwedischen Hauptmanns über den Tod des Max Piccolomini: „Man sagt, er wollte sterben."

rennen endlich, dem er sich nicht entziehen kann, äußert er eine
trübe Ahnung; wir werden uns bei unserer Auffassung nicht
mehr verwundern, daß diese Ahnung recht behielt. Man wird
mir entgegenhalten, es sei ja ohne weiteres verständlich, daß ein
Mensch in solch nervöser Depression das Tier nicht zu meistern
versteht wie in gesunden Tagen. Ich bin ganz einverstanden; nur
möchte ich den Mechanismus dieser motorischen Hemmung durch
die „Nervosität" in der hier betonten Selbstvernichtungsabsicht
suchen.

S. Ferenczi in Budapest hat mir die Analyse eines Falles
von angeblich zufälliger Schußverletzung, den er für einen
unbewußten Selbstmordversuch erklärt, zur Veröffentlichung überlassen. Ich kann mich mit seiner Auffassung nur einverstanden
erklären:

„J. Ad., 22jähriger Tischlergeselle, suchte mich am 18. Jänner
1908 auf. Er wollte von mir erfahren, ob die Kugel, die ihm
am 20. März 1907 in die linke Schläfe eindrang, operativ entfernt
werden könne oder müsse. Von zeitweise auftretenden, nicht allzu
heftigen Kopfschmerzen abgesehen, fühlt er sich ganz gesund,
auch die objektive Untersuchung ergibt außer der charakteristischen,
pulvergeschwärzten Schußnarbe an der linken Schläfe gar nichts,
so daß ich die Operation widerrate. Über die Umstände des Falles
befragt, erklärt er, sich zufällig verletzt zu haben. Er spielte mit
dem Revolver des Bruders, **glaubte, daß er nicht geladen
ist**, drückte ihn mit der linken Hand an die **linke** Schläfe (er
ist nicht Linkshänder), legte den Finger an den Hahn, und der
Schuß ging los. **Drei Patronen waren in der sechs —
läufigen Schußwaffe.** Ich frage ihn: wie er auf die Idee
kam, den Revolver zu sich zu nehmen. Er erwidert, daß es zur
Zeit seiner Assentierung war; den Abend zuvor nahm er die
Waffe ins Wirtshaus mit, weil er Schlägereien befürchtete. Bei
der Musterung wurde er wegen Krampfadern für untauglich
erklärt, worüber er sich sehr schämte. Er ging nach Hause,

spielte mit dem Revolver, hatte aber nicht die Absicht, sich wehe zu tun; da kam es zum Unfall. Auf die weitere Frage, wie er sonst mit seinem Schicksal zufrieden gewesen sei, antwortete er mit einem Seufzer und erzählte seine Liebesgeschichte mit einem Mädchen, das ihn auch liebte und ihn trotzdem verließ; sie wanderte rein aus Geldgier nach Amerika aus. Er wollte ihr nach, doch die Eltern hinderten ihn daran. Seine Geliebte reiste am 20. Jänner 1907, also zwei Monate vor dem Unglücksfalle, ab. Trotz all dieser Verdachtsmomente beharrte der Patient dabei, daß der Schuß ein ‚Unfall' war. Ich aber bin fest überzeugt, daß die Nachlässigkeit, sich von der Ladung der Waffe vor dem Spielen nicht überzeugt zu haben, wie auch die Selbstbeschädigung psychisch bestimmt war. Er war noch ganz unter dem deprimierenden Eindruck der unglücklichen Liebschaft und wollte offenbar beim Militär ‚vergessen'. Als ihm auch diese Hoffnung genommen wurde, kam es zum Spiele mit der Schußwaffe, das heißt zum unbewußten Selbstmordversuch. Daß er den Revolver nicht in der rechten, sondern in der linken Hand hielt, spricht entschieden dafür, daß er wirklich nur ‚spielte', d. h. bewußt keinen Selbstmord begehen wollte."

Eine andere, mir vom Beobachter überlassene Analyse einer anscheinend zufälligen Selbstbeschädigung bringt das Sprichwort: „Wer anderen eine Grube gräbt, fällt selbst hinein" in Erinnerung.

„Frau X., aus gutem bürgerlichen Milieu, ist verheiratet und hat drei Kinder. Sie ist zwar nervös, brauchte aber nie eine energische Behandlung, da sie dem Leben doch genügend gewachsen ist. Eines Tages zog sie sich in folgender Weise eine momentan ziemlich imponierende, aber vorübergehende Entstellung ihres Gesichtes zu. In einer Straße, welche zurecht gemacht wurde, stolperte sie über einen Steinhaufen und kam mit dem Gesichte in Berührung mit einer Hausmauer. Das ganze Gesicht war geschrammt, die Augenlider wurden blau und ödematös, und da sie Angst bekam, es möchte mit ihren Augen etwas passieren, ließ sie den Arzt rufen. Nachdem sie deswegen beruhigt war, fragte ich: ‚Aber warum sind Sie eigentlich so gefallen?' Sie erwiderte, daß sie gerade zuvor ihren Mann, der seit einigen Monaten eine Gelenksaffektion hatte, wodurch er schlecht zu Fuß war, gewarnt hatte, in dieser Straße gut aufzupassen, und sie hatte ja schon öfters die Erfahrung gemacht, daß in derartigen Fällen merkwürdigerweise ihr selber dasjenige passierte, wovor sie eine andere Person gewarnt hatte.

Ich war mit dieser Determinierung ihres Unfalles nicht zufrieden und fragte, ob sie nicht vielleicht etwas mehr zu erzählen wüßte. Ja, gerade vor dem Unfall hatte sie in einem Laden von der entgegengesetzten Seite der Straße ein hübsches Bild gesehen, das sie sich ganz plötzlich als Schmuck für die Kinderstube wünschte und darum sofort kaufen wollte: da ging sie geradeaus auf den Laden zu, ohne auf die Straße zu achten, stolperte über den Steinhaufen und fiel mit ihrem Gesichte gegen die Hausmauer, ohne auch nur den leisesten Versuch zu machen, sich mit den Händen zu schützen. Der Vorsatz, das Bild zu kaufen, war gleich vergessen, und sie ging eiligst nach Hause. — ‚Aber warum haben Sie nicht besser zugeschaut?' fragte ich. — ‚Ja,' antwortete sie, ‚es war vielleicht doch eine S t r a f e! Wegen der Geschichte, welche ich Ihnen schon im Vertrauen erzählt habe.' — ‚Hat diese Geschichte Sie dann noch immer so gequält?' — ‚Ja — nachher habe ich es sehr bedauert, mich selbst boshaft, verbrecherisch und unmoralisch gefunden, aber ich war damals fast verrückt vor Nervosität.'

Es hatte sich um einen Abortus gehandelt, welchen sie mit Einverständnis ihres Mannes, da sie beide wegen ihrer pekuniären Verhältnisse von mehr Kindersegen verschont bleiben wollten, von einer Kurpfuscherin hatte einleiten und von einem Spezialarzt zu Ende bringen lassen.

‚Öfters mache ich mir den Vorwurf: aber du hast doch dein Kind töten lassen, und ich hatte Angst, daß so etwas doch nicht ohne Strafe bleiben könnte. Jetzt, da Sie mir versichert haben, daß mit den Augen nichts Schlimmes vorliegt, bin ich ganz beruhigt: ich bin nun sowieso schon genügend gestraft.'

Dieser Unfall war also eine Selbstbestrafung einerseits, um für ihre Untat zu büßen, andererseits aber, um einer vielleicht viel größeren unbekannten Strafe, vor welcher sie monatelang fortwährend Angst hatte, zu entgehen. In dem Augenblick, als sie auf den Laden losstürzte, um sich das Bild zu kaufen, war die Erinnerung an die ganze Geschichte mit all ihren Befürchtungen, welche sich schon während der Warnung ihres Mannes in ihrem Unbewußten ziemlich stark regte, überwältigend geworden und hätte vielleicht in einem etwa derartigen Wortlaut Ausdruck finden können: Aber wofür brauchst du einen Schmuck für die Kinderstube, du hast dein Kind umbringen lassen! Du bist eine Mörderin! Die große Strafe naht ganz gewiß!

Dieser Gedanke wurde nicht bewußt, aber statt dessen benützte sie in diesem, ich möchte sagen, psychologischen Moment die Situation, um den Steinhaufen, der ihr dafür geeignet schien, in unauffälliger Weise für die Selbstbestrafung zu verwenden; deswegen streckte sie beim Fallen auch nicht einmal die Hände aus und darum kam es auch nicht zu einem heftigen Erschrecken. Die zweite, wahrscheinlich geringere Determinierung ihres Unfalles ist wohl die Selbstbestrafung wegen des unbewußten Beseitigungswunsches gegen ihren, allerdings in dieser Affäre mitschuldigen Mann. Dieser Wunsch hatte sich durch die vollkommen überflüssige Warnung verraten, in der Straße mit dem Steinhaufen ja gut aufzupassen, da der Mann, eben weil er schlecht zu Fuß war, sehr vorsichtig ging[1]."

---

[1] Van Emden, Selbstbestrafung wegen Abortus. (Zentralbl. f. Psychoanalyse, II/12.) — Ein Korrespondent schreibt zum Thema der „Selbstbestrafung durch Fehlleistungen": Wenn man darauf achtet, wie sich die Leute auf der Straße benehmen, hat man Gelegenheit zu konstatieren, wie oft den Männern, die — wie schon üblich — den vorübergehenden Frauen nachschauen, ein kleiner Unfall passiert. Bald verstaucht einer — auf ebener Erde — den Fuß, bald rennt er eine Laterne an oder verletzt sich auf andere Art.

Wenn man die näheren Umstände des Falles erwägt, wird man auch geneigt sein, J. Stärcke (l. c.) recht zu geben, wenn er eine anscheinend zufällige Selbstbeschädigung durch Verbrennung als „Opferhandlung" auffaßt:

„Eine Dame, deren Schwiegersohn nach Deutschland abreisen mußte, um dort in Militärdienst zu gehen, verbrühte sich den Fuß unter folgenden Umständen. Ihre Tochter erwartete bald die Niederkunft, und die Gedanken an die Kriegsgefahren stimmten selbstverständlich die ganze Familie nicht sehr munter. Am Tage vor der Abreise hatte sie ihren Schwiegersohn und ihre Tochter zum Essen eingeladen. Sie bereitete selber in der Küche das Essen, nachdem sie zuerst, sonderbar genug, ihre hohen Schnürstiefel mit Plattfußsohlen, auf denen sie bequem gehen kann und die sie auch zu Hause gewöhnlich trägt, mit einem Paar zu großer, oben offener Pantoffeln ihres Mannes vertauscht hatte. Als sie eine große Pfanne kochender Suppe vom Feuer nahm, ließ sie diese fallen und verbrühte sich dadurch ziemlich ernst einen Fuß, zumal den Fußrücken, der vom offenen Pantoffel nicht geschützt wurde. — Selbstverständlich wurde dieser Unfall von jedermann auf Rechnung ihrer begreiflichen ‚Nervosität' geschrieben. Die ersten Tage nach diesem Brandopfer war sie mit heißen Gegenständen sehr vorsichtig, wodurch sie aber nicht gehindert wurde, sich wenige Tage später den einen Puls mit heißer Brühe zu verbrühen[1].

---

[1] In einer sehr großen Anzahl solcher Fälle von Unfallsbeschädigung oder Tötung bleibt die Auffassung zweifelhaft. Der Fernerstehende wird keinen Anlaß finden, im Unfall etwas anderes als einen Zufall zu sehen, während eine dem Verunglückten nahestehende und mit intimen Einzelheiten bekannte Person Gründe hat, die unbewußte Absicht hinter dem Zufall zu vermuten. Welcher Art diese Kenntnis sein soll und auf was für Nebenumstände es dabei ankommt, davon gibt der nachstehende Bericht eines jungen Mannes, dessen Braut auf der Straße überfahren worden, ein gutes Beispiel:

„Im September vorigen Jahres lernte ich ein Fräulein Z. kennen, Alter 34 Jahre. Sie lebte in wohlhabenden Verhältnissen, war vor dem Kriege verlobt gewesen, der Bräutigam jedoch als aktiver Offizier 1916 gefallen. Wir lernten einander kennen und lieben, zunächst ohne den Gedanken einer Heirat, da die Umstände, namentlich der Altersunterschied — ich selbst war 27 Jahre — es beiderseitig nicht zuzulassen

VIII. Das Vergreifen

Wenn so ein Wüten gegen die eigene Integrität und das eigene Leben hinter anscheinend zufälliger Ungeschicklichkeit und motorischer Unzulänglichkeit verborgen sein kann, so braucht man keinen großen Schritt mehr zu tun, um die Übertragung der nämlichen Auffassung auf Fehlgriffe möglich zu finden, welche Leben und Gesundheit anderer ernstlich in Gefahr bringen. Was ich an Belegen für die Triftigkeit dieser Auffassung vorbringen kann, ist der Erfahrung an Neurotikern entnommen, deckt sich also nicht völlig mit dem Erfordernis. Ich werde über einen Fall berichten, in dem mich nicht eigentlich ein Fehlgriff, sondern, was man eher eine Symptom- oder Zufallshandlung nennen kann, auf die Spur brachte, welche dann die Lösung des Konflikts bei dem Patienten ermöglichte. Ich übernahm es einmal, die Ehe eines sehr intelligenten Mannes zu bessern, dessen Mißhelligkeiten mit seiner ihn zärtlich liebenden jungen Frau sich gewiß auf reale Begründungen berufen konnten, aber, wie er selbst zugab, durch diese nicht voll erklärt wurden. Er beschäftigte sich unab-

schienen. Da wir in der gleichen Straße uns gegenüber wohnten und wir täglich zusammen waren, nahm der Verkehr im Laufe der Zeit intime Formen an. Damit rückte der Gedanke einer ehelichen Verbindung näher, und ich stimmte ihm schließlich selbst zu. Zu Ostern d. J. war die Verlobung geplant; Fräulein Z. beabsichtigte jedoch vorher eine Reise zu ihren Verwandten in M. zu unternehmen, die durch einen infolge des Kapp-Putsches hervorgerufenen Eisenbahnerstreik plötzlich verhindert wurde. Die trüben Aussichten, die sich für die weitere Zukunft durch den Sieg der Arbeiterschaft und dessen Folgen zu eröffnen schienen, machten sich kurze Zeit auch in unserer Stimmung, besonders aber bei Fräulein Z., die auch sonst recht wechselnden Stimmungen unterworfen war, geltend, da sie neue Hindernisse für unsere Zukunft zu sehen glaubte. Am Samstag, dem 20. März, jedoch befand sie sich in ausnehmend froher Gemütsverfassung, ein Umstand, der mich geradezu überraschte und mitriß, so daß wir alles in den rosigsten Farben zu sehen glaubten. Wir hatten einige Tage vorher davon gesprochen, gelegentlich gemeinsam zur Kirche zu gehen, ohne jedoch eine bestimmte Zeit festzusetzen. Am folgenden Morgen, Sonntag den 21. März, um 9 Uhr 15 Minuten, rief sie mich telephonisch an, ich möchte sie gleich zum Kirchgang abholen, was ich ihr indes abschlug, da ich nicht rechtzeitig hätte fertig werden können und überdies Arbeiten erledigen wollte. Fräulein Z. war merklich enttäuscht, machte sich dann allein auf den Weg, traf auf der Treppe ihres Hauses einen Bekannten, mit dem zusammen sie den kurzen Weg durch die Tauentzienstraße bis zur Rankestraße ging, in bester Stimmung, ohne daß sie irgend etwas über unser Gespräch äußerte. Der Herr verabschiedete sich mit einem Scherzwort — Fräulein Z. hatte nur den an dieser Stelle verbreiterten und klar übersehbaren Damm zu überschreiten — da wurde sie dicht am Bürgersteig von einer Pferde-

lässig mit dem Gedanken der Scheidung, den er dann wieder
verwarf, weil er seine beiden kleinen Kinder zärtlich liebte.
Trotzdem kam er immer wieder auf den Vorsatz zurück und
versuchte dabei kein Mittel, um sich die Situation erträglich zu
gestalten. Solches Nichtfertigwerden mit einem Konflikt gilt mir
als Beweis dafür, daß sich unbewußte und verdrängte Motive zur
Verstärkung der miteinander streitenden bewußten bereit gefunden
haben, und ich unternehme es in solchen Fällen, den Konflikt
durch psychische Analyse zu beenden. Der Mann erzählte mir
eines Tages von einem kleinen Vorfall, der ihn aufs äußerste
erschreckt hatte. Er „hetzte" mit seinem älteren Kinde, dem
weitaus geliebteren, hob es hoch und ließ es nieder und einmal
an solcher Stelle und so hoch, daß das Kind mit dem Scheitel
fast an den schwer herabhängenden Gasluster angestoßen wäre.
F a s t, aber doch eigentlich nicht oder gerade eben noch! Dem
Kinde war nichts geschehen, aber es wurde vor Schreck schwindlig.
Der Vater blieb entsetzt mit dem Kinde im Arme stehen, die

droschke überfahren (Leberquetschung, die einige Stunden später den Tod herbei-
führte). — Die Stelle haben wir früher Hunderte von Malen begangen; Fräulein Z.
war überaus vorsichtig, hat mich selbst sehr oft vor Unvorsichtigkeiten zurückgehalten, an diesem Morgen fuhren fast überhaupt keine Fuhrwerke, die Straßen-
bahnen, Omnibusse usw. streikten — gerade um diese Zeit herrschte fast a b s o l u t e
R u h e, die Droschke mußte sie, wenn nicht sehen, unbedingt hören! — Alle Welt
glaubt an einen ‚Zufall' — mein erster Gedanke war: Das ist unmöglich — von
einer Absicht kann allerdings auch keine Rede sein. Ich versuchte eine psychologische
Erklärung. Nach längerer Zeit glaubte ich sie in Ihrer ‚Psychopathologie des Alltags-
lebens' gefunden zu haben. Zumal Fräulein Z. bisweilen eine gewisse Neigung zum
Selbstmord äußerte, ja, auch mich dazu zu veranlassen suchte, Gedanken, die ich
ihr oft genug ausgeredet habe; z. B. begann sie noch zwei Tage vorher nach der
Rückkehr von einem Spaziergang äußerlich ganz unmotiviert von ihrem Tode und
Erbschaftsregulierungen zu sprechen; letztere hat sie übrigens nicht vorgenommen!
Ein Zeichen, daß diese Äußerungen bestimmt auf keine Absicht zurückzuführen sind.
Wenn ich mein unmaßgebliches Urteil darüber aussprechen darf, so wäre es das,
daß ich in diesem Unglück nicht einen Zufall, auch keine Wirkung einer Bewußt-
seinstrübung, sondern eine in unbewußter Absicht ausgeführte absichtliche Selbstvernichtung sehe, die als zufällige Verunglückung maskiert war. Bestärkt werde ich
in dieser Auffassung durch Äußerungen von Fräulein Z. gegenüber ihren Verwandten,
sowohl früher, als sie mich noch nicht kannte, als auch später, wie auch mir gegenüber bis in die letzten Tage hinein — alles aufzufassen als eine Wirkung des Ver-
lustes ihres früheren Bräutigams, den nichts in ihren Augen zu ersetzen imstande
war."

Mutter bekam einen hysterischen Anfall. Die besondere Geschicklichkeit dieser unvorsichtigen Bewegung, die Heftigkeit der Reaktion bei den Eltern legten es mir nahe, in dieser Zufälligkeit eine Symptomhandlung zu suchen, welche eine böse Absicht gegen das geliebte Kind zum Ausdruck bringen sollte. Den Widerspruch gegen die aktuelle Zärtlichkeit dieses Vaters zu seinem Kinde konnte ich aufheben, wenn ich den Impuls zur Schädigung in die Zeit zurückverlegte, da dieses Kind das einzige und so klein gewesen war, daß sich der Vater noch nicht zärtlich für dasselbe zu interessieren brauchte. Dann hatte ich es leicht anzunehmen, daß der von seiner Frau wenig befriedigte Mann damals den Gedanken gehabt oder den Vorsatz gefaßt: Wenn dieses kleine Wesen, an dem mir gar nichts liegt, stirbt, dann bin ich frei und kann mich von der Frau scheiden lassen. Ein Wunsch nach dem Tode dieses jetzt so geliebten Wesens mußte also unbewußt weiterbestehen. Von hier ab war der Weg zur unbewußten Fixierung dieses Wunsches leicht zu finden. Eine mächtige Determinierung ergab sich wirklich aus der Kindheitserinnerung des Patienten, daß der Tod eines kleines Bruders, den die Mutter der Nachlässigkeit des Vaters zur Last legte, zu heftigen Auseinandersetzungen zwischen den Eltern mit Scheidungsandrohung geführt hatte. Der weitere Verlauf der Ehe meines Patienten bestätigte meine Kombination auch durch den therapeutischen Erfolg.

J. Stärcke (l. c.) hat ein Beispiel dafür gegeben, daß Dichter kein Bedenken tragen, ein Vergreifen an die Stelle einer absichtlichen Handlung zu setzen und es somit zur Quelle der schwersten Konsequenzen zu machen:

„In einer der Skizzen von Heyermans[1] kommt ein Beispiel von Vergreifen oder, genauer gesagt, Fehlgreifen vor, das vom Autor als dramatisches Motiv angewandt wird.

---

[1] Hermann Heyermans, Schetsen van Samuel Falkland, 18. Bundel, Amsterdam, H. J. W. Becht, 1914.

Es ist die Skizze ‚Tom und Teddie'. — Von einem Taucherpaar — das in einem Spezialitätentheater auftritt, längere Zeit unterm Wasser bleibt und dort Kunststücke ausführt in einem eisernen Bassin mit gläsernen Wänden — hält die Frau es seit kurzem mit einem anderen Mann, einem Dresseur. Der Mann-Taucher hat sie gerade vor der Vorstellung zusammen im Ankleidezimmer ertappt. Stille Szene, drohende Blicke und der Taucher sagt: ‚Nachher!' — Die Vorstellung fängt an. — Der Taucher wird das schwierigste Kunststück machen, er bleibt ‚zwei und eine halbe Minute in einer hermetisch geschlossenen Kiste unterm Wasser'. — Sie hatten dieses Kunststück schon öfters gemacht, die Kiste wurde geschlossen, und ‚Teddie zeigt dem Publikum, das auf seinen Uhren die Zeit kontrollierte, den Schlüssel'. Sie ließ auch absichtlich den Schlüssel ein paarmal ins Bassin fallen und tauchte dann eilig danach, um nicht zu spät zu sein, wenn der Koffer geöffnet werden mußte.

An diesem Abend des 31. Jänner wurde Tom wie gewöhnlich von den kleinen Fingern des munter-frischen Weibchens eingesperrt. Er lächelte hinter dem Guckloch — sie spielte mit dem Schlüssel und wartete auf sein warnendes Zeichen. Zwischen den Kulissen stand der Dresseur mit seinem tadellosen Frack, seiner weißen Krawatte, seiner Reitpeitsche. Um ihre Aufmerksamkeit auf sich zu ziehen, pfiff er ganz kurz, der Dritte. Sie schaute hin, lachte und mit der ungeschickten Gebärde von jemand, dessen Aufmerksamkeit abgelenkt wird, warf sie den Schlüssel so wild in die Höhe, daß er genau zwei Minuten zwanzig Sekunden, gut gezählt, neben das Bassin, zwischen dem das Fußgestell verdeckenden Flaggentuch fiel. Keiner hatte es gesehen. Keiner konnte es sehen. Vom Saal aus gesehen, war die optische Täuschung so, daß jedermann den Schlüssel ins Wasser gleiten sah — und keiner der Theaterhelfer merkte es, weil das Flaggentuch den Laut milderte.

Lachend, ohne zu zaudern, kletterte Teddie über den Rand des Bassins. Lachend — er hielt es wohl aus — kam sie die Leiter herunter. Lachend verschwand sie unter dem Fußgestell, um dort zu suchen, und als sie den Schlüssel nicht sofort fand, bückte sie sich mit einer Mimik zum Stehlen, mit einem Ausdruck auf ihrem Gesichte, als ob sie sagte: ‚O jemine, wie das doch lästig ist!' an der Vorderseite des Flaggentuches.

Unterdessen machte Tom seine drolligen Grimassen hinter dem Guckloch, wie wenn auch er unruhig würde. Man sah das Weiß seines falschen Gebisses, das Kauen seiner Lippen unter dem Flachsschnurrbart, die komischen Atemblasen, die man auch beim Apfelessen gesehen hatte. Man sah das Grabsen und Wühlen seiner bleichen Knöchelfinger und man lachte, so wie man diesen Abend schon öfter gelacht hatte.

Zwei Minuten und achtundfünfzig Sekunden...

Drei Minuten sieben Sekunden... zwölf Sekunden...

Bravo! Bravo! Bravo!...

Da entstand eine Bestürzung im Saale und ein Scharren mit den Füßen, weil auch die Knechte und der Dresseur zu suchen anfingen und der Vorhang fiel, bevor der Deckel aufgehoben war.

Sechs englische Tänzerinnen traten auf — dann der Mann mit den Ponys, Hunden und Affen. Und so weiter.

Erst am nächsten Morgen vernahm das Publikum, daß ein Unglück geschehen war, daß Teddie als Witwe auf der Welt zurückblieb..."

Aus dem Zitierten geht hervor, wie vorzüglich dieser Künstler selber das Wesen der Symptomhandlung verstanden haben muß, um uns so treffend die tiefere Ursache der tödlichen Ungeschicklichkeit vorzuführen."

IX

SYMPTOM- UND ZUFALLSHANDLUNGEN

Die bisher beschriebenen Handlungen, in denen wir die Ausführung einer unbewußten Absicht erkannten, traten als Störungen anderer beabsichtigter Handlungen auf und deckten sich mit dem Vorwand der Ungeschicklichkeit. Die Zufallshandlungen, von denen jetzt die Rede sein soll, unterscheiden sich von denen des Vergreifens nur dadurch, daß sie die Anlehnung an eine bewußte Intention verschmähen und also des Vorwandes nicht bedürfen. Sie treten für sich auf und werden zugelassen, weil man Zweck und Absicht bei ihnen nicht vermutet. Man führt sie aus, „ohne sich etwas bei ihnen zu denken", nur „rein zufällig", „wie um die Hände zu beschäftigen", und man rechnet darauf, daß solche Auskunft der Nachforschung nach der Bedeutung der Handlung ein Ende bereiten wird. Um sich dieser Ausnahmsstellung erfreuen zu können, müssen diese Handlungen, die nicht mehr die Entschuldigung der Ungeschicklichkeit in Anspruch nehmen, bestimmte Bedingungen erfüllen; sie müssen **unauffällig** und ihre Effekte müssen geringfügig sein.

Ich habe eine große Anzahl solcher Zufallshandlungen bei mir und anderen gesammelt, und meine nach gründlicher Untersuchung der einzelnen Beispiele, daß sie eher den Namen von **Symptomhandlungen** verdienen. Sie bringen etwas zum Ausdruck, was der Täter selbst nicht in ihnen vermutet und was er in der Regel nicht mitzuteilen, sondern für sich zu behalten

IX. Symptom- und Zufallshandlungen

beabsichtigt. Sie spielen also ganz so wie alle anderen bisher betrachteten Phänomene die Rolle von Symptomen.

Die reichste Ausbeute an solchen Zufalls- oder Symptomhandlungen erhält man allerdings bei der psychoanalytischen Behandlung der Neurotiker. Ich kann es mir nicht versagen, an zwei Beispielen dieser Herkunft zu zeigen, wie weit und wie fein die Determinierung dieser unscheinbaren Vorkommnisse durch unbewußte Gedanken getrieben ist. Die Grenze der Symptomhandlungen gegen das Vergreifen ist so wenig scharf, daß ich diese Beispiele auch im vorigen Abschnitt hätte unterbringen können.

1) Eine junge Frau erzählt als Einfall während der Sitzung, daß sie sich gestern beim Nägelschneiden „ins Fleisch geschnitten, während sie das feine Häutchen im Nagelbett abzutragen bemüht war" Das ist so wenig interessant, daß man sich verwundert fragt, wozu es überhaupt erinnert und erwähnt wird, und auf die Vermutung gerät, man habe es mit einer Symptomhandlung zu tun. Es war auch wirklich der Ringfinger, an dem das kleine Ungeschick vorfiel, der Finger, an dem man den Ehering trägt. Es war überdies ihr Hochzeitstag, was der Verletzung des feinen Häutchens einen ganz bestimmten, leicht zu erratenden Sinn verleiht. Sie erzählt auch gleichzeitig einen Traum, der auf die Ungeschicklichkeit ihres Mannes und auf ihre Anästhesie als Frau anspielt. Warum war es aber der Ringfinger der linken Hand, an dem sie sich verletzte, da man doch den Ehering an der rechten Hand trägt? Ihr Mann ist Jurist, „Doktor der Rechte", und ihre geheime Neigung hatte als Mädchen einem Arzt, (scherzhaft: „Doktor der Linke") gehört. Eine Ehe zur linken Hand hat auch ihre bestimmte Bedeutung.

2) Eine unverheiratete junge Dame erzählt: „Ich habe gestern ganz unabsichtlich eine Hundertguldennote in zwei Stücke gerissen und die Hälfte davon einer mich besuchenden Dame gegeben. Soll das auch eine Symptomhandlung sein?" Die ge-

nauere Erforschung deckt folgende Einzelheiten auf. Die Hundertguldennote: Sie widmet einen Teil ihrer Zeit und ihres Vermögens wohltätigen Werken. Gemeinsam mit einer anderen Dame sorgt sie für die Erziehung eines verwaisten Kindes. Die hundert Gulden sind der ihr zugeschickte Beitrag jener Dame, den sie in ein Kuvert einschloß und vorläufig auf ihren Schreibtisch niederlegte.

Die Besucherin war eine angesehene Dame, der sie bei einer anderen Wohltätigkeitsaktion beisteht. Diese Dame wollte eine Reihe Namen von Personen notieren, an die man sich um Unterstützung wenden könnte. Es fehlte an Papier, da griff meine Patientin nach dem Kuvert auf ihrem Schreibtisch und riß es, ohne sich an seinen Inhalt zu besinnen, in zwei Stücke, von denen sie eines selbst behielt, um ein Duplikat der Namenliste zu haben, das andere ihrer Besucherin übergab. Man bemerke die Harmlosigkeit dieses unzweckmäßigen Vorgehens. Eine Hundertguldennote erleidet bekanntlich keine Einbuße an ihrem Werte, wenn sie zerrissen wird, falls sie sich aus den Rißstücken vollständig zusammensetzen läßt. Daß die Dame das Stück Papier nicht wegwerfen würde, war durch die Wichtigkeit der darauf stehenden Namen verbürgt, und ebenso litt es keinen Zweifel, daß sie den wertvollen Inhalt zurückstellen würde, sobald sie ihn bemerkt hätte.

Welchem unbewußten Gedanken sollte aber diese Zufallshandlung, die sich durch ein Vergessen ermöglichte, Ausdruck geben? Die besuchende Dame hatte eine ganz bestimmte Beziehung zu unserer Kur. Es war dieselbe, die mich seinerzeit dem leidenden Mädchen als Arzt empfohlen, und wenn ich nicht irre, hält sich meine Patientin zum Danke für diesen Rat verpflichtet. Soll die halbierte Hundertguldennote etwa ein Honorar für diese Vermittlung darstellen? Das bliebe noch recht befremdlich.

Es kommt aber anderes Material hinzu. Eines Tages vorher hatte eine Vermittlerin ganz anderer Art bei einer Verwandten angefragt, ob das gnädige Fräulein wohl die Bekanntschaft eines gewissen Herrn machen wolle, und am Morgen, einige Stunden vor dem Besuche der Dame, war der Werbebrief des Freiers eingetroffen, der viel Anlaß zur Heiterkeit gegeben hatte. Als nun die Dame das Gespräch mit einer Erkundigung nach dem Befinden meiner Patientin eröffnete, konnte diese wohl gedacht haben: „Den richtigen Arzt hast du mir zwar empfohlen, wenn du mir aber zum richtigen Manne (und dahinter: zu einem Kinde) verhelfen könntest, wäre ich dir doch dankbarer." Von diesem verdrängt gehaltenen Gedanken aus flossen ihr die beiden Vermittlerinnen in eins zusammen, und sie überreichte der Besucherin das Honorar, das ihre Phantasie der anderen zu geben bereit war. Völlig verbindlich wird diese Lösung, wenn ich hinzufüge, daß ich ihr erst am Abend vorher von solchen Zufalls- oder Symptomhandlungen erzählt hatte. Sie bediente sich dann der nächsten Gelegenheit, um etwas Analoges zu produzieren.

Eine Gruppierung der so überaus häufigen Zufalls- und Symptomhandlungen könnte man vornehmen, je nachdem sie gewohnheitsmäßig, regelmäßig unter gewissen Umständen oder vereinzelt erfolgen. Die ersteren (wie das Spielen mit der Uhrkette, das Zwirbeln am Barte usw.), die fast zur Charakteristik der betreffenden Personen dienen können, streifen an die mannigfaltigen Tickbewegungen und verdienen wohl im Zusammenhange mit letzteren behandelt zu werden. Zur zweiten Gruppe rechne ich das Spielen, wenn man einen Stock, das Kritzeln, wenn man einen Bleistift in der Hand hält, das Klimpern mit Münzen in der Tasche, das Kneten von Teig und anderen plastischen Stoffen, allerlei Hantierungen an seiner Gewandung u. dgl. mehr. Unter diesen spielenden Beschäftigungen verbergen sich während der psychischen Behandlung regelmäßig Sinn und Bedeutung, denen ein anderer Ausdruck versagt ist. Gewöhnlich weiß die betreffende Person nichts davon, daß sie dergleichen tut, oder daß sie gewisse Modifikationen an ihrem gewöhnlichen Tändeln vorgenommen hat, und sie übersieht und überhört auch die Effekte dieser Handlungen. Sie hört z. B. das Geräusch nicht, das sie beim Klimpern mit Geldstücken hervorbringt, und benimmt sich wie erstaunt und ungläubig, wenn man sie darauf aufmerksam macht. Ebenso ist alles, was man, oft ohne es zu merken, mit seinen Kleidern vornimmt, bedeutungsvoll und der Beachtung des Arztes wert. Jede Veränderung des gewohnten Aufzugs, jede kleine Nachlässigkeit, wie etwa ein nicht schließender Knopf, jede Spur von Entblößung will etwas besagen, was der Eigentümer der Kleidung nicht direkt sagen will, meist gar nicht zu sagen weiß. Die Deutungen dieser kleinen Zufallshandlungen sowie die Beweise für diese Deutungen ergeben sich jedesmal mit zureichender Sicherheit aus den Begleitumständen während der Sitzung, aus dem eben behandelten Thema und aus den Einfällen, die sich einstellen, wenn man die Aufmerksamkeit auf die anscheinende Zufälligkeit lenkt. Wegen dieses Zusammenhanges unterlasse ich es, meine Behauptungen durch Mitteilung von Beispielen mit Analyse zu unterstützen; ich erwähne diese Dinge aber, weil ich glaube, daß sie bei normalen Menschen dieselbe Bedeutung haben wie bei meinen Patienten.

Ich kann es mir nicht versagen, an wenigstens einem Beispiel zu zeigen, wie innig eine gewohnheitsmäßig ausgeführte Symbolhandlung mit dem Intimsten und Wichtigsten im Leben eines Gesunden verknüpft sein kann[1]:

„Wie Professor F r e u d uns gelehrt hat, spielt die Symbolik im kindlichen Leben des Normalen eine größere Rolle, als man nach früheren psychoanalytischen Erfahrungen erwartete; im Hinblick darauf mag die folgende kurze Analyse von einigem Interesse sein, insbesondere wegen ihrer medizinischen Ausblicke.

Ein Arzt stieß bei der Wiedereinrichtung seiner Möbel in einem neuen Heim auf ein ‚einfaches' hölzernes Stethoskop. Nachdem er einen Augenblick nachgedacht hatte, wo er es denn eigentlich

---

[1] J o n e s, Beitrag zur Symbolik im Alltag. (Zentralblatt für Psychoanalyse, I, 3, 1911).

unterbringen solle, fühlte er sich gedrängt, es seitlich auf seinen Schreibtisch zu stellen, und zwar so, daß es genau zwischen seinem Stuhl und dem, worin seine Patienten zu sitzen pflegten, zu stehen kam. Die Handlung als solche war aus zwei Gründen ein wenig seltsam. Erstens braucht er überhaupt nicht oft ein Stethoskop (er ist nämlich Neurologe), und sobald er eines nötig hat, benützt er ein doppeltes für beide Ohren. Zweitens waren alle seine medizinischen Apparate und Instrumente in Schubkästen untergebracht, mit alleiniger Ausnahme dieses einen. Gleichwohl dachte er nicht mehr an die Sache, bis ihn eines Tages eine Patientin, die noch nie ein ‚einfaches' Stethoskop gesehen hatte, fragte, was das sei. Er sagte es ihr, und sie fragte, warum er es gerade hieher gestellt habe, worauf er schlagfertig erwiderte, daß dieser Platz ebensogut wäre wie jeder andere. Dies machte ihn jedoch stutzig und er begann nachzudenken, ob dieser Handlung nicht irgendeine unbewußte Motivierung zugrunde liege und, vertraut mit der psychoanalytischen Methode, beschloß er, die Sache zu erforschen.

Als erste Erinnerung fiel ihm die Tatsache ein, daß als Student der Medizin die Gewohnheit seines Spitalarztes auf ihn Eindruck gemacht hatte, der immerwährend ein einfaches Stethoskop bei seinen Besuchen in den Krankensälen in der Hand gehalten hatte, obgleich er es niemals benützte. Er hatte diesen Arzt sehr bewundert und war ihm außerordentlich zugetan. Später, als er selbst die Spitalpraxis ausübte, nahm er die gleiche Gewohnheit an und hätte sich unbehaglich gefühlt, wenn er durch ein Versehen sein Zimmer verlassen hätte, ohne das Instrument in der Hand zu schwingen. Die Nutzlosigkeit dieser Gewohnheit zeigte sich jedoch nicht nur in der Tatsache, daß das einzige Stethoskop, welches er in Wirklichkeit benutzte, eines für beide Ohren war, das er in der Tasche trug, sondern auch darin, daß sie fortgesetzt wurde, als er auf der chirurgischen Abteilung war und überhaupt kein Stethoskop mehr brauchte. Die Bedeutung dieser

Beobachtungen wird sogleich klar, wenn wir auf die phallische Natur dieser symbolischen Handlung hinweisen.

Als nächstes erinnerte er die Tatsache, daß ihn als kleinen Jungen die Gewohnheit seines Hausarztes frappiert hatte, ein einfaches Stethoskop im Innern seines Hutes zu tragen; er fand es interessant, daß der Doktor sein Hauptinstrument immer zur Hand habe, wenn er Patienten besuchen ging, und daß er nur den Hut (d. i. einen Teil seiner Kleidung) abzunehmen und ‚es herauszuziehen' hatte. Er war als kleines Kind diesem Arzte überaus anhänglich gewesen und konnte kürzlich durch Selbstanalyse aufdecken, daß er im Alter von dreieinhalb Jahren eine doppelte Phantasie in betreff der Geburt einer jüngeren Schwester gehabt hatte: nämlich, daß sie das Kind war erstens von ihm selbst und seiner Mutter, zweitens vom Doktor und ihm selbst. In dieser Phantasie spielte er also sowohl die männliche wie die weibliche Rolle. Er erinnerte ferner, im Alter von sechs Jahren von demselben Arzt untersucht worden zu sein, und entsinnt sich deutlich der wollüstigen Empfindung, als er den Kopf des Doktors, der ihm das Stethoskop an die Brust drückte, in seiner Nähe fühlte, sowie der rhythmisch hin- und hergehenden Atmungsbewegung. Im Alter von drei Jahren hatte er ein chronisches Brustübel gehabt und mußte wiederholt untersucht worden sein, wenn er das auch tatsächlich nicht mehr erinnern konnte.

Im Alter von acht Jahren machte die Mitteilung eines älteren Knaben Eindruck auf ihn, der ihm sagte, es sei Sitte des Arztes, mit seinen Patientinnen zu Bette zu gehen. Es gab sicherlich in Wahrheit einen Grund zu diesem Gerüchte und auf alle Fälle waren die Frauen der Nachbarschaft, einschließlich seiner eigenen Mutter, dem jungen und netten Arzte sehr zugetan. Der Analysierte selbst hatte bei verschiedenen Gelegenheiten sexuelle Versuchungen in bezug auf seine Patientinnen erfahren, hatte sich zweimal in solche verliebt und schließlich eine geheiratet. Es ist kaum zweifelhaft, daß seine unbewußte Identifizierung mit dem

IX. Symptom- und Zufallshandlungen

Doktor der hauptsächlichste Grund war, der ihn bewog, den Beruf des Mediziners zu ergreifen. Aus anderen Analysen läßt sich vermuten, daß dies sicherlich das häufigste Motiv ist (obgleich es schwer ist zu bestimmen, wie häufig). Im vorliegenden Falle war es zweifach bedingt: erstens durch die bei mehreren Gelegenheiten erwiesene Überlegenheit des Arztes dem Vater gegenüber, auf den der Sohn sehr eifersüchtig war, und zweitens durch des Doktors Kenntnis verbotener Dinge und Gelegenheiten zu sexueller Befriedigung.

Dann kam ein bereits anderwärts veröffentlichter Traum[1] von deutlich homosexuell-masochistischer Natur, in welchem ein Mann, der eine Ersatzfigur des Arztes ist, den Träumer mit einem „Schwert" angriff. Das Schwert erinnerte ihn an eine Geschichte in der Völsung-Nibelungen-Sage, wo Sigurd ein bloßes Schwert zwischen sich und die schlafende Brünhilde legt. Die gleiche Geschichte kommt in der Arthus-Sage vor, die unser Mann ebenfalls genau kennt.

Der Sinn der Sypmtomhandlung wird nun klar. Der Arzt hatte das einfache Stethoskop zwischen sich und seine Patientinnen gestellt, genau so wie Sigurd sein Schwert zwischen sich und die Frau legte, die er nicht berühren durfte. Die Handlung war eine Kompromißbildung; sie diente zweierlei Regungen: in seiner Einbildung dem unterdrückten Wunsche nachzugeben, mit irgendeiner reizenden Patientin in sexuelle Beziehungen zu treten, ihn aber zugleich zu erinnern, daß dieser Wunsch nicht verwirklicht werden konnte. Es war sozusagen ein Zauber gegen die Anfechtungen der Versuchung.

Ich möchte hinzufügen, daß auf den Knaben die Stelle aus Lord Lyttons ‚Richelieu' großen Eindruck machte:

‚Beneath the rule of men entirely great
The pen is mightier than the sword'[2]*,*

---

1) „Freud's Theory of Dreams", American Journ. of Psychol., April 1910, p. 301, Nr. 7.
2) Vgl. Oldhams „*I wear my pen as others do their sword*".

daß er ein fruchtbarer Schriftsteller geworden ist und eine außergewöhnlich große Füllfeder benützt. Als ich ihn fragte, wozu er dies nötig habe, erwiderte er charakteristischerweise: ‚Ich habe soviel auszudrücken.'

Diese Analyse mahnt uns wieder einmal daran, welch weitreichende Einblicke in das Seelenleben uns die ‚harmlosen' und ‚sinnlosen' Handlungen gewähren, und wie frühzeitig im Leben die Tendenz zur Symbolisierung entwickelt ist."

Ich kann noch etwa aus meiner psychotherapeutischen Erfahrung einen Fall erzählen, in dem die mit einem Klumpen Brotkrume spielende Hand eine beredte Aussage ablegte. Mein Patient war ein noch nicht 13 jähriger, seit fast zwei Jahren schwer hysterischer Knabe, den ich endlich in psychoanalytische Behandlung nahm, nachdem ein längerer Aufenthalt in einer Wasserheilanstalt sich erfolglos erwiesen hatte. Er mußte nach meiner Voraussetzung sexuelle Erfahrungen gemacht haben und seiner Altersstufe entsprechend von sexuellen Fragen gequält sein; ich hütete mich aber, ihm mit Aufklärungen zu Hilfe zu kommen, weil ich wieder einmal eine Probe auf meine Voraussetzungen anstellen wollte. Ich durfte also neugierig sein, auf welchem Wege sich das Gesuchte bei ihm andeuten würde. Da fiel es mir auf, daß er eines Tages irgend etwas zwischen den Fingern der rechten Hand rollte, damit in die Tasche fuhr, dort weiter spielte, es wieder hervorzog usw. Ich fragte nicht, was er in der Hand habe; er zeigte es mir aber, indem er plötzlich die Hand öffnete. Es war Brotkrume, die zu einem Klumpen zusammengeknetet war. In der nächsten Sitzung brachte er wieder einen solchen Klumpen mit, formte aber aus ihm, während wir das Gespräch führten, mit unglaublicher Raschheit und bei geschlossenen Augen Figuren, die mein Interesse erregten. Es waren unzweifelhaft Männchen mit Kopf, zwei Armen, zwei Beinen, wie die rohesten prähistorischen Idole, und einem Fortsatz zwischen beiden Beinen, den er in eine lange Spitze auszog. Kaum daß dieser fertig war, knetete er das Männchen wieder zusammen; später ließ er es bestehen, zog aber einen ebensolchen Fortsatz an der Rückenfläche und an anderen Stellen aus, um die Bedeutung des ersten zu verhüllen. Ich wollte ihm zeigen, wie ich ihn verstanden hatte, ihm aber dabei die Ausflucht benehmen, daß er sich bei dieser menschenformenden Tätigkeit nichts gedacht habe. In dieser Absicht fragte ich ihn plötzlich, ob er sich an die Geschichte jenes römischen Königs erinnere, der dem Abgesandten seines Sohnes eine pantomimische Antwort im Garten gegeben. Der Knabe wollte sich nicht an das erinnern, was er doch vor so viel kürzerer Zeit als ich gelernt haben mußte. Er fragte, ob das die Geschichte von dem Sklaven sei, auf dessen glattrasierten Schädel man die Antwort geschrieben habe. Nein, das gehört in die griechische Geschichte, sagte ich und erzählte: Der König Tarquinius Superbus hatte seinen Sohn Sextus veranlaßt, sich in eine feindliche latinische Stadt einzuschleichen. Der Sohn, der sich unterdes Anhang in dieser Stadt verschafft hatte, schickte einen Boten an den König mit der Frage, was nun weiter geschehen solle. Der König gab keine Antwort, sondern ging in seinen Garten, ließ sich dort die Frage wiederholen und schlug schweigend die größten und schönsten Mohnköpfe ab. Dem Boten blieb nichts übrig, als dieses dem Sextus zu berichten, der den Vater verstand und es sich angelegen sein ließ, die angesehensten Bürger der Stadt durch Mord zu beseitigen.

Während ich redete, hielt der Knabe in seinem Kneten inne, und als ich mich anschickte zu erzählen, was der König in seinem Garten tat, schon bei den Worten „schlug schweigend", hatte er mit einer blitzschnellen Bewegung seinem Männchen den Kopf abgerissen. Er hatte mich also verstanden und gemerkt, daß er von mir verstanden worden war. Ich konnte ihn nun direkt befragen, gab ihm die Auskünfte, um die es ihm zu tun war, und wir hatten binnen kurzem der Neurose ein Ende gemacht.

Die Symptomhandlungen, die man in fast unerschöpflicher Reichhaltigkeit bei Gesunden wie bei Kranken beobachten kann, verdienen unser Interesse aus mehr als einem Grunde. Dem Arzt dienen sie oft als wertvolle Winke zur Orientierung in neuen oder ihm wenig bekannten Verhältnissen, dem Menschenbeobachter verraten sie oft alles, und mitunter selbst mehr, als er zu wissen wünscht. Wer mit ihrer Würdigung vertraut ist, darf sich gelegentlich wie der König Salomo vorkommen, der nach der orientalischen Sage die Sprache der Tiere verstand. Eines Tages sollte ich einen mir fremden jungen Mann im Hause seiner Mutter ärztlich untersuchen. Als er mir entgegentrat, fiel mir ein großer Eiweißfleck, kenntlich an seinen eigentümlich starren Rändern, auf seiner Hose auf. Der junge Mann entschuldigte sich nach kurzer Verlegenheit, er habe sich heiser gefühlt und darum ein rohes Ei getrunken, von dem wahrscheinlich etwas schlüpfriges Eiweiß auf seine Kleidung herabgeronnen sei, und konnte zur Bestätigung auf die Eierschale hinweisen, die noch auf einem Tellerchen im Zimmer zu sehen war. Somit war der suspekte Fleck in harmloser Weise aufgeklärt; als aber die Mutter uns allein gelassen hatte, dankte ich ihm, daß er mir die Diagnose so sehr erleichtert habe, und nahm ohne weiteres sein Geständnis, daß er unter den Beschwerden der Masturbation leide, zur Grundlage unserer Unterhaltung. Ein anderes Mal machte ich einen Besuch bei einer ebenso reichen wie geizigen und närrischen Dame, die dem Arzte die Aufgabe zu stellen pflegte, sich durch ein Heer von Klagen durchzuarbeiten, ehe man zur simplen Begründung ihrer Zustände gelangte. Als ich eintrat, saß sie bei einem Tischchen damit beschäftigt, Silbergulden in Häufchen zu schichten, und während sie sich erhob, warf sie einige der Geldstücke zu Boden. Ich half ihr beim Aufklauben derselben, unterbrach sie bald in der Schilderung ihres Elends und fragte: Hat Sie also der vornehme Schwiegersohn um so viel Geld gebracht? Sie antwortete mit erbitterter Verneinung, um die kürzeste Zeit

IX. Symptom- und Zufallshandlungen

nachher die klägliche Geschichte von der Aufregung über die Verschwendung des Schwiegersohnes zu erzählen, hat mich aber allerdings seither nicht wieder gerufen. Ich kann nicht behaupten, daß man sich immer Freunde unter denen wirbt, denen man die Bedeutung ihrer Symptomhandlungen mitteilt.

Ein anderes „Eingeständnis durch Fehlhandlung" berichtet Dr. J. E. G. van Emden (Haag): „Beim Zahlen in einem kleinen Restaurant in Berlin behauptete der Kellner, daß der Preis einer bestimmten Speise — des Krieges wegen — um 10 Pfennig erhöht worden war; meine Bemerkung, warum das auf der Preisliste nicht angezeigt worden war, beantwortete er mit der Erwiderung, daß dies offenbar eine Unterlassung sein müßte, daß es aber gewiß so war! Beim Einstecken des Betrages war er ungeschickt und ließ ein Zehnpfennigstück gerade für mich auf den Tisch niederfallen!!

‚Jetzt weiß ich aber sicher, daß Sie mir zuviel gerechnet haben, wollen Sie, daß ich mich an der Kasse erkundige?'

‚Bitte, gestatten Sie ... einen Moment ...' und fort war er schon.

Selbstverständlich gönnte ich ihm den Rückzug und, nachdem er zwei Minuten später sich entschuldigte, unbegreiflicherweise mit einer anderen Speise im Irrtum gewesen zu sein, die zehn Pfennige als Belohnung für seinen Beitrag zur Psychopathologie des Alltagslebens."

Wer seine Nebenmenschen während des Essens beobachten will, wird die schönsten und lehrreichsten Symptomhandlungen an ihnen feststellen können.

So erzählt Dr. Hanns Sachs:

„Ich war zufällig zugegen, als ein älteres Ehepaar meiner Verwandtschaft das Abendessen einnahm. Die Dame war magenleidend und mußte sehr strenge Diät halten. Dem Manne war eben ein Braten vorgesetzt worden, und er bat seine Frau, die sich an dieser Speise nicht beteiligen durfte, um den Senf.

Die Frau öffnete den Schrank, griff hinein und stellte vor ihren Mann das Fläschchen mit ihren Magentropfen auf den Tisch. Zwischen dem faßförmigen Senfglase und dem kleinen Tropffläschchen bestand natürlich keine Ähnlichkeit, aus der der Mißgriff erklärt werden konnte; trotzdem bemerkte die Frau ihre Verwechslung erst, als der Gatte sie lachend darauf aufmerksam machte. Der Sinn der Symptomhandlung bedarf keiner Erklärung."

Ein köstliches Beispiel dieser Art, das vom Beobachter sehr geschickt ausgebeutet wurde, verdanke ich Dr. Bernh. Dattner (Wien):

„Ich sitze mit meinem Kollegen von der Philosophie, Dr. H., im Restaurant beim Mittagessen. Er erzählt von den Unbilden der Probekandidatur, erwähnt nebenbei, daß er vor der Beendigung seiner Studien beim Gesandten, resp. bevollmächtigen außerordentlichen Minister von Chile als Sekretär untergekommen war. ‚Dann wurde aber der Minister versetzt und dem neu antretenden habe ich mich nicht vorgestellt.' Und während er diesen letzten Satz ausspricht, führt er ein Stück Torte zum Munde, läßt es aber, wie aus Ungeschicklichkeit, vom Messer herabfallen. Ich erfasse sofort den geheimen Sinn dieser Symptomhandlung und werfe dem mit der Psychoanalyse nicht vertrauten Kollegen wie von ungefähr ein: ‚Da haben Sie aber einen fetten Bissen fallen lassen." Er aber merkt nicht, daß sich meine Worte ebensogut auf seine Symptomhandlung beziehen können, und wiederholt mit einer sonderbar anmutenden, überraschenden Lebhaftigkeit, so als hätte ich ihm förmlich das Wort aus dem Munde genommen, gerade dieselben Worte, die ich ausgesprochen: ‚Ja, das war wirklich ein fetter Bissen, den ich fallen gelassen habe' und erleichtert sich dann durch eine erschöpfende Darstellung seiner Ungeschicklichkeit, die ihn um diese gut bezahlte Stellung gebracht hat.

Der Sinn der symbolischen Symptomhandlung erleuchtet sich, wenn man ins Auge faßt, daß der Kollege Skrupel empfand, mir, der ihm ziemlich ferne steht, von seiner prekären materiellen Situation zu erzählen, daß sich dann der vordrängende Gedanke in eine Symptomhandlung kleidete, die symbolisch ausdrückt, was hätte verborgen werden sollen, und somit dem Sprecher aus dem Unbewußten Erleichterung schuf."

Wie sinnreich sich ein scheinbar nicht beabsichtigtes Wegnehmen oder Mitnehmen herausstellen kann, mögen folgende Beispiele zeigen.

Dr. B. Dattner: „Ein Kollege stattet seiner verehrten Jugendfreundin das erstemal nach ihrer Eheschließung einen Besuch ab. Er erzählt mir von dieser Visite und drückt mir sein Erstaunen darüber aus, daß es ihm nicht gelungen sei, nur ganz kurze Zeit, wie er es vor hatte, bei ihr zu verweilen. Dann aber berichtet er von einer sonderbaren Fehlleistung, die ihm dort zugestoßen sei. Der Mann seiner Freundin, der am Gespräche teilgenommen habe, hätte eine Zündhölzchenschachtel gesucht, die ganz bestimmt bei seiner Ankunft auf der Tischplatte gelegen sei. Auch der Kollege habe seine Taschen durchsucht, ob er ‚sie‘ nicht zufällig ‚eingesteckt‘ habe, doch vergebens. Geraume Zeit danach habe er ‚sie‘ tatsächlich in seiner Tasche entdeckt, wobei ihm aufgefallen sei, daß nur ein einziges Zündhölzchen in der Schachtel gelegen war. — Ein paar Tage später bestätigt ein Traum, der die Schachtelsymbolik aufdringlich zeigt und sich mit der Jugendfreundin beschäftigt, meine Erklärung, daß der Kollege mit seiner Symptomhandlung Prioritätsrechte reklamieren und die Ausschließlichkeit seines Besitzes (nur ein Zündhölzchen drinnen) darstellen wollte."

Dr. Hanns Sachs: „Unser Mädchen ißt eine bestimmte Torte besonders gern. An dieser Tatsache ist kein Zweifel möglich, denn es ist die einzige Speise, die sie ausnahmslos gut zubereitet. Eines Sonntags brachte sie uns eben diese Torte, stellte sie auf der Kredenz ab, nahm die beim vorigen Gang benützten Teller und Bestecke und häufte sie auf die Tasse, auf der sie die Torte hereingetragen hatte; auf die Spitze dieses Haufens placierte sie dann wieder die Torte, anstatt sie uns vorzusetzen, und verschwand damit in die Küche. Wir meinten zuerst, sie habe an der Torte irgend etwas zu verbessern gefunden, da sie aber nicht wieder erschien, läutete meine Frau und fragte: ‚Betty, was ist denn mit der Torte los?' Darauf das Mädchen ohne Verständnis: ‚Wieso?' Wir mußten sie erst darüber aufklären, daß sie die Torte wieder mitgenommen habe; sie hatte sie aufgeladen, hinausgetragen und wieder abgestellt, ‚ohne es zu bemerken'. — Am nächsten Tage, als wir uns daran machten, den Rest dieser Torte zu verzehren, bemerkte meine Frau, daß nicht weniger vorhanden war, als wir am Vortag übrig gelassen hatten, daß also das Mädchen das ihr gebührende Stück der Lieblingsspeise verschmäht hatte. Auf die Frage, warum sie nichts von der Torte gegessen habe, antwortete sie leicht verlegen, sie habe keine Lust gehabt. — Die infantile Einstellung ist beide Male sehr deutlich; erst die kindliche Maßlosigkeit, die das Ziel der Wünsche mit niemandem teilen will, dann die ebenso kindliche Reaktion mit Trotz: wenn ihr es mir nicht gönnt, so behaltet es für euch, ich will jetzt gar nichts haben."

Die Zufalls- oder Symptomhandlungen, die sich in Ehesachen ereignen, haben oft die ernsteste Bedeutung und könnten den, der sich um die Psychologie des Unbewußten nicht bekümmern will, zum Glauben an Vorzeichen nötigen. Es ist kein guter Anfang, wenn eine junge Frau auf der Hochzeitsreise ihren Ehering verliert, doch war er meist nur verlegt und wird bald wiedergefunden. — Ich kenne eine jetzt von ihrem Manne geschiedene Dame, die bei der Verwaltung ihres Vermögens Dokumente häufig mit ihrem Mädchennamen unterzeichnet hat, viele Jahre vorher, ehe sie diesen wirklich wieder annahm. — Einst war ich als Gast bei einem jung verheirateten Paare und hörte die junge Frau lachend ihr letztes Erlebnis erzählen, wie sie am Tage nach der Rückkehr von der Reise wieder ihre ledige

Schwester aufgesucht hätte, um mit ihr, wie in früheren Zeiten, Einkäufe zu machen, während der Ehemann seinen Geschäften nachging. Plötzlich sei ihr ein Herr auf der anderen Seite der Straße aufgefallen, und sie habe ihre Schwester anstoßend gerufen: Schau, dort geht ja der Herr L. Sie hatte vergessen, daß dieser Herr seit einigen Wochen ihr Ehegemahl war. Mich überlief es kalt bei dieser Erzählung, aber ich getraute mich der Folgerung nicht. Die kleine Geschichte fiel mir erst Jahre später wieder ein, nachdem diese Ehe den unglücklichsten Ausgang genommen hatte.

Den beachtenswerten, in französischer Sprache veröffentlichten Arbeiten von A. M a e d e r[1] in Zürich entnehme ich folgende Beobachtung, die ebensowohl einen Platz beim „Vergessen" verdient hätte:

„*Une dame nous racontait récemment qu'elle avait oublié d'essayer sa robe de noce et s'en souvint la veille du mariage à huit heures du soir, la couturière désespérait de voir sa cliente. Ce détail suffit à montrer que la fiancée ne se sentait pas très heureuse de porter une robe d'épouse, elle cherchait à oublier cette représentation pénible. Elle est aujourd'hui ... divorcée.*"

Von der großen Schauspielerin Eleonora D u s e erzählte mir ein Freund, der auf Zeichen achten gelernt hat, sie bringe in einer ihrer Rollen eine Symptomhandlung an, die so recht zeige, aus welcher Tiefe sie ihr Spiel heraufhole. Es ist ein Ehebruchsdrama; sie hat eben eine Auseinandersetzung mit ihrem Manne gehabt und steht nun in Gedanken abseits, ehe sich ihr der Versucher nähert. In diesem kurzen Intervall spielt sie mit dem Ehering an ihrem Finger, zieht ihn ab, um ihn wieder anzustecken, und zieht ihn wieder ab. Sie ist nun reif für den anderen.

Hier schließt an, was Th. R e i k von anderen Symptomhandlungen mit Ringen erzählt.

---

1) Alph. M a e d e r, Contributions à la psychopathologie de la vie quotidienne, Archives des Psychologie, T. VI, 1906.

„Wir kennen die Symptomhandlungen, welche Eheleute ausführen, indem sie den Trauring abziehen und wieder anstecken. Eine Reihe ähnlicher Symptomhandlungen produzierte mein Kollege M. Er hatte von einem von ihm geliebten Mädchen einen Ring zum Geschenk erhalten, mit dem Bemerken, er dürfe ihn nicht verlieren, sonst wisse sie, daß er sie nicht mehr lieb habe. Er entfaltete in der Folgezeit eine erhöhte Besorgnis, er könnte den Ring verlieren. Hatte er ihn zeitweilig, z. B. beim Waschen abgelegt, so war er regelmäßig verlegt, so daß es oft langen Suchens bedurfte, um ihn wieder zu erlangen. Wenn er einen Brief in den Postkasten warf, konnte er die leise Angst nicht unterdrücken, der Ring könnte von den Rändern des Briefkastens abgezogen werden. Einmal hantierte er wirklich so ungeschickt, daß der Ring in den Kasten fiel. Der Brief, den er bei dieser Gelegenheit absandte, war ein Abschiedsschreiben an eine frühere Geliebte von ihm gewesen, und er fühlte sich ihr gegenüber schuldig. Gleichzeitig erwachte in ihm Sehnsucht nach dieser Frau, welche mit seiner Neigung zu seinem jetzigen Liebesobjekt in Konflikt kam." (Internat. Zeitschrift f. Psychoanalyse, III, 1915.)

An dem Thema des „Ringes" kann man sich wieder einmal den Eindruck holen, wie schwer es für den Psychoanalytiker ist, etwas Neues zu finden, was nicht ein Dichter vor ihm gewußt hätte. In Fontanes Roman „Vor dem Sturm" sagt Justizrat Turgany während eines Pfänderspieles: „Wollen Sie es glauben, meine Damen, daß sich die tiefsten Geheimnisse der Natur in der Abgabe der Pfänder offenbaren." Unter den Beispielen, mit denen er seine Behauptung erhärtet, verdient eines unser besonderes Interesse: „Ich entsinne mich einer im Embonpointalter stehenden Professorenfrau, die mal auf mal ihren Trauring als Pfand vom Finger zog. Erlassen Sie mir, Ihnen das eheliche Glück des Hauses zu schildern." Er setzt dann fort: „In derselben Gesellschaft befand sich ein Herr, der nicht müde wurde, sein englisches Taschenmesser, zehn Klingen mit Korkzieher und Feuerstahl, in den Schoß der Damen zu deponieren, bis das Klingenmonstrum, nach Zerreißung mehrerer Seidenkleider, endlich vor dem allgemeinen Entrüstungsschrei verschwand."

Es wird uns nicht wundernehmen, daß ein Objekt von so reicher symbolischer Bedeutung wie ein Ring auch dann zu sinnreichen Fehlhandlungen verwendet wird, wenn es nicht als Ehe oder Verlobungsring die erotische Bindung bezeichnet. Dr. M. Kardos hat mir nachstehendes Beispiel eines derartigen Vorkommnisses zur Verfügung gestellt:

„Vor mehreren Jahren hat sich mir ein um vieles jüngerer Mann angeschlossen, der meine geistigen Bestrebungen teilt und zu mir etwa im Verhältnis eines Schülers zu seinem Lehrer steht. Ich habe ihm zu einer bestimmten Gelegenheit einen Ring geschenkt, und dieser hat ihm schon mehreremal Gelegenheit zu Symptom-, resp. Fehlhandlungen gegeben, sobald in unseren Beziehungen irgend etwas seine Mißbilligung gefunden hatte. Vor kurzem wußte er mir folgenden, besonders hübschen und durchsichtigen Fall zu berichten: Er war von einer einmal wöchentlich stattfindenden Zusammenkunft, bei der er mich regelmäßig zu sehen und zu sprechen pflegte, unter irgendeinem Vorwand ausgeblieben, da ihm eine Verabredung mit einer jungen Dame wünschenswerter erschienen war. Am darauffolgenden Vormittag bemerkte er, aber erst, als er schon längst das Haus verlassen hatte, daß er den Ring nicht am Finger trage. Er beunruhigte sich darüber nicht weiter, da er annahm, er habe ihn daheim auf dem Nachtkästchen, wo er ihn jeden Abend hinlegte, vergessen und werde ihn beim Nachhausekommen dort finden. Er sah auch gleich nach der Heimkehr nach ihm, aber vergeblich, und begann nun, ebenso erfolglos, das Zimmer zu durchsuchen. Endlich fiel ihm ein, daß der Ring — wie übrigens schon seit mehr als einem Jahre — auf dem Nachtkästchen neben einem kleinen Messerchen gelegen sei, das er in der Westentasche zu tragen gewohnt war;

so verfiel er auf die Vermutung, er könnte ‚aus Zerstreutheit' den Ring mit dem Messer eingesteckt haben. Er griff also in die Tasche und fand dort wirklich den gesuchten Ring. — ‚Der Ehering in der Westentasche' ist die sprichwörtliche Aufbewahrungsart für den Ring, wenn der Mann die Frau, von der er ihn empfangen hat, zu betrügen beabsichtigt. Sein Schuldgefühl hat ihn also zunächst zur Selbstbestrafung (‚Du verdienst es nicht mehr, diesen Ring zu tragen'), in zweiter Linie zu dem Eingeständnis seiner Untreue veranlaßt, allerdings bloß in der Form einer Fehlhandlung, die keinen Zeugen hatte. Erst auf dem Umweg über den Bericht davon — der allerdings voraussehbar war — kam es zum Eingeständnis der begangenen kleinen ‚Untreue'."

Ich weiß auch von einem älteren Herrn, der ein sehr junges Mädchen zur Frau nahm und die Hochzeitsnacht anstatt abzureisen in einem Hotel der Großstadt zuzubringen gedachte. Kaum im Hotel angelangt, merkte er mit Schrecken, daß er seine Brieftasche, in der sich die ganze für die Hochzeitsreise bestimmte Geldsumme befand, vermisse, also verlegt oder verloren habe. Es gelang noch, den Diener telephonisch zu erreichen, der das Vermißte in dem abgelegten Rock des Hochzeiters auffand und dem Harrenden, der so ohne Vermögen in die Ehe gegangen war, ins Hotel brachte. Er konnte also am nächsten Morgen die Reise mit seiner jungen Frau antreten; in der Nacht selbst war er, wie seine Befürchtung vorausgesehen hatte, „unvermögend" geblieben.

Es ist tröstlich zu denken, daß das „Verlieren" der Menschen in ungeahnter Ausdehnung Symptomhandlung und somit wenigstens einer geheimen Absicht des Verlustträgers willkommen ist. Es ist oft nur ein Ausdruck der geringen Schätzung des verlorenen Gegenstandes oder einer geheimen Abneigung gegen denselben oder gegen die Person, von der er herstammt, oder die Verlustneigung hat sich auf diesen Gegenstand durch symbolische Gedankenverbindung von anderen und bedeutsameren Objekten her übertragen. Das Verlieren wertvoller Dinge dient mannigfachen Regungen zum Ausdruck, es soll entweder einen verdrängten Gedanken symbolisch darstellen, also eine Mahnung wiederholen, die man gern überhören möchte, oder es soll — und dies vor allem anderen — den dunklen Schicksalsmächten — Opfer bringen, deren Dienst auch unter uns noch nicht erloschen ist.

Zur Erläuterung dieser Sätze über das Verlieren nur einige Beispiele:

Dr. B. Dattner: „Ein Kollege berichtet mir, daß er seinen Penkalastift, den er bereits über zwei Jahre besessen habe und der ihm seiner Vorzüge wegen sehr wertvoll geworden sei, unvermutet verloren habe. Die Analyse ergab folgenden Tatbestand: Am Tage vorher hatte der Kollege von seinem Schwager einen empfindlich unangenehmen Brief erhalten, dessen Schlußsatz folgendermaßen lautete: ‚Ich habe vorläufig weder Lust noch Zeit, Deinen Leichtsinn und Deine Faulheit zu unterstützen.' Der Affekt, der sich an diesen Brief knüpfte, war so mächtig, daß der Kollege prompt am nächsten Tage den Penkala, ein Geschenk dieses Schwagers, opferte, um durch dessen Gnade nicht allzusehr beschwert zu sein."

Eine mir bekannte Dame hat sich, wie begreiflich, während der Trauer um ihre alte Mutter des Theaterbesuches enthalten. Es fehlen jetzt nur noch wenige Tage bis zum Ablauf des Trauerjahres, und sie läßt sich durch das Züreden ihrer Bekannten bewegen, eine Theaterkarte für eine besonders interessante Vorstellung zu nehmen. Vor dem Theater angelangt, macht sie die Entdeckung, daß sie die Karte verloren hat. Sie meint später, daß sie dieselbe mit der Tramwaykarte weggeworfen hatte, als sie aus dem Wagen ausstieg. Dieselbe Dame rühmt sich, nie etwas aus Unachtsamkeit zu verlieren.

Man darf also annehmen, daß auch ein anderer Fall von Verlieren, den sie erlebte, nicht ohne gute Motivierung war.

In einem Kurorte angekommen, entschließt sie sich, eine Pension zu besuchen, in der sie ein früheres Mal gewohnt hatte. Sie wird dort als alte Bekannte aufgenommen, bewirtet und erfährt, als sie bezahlen will, daß sie sich als Gast zu betrachten habe, was ihr nicht ganz recht ist. Es wird ihr zugestanden, daß sie etwas für das servierende Mädchen zurücklassen darf, und sie öffnet ihre Börse, um einen Markschein auf den Tisch zu legen. Am Abend bringt ihr der Diener der Pension einen Fünfmarkschein, der sich unter dem Tisch gefunden und nach der Meinung der Pensionsinhaberin dem Fräulein gehören dürfte. Den hatte sie also aus der Börse fallen lassen, als sie ihr das Trinkgeld für das Mädchen entnahm. Wahrscheinlich wollte sie doch ihre Zeche bezahlen.

Otto Rank hat in einer längeren Mitteilung[1] die diesem Akte zugrunde liegende Opferstimmung und dessen tiefer reichende Motivierungen mit Hilfe von Traumanalysen durchsichtig gemacht.[2] Interessant ist es dann, wenn er hinzufügt, daß manchmal nicht nur das Verlieren, sondern auch das Finden von Gegenständen determiniert erscheint. In welchem Sinne dies zu verstehen ist, mag aus seiner Beobachtung, die ich hieher setze, hervorgehen. Es ist klar, daß beim Verlieren das Objekt bereits gegeben ist, das beim Finden erst gesucht werden muß.

„Ein materiell von seinen Eltern abhängiges junges Mädchen will sich ein billiges Schmuckstück kaufen. Sie fragt im Laden nach dem Preise des ihr zusagenden Objekts, erfährt aber zu ihrem Betrüben, daß es mehr kostet, als ihre Ersparnisse betragen. Und doch sind es nur zwei Kronen, deren Fehlen ihr diese kleine Freude verwehrt. In gedrückter Stimmung schlendert sie durch die abendlich belebten Straßen der Stadt nach Hause. Auf einem der stärkst frequentierten Plätze wird sie plötzlich — obwohl sie ihrer Angabe nach tief in Gedanken versunken war — auf

---

1) Das Verlieren als Symptomhandlung, Zentralbl. für Psychoanalyse I, 10/11.
2) Andere Mitteilungen desselben Inhalts im Zentralblatt für Psychoanalyse, II, und Internat. Zeitschrift für Psychoanalyse, I, 1913.

ein am Boden liegendes kleines Blättchen aufmerksam, das sie eben achtlos passiert hatte. Sie wendet sich um, hebt es auf und bemerkt zu ihrem Erstaunen, daß es ein zusammengefalteter Zweikronenschein ist. Sie denkt sich: das hat mir das Schicksal zugeschickt, damit ich mir den Schmuck kaufen kann, und macht erfreut Kehrt, um diesem Winke zu folgen. Im selben Moment aber sagt sie sich, sie dürfe das doch nicht tun, weil das gefundene Geld ein Glücksgeld ist, das man nicht ausgeben darf.

Das Stückchen Analyse, das zum Verständnis dieser ‚Zufallshandlung' gehört, darf man wohl auch ohne persönliche Auskunft der Betroffenen aus der gegebenen Situation erschließen. Unter den Gedanken, die das Mädchen beim Nachhausegehen beschäftigten, wird sich wohl der ihrer Armut und materiellen Einschränkung im Vordergrunde befunden haben, und zwar, wie wir vermuten dürfen, im Sinne der wunscherfüllenden Aufhebung ihrer drückenden Verhältnisse. Die Idee, wie man auf leichteste Weise zu diesem fehlenden Geldbetrag kommen könnte, wird ihrem auf Befriedigung ihres bescheidenen Wunsches gerichteten Interesse kaum ferngeblieben sein und ihr die einfachste Lösung des Findens nahegebracht haben. Solcherart war ihr Unbewußtes (oder Vorbewußtes) auf ‚Finden' eingestellt, selbst wenn der Gedanke daran ihr — wegen anderweitiger Inanspruchnahme ihrer Aufmerksamkeit (‚in Gedanken versunken') — nicht voll bewußt geworden sein sollte. Ja wir dürfen auf Grund ähnlicher analysierter Fälle geradezu behaupten, daß die **unbewußte** ‚Such-Bereitschaft' viel eher zum Erfolg zu führen vermag als die bewußt gelenkte Aufmerksamkeit. Sonst wäre es auch kaum erklärlich, wieso gerade diese eine Person von den vielen Hunderten Vorübergehenden, noch dazu unter den erschwerenden Umständen der ungünstigen Abendbeleuchtung und der dichtgedrängten Menge, den für sie selbst überraschenden Fund machen konnte. In welch starkem Ausmaß diese un- oder vorbewußte Bereitschaft tatsächlich bestand, zeigt die sonderbare Tatsache, daß das Mädchen noch nach diesem Funde, also nachdem die Einstellung bereits überflüssig geworden und gewiß schon der bewußten Aufmerksamkeit entzogen war, auf ihrem weiteren Heimweg an einer dunklen und einsamen Stelle einer Vorstadtstraße ein Taschentuch fand."[1]

Man muß sagen, daß gerade solche Symptomhandlungen oft den besten Zugang zur Erkenntnis des intimen Seelenlebens der Menschen gestatten.

Von den vereinzelten Zufallshandlungen will ich ein Beispiel mitteilen, welches auch ohne Analyse eine tiefere Deutung zuließ, das die Bedingungen trefflich erläutert, unter denen solche Symptome vollkommen unauffällig produziert werden können, und an das sich eine praktisch bedeutsame Bemerkung anknüpfen läßt. Auf einer Sommerreise traf es sich, daß ich einige Tage an einem gewissen Orte auf die Ankunft meines Reisegefährten zu warten hatte. Ich machte unterdes die Bekanntschaft eines jungen Mannes, der sich gleichfalls einsam zu fühlen schien und sich bereitwillig mir anschloß. Da wir in demselben Hotel wohnten, fügte es sich leicht, daß wir alle Mahlzeiten gemeinsam einnahmen und Spaziergänge miteinander machten. Am Nachmittag des dritten Tages teilte er mir plötzlich mit, daß er heute abend seine mit dem Eilzuge einlangende Frau erwarte. Mein psychologisches Interesse wurde nun rege, denn es war mir an meinem Gesellschafter bereits am Vormittag aufgefallen, daß er meinen Vorschlag zu einer größeren Partie zurückgewiesen und auf unserem kleinen Spaziergang einen gewissen Weg als zu steil und gefährlich nicht hatte begehen wollen. Auf dem Nachmittagsspaziergang behauptete er plötzlich, ich müßte doch hungrig sein, ich sollte doch ja nicht seinetwegen die Abendmahlzeit aufschieben, er werde erst nach der Ankunft seiner Frau mit ihr zu Abend essen. Ich verstand den Wink und setzte mich an den Tisch, während er auf den Bahnhof ging. Am nächsten Morgen trafen wir uns in der Vorhalle des Hotels. Er stellte mich seiner Frau vor und

---

[1] Internat. Zeitschrift für Psychoanalyse, III, 1915.

fügte hinzu: Sie werden doch mit uns das Frühstück nehmen? Ich hatte noch eine kleine Besorgung in der nächsten Straße vor und versicherte, ich würde bald nachkommen. Als ich dann in den Frühstückssaal trat, sah ich, daß das Paar an einem kleinen Fenstertisch Platz genommen hatte, auf dessen einer Seite sie beide saßen. Auf der Gegenseite befand sich nur ein Sessel, aber über dessen Lehne hing der große und schwere Lodenmantel des Mannes herab, den Platz verdeckend. Ich verstand sehr wohl den Sinn dieser gewiß nicht absichtlichen, aber darum um so ausdrucksvolleren Lagerung. Es hieß: Für dich ist hier kein Platz, du bist jetzt überflüssig. Der Mann bemerkte es nicht, daß ich vor dem Tische stehen blieb, ohne mich zu setzen, wohl aber die Dame, die ihren Mann sofort anstieß und ihm zuflüsterte: Du hast ja dem Herrn den Platz verlegt.

Bei diesem wie bei anderen ähnlichen Ergebnissen habe ich mir gesagt, daß die unabsichtlich ausgeführten Handlungen unvermeidlich zur Quelle von Mißverständnissen im menschlichen Verkehr werden müssen. Der Täter, der von einer mit ihnen verknüpften Absicht nichts weiß, rechnet sich dieselben nicht an und hält sich nicht verantwortlich für sie. Der andere hingegen erkennt, indem er regelmäßig auch solche Handlungen seines Partners zu Schlüssen über dessen Absichten und Gesinnungen verwertet, mehr von den psychischen Vorgängen des Fremden, als dieser selbst zuzugeben bereit ist und mitgeteilt zu haben glaubt. Letzterer aber entrüstet sich, wenn ihm diese aus seinen Symptomhandlungen gezogenen Schlüsse vorgehalten werden, erklärt sie für grundlos, da ihm das Bewußtsein für die Absicht bei der Ausführung fehlt, und klagt über Mißverständnis von seiten des anderen. Genau besehen beruht ein solches Mißverständnis auf einem Zufein- und Zuvielverstehen. Je „nervöser" zwei Menschen sind, desto eher werden sie einander Anlaß zu Entzweiungen bieten, deren Begründung jeder für seine eigene Person ebenso bestimmt leugnet, wie er sie für die Person des anderen als gesichert annimmt. Und dies ist wohl die Strafe für die innere Unaufrichtigkeit, daß die Menschen unter den Vorwänden des Vergessens, Vergreifens und der Unabsichtlichkeit Regungen den Ausdruck gestatten, die sie besser sich und anderen eingestehen würden, wenn sie sie schon nicht beherrschen können. Man kann in der Tat ganz allgemein behaupten, daß jedermann fortwährend psychische Analyse an seinen Nebenmenschen betreibt und diese infolgedessen besser kennen lernt als jeder einzelne sich selbst. Der Weg zur Befolgung der Mahnung γνῶθι σεαυτόν führt durch das Studium seiner eigenen, scheinbar zufälligen Handlungen und Unterlassungen.

Von all den Dichtern, die sich gelegentlich über die kleinen Symptomhandlungen und Fehlleistungen geäußert oder sich ihrer bedient haben, hat keiner deren geheime Natur mit solcher Klarheit erkannt und dem Sachverhalt eine so unheimliche Belebung gegeben wie Strindberg, dessen Genie bei solcher Erkenntnis allerdings durch tiefgehende psychische Abnormität unterstützt wurde. Dr. Karl Weiß (Wien) hat auf folgende Stelle aus einem seiner Werke aufmerksam gemacht (Internat. Zeitschrift für Psychoanalyse, I, 1913, S. 268):

„Nach einer Weile kam der Graf wirklich und er trat ruhig an Esther heran, als habe er sie zu einem Stelldichein bestellt.

— Hast du lange gewartet? fragte er mit seiner gedämpften Stimme.

— Sechs Monate, wie du weißt, antwortete Esther; aber du hast mich heute gesehen?

— Ja, eben im Straßenbahnwagen; und ich sah dir in die Augen, daß ich mit dir zu sprechen glaubte.

— Es ist viel „geschehen' seit dem letztenmal.

— Ja, und ich glaubte, es sei zwischen uns aus.

— Wieso?

— Alle Kleinigkeiten, die ich von dir bekommen habe, gingen entzwei, und zwar auf eine okkulte Weise. Aber das ist eine alte Wahrnehmung.

— Was du sagst! Jetzt erinnere ich mich an eine ganze Menge Fälle, die ich für Zufälle hielt. Ich bekam einmal ein Pincenez von meiner Großmutter, während wir gute Freunde waren. Es war aus geschliffenem Bergkristall und ausgezeichnet bei den Obduktionen, ein wahres Wunderwerk, das ich sorgfältig hütete. Eines Tages **brach** ich mit der Alten und sie wurde auf mich böse.

Da geschah es bei der nächsten Obduktion, daß die Gläser ohne Ursache herausfielen. Ich glaubte, es sei ganz einfach entzwei; schickte es zur Reparatur. Nein, es fuhr fort, seinen Dienst zu verweigern; wurde in eine Schublade gelegt und ist fortgekommen.

— Was du sagst! Wie eigentümlich, daß das, was die Augen betrifft, am empfindlichsten ist. Ich hatte ein Doppelglas von einem Freunde bekommen; das paßte für meine Augen so gut, daß der Gebrauch ein Genuß für mich war. Der Freund und ich wurden Unfreunde. Du weißt, dazu kommt es, ohne sichtbare Ursache; es scheint einem, als dürfe man nicht einig sein. Als ich das Opernglas das nächste Mal benutzen wollte, konnte ich nicht klar sehen. Der Schenkel war zu kurz und ich sah zwei Bilder. Ich brauche dir nicht zu sagen, daß sich weder der Schenkel verkürzt noch der Abstand der Augen vergrößert hatte! Es war ein Wunder, das alle Tage geschieht und das schlechte Beobachter nicht merken. Die Erklärung? **Die psychische Kraft des Hasses ist wohl größer, als wir glauben.**

— Übrigens der Ring, den ich von dir bekommen habe, hat den Stein verloren — und läßt sich nicht reparieren, läßt sich nicht. Willst du dich jetzt von mir trennen? ... („Die gotischen Zimmer', S. 258 f.)"

Auch auf dem Gebiete der Symptomhandlungen muß die psychoanalytische Beobachtung den Dichtern die Priorität abtreten. Sie kann nur wiederholen, was diese längst gesagt haben. Herr Wilh. S t r o ß macht mich auf nachstehende Stelle in dem bekannten

humoristischen Roman Tristram Shandy von Lawrence
Sterne aufmerksam (VI. Teil, V. Kapitel):

„und es wundert mich keineswegs, daß Gregorius von Nazianzum,
als er am Julian die schnellen und unsteten Gebärden wahrnahm,
voraussagte, daß er eines Tages abtrünnig werden würde; —
oder daß St. Ambrosius seinen Amanuensem, wegen einer unanständigen Bewegung mit dem Kopfe, der ihm wie ein Dreschflegel hin und her ging, wegjagte. — Oder daß Democritus gleich
merkte, daß Protagoras ein Gelehrter wäre, weil er ihn ein Bündel
Reisholz binden und die dünnsten Reiser in die Mitte legen sah.
— Es gibt tausend unbemerkte Öffnungen, fuhr mein Vater fort,
durch welche ein scharfes Auge auf einmal die Seele entdecken
kann; und ich behaupte, fügte er hinzu, daß ein vernünftiger
Mann nicht seinen Hut niederlegen kann, wenn er in ein Zimmer
kommt — oder aufnehmen, wenn er hinaus geht, oder es entwischt
ihm etwas, das ihn verrät"

Hier noch eine kleine Sammlung mannigfaltiger Symptomhandlungen bei Gesunden und Neurotikern:

Ein älterer Kollege, der nicht gern im Kartenspiel verliert, hat
eines Abends eine größere Verlustsumme klaglos, aber in eigentümlich verhaltener Stimmung ausgezahlt. Nach seinem Weggehen
wird entdeckt, daß er so ziemlich alles, was er bei sich trägt,
auf seinem Platz zurückgelassen hat: Brille, Zigarrentasche und
Sacktuch. Das fordert wohl die Übersetzung: Ihr Räuber, ihr
habt mich da schön ausgeplündert.

Ein Mann, der an gelegentlich auftretender sexueller Impotenz
leidet, welche in der Innigkeit seiner Kinderbeziehungen zur
Mutter begründet ist, berichtet, daß er gewohnt ist, Schriften
und Aufzeichnungen mit einem S, dem Anfangsbuchstaben des
Namens seiner Mutter, zu verzieren. Er verträgt es nicht, daß
Briefe vom Hause auf seinem Schreibtisch in Berührung mit
anderen unheiligen Briefschaften geraten, und ist darum genötigt,
erstere gesondert aufzubewahren.

Eine junge Dame reißt plötzlich die Tür des Behandlungszimmers auf, in dem sich noch ihre Vorgängerin befindet. Sie entschuldigt sich mit „Gedankenlosigkeit"; es ergibt sich bald, daß sie die Neugierde demonstriert hat, welche sie seinerzeit ins Schlafzimmer der Eltern dringen ließ.

Mädchen, die auf ihre schönen Haare stolz sind, wissen so geschickt mit Kamm und Haarnadeln umzugehen, daß sich ihnen mitten im Gespräch die Haare lösen.

Manche Männer zerstreuen während der Behandlung (in liegender Stellung) Kleingeld aus der Hosentasche und honorieren so die Arbeit der Behandlungsstunde je nach ihrer Schätzung.

Wer bei einem Arzt einen mitgebrachten Gegenstand, wie Zwicker, Handschuhe, Täschchen vergißt, deutet damit an, daß er sich nicht losreißen kann und gern bald wiederkommen möchte. E. Jones sagt: *One can almost measure the success with which a physician is practising psychotherapy, for instance by the size of the collection of umbrellas, handkerchiefs, purses, and so on, that he could make in a month.*

Die kleinsten gewohnheitsmäßigen und mit minimaler Aufmerksamkeit ausgeführten Verrichtungen, wie das Aufziehen der Uhr vor dem Schlafengehen, das Auslöschen des Lichtes vor dem Verlassen des Zimmers u. a., sind gelegentlich Störungen unterworfen, welche den Einfluß der unbewußten Komplexe auf die angeblich stärksten „Gewohnheiten" unverkennbar demonstrieren. Maeder erzählt in der Zeitschrift „Coenobium" von einem Spitalarzte, der sich eines Abends einer wichtigen Angelegenheit wegen entschloß, in die Stadt zu gehen, obwohl er Dienst hatte und das Spital nicht hätte verlassen sollen. Als er zurückkam, bemerkte er zu seinem Erstaunen Licht in seinem Zimmer. Er hatte, was ihm früher nie geschehen war, vergessen, bei seinem Weggehen dunkel zu machen. Er besann sich aber bald auf das Motiv dieses Vergessens. Der im Hause wohnende Spitaldirektor mußte ja aus dem Lichte im Zimmer seines Internen den Schluß ziehen, daß dieser im Hause sei.

Ein mit Sorgen überbürdeter und gelegentlich Verstimmungen unterworfener Mann versicherte mir, daß er regelmäßig am Morgen seine Uhr abgelaufen finde, wenn ihm am Abend vorher das Leben gar zu hart und unfreundlich erschienen sei. Er drückt also durch die Unterlassung, die Uhr aufzuziehen, symbolisch aus, daß ihm nichts daran gelegen sei, den nächsten Tag zu erleben.

Ein anderer, mir persönlich unbekannt, schreibt: „Von einem harten Schicksalsschlage betroffen, erschien mir das Leben so hart und unfreundlich, daß ich mir einbildete, keine genügende Kraft zu finden, um den nächsten Tag durchzuleben, und da bemerkte ich, daß ich fast täglich meine Uhr aufzuziehen vergaß, was ich früher niemals unterließ und es vor dem Niederlegen regelmäßig fast mechanisch unbewußt tat. Nur selten erinnerte ich mich daran, wenn ich am folgenden Tage etwas Wichtiges oder mein Interesse besonders Fesselndes vor hatte. Sollte auch dies eine Symptomhandlung sein? Ich konnte mir dies gar nicht erklären."

Wer sich, wie Jung (Über die Psychologie der Dementia praecox, 1907, S. 62) oder Maeder (Une voie nouvelle en psychologie — Freud et son école, „Coenobium", Lugano 1909) die Mühe nehmen will, auf die Melodien zu achten, welche man, ohne es zu beabsichtigen, oft ohne es zu merken, vor sich hin trällert, wird die Beziehung des Textes zu einem die Person beschäftigenden Thema wohl regelmäßig aufdecken können.

Auch die feinere Determinierung des Gedankenausdruckes in Rede oder Schrift verdiente eine sorgfältige Beachtung. Man glaubt doch im allgemeinen die Wahl zu haben, in welche Worte man seine Gedanken einkleiden oder durch welches Bild man sie verkleiden soll. Nähere Beobachtung zeigt, daß andere Rücksichten über diese Wahl entscheiden, und daß in der Form des Gedankens ein tieferer, oft nicht beabsichtigter Sinn durchschimmert. Die Bilder und Redensarten, deren sich eine Person vorzugsweise bedient, sind für ihre Beurteilung meist nicht gleichgültig, und andere erweisen sich oft als Anspielung auf ein Thema, welches derzeit im Hintergrunde gehalten wird, aber den Sprecher mächtig ergriffen hat. Ich hörte jemand zu einer gewissen Zeit wiederholt in theoretischen Gesprächen die Redensart gebrauchen: „Wenn einem plötzlich etwas durch den Kopf schießt", aber ich wußte, daß er vor kurzem die Nachricht erhalten hatte, seinem Sohn sei die Feldkappe, die er auf dem Kopfe trug, von vorn nach hinten durch ein russisches Projektil durchschossen worden.

X

IRRTÜMER

Die Irrtümer des Gedächtnisses sind vom Vergessen mit Fehlerinnern nur durch den einen Zug unterschieden, daß der Irrtum (das Fehlerinnern) nicht als solcher erkannt wird, sondern Glauben findet. Der Gebrauch des Ausdrucks „Irrtum" scheint aber noch an einer anderen Bedingung zu hängen. Wir sprechen von „Irren" anstatt von „falsch Erinnern", wo in dem zu reproduzierenden psychischen Material der Charakter der objektiven Realität hervorgehoben werden soll, wo also etwas anderes erinnert werden soll als eine Tatsache unseres eigenen psychischen Lebens, vielmehr etwas, was der Bestätigung oder Widerlegung durch die Erinnerung anderer zugänglich ist. Den Gegensatz zum Gedächtnisirrtum in diesem Sinne bildet die Unwissenheit.

In meinem Buche „Die Traumdeutung" (1900)[1] habe ich mich einer Reihe von Verfälschungen an geschichtlichem und überhaupt tatsächlichem Material schuldig gemacht, auf die ich nach dem Erscheinen des Buches mit Verwunderung aufmerksam geworden bin. Ich habe bei näherer Prüfung derselben gefunden, daß sie nicht meiner Unwissenheit entsprungen sind, sondern sich auf Irrtümer des Gedächtnisses zurückleiten, welche sich durch Analyse aufklären lassen.

1) Auf S. 266 (der ersten Auflage) bezeichne ich als den Geburtsort Schillers die Stadt Marburg, deren Name in der Steier-

---

[1] 8. Aufl., (Ges. Werke, Bd. II/III).

mark wiederkehrt. Der Irrtum findet sich in der Analyse eines Traumes während einer Nachtreise, aus dem ich durch den vom Kondukteur ausgerufenen Stationsnamen M a r b u r g geweckt wurde. Im Trauminhalt wird nach einem Buche von Schiller gefragt. Nun ist Schiller nicht in der Universitätsstadt Marburg, sondern in dem schwäbischen M a r b a c h geboren. Ich behaupte auch, daß ich dies immer gewußt habe.

2) Auf S. 135 wird H a n n i b a l s Vater H a s d r u b a l genannt. Dieser Irrtum war mir besonders ärgerlich, hat mich aber in der Auffassung solcher Irrtümer am meisten bestärkt. In der Geschichte der Barkiden dürften wenige der Leser des Buches besser Bescheid wissen als der Verfasser, der diesen Fehler niederschrieb und ihn bei drei Korrekturen übersah. Der V a t e r Hannibals hieß H a m i l k a r B a r k a s — H a s d r u b a l war der Name von Hannibals B r u d e r, übrigens auch der seines Schwagers und Vorgängers im Kommando.

3) Auf S. 177 und S. 370 behaupte ich, daß Z e u s seinen Vater Kronos entmannt und ihn vom Throne stürzt. Diesen Greuel habe ich aber irrtümlich um eine Generation vorgeschoben; die griechische Mythologie läßt ihn von K r o n o s an seinem Vater U r a n o s verüben.[1]

Wie ist es nun zu erklären, daß mein Gedächtnis in diesen Punkten Ungetreues lieferte, während es mir sonst, wie sich Leser des Buches überzeugen können, das entlegenste und ungebräuchlichste Material zur Verfügung stellte? Und ferner, daß ich bei drei sorgfältig durchgeführten Korrekturen wie mit Blindheit geschlagen an diesen Irrtümern vorbeiging?

G o e t h e hat von L i c h t e n b e r g gesagt: Wo er einen Spaß macht, liegt ein Problem verborgen. Ähnlich kann man über die hier angeführten Stellen meines Buches behaupten: Wo ein Irrtum

---

[1] Kein voller Irrtum! Die orphische Version des Mythus ließ die Entmannung an Kronos von seinem Sohne Zeus wiederholt werden. (R o s c h e r, Lexikon der Mythologie.)

vorliegt, da steckt eine Verdrängung dahinter. Richtiger gesagt:
eine Unaufrichtigkeit, eine Entstellung, die schließlich auf Verdrängtem fußt. Ich bin bei der Analyse der dort mitgeteilten
Träume durch die bloße Natur der Themata, auf welche sich
die Traumgedanken beziehen, genötigt gewesen, einerseits die
Analyse irgendwo vor ihrer Abrundung abzubrechen, anderseits
einer indiskreten Einzelheit durch leise Entstellung die Schärfe zu
benehmen. Ich konnte nicht anders und hatte auch keine andere
Wahl, wenn ich überhaupt Beispiele und Belege vorbringen
wollte; meine Zwangslage leitete sich mit Notwendigkeit aus
der Eigenschaft der Träume ab, Verdrängtem, d. h. Bewußtseinsunfähigem Ausdruck zu geben. Es dürfte trotzdem genug übrig
geblieben sein, woran empfindlichere Seelen Anstoß genommen
haben. Die Entstellung oder Verschweigung der mir selbst noch
bekannten fortsetzenden Gedanken hat sich nun nicht spurlos
durchführen lassen. Was ich unterdrücken wollte, hat sich oftmals
wider meinen Willen den Zugang in das von mir Aufgenommene
erkämpft und ist darin als von mir unbemerkter Irrtum zum
Vorschein gekommen. In allen drei hervorgehobenen Beispielen
liegt übrigens das nämliche Thema zugrunde; die Irrtümer sind
Abkömmlinge verdrängter Gedanken, die sich mit meinem verstorbenen Vater beschäftigen.

ad 1) Wer den auf S. 266 analysierten Traum durchliest, wird
teils unverhüllt erfahren, teils aus Andeutungen erraten können,
daß ich bei Gedanken abgebrochen habe, die eine unfreundliche
Kritik am Vater enthalten hätten. In der Fortsetzung dieses
Zuges von Gedanken und Erinnerungen liegt nun eine ärgerliche
Geschichte, in welcher Bücher eine Rolle spielen, und ein
Geschäftsfreund des Vaters, der den Namen M a r b u r g führt,
denselben Namen, durch dessen Ausruf in der gleichnamigen Südbahnstation ich aus dem Schlafe geweckt wurde. Diesen Herrn
Marburg wollte ich bei der Analyse mir und den Lesern unterschlagen; er rächte sich dadurch, daß er sich dort einmengte, wo

er nicht hingehört, und den Namen des Geburtsortes Schillers aus Marbach in Marburg veränderte.

ad 2) Der Irrtum Hasdrubal anstatt Hamilkar, der Name des Bruders an Stelle des Namens des Vaters, ereignete sich gerade in einem Zusammenhange, der von den Hannibalphantasien meiner Gymnasiastenjahre und von meiner Unzufriedenheit mit dem Benehmen des Vaters gegen die „Feinde unseres Volkes" handelt. Ich hätte fortsetzen und erzählen können, wie mein Verhältnis zum Vater durch einen Besuch in England verändert wurde, der mich die Bekanntschaft meines dort lebenden Halbbruders aus früherer Ehe des Vaters machen ließ. Mein Bruder hat einen ältesten Sohn, der mir gleichaltrig ist; die Phantasien, wie anders es geworden wäre, wenn ich nicht als Sohn des Vaters, sondern des Bruders zur Welt gekommen wäre, fanden also kein Hindernis an den Altersrelationen. Diese unterdrückten Phantasien fälschten nun an der Stelle, wo ich in der Analyse abbrach, den Text meines Buches, indem sie mich nötigten, den Namen des Bruders für den des Vaters zu setzen.

ad 3) Dem Einfluß der Erinnerung an diesen selben Bruder schreibe ich es zu, daß ich die mythologischen Greuel der griechischen Götterwelt um eine Generation vorgeschoben habe. Von den Mahnungen des Bruders ist mir lange Zeit eine im Gedächtnis geblieben: „Vergiß nicht in Bezug auf Lebensführung eines," hatte er mir gesagt, „daß du nicht der zweiten, sondern eigentlich der dritten Generation vom Vater aus angehörst." Unser Vater hatte sich in späteren Jahren wieder verheiratet und war so um vieles älter als seine Kinder zweiter Ehe. Ich begehe den besprochenen Irrtum im Buche gerade dort, wo ich von der Pietät zwischen Eltern und Kindern handle.

Es ist auch einigemal vorgekommen, daß Freunde und Patienten, deren Träume ich berichtete, oder auf die ich in den Traumanalysen anspielte, mich aufmerksam machten, die Umstände der gemeinsam erlebten Begebenheiten seien von mir ungenau erzählt worden. Das wären nun wiederum historische Irrtümer. Ich habe die einzelnen Fälle nach der Richtigstellung nachgeprüft und mich gleichfalls überzeugt, daß meine Erinnerung des Sachlichen nur dort ungetreu war, wo ich in der Analyse etwas mit Absicht entstellt oder verhehlt hatte. Auch hier wieder ein **unbemerkter Irrtum als Ersatz für eine absichtliche Verschweigung oder Verdrängung.**

Von diesen Irrtümern, die der Verdrängung entspringen, heben sich scharf andere ab, die auf wirklicher Unwissenheit beruhen. So war es z. B. Unwissenheit, wenn ich auf einem Ausflug in die **Wachau** den Aufenthalt des Revolutionärs **Fischhof** berührt zu haben glaubte. Die beiden Orte haben nur den Namen gemein; das **Emmersdorf Fischhofs** liegt in Kärnten. Ich wußte es aber nicht anders.

4.) Noch ein beschämender und lehrreicher Irrtum, ein Beispiel von temporärer Ignoranz, wenn man so sagen darf. Ein Patient mahnte mich eines Tages, ihm die zwei versprochenen Bücher über Venedig mitzugeben, aus denen er sich für seine Osterreise vorbereiten wollte. Ich habe sie bereit gelegt, erwiderte ich, und ging in das Bibliothekszimmer, um sie zu holen. In Wahrheit hatte ich aber vergessen, sie herauszusuchen, denn ich war mit der Reise meines Patienten, in der ich eine unnötige Störung der Behandlung und eine materielle Schädigung des Arztes erblickte, nicht recht einverstanden. Ich halte also in der Bibliothek rasche Umschau nach den beiden Büchern, die ich ins Auge gefaßt hatte. „Venedig als Kunststätte" ist das eine; außerdem aber muß ich noch ein historisches Werk in einer ähnlichen Sammlung besitzen. Richtig, da ist es: „Die Mediceer", ich nehme es und bringe es dem Wartenden, um dann beschämt den Irrtum einzugestehen. Ich weiß doch wirklich, daß die Medici nichts mit Venedig zu tun haben, aber es erschien mir für eine kurze Weile gar nicht unrichtig. Nun muß ich Gerechtigkeit üben; da ich dem Patienten so häufig seine eigenen Symptomhandlungen vorgehalten habe, kann ich meine Autorität vor ihm nur retten, wenn ich ehrlich werde und ihm die geheim gehaltenen Motive meiner Abneigung gegen seine Reise kundgebe.

Man darf ganz allgemein erstaunt sein, daß der Wahrheitsdrang der Menschen soviel stärker ist, als man ihn für gewöhnlich einschätzt. Vielleicht ist es übrigens eine Folge meiner Beschäftigung mit der Psychoanalyse, daß ich kaum mehr lügen kann. So oft ich eine Entstellung versuche, unterliege ich einer Irrung oder anderen Fehlleistung, durch die sich meine Unaufrichtigkeit wie in diesem und den vorstehenden Beispielen verrät.

Der Mechanismus des Irrtums scheint der lockerste unter allen Fehlleistungen, das heißt das Vorkommen des Irrtums zeigt ganz allgemein an, daß die betreffende seelische Tätigkeit mit irgend einem störenden Einfluß zu kämpfen hatte, ohne daß die Art des Irrtums durch die Qualität der im Dunkeln gebliebenen störenden Idee determiniert wäre. Wir tragen indes an dieser Stelle nach, daß bei vielen einfachen Fällen von Versprechen und Verschreiben derselbe Tatbestand anzunehmen ist. Jedesmal, wenn wir uns versprechen oder verschreiben, dürfen wir eine Störung durch seelische Vorgänge außerhalb der Intention erschließen, aber es ist zuzugeben, daß das Versprechen und Verschreiben oftmals den Gesetzen der Ähnlichkeit, der Bequemlichkeit oder der Neigung zur Beschleunigung folgt, ohne daß es dem Störenden gelungen wäre, ein Stück seines eigenen Charakters in dem beim Versprechen oder Verschreiben resultierenden Fehler durchzusetzen. Das Entgegenkommen des sprachlichen Materials ermöglicht erst die Determinierung des Fehlers und setzt derselben auch die Grenze.

Um nicht ausschließlich eigene Irrtümer anzuführen, will ich noch einige Beispiele mitteilen, die allerdings ebensowohl beim Versprechen und Vergreifen hätten eingereiht werden können, was aber bei der Gleichwertigkeit all dieser Weisen von Fehlleistung bedeutungslos zu nennen ist.

5) Ich habe einem Patienten untersagt, die Geliebte, mit der er selbst brechen möchte, telephonisch anzurufen, da jedes Gespräch den Abgewöhnungskampf von neuem entfacht. Er soll ihr seine letzte Meinung schreiben, wiewohl es Schwierigkeiten hat, ihr Briefe zuzustellen. Er besucht mich nun um 1 Uhr, um mir zu sagen, daß er einen Weg gefunden hat, der diese Schwierigkeiten umgeht, fragt auch unter anderem, ob er sich auf meine ärztliche Autorität berufen darf. Um 2 Uhr ist er mit der Abfassung des Absagebriefes beschäftigt, unterbricht sich plötzlich, sagt der dabei anwesenden Mutter: Jetzt habe ich vergessen, den Professor zu fragen, ob ich in dem Briefe seinen Namen nennen darf, eilt zum Telephon, läßt sich verbinden und ruft die Frage ins Rohr: Bitte, ist der Herr Professor schon nach dem Speisen zu sprechen? Als Antwort tönt ihm ein erstauntes „Adolf, bist du verrückt geworden?" entgegen, und zwar von der nämlichen Stimme, die er nach meinem Gebote nicht mehr hätte hören sollen. Er hatte sich bloß „geirrt" und anstatt der Nummer des Arztes die der Geliebten angegeben.

6) Eine junge Dame soll einen Besuch bei einer kürzlich verheirateten Freundin in der Habsburgergasse machen. Sie spricht davon während des Familientisches, sagt aber irrtümlicherweise, sie müsse in die Babenbergergasse gehen. Andere bei Tische Anwesende machen sie lachend auf den von ihr nicht bemerkten Irrtum — oder Versprechen, wenn man so lieber will — aufmerksam. Zwei Tage vorher ist nämlich in Wien die Republik ausgerufen worden, das Schwarzgelb ist verschwunden und hat den Farben der alten Ostmark: rot-weiß-rot Platz gemacht, die Habsburger sind abgetan; die Sprecherin hat diese Ersetzung in die Adresse der Freundin eingetragen. Es gibt übrigens in Wien eine sehr bekannte Babenbergerstraße, aber kein Wiener würde von ihr als „Gasse" reden.

7) In einer Sommerfrische hat der Schullehrer, ein ganz armer, aber stattlicher junger Mann, der Tochter eines Villenbesitzers

aus der Großstadt so lange den Hof gemacht, bis das Mädchen sich leidenschaftlich in ihn verliebt und auch ihre Familie bewogen hat, die Heirat trotz der bestehenden Standes- und Rassenunterschiede gutzuheißen. Da schreibt der Lehrer eines Tages seinem Bruder einen Brief, in dem es heißt: „Schön ist das Dirndl ja gar nicht, aber recht lieb und soweit wär's gut. Ob ich mich aber werd' entschließen können, eine Jüdin zu heiraten, das kann ich dir noch nicht sagen". Dieser Brief gerät in die Hände der Braut und macht dem Verlöbnis ein Ende, während der Bruder sich gleichzeitig über die an ihn gerichteten Liebesbeteuerungen zu verwundern hat. Mein Gewährsmann versicherte mir, daß hier Irrtum und nicht eine schlaue Veranstaltung vorlag. Mir ist auch ein anderer Fall bekannt geworden, in dem eine Dame, die, mit ihrem alten Arzt unzufrieden, ihm doch nicht offen absagen wollte, diesen Zweck mittels einer Briefverwechslung erreichte, und wenigstens hier kann ich dafür einstehen, daß der Irrtum und nicht die bewußte List sich des bekannten Lustspielmotivs bedient hat.

8) Brill erzählt von einer Dame, die sich bei ihm nach dem Befinden einer gemeinsamen Bekannten erkundigte, wobei sie dieselbe irrtümlich bei ihrem Mädchennamen nannte. Aufmerksam gemacht, mußte sie zugestehen, daß sie den Mann dieser Dame nicht möge und mit der Heirat derselben sehr unzufrieden gewesen sei.

9) Ein Fall von Irrtum, der auch als „Versprechen" beschrieben werden kann: Ein junger Vater begibt sich zum Standesbeamten, um seine zweitgeborene Tochter anzumelden. Befragt, wie das Kind heißen soll, antwortete er: Hanna, muß sich aber von dem Beamten sagen lassen: Sie haben ja schon ein Kind dieses Namens. Wir werden den Schluß ziehen, daß diese zweite Tochter nicht so ganz willkommen war wie seinerzeit die erste.

10) Ich füge hier einige andere Beobachtungen von Namenverwechslungen an, die natürlich mit ebensoviel Recht in anderen Abschnitten dieses Buches untergebracht worden wären.

Eine Dame ist Mutter von drei Töchtern, von denen zwei längst verheiratet sind, während die jüngste noch ihr Schicksal erwartet. Eine befreundete Dame hat bei den beiden Hochzeiten das nämliche Geschenk gemacht, eine kostbare silberne Teegarnitur. So oft nun von diesem Gerät die Sprache ist, nennt die Mutter irrtümlicherweise die dritte Tochter als Besitzerin. Es ist offenbar, daß dieser Irrtum den Wunsch der Mutter ausspricht, auch die letzte Tochter verheiratet zu wissen. Sie setzt dabei voraus, daß sie dasselbe Hochzeitsgeschenk erhalten würde.

Ebenso leicht deutbar sind die häufigen Fälle, in denen eine Mutter die Namen ihrer Töchter, Söhne oder Schwiegersöhne verwechselt.

11) Ein hübsches Beispiel von hartnäckiger Namensvertauschung, das sich leicht erklärt, entnehme ich der Selbstbeobachtung eines Herrn J. G. während seines Aufenthaltes in einer Heilanstalt:

„An der Table d'hôte (des Sanatoriums) gebrauche ich im Laufe eines mich wenig interessierenden und in ganz konventionellem Ton geführten Gespräches mit meiner Tischnachbarin eine Phrase von besonderer Liebenswürdigkeit. Das etwas ältliche Mädchen konnte nicht umhin zu bemerken, daß es sonst nicht meine Art sei, ihr gegenüber so liebenswürdig und galant zu sein — eine Entgegnung, die einerseits ein gewisses Bedauern und mehr noch eine deutliche Spitze gegen ein uns beiden bekanntes Fräulein enthielt, dem ich größere Aufmerksamkeit zu schenken pflegte. Ich verstehe natürlich augenblicklich. Im Laufe unseres weiteren Gespräches muß ich mich nun, was mir ungemein peinlich ist, von meiner Nachbarin wiederholt darauf aufmerksam machen lassen, daß ich sie mit dem Namen jenes Fräuleins angesprochen habe, das sie nicht mit Unrecht als ihre glücklichere Nebenbuhlerin ansah."

12) Als „Irrtum" will ich auch eine Begebenheit mit ernsthaftem Hintergrund erzählen, die mir von einem nahe beteiligten Zeugen berichtet wurde. Eine Dame hat den Abend mit ihrem

Manne und in Gesellschaft von zwei Fremden im Freien zugebracht. Einer dieser beiden Fremden ist ihr intimer Freund, wovon aber die anderen nichts wissen und nichts wissen dürfen. Die Freunde begleiten das Ehepaar bis vor die Haustür. Während man auf das Öffnen der Tür wartet, wird Abschied genommen. Die Dame verneigt sich gegen den Fremden, reicht ihm die Hand und spricht einige verbindliche Worte. Dann greift sie nach dem Arm ihres heimlich Geliebten, wendet sich zu ihrem Manne und will ihn in gleicher Weise verabschieden. Der Mann geht auf die Situation ein, zieht den Hut und sagt überhöflich: Küss' die Hand, gnädige Frau. Die erschrockene Frau läßt den Arm des Geliebten fahren und hat noch Zeit, ehe der Hausmeister erscheint, zu seufzen: Nein, so etwas soll einem passieren! Der Mann gehörte zu jenen Eheherren, die eine Untreue ihrer Frau außerhalb jeder Möglichkeit verlegen wollen. Er hatte wiederholt geschworen, in einem solchen Falle würde mehr als ein Leben in Gefahr sein. Er hatte also die stärksten inneren Abhaltungen, um die Herausforderung, die in dieser Irrung lag, zu bemerken.

13) Eine Irrung eines meiner Patienten, die durch eine Wiederholung zum Gegensinn besonders lehrreich wird: Der überbedenkliche junge Mann hat sich nach langwierigen inneren Kämpfen dazu gebracht, dem Mädchen, das ihn seit langem liebt wie er sie, die Zusage der Ehe zu geben. Er begleitet die ihm Verlobte nach Hause, verabschiedet sich von ihr, steigt überglücklich in einen Tramwaywagen und verlangt von der Schaffnerin — z w e i Fahrkarten. Etwa ein halbes Jahr später ist er bereits verheiratet, kann sich aber noch nicht recht in sein Eheglück finden. Er zweifelt, ob er recht getan hat zu heiraten, vermißt frühere freundschaftliche Beziehungen, hat an den Schwiegereltern allerlei auszusetzen. Eines Abends holt er seine junge Frau vom Hause ihrer Eltern ab, steigt mit ihr in den Wagen der Straßenbahn und begnügt sich damit, der Schaffnerin eine einzige Karte abzuverlangen.

14.) Wie man einen ungern unterdrückten Wunsch vermittels eines „Irrtums" befriedigen kann, davon erzählt Maeder ein hübsches Beispiel. Ein Kollege möchte einen dienstfreien Tag so recht ungestört genießen; er soll aber einen Besuch in Luzern machen, auf den er sich nicht freuen kann, und beschließt nach längerer Überlegung, doch hinzufahren. Um sich zu zerstreuen, liest er auf der Fahrt Zürich—Arth-Goldau die Tageszeitungen, wechselt in letzterer Station den Zug und setzt seine Lektüre fort. In der Fortsetzung der Fahrt entdeckt ihm dann der kontrollierende Schaffner, daß er in einen falschen Zug eingestiegen ist, nämlich in den, der von Goldau nach Zürich zurückfährt, während er ein Billett nach Luzern genommen hatte. (Nouvelles contributions etc., Arch. de Psych., VI, 1908).

15) Einen analogen, wenngleich nicht voll geglückten Versuch, einem unterdrückten Wunsch durch den nämlichen Mechanismus der Irrung zum Ausdruck zu verhelfen, berichtet Dr. V. Tausk unter der Überschrift „Falsche Fahrtrichtung":

„Ich war aus dem Felde auf Urlaub nach Wien gekommen. Ein alter Patient hatte von meiner Anwesenheit Kenntnis bekommen und ließ mich bitten, daß ich ihn besuche, da er krank zu Bette lag. Ich leistete der Bitte Folge und verbrachte zwei Stunden bei ihm. Beim Abschied fragte der Kranke, was er schuldig sei. ‚Ich bin auf Urlaub hier und ordiniere jetzt nicht,' antwortete ich. ‚Nehmen Sie meinen Besuch als einen Freundschaftsdienst.' Der Kranke stutzte, da er wohl das Empfinden hatte, er habe kein Recht, eine berufliche Leistung als unentgeltlichen Freundschaftsdienst in Anspruch zu nehmen. Aber er ließ sich meine Antwort schließlich gefallen, in der von der Lust an der Geldersparung diktierten respektvollen Meinung, daß ich als Psychoanalytiker sicher richtig handeln werde. — Mir selbst stiegen schon wenige Augenblicke später Bedenken über die Aufrichtigkeit meiner Noblesse auf, und, von Zweifeln — die kaum eine zweideutige Lösung zuließen — erfüllt, bestieg ich die elektrische Straßenbahnlinie X. Nach einer kurzen Fahrt hatte ich auf die Linie Y umzusteigen. Während ich an der Umsteigestelle wartete, vergaß ich die Honorarangelegenheit und beschäftigte mich mit den Krankheitssymptomen meines Patienten. Indem kam der von mir erwartete Wagen und ich stieg ein. Aber bei der nächsten Haltestelle mußte ich wieder aussteigen. Ich war nämlich statt in einen Y-Wagen versehentlich und ohne es zu merken in einen X-Wagen eingestiegen und fuhr in der Richtung, aus der ich eben gekommen war, wieder zurück, in der Richtung zum Patienten, von dem ich kein Honorar annehmen wollte. **Mein Unbewußtes aber wollte sich das Honorar holen.**" (Internat. Zeitschrift f. Psychoanalyse IV, 1916/17.)

16) Ein sehr ähnliches Kunststück wie im Beispiel 14 ist mir selbst einmal gelungen. Ich hatte meinem gestrengen ältesten Bruder zugesagt, ihm in diesem Sommer den längst fälligen Besuch in einem englischen Seebad abzustatten, und dabei die Verpflichtung übernommen, da die Zeit drängte, auf dem kürzesten Wege ohne Aufenthalt zu reisen. Ich bat um einen Tag Aufschub für Holland, aber er meinte, das könnte ich für die Rückreise aufsparen. Ich fuhr also von München über Köln nach Rotterdam—Hoek van Holland, von wo das Schiff um Mitternacht nach Harwich übersetzt. In Köln hatte ich Wagenwechsel; ich verließ meinen Zug, um in den Eilzug nach Rotterdam umzusteigen, aber der war nicht zu entdecken. Ich fragte verschiedene Bahnbedienstete, wurde von einem Bahnsteig auf den anderen geschickt, geriet in eine übertriebene Verzweiflung und konnte mir bald berechnen, daß ich während dieses erfolglosen Suchens den Anschluß versäumt haben dürfte. Nachdem mir dieses bestätigt worden war, überlegte ich, ob ich in Köln übernachten sollte, wofür unter anderem auch die Pietät sprach, da nach einer alten Familientradition meine Ahnen einst bei einer Judenverfolgung aus dieser Stadt geflüchtet waren. Ich entschloß mich aber anders, fuhr mit einem späteren Zug nach Rotterdam, wo ich in tiefer Nachtzeit ankam,

und war nun genötigt, einen Tag in Holland zuzubringen. Dieser
Tag brachte mir die Erfüllung eines längst gehegten Wunsches;
ich konnte die herrlichen Rembrandtbilder im Haag und im
Reichsmuseum zu Amsterdam sehen. Erst am nächsten Vormittag,
als ich während der Eisenbahnfahrt in England meine Eindrücke
sammeln konnte, tauchte mir die unzweifelhafte Erinnerung auf,
daß ich auf dem Bahnhofe in Köln wenige Schritte von der Stelle,
wo ich ausgestiegen war, auf dem nämlichen Bahnsteig eine große
Tafel Rotterdam—Hoek van Holland gesehen hatte. Dort wartete
der Zug, in dem ich die Reise hätte fortsetzen sollen. Man müßte
es als unbegreifliche „Verblendung" bezeichnen, daß ich trotz
dieser guten Anleitung weggeeilt und den Zug anderswo gesucht
hatte, wenn man nicht annehmen wollte, daß es eben mein
Vorsatz war, gegen die Vorschrift meines Bruders die Rembrandtbilder schon auf der Hinreise zu bewundern. Alles übrige, meine
gut gespielte Ratlosigkeit, das Auftauchen der pietätvollen Absicht,
in Köln zu übernachten, war nur Veranstaltung, um mir meinen
Vorsatz zu verbergen, bis er sich vollkommen durchgesetzt hatte.

17) Eine ebensolche, durch „Vergeßlichkeit" hergestellte Veranstaltung, um einen Wunsch zu erfüllen, auf den man angeblich
verzichtet hat, berichtet J. Stärcke von seiner eigenen Person. (L. c.)

„Ich mußte einmal in einem Dorfe einen Vortrag mit Licht-
bildern halten. Dieser Vortrag war aber um eine Woche verschoben.
Ich hatte den Brief hinsichtlich dieses Aufschubes beantwortet und
das geänderte Datum in meinem Notizbuch notiert. Ich wäre gern
schon nachmittags nach diesem Dorfe gegangen, damit ich die
Zeit hätte, um einem mir bekannten Schriftsteller, der dort wohnt,
einen Besuch abzustatten. Zu meinem Bedauern konnte ich aber
zurzeit keinen Nachmittag dafür frei machen. Nur ungern gab ich
diesen Besuch auf.

Als nun der Abend des Vortrages da war, machte ich mich,
mit einer Tasche voll Laternenbilder, in größter Eile zum Bahnhof auf. Ich mußte einen Taxi nehmen, um den Zug noch zu

erreichen (es passiert mir öfters, daß ich so lange zögere, daß ich einen Taxi nehmen muß, um den Zug noch zu erreichen!). An Ort und Stelle gekommen, war ich einigermaßen erstaunt, daß keiner am Bahnhof war, um mich abzuholen (wie es bei Vorträgen in kleineren Orten Gewohnheit ist). Plötzlich fiel mir ein, daß der Vortrag um eine Woche verschoben war, und daß ich jetzt am ursprünglich festgestellten Datum eine vergebliche Reise gemacht hatte. Nachdem ich meine Vergeßlichkeit herzinnig verwünscht hatte, überlegte ich, ob ich mit dem nächstfolgenden Zug wieder nach Hause zurückkehren sollte. Bei näherer Überlegung dachte ich aber daran, daß ich jetzt eine schöne Gelegenheit hatte, um den gewünschten Besuch zu machen, was ich denn auch tat. Erst unterwegs fiel mir ein, daß mein unerfüllter Wunsch, für diesen Besuch gehörig Zeit zu haben, das Komplott hübsch vorbereitet hatte. Das Schleppen mit der schweren Tasche voll Laternenbilder und das Eilen, um den Zug zu erreichen, konnten ausgezeichnet dazu dienen, die unbewußte Absicht desto besser zu verbergen."

Man wird vielleicht nicht geneigt sein, die Klasse von Irrtümern, für die ich hier die Aufklärung gebe, für sehr zahlreich oder besonders bedeutungsvoll zu halten. Ich gebe aber zu bedenken, ob man nicht Grund hat, die gleichen Gesichtspunkte auch auf die Beurteilung der ungleich wichtigeren **Urteilsirrtümer** der Menschen im Leben und in der Wissenschaft auszudehnen. Nur den auserlesensten und ausgeglichensten Geistern scheint es möglich zu sein, das Bild der wahrgenommenen äußeren Realität vor der Verzerrung zu bewahren, die es sonst beim Durchgang durch die psychische Individualität des Wahrnehmenden erfährt.

XI

KOMBINIERTE FEHLLEISTUNGEN

Zwei der letzterwähnten Beispiele, mein Irrtum, der die Mediceer nach Venedig bringt, und der des jungen Mannes, der ein telephonisches Gespräch mit seiner Geliebten dem Verbote abzutrotzen weiß, haben eigentlich eine ungenaue Beschreibung gefunden und stellen sich bei sorgfältiger Betrachtung als Vereinigung eines Vergessens mit einem Irrtum dar. Dieselbe Vereinigung kann ich noch deutlicher an einigen anderen Beispielen aufzeigen.

1) Ein Freund teilt mir folgendes Erlebnis mit: „Ich habe vor einigen Jahren die Wahl in den Ausschuß einer bestimmten literarischen Vereinigung angenommen, weil ich vermutete, die Gesellschaft könnte mir einmal behilflich sein, eine Aufführung meines Dramas durchzusetzen, und nahm regelmäßig, wenn auch ohne viel Interesse, an den jeden Freitag stattfindenden Sitzungen teil. Vor einigen Monaten erhielt ich nun die Zusicherung einer Aufführung am Theater in F., und seither passierte es mir regelmäßig, daß ich die Sitzungen jenes Vereines vergaß. Als ich Ihre Schrift über diese Dinge las, schämte ich mich meines Vergessens, machte mir Vorwürfe, es sei doch eine Gemeinheit, daß ich jetzt ausbleibe, nachdem ich die Leute nicht mehr brauche, und beschloß, nächsten Freitag gewiß nicht zu vergessen. Ich erinnerte mich an diesen Vorsatz immer wieder, bis ich ihn ausführte und vor der Tür des Sitzungssaales stand. Zu

XI. Kombinierte Fehlleistungen

meinem Erstaunen war sie geschlossen, die Sitzung war schon vorüber; ich hatte mich nämlich im Tage geirrt; es war schon Samstag!"

2) Das nächste Beispiel ist eine Kombination einer Symptomhandlung mit einem Verlegen; es ist auf entfernteren Umwegen, aber aus guter Quelle zu mir gelangt.

Eine Dame reist mit ihrem Schwager, einem berühmten Künstler, nach Rom. Der Besucher wird von den in Rom lebenden Deutschen sehr gefeiert und erhält unter anderem eine goldene Medaille antiker Herkunft zum Geschenke. Die Dame kränkt sich darüber, daß ihr Schwager das schöne Stück nicht genug zu schätzen weiß. Nachdem sie, von ihrer Schwester abgelöst, wieder zu Hause angelangt ist, entdeckt sie beim Auspacken, daß sie die Medaille — sie weiß nicht wie — mitgenommen hat. Sie teilt es sofort dem Schwager brieflich mit und kündigt ihm an, daß sie das Entführte am nächsten Tage nach Rom zurückschicken wird. Am nächsten Tage aber ist die Medaille so geschickt verlegt, daß sie unauffindbar und unabsendbar ist, und dann dämmert der Dame, was ihre „Zerstreutheit" bedeute, nämlich, daß sie das Stück für sich selbst behalten wolle.

3) Einige Fälle, in denen sich die Fehlhandlung hartnäckig wiederholt und dabei auch ihre Mittel wechselt:

Jones (l. c., S. 483): Aus ihm unbekannten Motiven hatte er einst einen Brief mehrere Tage auf seinem Schreibtisch liegen lassen, ohne ihn aufzugeben. Endlich entschloß er sich dazu, aber er erhielt ihn vom „Dead letter office" zurück, denn er hatte vergessen, die Adresse zu schreiben. Nachdem er ihn adressiert hatte, brachte er ihn wieder zur Post, aber diesmal ohne Briefmarke. Die Abneigung dagegen, den Brief überhaupt abzusenden, konnte er dann nicht mehr übersehen.

4) Sehr eindrucksvoll schildert die vergeblichen Bemühungen, eine Handlung gegen einen inneren Widerstand durchzusetzen, eine kleine Mitteilung von Dr. Karl Weiß (Wien):

„Wie konsequent sich das Unbewußte durchzusetzen weiß, wenn es ein Motiv hat, einen Vorsatz nicht zur Ausführung gelangen zu lassen, und wie schwer es ist, sich gegen diese Tendenz zu sichern, dafür bietet der folgende Vorfall einen Beleg. Ein Bekannter ersucht mich, ihm ein Buch zu leihen und es ihm am nächsten Tage mitzubringen. Ich sage sogleich zu, empfinde aber ein lebhaftes Unlustgefühl, das ich mir zunächst nicht erklären kann. Später wird es mir klar: der Betreffende schuldet mir seit Jahren eine Summe Geldes, an deren Bezahlung er anscheinend nicht denkt. Ich denke nicht weiter an die Sache, erinnere mich aber ihrer am nächsten Vormittag mit dem gleichen Unlustgefühl und sage mir sofort: ‚Dein Unbewußtes wird darauf hinarbeiten, daß du das Buch vergißt. Du willst aber nicht ungefällig sein und wirst deshalb alles tun, um nicht zu vergessen.' Ich komme nach Hause, packe das Buch in Papier und lege es neben mich auf den Schreibtisch, an dem ich Briefe schreibe. Nach einiger Zeit gehe ich fort; nach wenigen Schritten erinnere ich mich, daß ich die Briefe, die ich zur Post mitnehmen wollte, auf dem Schreibtisch liegen gelassen habe. (Beiläufig bemerkt war einer darunter, in dem ich einer Person, die mich in einer bestimmten Angelegenheit fördern sollte, etwas Unangenehmes schreiben mußte.) Ich kehre um, hole die Briefe und gehe wieder weg. In der Elektrischen fällt mir ein, daß ich meiner Frau versprochen habe, ihr einen Einkauf zu besorgen, und ich bin recht befriedigt bei dem Gedanken, daß es nur ein kleines Päckchen sein wird. Hier stellt sich plötzlich die Assoziation Päckchen—Buch her und jetzt merke ich, daß ich das Buch nicht bei mir habe. Ich hatte es also nicht nur das erstemal, als ich fortging, vergessen, sondern auch konsequent übersehen, als ich die Briefe holte, neben denen es lag."

5) Das Nämliche in einer eingehend analysierten Beobachtung von Otto Rank:

„Ein peinlich ordentlicher und pedantisch genauer Mann berichtet das folgende, für ihn ganz außergewöhnliche Erlebnis.

Eines Nachmittags, als er auf der Straße nach der Zeit sehen will, bemerkt er, daß er seine Uhr zu Hause vergessen hat, was seiner Erinnerung nach noch nie vorgekommen war. Da er für den Abend eine pünktliche Verabredung hat und nicht mehr Zeit findet, vorher seine Uhr zu holen, benützte er den Besuch bei einer befreundeten Dame, um sich ihre Uhr für den Abend auszuleihen; dies war um so eher angängig, als er die Dame infolge einer früheren Verabredung am nächsten Vormittag zu besuchen hatte und bei dieser Gelegenheit die Uhr zurückzustellen versprach. Zu seinem Erstaunen merkt er aber, als er tags darauf der Besitzerin die entlehnte Uhr überreichen will, daß er nun diese zu Hause vergaß; seine eigene Uhr hatte er diesmal zu sich gesteckt. Er nahm sich nun fest vor, die Damenuhr noch am Nachmittag zurückzustellen, und führte den Vorsatz auch aus. Als er aber beim Weggehen nach der Zeit sehen will, hat er zu seinem maßlosen Ärger und Erstaunen wieder die eigene Uhr vergessen. Diese Wiederholung der Fehlleistung kam dem sonst so ordnungsliebenden Manne derart pathologisch vor, daß er gern ihre psychologische Motivierung gekannt hätte, die sich auch prompt auf die psychoanalytische Fragestellung ergab, ob er an dem kritischen Tage des ersten Vergessens irgend etwas Unangenehmes erlebt habe, und in welchem Zusammenhange dies geschehen sei. Er erzählt darauf sogleich, daß er nach dem Mittagessen, kurz bevor er wegging und die Uhr vergaß, ein Gespräch mit seiner Mutter gehabt hatte, die ihm erzählte, ein leichtsinniger Verwandter, der ihm schon viel Kummer und Geldopfer verursacht hatte, hätte seine Uhr versetzt; da sie aber zu Hause gebraucht werde, ließe er ihn bitten, ihm das Geld zur Auslösung zu geben. Diese fast erzwungene Art des Geldleihens hatte unseren Mann sehr peinlich berührt und ihm all die Unannehmlichkeiten wieder in Erinnerung gebracht, die ihm dieser Verwandte seit vielen Jahren bereitet hatte. Seine Symptomhandlung erweist sich demnach als mehrfach determiniert: erstens

gibt sie einem Gedankengange Ausdruck, der etwa besagt, ich
lasse mir das Geld nicht auf diese Weise abpressen, und wenn
eine Uhr gebraucht wird, so lasse ich eben meine eigene zu
Hause; da er sie jedoch abends zur Einhaltung eines Rendezvous
braucht, kann sich diese Absicht nur auf unbewußtem Wege, in
Form einer Symptomhandlung, durchsetzen; zweitens besagt das
Vergessen soviel als: die ewigen Geldopfer für diesen Taugenichts
werden mich noch gänzlich zugrunde richten, so daß ich alles
werde hergeben müssen. Obwohl nun der Ärger über diese Mitteilung nach Angabe des Mannes nur ein momentaner gewesen
war, zeigt doch die Wiederholung der gleichen Symptomhandlung,
daß er im Unbewußten intensiv weiterwirkt, etwa wie wenn das
Bewußtsein sagen würde: Diese Geschichte geht mir nicht aus dem
Kopfe.[1] Daß dann das gleiche Schicksal einmal auch die entlehnte
Damenuhr betrifft, wird uns nach dieser Einstellung des Unbewußten nicht wundernehmen. Doch begünstigen vielleicht noch
spezielle Motive diese Übertragung auf die ‚unschuldige' Damenuhr. Das nächstliegende Motiv ist wohl, daß er sie vermutlich
gern als Ersatz seiner eigenen, aufgeopferten Uhr behalten hätte
und sie darum am nächsten Tage zurückzugeben vergißt; auch
hätte er die Uhr vielleicht gern als Andenken an die Dame
besessen. Ferner bietet ihm das Vergessen der Damenuhr
Gelegenheit, die verehrte Dame ein zweites Mal zu besuchen; er
hatte sie ja des Morgens einer anderen Sache wegen aufsuchen
müssen und scheint mit dem Vergessen der Uhr gleichsam anzudeuten, daß ihm dieser schon längere Zeit vorher bestimmte
Besuch zu schade sei, um ihn noch nebenbei zur Rückgabe der
Uhr zu benützen. Auch spricht das zweimalige Vergessen der
eigenen und die dadurch ermöglichte Rückstellung der fremden
Uhr dafür, daß unser Mann es unbewußterweise zu vermeiden

---

[1] Dieses Weiterwirken im Unbewußten äußert sich einmal in Form eines
Traumes, welcher der Fehlhandlung folgt, ein andermal in der Wiederholung derselben oder in der Unterlassung einer Korrektur.

sucht, beide Uhren gleichzeitig zu tragen. Er trachtet offenbar, diesen Anschein des Überflusses zu vermeiden, der in zu auffälligem Gegensatz zu dem Mangel des Verwandten stünde; andererseits aber weiß er damit seiner anscheinlichen Heiratsabsicht der Dame gegenüber mit der Selbstmahnung zu begegnen, daß er seiner Familie (Mutter) gegenüber unlösbare Verpflichtungen habe. Ein weiterer Grund für das Vergessen einer Damenuhr mag endlich darin zu suchen sein, daß er sich am Abend zuvor als Junggeselle vor seinen Bekannten geniert hatte, auf die Damenuhr zu sehen, was er nur verstohlen tat, und daß er, um die Wiederholung dieser peinlichen Situation zu vermeiden, die Uhr nicht mehr zu sich stecken mochte. Da er sie aber andererseits zurückzustellen hatte, so resultiert auch hier die unbewußt vollzogene Symptomhandlung, die sich als Kompromißbildung zwischen widerstreitenden Gefühlsregungen und als teuer erkaufter Sieg der unbewußten Instanz erweist." (Zentralblatt f. Psychoanalyse, II, 5.)

Drei Beobachtungen von J. Stärcke (l. c.):

6) **Verlegen-Zerbrechen-Vergessen — als Ausdruck eines zurückgedrängten Gegenwillens**: „Von einer Sammlung Illustrationen für eine wissenschaftliche Arbeit sollte ich eines Tages meinem Bruder einige leihen, welche er als Lichtbilder bei einem Vortrag benutzen wollte. Obgleich ich einen Augenblick den Gedanken verspürte, daß ich die Reproduktionen, die ich mit vieler Mühe gesammelt hatte, lieber in keiner Weise vorgeführt oder publiziert sähe, bevor ich das selbst machen könnte, versprach ich ihm, die Negative der gewünschten Bilder aufzusuchen und Laternenbilder davon anzufertigen. — Diese Negative konnte ich aber nicht finden. Den ganzen Stapel Schachteln voll Negative, die sich auf diesen Gegenstand bezogen, sah ich durch, gut zweihundert Negative nahm ich eines nach dem anderen in die Hand, aber die Negative, die ich suchte, waren nicht dabei. Ich vermutete wohl, daß ich meinem Bruder

diese Bilder eigentlich nicht zu gönnen schien. Nachdem ich mir diesen abgünstigen Gedanken bewußt gemacht und bestritten hatte, bemerkte ich, daß ich die oberste Schachtel des Stapels zur Seite gesetzt und diese nicht durchsucht hatte, und diese Schachtel enthielt die gesuchten Negative. Auf dem Deckel dieser Schachtel stand eine kurze Aufzeichnung betreffs des Inhalts, und wahrscheinlich hatte ich das mit einem flüchtigen Blick gesehen, bevor ich diese Schachtel zur Seite setzte. Der abgünstige Gedanke schien indessen noch nicht ganz besiegt, denn es geschah noch allerlei, bevor die Lichtbilder verschickt waren. Eine von den Laternenplatten drückte ich kaputt, während ich diese in der Hand hatte und die Glasseite rein putzte (so zerbreche ich sonst nie eine Laternenplatte). Als ich von dieser Platte ein neues Exemplar angefertigt hatte, fiel es mir aus der Hand und nur dadurch, daß ich den Fuß vorstreckte und es darauf auffing, zerbrach es nicht. Als ich die Laternenplatten montierte, fiel der ganze Haufen noch einmal auf den Boden, glücklicherweise ohne daß dabei etwas zerbrach. Und schließlich dauerte es noch mehrere Tage, bevor ich sie wirklich emballierte und versandte, da ich mir dieses jeden Tag von neuem vornahm und dieses Vornehmen jedesmal wieder vergaß."

7) **Wiederholtes Vergessen — Vergreifen bei der endlichen Ausführung:** „Eines Tages mußte ich einem Bekannten eine Postkarte senden, verschob es aber während mehrerer Tage immer wieder, wobei ich ein starkes Vermuten hatte, daß folgendes die Ursache davon war: In einem Briefe hatte er mir mitgeteilt, daß im Laufe jener Woche mich jemand besuchen wollte, auf dessen Besuch ich nicht sehr erpicht war. Als diese Woche vorüber war und die Aussicht des ungewünschten Besuches sehr gering geworden war, schrieb ich endlich die Postkarte, worin ich mitteilte, wann ich zu sprechen sein würde. Als ich diese Postkarte schrieb, wollte ich anfangs hinzufügen, daß ich wegen *druk werk* (= emsige, angestrengte oder über-

häufte Arbeit) am Schreiben behindert gewesen war, aber ich schrieb das am Ende nicht, weil diese gewöhnliche Ausrede doch von keinem vernünftigen Menschen mehr geglaubt wird. Ob diese kleine Unwahrheit sich doch äußern mußte, weiß ich nicht, aber als ich die Postkarte in den Briefkasten warf, warf ich sie irrtümlicherweise in die untere Öffnung des Kastens: ‚*Drukwerk*‘ (= Drucksachen)."

8) Vergessen und Irrtum: „Ein Mädchen geht eines Morgens, da das Wetter sehr schön ist, nach dem ‚Ryksmuseum‘, um dort Gipsabgüsse zu zeichnen. Obgleich sie bei diesem schönen Wetter lieber spazieren gehen möchte, entschloß sie sich, doch mal emsig zu sein und zu zeichnen. Sie muß zuerst Zeichenpapier kaufen. Sie geht zum Laden (ungefähr zehn Minuten vom Museum), kauft Bleistifte und andere Zeichengeräte, aber vergißt eben das Zeichenpapier zu kaufen, geht dann zum Museum, und als sie auf ihrem Stühlchen sitzt, fertig, um anzufangen, da hat sie noch kein Papier, so daß sie von neuem zu dem Laden gehen muß. Nachdem sie Papier geholt hat, fängt sie wirklich an zu zeichnen, geht mit der Arbeit gut vorwärts und hört nach einiger Zeit vom Turme des Museums eine große Zahl Glockenschläge. Sie denkt: ‚Das wird schon zwölf Uhr sein‘, arbeitet noch fort, bis die Turmglocke Viertelstunde spielt (‚das ist Viertel nach zwölf‘, denkt sie), packt jetzt ihre Zeichengeräte ein und entschließt sich, durch den ‚Vondelpark‘ zum Hause ihrer Schwester zu spazieren, um dort Kaffee zu trinken (= holl. zweite Mahlzeit). Beim Suasso-Museum sieht sie zu ihrem Staunen, daß es statt halb eins erst zwölf Uhr ist! — Das lockende schöne Wetter hatte ihren Fleiß hinters Licht geführt und dadurch hatte sie, als die Turmglocke um halb zwölf zwölf schlug, nicht daran gedacht, daß eine Turmglocke auch mit der halben Stunde schlägt."

9) Wie schon einige der vorstehenden Beobachtungen zeigen, kann die unbewußt störende Tendenz ihre Absicht auch erreichen, indem sie dieselbe Art der Fehlleistung hartnäckig wiederholt.

Ich entnehme ein amüsantes Beispiel hiefür einem Büchlein „Frank Wedekind und das Theater", das im Münchener Drei Masken-Verlag erschienen ist, muß aber die Verantwortung für das in Mark Twainscher Manier erzählte Geschichtchen dem Autor des Buches überlassen.

„In Wedekinds Einakter ‚Die Zensur' fällt an der ernstesten Stelle des Stückes der Ausspruch: ‚Die Furcht vor dem Tode ist ein Denkfehler.' Der Autor, dem die Stelle am Herzen lag, bat auf der Probe den Darsteller, vor dem Worte ‚Denkfehler' eine kleine Pause zu machen. Am Abend — der Darsteller ging ganz in seiner Rolle auf, beobachtete auch die Pause genau, sagte aber unwillkürlich in feierlichstem Tone: ‚Die Furcht vor dem Tode ist ein Druckfehler.' Der Autor versicherte dem Künstler nach Schluß der Vorstellung auf seine Frage, daß er nicht das geringste auszusetzen habe, nur heiße es an der betreffenden Stelle nicht: die Furcht vor dem Tode sei ein Druckfehler, sondern ein Denkfehler. — Als ‚Die Zensur' am folgenden Abend wiederholt wurde, sagte der Darsteller an der bewußten Stelle, und zwar wieder in feierlichstem Tone: ‚Die Furcht vor dem Tode ist ein — Denkzettel.' Wedekind spendete dem Schauspieler wieder uneingeschränktes Lob, aber bemerkte nur nebenbei, daß es nicht heiße, die Furcht vor dem Tode sei ein Denkzettel, sondern ein Denkfehler. — Am nächsten Abend wurde wieder ‚Die Zensur' gespielt und der Darsteller, mit dem sich der Autor inzwischen befreundet und Kunstanschauungen ausgetauscht hatte, sagte, als die Stelle kam, mit der feierlichsten Miene von der Welt: ‚Die Furcht vor dem Tode ist ein — Druckzettel.' — Der Künstler erhielt des Autors rückhaltlose Anerkennung, der Einakter wurde auch noch oft wiederholt, aber den Begriff ‚Denkfehler' hielt der Autor nun ein für allemal für endgültig erledigt."

Rank hat auch den sehr interessanten Beziehungen von „Fehlleistung und Traum" (Zentralbl. f. Psychoanalyse II. S. 266 u. Internat.

Zeitschr. f. Psychoanalyse III, S. 158) Aufmerksamkeit geschenkt, denen man aber nicht ohne eingehende Analyse des Traumes folgen kann, welcher sich an die Fehlhandlung anschließt. Ich träumte einmal in einem längeren Zusammenhange, daß ich mein Portemonnaie verloren. Am Morgen vermißte ich es wirklich beim Ankleiden; ich hatte vergessen, es beim Auskleiden vor der Traumnacht aus der Hosentasche zu nehmen und an seinen gewohnten Platz zu legen. Dieses Vergessen war mir also nicht unbekannt, es sollte wahrscheinlich einem unbewußten Gedanken Ausdruck geben, der für das Auftreten im Trauminhalt vorbereitet war.[1]

Ich will nicht behaupten, daß solche Fälle von kombinierten Fehlleistungen etwas Neues lehren können, was nicht schon aus den Einzelfällen zu ersehen wäre, aber dieser Formenwechsel der Fehlleistung bei Erhaltung desselben Erfolges gibt doch den plastischen Eindruck eines Willens, der nach einem bestimmten Ziele strebt, und widerspricht in ungleich energischerer Weise der Auffassung, daß die Fehlleistung etwas Zufälliges und der Deutung nicht Bedürftiges sei. Es darf uns auch auffallen, daß es in diesen Beispielen einem bewußten Vorsatz so gründlich mißlingt, den Erfolg der Fehlleistung hintanzuhalten. Mein Freund setzt es doch nicht durch, die Vereinssitzung zu besuchen, und die Dame findet sich außerstande, sich von der Medaille zu trennen. Jenes Unbekannte, das sich gegen diese Vorsätze sträubt, findet

---

[1] Daß eine Fehlleistung wie das Verlieren oder Verlegen durch einen Traum rückgängig gemacht wird, indem man im Traume erfährt, wo der vermißte Gegenstand zu finden ist, kommt nicht so selten vor, hat aber auch nichts von der Natur des Okkulten, so lange Träumer und Verlustträger dieselbe Person sind. Eine junge Dame schreibt: „Vor ungefähr vier Monaten verlor ich — in der Bank — einen sehr schönen Ring. Ich durchsuchte jeden Winkel in meinem Zimmer, fand ihn aber nicht. Vor einer Woche träumte mir, er liege neben dem Kasten in der Heizung. Der Traum ließ mir natürlich keine Ruhe und nächsten Morgen fand ich ihn wirklich an der Stelle." Sie wundert sich über diesen Vorfall, behauptet, es geschehe ihr oft, daß ihre Gedanken und Wünsche so in Erfüllung gehen, unterläßt es aber sich zu fragen, welche Veränderung sich in ihrem Leben zwischen dem Verlieren und dem Wiederfinden des Ringes zugetragen hat.

einen anderen Ausweg, nachdem ihm der erste Weg versperrt wird. Zur Überwindung des unbekannten Motivs ist nämlich noch etwas anderes als der bewußte Gegenvorsatz erforderlich; es brauchte eine psychische Arbeit, welche das Unbekannte dem Bewußtsein bekannt macht.

XII
DETERMINISMUS
ZUFALLS- UND ABERGLAUBEN
GESICHTSPUNKTE

Als das allgemeine Ergebnis der vorstehenden Einzelerörterungen kann man folgende Einsicht hinstellen: **Gewisse Unzulänglichkeiten unserer psychischen Leistungen** — deren gemeinsamer Charakter sogleich näher bestimmt werden soll — **und gewisse absichtslos erscheinende Verrichtungen erweisen sich, wenn man das Verfahren der psychoanalytischen Untersuchung auf sie anwendet, als wohlmotiviert und durch dem Bewußtsein unbekannte Motive determiniert.**

Um in die Klasse der so zu erklärenden Phänomene eingereiht zu werden, muß eine psychische Fehlleistung folgenden Bedingungen genügen.

a) Sie darf nicht über ein gewisses Maß hinausgehen, welches von unserer Schätzung festgesetzt ist und durch den Ausdruck „innerhalb der Breite des Normalen" bezeichnet wird.

b) Sie muß den Charakter der momentanen und zeitweiligen Störung an sich tragen. Wir müssen die nämliche Leistung vorher korrekter ausgeführt haben oder uns jederzeit zutrauen, sie korrekter auszuführen. Wenn wir von anderer Seite korrigiert werden, müssen wir die Richtigkeit der Korrektur und die Unrichtigkeit unseres eigenen psychischen Vorganges sofort erkennen.

c) Wenn wir die Fehlleistung überhaupt wahrnehmen, dürfen wir von einer Motivierung derselben nichts in uns verspüren, sondern müssen versucht sein, sie durch „Unaufmerksamkeit" zu erklären oder als „Zufälligkeit" hinzustellen.

Es verbleiben somit in dieser Gruppe die Fälle von Vergessen und die Irrtümer bei besserem Wissen, das Versprechen, Verlesen, Verschreiben, Vergreifen und die sogenannten Zufallshandlungen.

Die gleiche Zusammensetzung mit der Vorsilbe „v e r-" deutet für die meisten dieser Phänomene die innere Gleichartigkeit sprachlich an. An die Aufklärung dieser so bestimmten psychischen Vorgänge knüpft aber eine Reihe von Bemerkungen an, die zum Teile ein weitergehendes Interesse erwecken dürfen.

A) Indem wir einen Teil unserer psychischen Leistungen als unaufklärbar durch Zielvorstellungen preisgeben, verkennen wir den Umfang der Determinierung im Seelenleben. Dieselbe reicht hier und noch auf anderen Gebieten weiter, als wir es vermuten. Ich habe im Jahre 1900 in einem Aufsatz des Literaturhistorikers R. M. Meyer in der „Zeit" ausgeführt und an Beispielen erläutert gefunden, daß es unmöglich ist, absichtlich und willkürlich einen Unsinn zu komponieren. Seit längerer Zeit weiß ich, daß man es nicht zustande bringt, sich eine Zahl nach freiem Belieben einfallen zu lassen, ebenso wenig wie etwa einen Namen. Untersucht man die scheinbar willkürlich gebildete, etwa mehrstellige, wie im Scherz oder Übermut ausgesprochene Zahl, so erweist sich deren strenge Determinierung, die man wirklich nicht für möglich gehalten hätte. Ich will nun zunächst ein Beispiel eines willkürlich gewählten Vornamens kurz erörtern und dann ein analoges Beispiel einer „gedankenlos hingeworfenen" Zahl ausführlicher analysieren.

1) Im Begriffe, die Krankengeschichte einer meiner Patientinnen für die Publikation herzurichten, erwäge ich, welchen Vornamen

ich ihr in der Arbeit geben soll. Die Auswahl scheint sehr groß; gewiß schließen sich einige Namen von vornherein aus, in erster Linie der echte Name, sodann die Namen meiner eigenen Familienangehörigen, an denen ich Anstoß nehmen würde, etwa noch andere Frauennamen von besonders seltsamem Klang; im übrigen aber brauchte ich um einen solchen Namen nicht verlegen zu sein. Man sollte erwarten und ich erwarte selbst, daß sich mir eine ganze Schar weiblicher Namen zur Verfügung stellen wird. Anstatt dessen taucht ein einzelner auf, kein zweiter neben ihm, der Name D o r a. Ich frage nach seiner Determinierung. Wer heißt denn nur sonst Dora? Ungläubig möchte ich den nächsten Einfall zurückweisen, der lautet, daß das Kindermädchen meiner Schwester so heißt. Aber ich besitze so viel Selbstzucht oder Übung im Analysieren, daß ich den Einfall festhalte und weiterspinne. Da fällt mir auch sofort eine kleine Begebenheit des vorigen Abends ein, welche die gesuchte Determinierung bringt. Ich sah auf dem Tisch im Speisezimmer meiner Schwester einen Brief liegen mit der Aufschrift: „An Fräulein Rosa W." Erstaunt frage ich, wer so heißt, und werde belehrt, daß die vermeintliche Dora eigentlich Rosa heißt und diesen ihren Namen beim Eintritt ins Haus ablegen mußte, weil meine Schwester den Ruf „Rosa" auch auf ihre eigene Person beziehen kann. Ich sagte bedauernd: Die armen Leute, nicht einmal ihren Namen können sie beibehalten! Wie ich mich jetzt besinne, wurde ich dann für einen Moment still und begann an allerlei ernsthafte Dinge zu denken, die ins Unklare verliefen, die ich mir jetzt aber leicht bewußt machen könnte. Als ich dann am nächsten Tag nach einem Namen für eine Person suchte, d i e i h r e n e i g e n e n n i c h t b e i b e h a l t e n d u r f t e, fiel mir kein anderer als „Dora" ein. Die Ausschließlichkeit beruht hier auf fester inhaltlicher Verknüpfung, denn in der Geschichte meiner Patientin rührte ein auch für den Verlauf der Kur entscheidender Einfluß von der im fremden Haus dienenden Person, von einer Gouvernante, her.

Diese kleine Begebenheit fand Jahre später eine unerwartete Fortsetzung. Als ich einmal die längst veröffentlichte Krankengeschichte des nun Dora genannten Mädchens in meiner Vorlesung besprach, fiel mir ein, daß ja eine meiner beiden Hörerinnen den gleichen Namen Dora, den ich in den verschiedensten Verknüpfungen so oft auszusprechen hatte, trage, und ich wandte mich an die junge Kollegin, die mir auch persönlich bekannt war, mit der Entschuldigung, ich hätte wirklich nicht daran gedacht, daß sie auch so heiße, sei aber gern bereit, den Namen in der Vorlesung durch einen anderen zu ersetzen. Ich hatte nun die Aufgabe, rasch einen anderen zu wählen, und überlegte dabei, jetzt dürfe ich nur nicht auf den Vornamen der anderen Hörerin kommen und so den psychoanalytisch bereits geschulten Kollegen ein schlechtes Beispiel geben. Ich war also sehr zufrieden, als mir zum Ersatze für D o r a der Name E r n a einfiel, dessen ich mich nun im Vortrag bediente. Nach der Vorlesung fragte ich mich, woher wohl der Name Erna stammen möge, und mußte lachen, als ich merkte, daß die gefürchtete Möglichkeit sich bei der Wahl des Ersatznamens dennoch, wenigstens teilweise, durchgesetzt hatte. Die andere Dame hieß mit ihrem Familiennamen L u c e r n a, wovon E r n a ein Stück ist.

2) In einem Briefe an einen Freund kündige ich ihm an, daß ich jetzt die Korrekturen der Traumdeutung abgeschlossen habe und nichts mehr an dem Werke ändern will, „möge es auch 2467 Fehler enthalten". Ich versuche sofort, mir diese Zahl aufzuklären und füge die kleine Analyse noch als Nachschrift dem Briefe an. Am besten zitiere ich jetzt, wie ich damals geschrieben, als ich mich auf frischer Tat ertappte:

„Noch rasch einen Beitrag zur Psychopathologie des Alltagslebens. Du findest im Briefe die Zahl 2467 als übermütige Willkürschätzung der Fehler, die sich im Traumbuch finden werden. Es soll heißen: irgend eine große Zahl, und da stellt sich diese ein. Nun gibt es aber nichts Willkürliches, Undeterminiertes im Psychischen. Du wirst also auch mit Recht erwarten, daß das Unbewußte sich beeilt hat, die Zahl zu determinieren, die von dem Bewußten freigelassen wurde. Nun hatte ich gerade vorher in der Zeitung gelesen, daß ein General E. M. als Feldzeugmeister in den Ruhestand getreten ist. Du mußt wissen, der Mann interessiert mich. Während ich als militärärztlicher Eleve diente, kam er einmal, damals Oberst, in den Krankenstand und sagte zum Arzte: ‚Sie müssen mich aber in acht Tagen gesund machen, denn ich habe etwas zu arbeiten, worauf der Kaiser wartet.' Damals nahm ich mir vor, die Laufbahn des Mannes zu verfolgen, und siehe da, heute (1899) ist er am Ende derselben, Feldzeugmeister und schon im Ruhestande. Ich wollte ausrechnen, in welcher Zeit er diesen Weg zurückgelegt, und nahm an, daß ich ihn 1882 im Spital gesehen. Das wären also 17 Jahre. Ich erzähle meiner Frau davon und sie bemerkt: ‚Da müßtest du also auch schon im Ruhestand sein?' Und ich protestiere: Davor bewahre mich Gott. Nach diesem Gespräche setzte ich mich an den Tisch, um Dir zu schreiben. Der frühere Gedankengang setzt sich aber fort und mit gutem Recht. Es war falsch gerechnet; ich habe einen festen Punkt dafür in meiner Erinnerung. Meine Großjährigkeit, meinen 24. Geburtstag also, habe ich im Militärarrest gefeiert (weil ich mich eigenmächtig absentiert hatte). Das war also 1880; es sind 19 Jahre her. Da hast Du nun die Zahl 24 in 2467! Nimm nun meine Alterszahl 43 und gib 24 Jahre hinzu, so bekommst Du 67! Das heißt, auf die Frage, ob ich auch in den Ruhestand treten will, habe ich mir im Wunsche noch 24 Jahre Arbeit zugelegt. Offenbar bin ich gekränkt darüber, daß ich es in dem Intervall, durch das ich den Obersten M. verfolgt, selbst nicht weit gebracht habe, und doch wie in einer Art von Triumph darüber, daß er jetzt schon fertig ist, während ich noch alles vor mir habe. Da darf man mit Recht sagen, daß nicht einmal die absichtslos hingeworfene Zahl 2467 ihrer Determinierung aus dem Unbewußten entbehrt."

3) Seit diesem ersten Beispiel von Aufklärung einer scheinbar willkürlich gewählten Zahl habe ich den gleichen Versuch vielmals mit dem nämlichen Erfolge wiederholt; aber die meisten Fälle sind so sehr intimen Inhalts, daß sie sich der Mitteilung entziehen.

Gerade darum aber will ich es nicht versäumen, eine sehr interessante Analyse eines „Zahleneinfalls" hier anzufügen, welche Dr. Alfred Adler (Wien) von einem ihm bekannten „durchaus gesunden" Gewährsmann erhielt.[1] „Gestern abends" — so berichtet dieser Gewährsmann — „habe ich mich über die ‚Psychopathologie des Alltags' hergemacht und ich hätte das Buch gleich ausgelesen, wenn mich nicht ein merkwürdiger Zwischenfall gehindert hätte. Als ich nämlich las, daß jede Zahl, die wir scheinbar ganz willkürlich ins Bewußtsein rufen, einen bestimmten Sinn hat, beschloß ich, einen Versuch zu machen. Es fiel mir die Zahl 1734 ein. Nun überstürzten sich folgende Einfälle: $1734 : 17 = 102$; $102 : 17 = 6$. Dann zerreiße ich die Zahl in 17 und 34. Ich bin 34 Jahre alt. Ich betrachte, wie ich Ihnen, glaube ich, einmal gesagt habe, das 34. Jahr als das letzte Jugendjahr, und ich habe mich darum an meinem letzten Geburtstag sehr miserabel gefühlt. Am Ende meines 17. Jahres begann für mich eine sehr schöne und interessante Periode meiner Entwicklung. Ich teile mein Leben in Abschnitte von 17 Jahren. Was haben nun die Divisionen zu bedeuten? Es fällt mir zu der Zahl 102 ein, daß die Nummer 102 der Reclamschen Universalbibliothek das Kotzebuesche Stück ‚Menschenhaß und Reue' enthält."

„Mein gegenwärtiger psychischer Zustand ist Menschenhaß und Reue. Nr. 6 der U.-B. (ich weiß eine ganze Menge Nummern auswendig) ist Müllners ‚Schuld'. Mich quält in einem fort der Gedanke, daß ich durch meine Schuld nicht geworden bin,

---

[1] Psych.-Neur. Wochenschr., Nr. 28, 1905.

was ich nach meinen Fähigkeiten hätte werden können. Weiter fällt mir ein, daß Nr. 34 der U.-B. eine Erzählung desselben Müllner, betitelt ‚Der Kaliber', enthält. Ich zerreiße das Wort in ‚Ka-liber'; weiters fällt mir ein, daß es die Worte ‚Ali' und ‚Kali' enthält. Das erinnert mich daran, daß ich einmal mit meinem (sechsjährigen) Sohne Ali Reime machte. Ich forderte ihn auf, einen Reim auf Ali zu suchen. Es fiel ihm keiner ein und ich sagte ihm, als er einen von mir wollte: ‚Ali reinigt den Mund mit hypermangansaurem Kali.' Wir lachten viel und Ali war sehr lieb. In den letzten Tagen mußte ich mit Verdruß konstatieren, daß er ‚ka (kein) lieber Ali sei'."

„Ich fragte mich nun: Was ist Nr. 17 der U.-B.?, konnte es aber nicht herausbringen. Ich habe es aber früher ganz bestimmt gewußt, nehme also an, daß ich diese Zahl vergessen wollte. Alles Nachsinnen blieb umsonst. Ich wollte weiter lesen, las aber nur mechanisch, ohne ein Wort zu verstehen, da mich die 17 quälte. Ich löschte das Licht aus und suchte weiter. Schließlich fiel mir ein, daß Nr. 17 ein Stück von Shakespeare sein muß. Welches aber? Es fällt mir ein: ‚Hero und Leander'. Offenbar ein blödsinniger Versuch meines Willens mich abzulenken. Ich stehe endlich auf und suche den Katalog der U.-B. Nr. 17 ist ‚Macbeth'. Zu meiner Verblüffung muß ich konstatieren, daß ich von dem Stücke fast gar nichts weiß, trotzdem es mich nicht weniger beschäftigt hat als andere Dramen Shakespeares. Es fällt mir nur ein: Mörder, Lady Macbeth, Hexen, ‚Schön ist häßlich', und daß ich seinerzeit Schillers Macbeth-Bearbeitung sehr schön gefunden habe. Zweifellos habe ich also das Stück vergessen wollen. Noch fällt mir ein, daß 17 und 34 durch 17 dividiert 1 und 2 ergibt. Nr. 1 und 2 der U.-B. ist Goethes ‚Faust'. Ich habe früher sehr viel Faustisches in mir gefunden."

Wir müssen bedauern, daß die Diskretion des Arztes uns keinen Einblick in die Bedeutung dieser Reihe von Einfällen gegönnt hat. Adler bemerkt, daß dem Manne die Synthese seiner Auseinandersetzungen nicht gelungen ist. Dieselben würden uns auch kaum mitteilenswert erschienen sein, wenn in deren Fortsetzung nicht etwas aufträte, was uns den Schlüssel zum Verständnis der Zahl 1734 und der ganzen Einfallsreihe in die Hand spielte.

„Heute früh hatte ich freilich ein Erlebnis, das sehr für die Richtigkeit der Freudschen Auffassung spricht. Meine Frau, die ich beim Aufstehen des Nachts aufgeweckt hatte, fragte mich, was ich denn mit dem Katalog der U.-B. gewollt hätte. Ich erzählte ihr die Geschichte. Sie fand, daß alles Rabulistik sei, nur — sehr interessant — den Macbeth, gegen den ich mich so sehr gewehrt hatte, ließ sie gelten. Sie sagte, ihr falle gar nichts ein, wenn sie sich eine Zahl denke. Ich antwortete: ‚Machen wir eine Probe'. Sie nannte die Zahl 117. Ich erwiderte darauf sofort: ‚17 ist eine Beziehung auf das, was ich dir erzählt habe, ferner habe ich dir gestern gesagt: wenn eine Frau im 82. Jahre steht und ein Mann im 35., so ist das ein arges Mißverhältnis.' Ich frozzle seit ein paar Tagen meine Frau mit der Behauptung, daß sie ein altes Mütterchen von 82 Jahren sei. $82 + 35 = 117$."

Der Mann, der seine eigene Zahl nicht zu determinieren wußte, fand also sofort die Auflösung, als seine Frau ihm eine angeblich willkürlich gewählte Zahl nannte. In Wirklichkeit hatte die Frau sehr wohl aufgefaßt, aus welchem Komplex die Zahl ihres Mannes stammte, und wählte die eigene Zahl aus dem nämlichen Komplex, der gewiß beiden Personen gemeinsam war, da es sich in ihm um das Altersverhältnis der beiden handelte. Wir haben es nun leicht, den Zahleneinfall des Mannes zu übersetzen. Er spricht, wie Adler andeutet, einen unterdrückten Wunsch des Mannes aus, der voll entwickelt lauten würde: „Zu einem Manne von 34 Jahren, wie ich einer bin, paßt nur eine Frau von 17 Jahren."

Damit man nicht allzu geringschätzig von solchen „Spielereien" denken möge, will ich hinzufügen, was ich kürzlich von Dr. Adler erfahren habe, daß ein Jahr nach Veröffentlichung dieser Analyse der Mann von seiner Frau geschieden war.[1]

4.) Ähnliche Aufklärungen gibt A d l e r für die Entstehung obsedierender Zahlen. Auch die Wahl sogenannter „Lieblingszahlen" ist nicht ohne Beziehung auf das Leben der betreffenden Person und entbehrt nicht eines gewissen psychologischen Interesses. Ein Mann, der sich zu der besonderen Vorliebe für die Zahlen 17 und 19 bekannte, wußte nach kurzem Besinnen anzugeben, daß er mit 17 Jahren in die langersehnte akademische Freiheit, auf die Universität, gekommen, und daß er mit 19 Jahren seine erste große Reise und bald darauf seinen ersten wissenschaftlichen Fund gemacht. Die Fixierung dieser Vorliebe erfolgte aber zwei Lustren später, als die gleichen Zahlen zur Bedeutung für sein Liebesleben gelangten. — Ja, selbst Zahlen, die man anscheinend willkürlich in gewissem Zusammenhange besonders häufig gebraucht, lassen sich durch die Analyse auf unerwarteten Sinn zurückführen. So fiel es einem meiner Patienten eines Tages auf, daß er im Unmut besonders gern zu sagen pflegte: Das habe ich dir schon 17- bis 36mal gesagt, und er fragte sich, ob es auch dafür eine Motivierung gebe. Es fiel ihm alsbald ein, daß er an einem 27. Monatstag geboren sei, sein jüngerer Bruder aber an einem 26., und daß er Grund habe, darüber zu klagen, daß das Schicksal ihm soviel von den Gütern des Lebens geraubt, um sie diesem jüngeren Bruder zuzuwenden. Diese Parteilichkeit des Schicksals stellte er also dar, indem er von seinem Geburtsdatum zehn abzog und diese zum Datum des Bruders hinzufügte. „Ich bin der Ältere und dennoch so verkürzt worden."

5) Ich will bei den Analysen von Zahleinfällen länger verweilen, denn ich kenne keine anderen Einzelbeobachtungen, die so

---

[1] Zur Aufklärung des „Macbeth" in Nr. 17 der U.-B. teilt mir A d l e r mit, daß der Betreffende in seinem 17. Lebensjahr einer anarchistischen Gesellschaft beigetreten war, die sich den Königsmord zum Ziel gesetzt hatte. Darum verfiel wohl der Inhalt des „Macbeth" dem Vergessen. Zu jener Zeit erfand die nämliche Person eine Geheimschrift, in der die Buchstaben durch Zahlen ersetzt waren.

schlagend die Existenz von hoch zusammengesetzten Denkvorgängen erweisen würden, von denen das Bewußtsein doch keine Kunde hat, und anderseits kein besseres Beispiel von Analysen, bei denen die häufig angeschuldigte Mitarbeit des Arztes (die Suggestion) so sicher außer Betracht kommt. Ich werde daher die Analyse eines Zahleneinfalles eines meiner Patienten (mit seiner Zustimmung) hier mitteilen, von dem ich nur anzugeben brauche, daß er das jüngste Kind einer langen Kinderreihe ist, und daß er den bewunderten Vater in jungen Jahren verloren hat. In besonders heiterer Stimmung läßt er sich die Zahl 426718 einfallen und stellt sich die Frage: „Also was fällt mir dazu ein? Zunächst ein Witz, den ich gehört habe: ‚Wenn man einen Schnupfen ärztlich behandelt, dauert er 42 Tage, wenn man ihn aber unbehandelt läßt — 6 Wochen.'" Das entspricht den ersten Ziffern der Zahl $42 = 6 \times 7$. In der Stockung, die sich bei ihm nach dieser ersten Lösung einstellt, mache ich ihn aufmerksam, daß die von ihm gewählte sechsstellige Zahl alle ersten Ziffern enthalte bis auf 3 und 5. Nun findet er sofort die Fortsetzung der Deutung. „Wir sind 7 Geschwister, ich der jüngste. 3 entspricht in der Kinderreihe der Schwester A., 5 dem Bruder L., das waren meine beiden Feinde. Ich pflegte als Kind jeden Abend zu Gott zu beten, daß er diese meine beiden Quälgeister aus dem Leben abberufen solle. Es scheint mir nun, daß ich mir hier diesen Wunsch selbst erfüllte; 3 und 5, der böse Bruder und die gehaßte Schwester sind übergangen." — Wenn die Zahl Ihre Geschwisterreihe bedeutet, was soll das 18 am Ende? Sie waren doch nur 7. — „Ich habe oft gedacht, wenn der Vater noch länger gelebt hätte, so wäre ich nicht das jüngste Kind geblieben. Wenn noch 1 gekommen wäre, so wären wir 8 gewesen, und ich hätte ein kleineres Kind hinter mir gehabt, gegen das ich den Älteren gespielt hätte."

Somit war die Zahl aufgeklärt, aber es lag uns noch ob, den Zusammenhang zwischen dem ersten Stück der Deutung und den

XII. Determinismus, Zufalls- und Aberglauben, Gesichtspunkte

folgenden herzustellen. Das ergab sich sehr leicht aus der für die letzten Zahlen benötigten Bedingung: Wenn der Vater noch länger gelebt hätte. $42 = 6 \times 7$ bedeutete den Hohn gegen die Ärzte, die dem Vater nicht hatten helfen können, drückte also in dieser Form den Wunsch nach dem Fortleben des Vaters aus. Die ganze Zahl entsprach eigentlich der Erfüllung seiner beiden infantilen Wünsche in betreff seines Familienkreises, die beiden bösen Geschwister sollten sterben, und ein kleines Geschwisterchen hinter ihnen nachkommen, oder auf den kürzesten Ausdruck gebracht: Wenn doch lieber die beiden gestorben wären anstatt des geliebten Vaters![1]

6) Ein kleines Beispiel aus meiner Korrespondenz. Ein Telegraphendirektor in L. schreibt, sein $18^{1}/_{2}$jähriger Sohn, der Medizin studieren wolle, beschäftige sich schon jetzt mit der Psychopathologie des Alltags und suche seine Eltern von der Richtigkeit meiner Aufstellungen zu überzeugen. Ich gebe einen der von ihm angestellten Versuche wieder, ohne mich über die daran geknüpfte Diskussion zu äußern.

„Mein Sohn unterhält sich mit meiner Frau über den sogenannten Zufall und erläutert ihr, daß sie kein Lied, keine Zahl nennen könne, die ihr wirklich nur ‚zufällig' einfielen. Es entspinnt sich folgende Unterhaltung: Sohn: Nenne mir irgendeine Zahl. — Mutter: 79. — Sohn: Was fällt dir dabei ein? — Mutter: Ich denke an den schönen Hut, den ich gestern besichtigte. — Sohn: Was kostete er? — Mutter: 158 M. — Sohn: Da haben wir es: $158 : 2 = 79$. Dir war der Hut zu teuer und du hast gewiß gedacht: ‚Wenn er halb soviel kostete, würde ich ihn kaufen.'

Gegen diese Ausführungen meines Sohnes erhob ich zunächst den Einwand, daß Damen im allgemeinen nicht besonders rechneten und daß sich auch Mutter gewiß nicht klar gemacht habe,

---

[1] Zur Vereinfachung habe ich einige nicht minder gut passende Zwischeneinfälle des Patienten weggelassen.

79 sei die Hälfte von 158. Also setze seine Theorie die immerhin unwahrscheinliche Tatsache voraus, daß das Unterbewußtsein besser rechne als das normale Bewußtsein. ‚Durchaus nicht,' erhielt ich zur Antwort; ‚zugegeben, daß Mutter die Rechnung 158 : 2 = 79 nicht gemacht hat, sie kann aber recht gut diese Gleichung gelegentlich gesehen haben; ja sie kann im Traume sich mit dem Hute beschäftigt und dabei sich klar gemacht haben, wie teuer er wäre, wenn er nur die Hälfte kostete.' "

7) Eine andere Zahlenanalyse entnehme ich J o n e s (l. c. p. 478). Ein Herr seiner Bekanntschaft ließ sich die Zahl *986* einfallen und forderte ihn dann heraus, sie mit irgend etwas, was er sich denke, in Zusammenhang zu bringen. „Die nächste Assoziation der Versuchsperson war die Erinnerung an einen längst vergessenen Scherz. Am heißesten Tage des Jahres vor sechs Jahren hatte eine Zeitung die Notiz gebracht, das Thermometer zeige 986^{0} Fahrenheit, offenbar eine groteske Übertreibung von 98·6, dem wirklichen Thermometerstand! Wir saßen während dieser Unterhaltung vor einem starken Feuer im Kamin, von dem er sich wegrückte, und er bemerkte wahrscheinlich mit Recht, daß die große Hitze ihn auf diese Erinnerung gebracht habe. Ich gab mich aber nicht so leicht zufrieden und verlangte zu wissen, wieso gerade diese Erinnerung bei ihm so fest gehaftet habe. Er erzählte, er habe über diesen Scherz so fürchterlich gelacht und sich jedesmal von neuem über ihn amüsiert, so oft er ihm wieder eingefallen sei. Da ich aber den Scherz nicht besonders gut finden konnte, wurde meine Erwartung eines geheimen Sinnes dahinter nur noch verstärkt. Sein nächster Gedanke war, daß die Vorstellung der Wärme ihm immer soviel bedeutet habe. Wärme sei das Wichtigste in der Welt, die Quelle alles Lebens usw. Eine solche Schwärmerei eines sonst recht nüchternen jungen Mannes mußte nachdenklich stimmen; ich bat ihn, mit seinen Assoziationen fortzufahren. Sein nächster Einfall ging auf den Rauchfang einer Fabrik, den er von seinem Schlafzimmer aus

XII. Determinismus, Zufalls- und Aberglauben, Gesichtspunkte

sehen konnte. Er pflegte oft des Abends auf den Rauch und das Feuer zu starren, der aus ihm hervorging, und dabei über die beklagenswerte Vergeudung von Energie nachzudenken. Wärme, Feuer, die Quelle alles Lebens, die Vergeudung von Energie aus einer hohen hohlen Röhre — es war nicht schwer, aus diesen Assoziationen zu erraten, daß die Vorstellung Wärme und Feuer bei ihm mit der Vorstellung von Liebe verknüpft waren, wie es im symbolischen Denken gewöhnlich ist, und daß ein starker Masturbationskomplex seinen Zahleneinfall motiviert habe. Es blieb ihm nichts übrig, als meine Vermutung zu bestätigen."

Wer sich von der Art, wie das Material der Zahlen im unbewußten Denken verarbeitet wird, einen guten Eindruck holen will, den verweise ich auf C. G. Jungs Aufsatz „Ein Beitrag zur Kenntnis des Zahlentraumes" (Zentralbl. für Psychoanalyse, I, 1911) und auf einen anderen von E. Jones („Unconscious manipulations of numbers", ibid. II, 5, 1912).

In eigenen Analysen dieser Art ist mir zweierlei besonders auffällig: Erstens die geradezu somnambule Sicherheit, mit der ich auf das mir unbekannte Ziel losgehe, mich in einen rechnenden Gedankengang versenke, der dann plötzlich bei der gesuchten Zahl angelangt ist, und die Raschheit, mit der sich die ganze Nacharbeit vollzieht; zweitens aber der Umstand, daß die Zahlen meinem unbewußten Denken so bereitwillig zur Verfügung stehen, während ich ein schlechter Rechner bin und die größten Schwierigkeiten habe, mir Jahreszahlen, Hausnummern und dergleichen bewußt zu merken. Ich finde übrigens in diesen unbewußten Gedankenoperationen mit Zahlen eine Neigung zum Aberglauben, deren Herkunft mir lange Zeit fremd geblieben ist.[1]

---

[1] Herr Rudolf Schneider in München hat eine interessante Einwendung gegen die Beweiskraft solcher Zahlenanalysen erhoben. (Zu Freuds analytischer Untersuchung des Zahleneinfalles. Internat. Zeitschr. für Psychoanalyse, 1920, Heft 1.) Er griff gegebene Zahlen auf, z. B. eine solche, die ihm in einem aufgeschlagenen Geschichtswerke zuerst in die Augen fiel, oder er legte einer anderen Person eine von ihm ausgewählte Zahl vor und sah nun zu, ob sich auch zu dieser aufgedrängten Zahl anscheinend determinierende Einfälle einstellten. Das war nun wirklich der

Es wird uns nicht überraschen zu finden, daß nicht nur Zahlen, sondern auch Worteinfälle anderer Art sich der analytischen Untersuchung regelmäßig als gut determiniert erweisen.

8) Ein hübsches Beispiel von Herleitung eines obsedierenden, d. h. verfolgenden Wortes findet sich bei Jung (Diagnost. Assoziationsstudien, IV, S. 215). „Eine Dame erzählte mir, daß ihr seit einigen Tagen beständig das Wort ‚Taganrog' im Munde liege,

---

Fall; in dem einen ihn selbst betreffenden Beispiel, das er mitteilt, ergaben die Einfälle eine ebenso reichliche und sinnvolle Determinierung wie in unseren Analysen von spontan aufgetauchten Zahlen, während doch die Zahl im Versuche Schneiders als von außen gegeben einer Determinierung nicht bedürfte. In einem zweiten Versuch mit einer fremden Person machte er sich die Aufgabe offenbar zu leicht, denn er gab ihr die Zahl 2 auf, deren Determinierung durch irgendwelches Material bei jedermann gelingen muß. — R. Schneider schließt nun aus seinen Erfahrungen zweierlei, erstens „das Psychische besitze zu Zahlen dieselben Assoziationsmöglichkeiten wie zu Begriffen", zweitens das Auftauchen determinierender Einfälle zu spontanen Zahleneinfällen beweise nichts für die Herkunft dieser Zahlen aus den in ihrer „Analyse" gefundenen Gedanken. Die erstere Folgerung ist nun unzweifelhaft richtig. Man kann zu einer gegebenen Zahl ebenso leicht etwas Passendes assoziieren wie zu einem zugerufenen Wort, ja vielleicht noch leichter, da die Verknüpfbarkeit der wenigen Zahlzeichen eine besonders große ist. Man befindet sich dann einfach in der Situation des sogenannten Assoziationsexperiments, das von der Bleuler-Jungschen Schule nach den mannigfaltigsten Richtungen studiert worden ist. In dieser Situation wird der Einfall (Reaktion) durch das gegebene Wort (Reizwort) determiniert. Diese Reaktion könnte aber noch von sehr verschiedener Art sein und die Jungschen Versuche haben gezeigt, daß auch die weitere Unterscheidung nicht dem „Zufall" überlassen ist, sondern daß unbewußte „Komplexe" sich an der Determinierung beteiligen, wenn sie durch das Reizwort angerührt worden sind. — Die zweite Folgerung Schneiders geht zu weit. Aus der Tatsache, daß zu gegebenen Zahlen (oder Worten) passende Einfälle auftauchen, ergibt sich nichts für die Ableitung spontan auftauchender Zahlen (oder Worte), was nicht schon vor Kenntnis dieser Tatsache in Betracht zu ziehen war. Diese Einfälle (Worte oder Zahlen) könnten undeterminiert sein oder durch die Gedanken determiniert, die sich in der Analyse ergeben, oder durch andere Gedanken, die sich in der Analyse nicht verraten haben, in welchem Falle uns die Analyse irregeführt hätte. Man muß sich nur von dem Eindruck frei machen, daß dies Problem für Zahlen anders liege als für Worteinfälle. Eine kritische Untersuchung des Problems und somit eine Rechtfertigung der psychoanalytischen Einfallstechnik liegt nicht in der Absicht dieses Buches. In der analytischen Praxis geht man von der Voraussetzung aus, daß die zweite der erwähnten Möglichkeiten zutreffend und in der Mehrzahl der Fälle verwertbar ist. Die Untersuchungen eines Experimentalpsychologen haben gelehrt, daß sie die bei weitem wahrscheinlichste ist (Poppelreuter). (Vgl. übrigens hiezu die beachtenswerten Ausführungen Bleulers in seinem Buch: Das autistisch-undisziplinierte Denken usw., 1919, Abschnitt 9: Von den Wahrscheinlichkeiten der psychologischen Erkenntnis.)

ohne daß sie eine Idee habe, woher das komme. Ich fragte die Dame nach den affektbetonten Ereignissen und verdrängten Wünschen der Jüngstvergangenheit. Nach einigem Zögern erzählte sie mir, daß sie sehr gern einen ‚Morgenrock' hätte, ihr Mann aber nicht das gewünschte Interesse dafür habe. ‚Morgenrock : Tag-an-rock', man sieht die partielle Sinn- und Klangverwandtschaft. Die Determination der russischen Form kommt daher, daß ungefähr zu gleicher Zeit die Dame eine Persönlichkeit aus Taganrog kennen gelernt hatte."

9) Dr. E. Hitschmann verdanke ich die Auflösung eines anderen Falles, in dem sich ein Vers wiederholt in einer bestimmten Örtlichkeit als Einfall aufdrängte, ohne daß dessen Herkunft und Beziehungen ersichtlich gewesen wären.

„Erzählung des Dr. jur. E.: Ich fuhr vor sechs Jahren von Biarritz nach San Sebastian. Die Eisenbahnstrecke führt über den Bidassoafluß, der hier die Grenze zwischen Frankreich und Spanien bildet: Auf der Brücke hat man einen schönen Blick, auf der einen Seite über ein weites Tal und die Pyrenäen, auf der anderen Seite weithin über das Meer. Es war ein schöner, heller Sommertag, alles war erfüllt von Sonne und Licht, ich war auf einer Ferienreise, freute mich nach Spanien zu kommen — da fielen mir die Verse ein: ‚Aber frei ist schon die Seele, schwebet in dem Meer von Licht.'

Ich erinnere mich, daß ich damals darüber nachdachte, woher diese Verse seien, und mich dessen nicht entsinnen konnte; nach dem Rhythmus mußten die Worte aus einem Gedicht stammen, welches aber meiner Erinnerung vollständig entfallen war. Ich glaube später, da mir die Verse wiederholt in den Sinn kamen, noch mehrere Leute danach gefragt zu haben, ohne etwas erfahren zu können.

Im Vorjahre fuhr ich, von einer spanischen Reise zurückkehrend, auf derselben Bahnstrecke. Es war stockfinstere Nacht und es regnete. Ich sah zum Fenster hinaus, um zu sehen, ob wir schon in der Grenzstation ankämen, und bemerkte, daß wir auf der Bidassoabrücke waren. Sofort kamen mir die oben angeführten Verse wieder ins Gedächtnis, und wieder konnte ich mich ihrer Herkunft nicht erinnern.

Mehrere Monate nachher kamen mir zu Hause die Uhlandschen Gedichte in die Hand. Ich öffnete den Band und mein Blick fiel auf die Verse: ‚Aber frei ist schon die Seele, schwebet in dem Meer von Licht‘, die den Schluß eines Gedichtes: ‚Der Waller‘ bilden. Ich las das Gedicht und erinnerte mich nun ganz dunkel, es einmal vor vielen Jahren gekannt zu haben. Der Schauplatz der Handlung ist in Spanien, und dies schien mir die einzige Beziehung der zitierten Verse zu der von mir beschriebenen Stelle der Eisenbahnstrecke zu bilden. Ich war von meiner Entdeckung nur halb befriedigt und blätterte mechanisch in dem Buche weiter. Die Verse, ‚Aber frei ist schon usw.‘ standen als die letzten auf einer Seite. Beim Umblättern fand ich auf der nächsten Seite ein Gedicht mit der Überschrift ‚Die Bidassoabrücke‘.

Ich bemerke noch, daß mir der Inhalt dieses letzten Gedichtes fast noch fremder schien, als der des ersten, und daß seine ersten Verse lauten: ‚Auf der Bidassoabrücke steht ein Heiliger altersgrau, segnet rechts die span'schen Berge, segnet links den fränk'schen Gau.‘ "

B) Diese Einsicht in die Determinierung scheinbar willkürlich gewählter Namen und Zahlen kann vielleicht zur Klärung eines anderen Problems beitragen. Gegen die Annahme eines durchgehenden psychischen Determinismus berufen sich bekanntlich viele Personen auf ein besonderes Überzeugungsgefühl für die Existenz eines freien Willens. Dieses Überzeugungsgefühl besteht und weicht auch dem Glauben an den Determinismus nicht. Es muß wie alle normalen Gefühle durch irgend etwas berechtigt sein. Es äußert sich aber, soviel ich beobachten kann, nicht bei den großen und wichtigen Willensentscheidungen; bei diesen

Gelegenheiten hat man vielmehr die Empfindung des psychischen Zwanges und beruft sich gern auf sie („Hier stehe ich, ich kann nicht anders"). Hingegen möchte man gerade bei den belanglosen, indifferenten Entschließungen versichern, daß man ebensowohl anders hätte handeln können, daß man aus freiem, nicht motiviertem Willen gehandelt hat. Nach unseren Analysen braucht man nun das Recht des Überzeugungsgefühls vom freien Willen nicht zu bestreiten. Führt man die Unterscheidung der Motivierung aus dem Bewußten von der Motivierung aus dem Unbewußten ein, so berichtet uns das Überzeugungsgefühl, daß die bewußte Motivierung sich nicht auf alle unsere motorischen Entscheidungen erstreckt. *Minima non curat praetor.* Was aber so von der einen Seite freigelassen wird, das empfängt seine Motivierung von anderer Seite, aus dem Unbewußten, und so ist die Determinierung im Psychischen doch lückenlos durchgeführt.[1]

C) Wenngleich dem bewußten Denken die Kenntnis von der Motivierung der besprochenen Fehlleistungen nach der ganzen Sachlage abgehen muß, so wäre es doch erwünscht, einen psychologischen Beweis für deren Existenz aufzufinden; ja es ist aus Gründen, die sich bei näherer Kenntnis des Unbewußten ergeben, wahrscheinlich, daß solche Beweise irgendwo auffindbar sind. Es lassen sich wirklich auf zwei Gebieten Phänomene nachweisen, welche einer unbewußten und darum verschobenen Kenntnis von dieser Motivierung zu entsprechen scheinen:

---

1) Diese Anschauungen über die strenge Determinierung anscheinend willkürlicher psychischer Aktionen haben bereits reiche Früchte für die Psychologie — vielleicht auch für die Rechtspflege — getragen. Bleuler und Jung haben in diesem Sinne die Reaktionen beim sogenannten Assoziationsexperiment verständlich gemacht, bei dem die untersuchte Person auf ein ihr zugerufenes Wort mit einem ihr dazu einfallenden antwortet (Reizwort-Reaktion), und die dabei verlaufene Zeit gemessen wird (Reaktionszeit). Jung hat in seinen „Diagnostischen Assoziationsstudien" (1906) gezeigt, welch feines Reagens für psychische Zustände wir in dem so gedeuteten Assoziationsexperiment besitzen. Zwei Schüler des Strafrechtslehrers H. Groß in Prag, Wertheimer und Klein, haben aus diesen Experimenten eine Technik zur „Tatbestands-Diagnostik" in strafrechtlichen Fällen entwickelt, deren Prüfung Psychologen und Juristen beschäftigt.

a) Es ist ein auffälliger und allgemein bemerkter Zug im Verhalten der Paranoiker, daß sie den kleinen, sonst von uns vernachlässigten Details im Benehmen der anderen die größte Bedeutung beilegen, dieselben ausdeuten und zur Grundlage weitgehender Schlüsse machen. Der letzte Paranoiker z. B., den ich gesehen habe, schloß auf ein allgemeines Einverständnis in seiner Umgebung, weil die Leute bei seiner Abreise auf dem Bahnhof eine gewisse Bewegung mit der einen Hand gemacht hatten. Ein anderer hat die Art notiert, wie die Leute auf der Straße gehen, mit den Spazierstöcken fuchteln u. dgl.[1]

Die Kategorie des Zufälligen, der Motivierung nicht Bedürftigen, welche der Normale für einen Teil seiner eigenen psychischen Leistungen und Fehlleistungen gelten läßt, verwirft der Paranoiker also in der Anwendung auf die psychischen Äußerungen der anderen. Alles, was er an den anderen bemerkt, ist bedeutungsvoll, alles ist deutbar. Wie kommt er nur dazu? Er projiziert wahrscheinlich in das Seelenleben der anderen, was im eigenen unbewußt vorhanden ist, hier wie in so vielen ähnlichen Fällen. In der Paranoia drängt sich ebenso vielerlei zum Bewußtsein durch, was wir bei Normalen und Neurotikern erst durch die Psychoanalyse als im Unbewußten vorhanden nachweisen.[2] Der Paranoiker hat also hierin in gewissem Sinne recht, er erkennt etwas, was dem Normalen entgeht, er sieht schärfer als das normale Denkvermögen, aber die Verschiebung des so erkannten Sachverhalts auf andere macht seine Erkenntnis wertlos. Die Rechtfertigung der einzelnen paranoischen Deutungen wird man dann hoffentlich von mir nicht erwarten. Das Stück Berechtigung aber, welches wir der Paranoia bei dieser Auffassung der Zufallshand-

---

[1] Von anderen Gesichtspunkten ausgehend, hat man diese Beurteilung unwesentlicher und zufälliger Äußerungen bei anderen zum „Beziehungswahn" gerechnet.

[2] Die durch Analyse bewußt zu machenden Phantasien der Hysteriker von sexuellen und grausamen Mißhandlungen decken sich z. B. gelegentlich bis ins Einzelne mit den Klagen verfolgter Paranoiker. Es ist bemerkenswert, aber nicht unverständlich, wenn der identische Inhalt uns auch als Realität in den Veranstaltungen Perverser zur Befriedigung ihrer Gelüste entgegentritt.

lungen zugestehen, wird uns das psychologische Verständnis der Überzeugung erleichtern, welche sich beim Paranoiker an alle diese Deutungen geknüpft hat. Es ist eben etwas Wahres daran; auch unsere nicht als krankhaft zu bezeichnenden Urteilsirrtümer erwerben das ihnen zugehörige Überzeugungsgefühl auf keine andere Art. Dies Gefühl ist für ein gewisses Stück des irrtümlichen Gedankenganges oder für die Quelle, aus der er stammt, berechtigt und wird dann von uns auf den übrigen Zusammenhang ausgedehnt.

b) Ein anderer Hinweis auf die unbewußte und verschobene Kenntnis der Motivierung bei Zufalls- und Fehlleistungen findet sich in den Phänomen des Aberglaubens. Ich will meine Meinung durch die Diskussion des kleinen Erlebnisses klarlegen, welches für mich der Ausgangspunkt dieser Überlegungen war.

Von den Ferien zurückgekehrt, richten sich meine Gedanken alsbald auf die Kranken, die mich in dem neu beginnenden Arbeitsjahre beschäftigen sollen. Mein erster Weg gilt einer sehr alten Dame, bei der ich (s. oben S. 182) seit Jahren die nämlichen ärztlichen Manipulationen zweimal täglich vornehme. Wegen dieser Gleichförmigkeit haben sich unbewußte Gedanken sehr häufig auf dem Wege zu der Kranken und während der Beschäftigung mit ihr Ausdruck verschafft. Sie ist über neunzig Jahre alt; es liegt also nahe, sich bei Beginn eines jeden Jahres zu fragen, wie lange sie wohl noch zu leben hat. An dem Tage, von dem ich erzähle, habe ich Eile, nehme also einen Wagen, der mich vor ihr Haus führen soll. Jeder der Kutscher auf dem Wagenstandplatz vor meinem Hause kennt die Adresse der alten Frau, denn jeder hat mich schon oftmals dahin geführt. Heute ereignete es sich nun, daß der Kutscher nicht vor ihrem Hause, sondern vor dem gleichbezifferten in einer nahegelegenen und wirklich ähnlich aussehenden Parallelstraße Halt macht. Ich merke den Irrtum und werfe ihn dem Kutscher vor, der sich entschuldigt. Hat das nun etwas zu bedeuten, daß ich vor ein Haus geführt

werde, in dem ich die alte Dame nicht vorfinde? Für mich
gewiß nicht, aber wenn ich abergläubisch wäre, würde ich
in dieser Begebenheit ein Vorzeichen erblicken, einen Fingerzeig
des Schicksals, daß dieses Jahr das letzte für die alte Frau sein
wird. Recht viele Vorzeichen, welche die Geschichte aufbewahrt
hat, sind in keiner besseren Symbolik begründet gewesen. Ich
erkläre allerdings den Vorfall für eine Zufälligkeit ohne weiteren
Sinn.

Ganz anders läge der Fall, wenn ich den Weg zu Fuß gemacht
und dann in „Gedanken", in der „Zerstreutheit" vor das Haus
der Parallelstraße anstatt vors richtige gekommen wäre. Das
würde ich für keinen Zufall erklären, sondern für eine der
Deutung bedürftige Handlung mit unbewußter Absicht. Diesem
„Vergehen" müßte ich wahrscheinlich die Deutung geben, daß
ich die alte Dame bald nicht mehr anzutreffen erwarte.

Ich unterscheide mich also von einem Abergläubischen in
folgendem:

Ich glaube nicht, daß ein Ereignis, an dessen Zustandekommen
mein Seelenleben unbeteiligt ist, mir etwas Verborgenes über die
zukünftige Gestaltung der Realität lehren kann; ich glaube aber,
daß eine unbeabsichtigte Äußerung meiner eigenen Seelentätigkeit
mir allerdings etwas Verborgenes enthüllt, was wiederum nur
meinem Seelenleben angehört; ich glaube zwar an äußeren
(realen) Zufall, aber nicht an innere (psychische) Zufälligkeit. Der
Abergläubische umgekehrt: er weiß nichts von der Motivierung
seiner zufälligen Handlungen und Fehlleistungen, er glaubt, daß
es psychische Zufälligkeiten gibt; dafür ist er geneigt, dem äußeren
Zufall eine Bedeutung zuzuschreiben, die sich im realen Geschehen
äußern wird, im Zufall ein Ausdrucksmittel für etwas draußen
ihm Verborgenes zu sehen. Die Unterschiede zwischen mir und
dem Abergläubischen sind zwei: erstens projiziert er eine Motivierung nach außen, die ich innen suche; zweitens deutet er den
Zufall durch ein Geschehen, den ich auf einen Gedanken zurück-

führe. Aber das Verborgene bei ihm entspricht dem Unbewußten bei mir, und der Zwang, den Zufall nicht als Zufall gelten zu lassen, sondern ihn zu deuten, ist uns beiden gemeinsam.[1] Ich nehme nun an, daß diese bewußte Unkenntnis und unbewußte Kenntnis von der Motivierung der psychischen Zufälligkeiten eine der psychischen Wurzeln des Aberglaubens ist. W e i l der Abergläubische von der Motivierung der eigenen zufälligen Handlungen nichts weiß, und weil die Tatsache dieser Motivierung nach einem Platze in seiner Anerkennung drängt, ist er genötigt, sie durch Verschiebung in der Außenwelt unterzubringen. Besteht ein solcher Zusammenhang, so wird er kaum auf diesen einzelnen Fall beschränkt sein. Ich glaube in der Tat, daß ein großes Stück der mythologischen Weltauffassung, die weit bis in die modernsten Religionen hinein reicht, nichts anderes ist als in die Außenwelt projizierte Psychologie. Die dunkle Erkenntnis (sozusagen endopsychische Wahrnehmung) psychischer Faktoren und Verhältnisse[2] des Unbewußten spiegelt sich — es ist schwer, es anders zu sagen, die Analogie mit der Paranoia

---

1) Ich knüpfe hier ein schönes Beispiel an, an dem N. O s s i p o w die Verschiedenheit von abergläubischer, psychoanalytischer und mystischer Auffassung erörtert (Psychoanalyse und Aberglauben, Internationale Zeitschrift für Psychoanalyse, VIII, 1922). Er hatte in einer kleinen russischen Provinzstadt geheiratet und fuhr unmittelbar nachher mit seiner jungen Frau nach Moskau. Auf einer Station, zwei Stunden vor dem Ziel, kam ihm der Wunsch, zum Ausgang des Bahnhofes zu gehen und einen Blick auf die Stadt zu werfen. Der Zug sollte nach seiner Erwartung genügend lange verweilen, aber als er nach wenigen Minuten zurückkam, war der Zug mit seiner jungen Frau bereits abgefahren. Als seine alte Njanja zu Hause von diesem Zufall erfuhr, äußerte sie kopfschüttelnd: „Aus dieser Ehe wird nichts Ordentliches." Ossipow lachte damals über diese Prophezeiung. Da er aber fünf Monate später von seiner Frau geschieden war, kann er nicht umhin, sein Verlassen des Zuges nachträglich als einen „unbewußten Protest" gegen seine Eheschließung zu verstehen. Die Stadt, in welcher sich ihm diese Fehlleistung ereignete, gewann Jahre nachher eine große Bedeutung für ihn, denn in ihr lebte eine Person, mit welcher ihn später das Schicksal eng verknüpfte. Diese Person, ja die Tatsache ihrer Existenz war ihm damals völlig unbekannt. Aber die m y s t i s c h e Erklärung seines Verhaltens würde lauten, er habe in jener Stadt den Zug nach Moskau und seine Frau verlassen, weil sich die Zukunft andeuten wollte, die ihm in der Beziehung zu dieser Person vorbereitet war.

2) Die natürlich nichts vom Charakter einer Erkenntnis hat.

muß hier zu Hilfe genommen werden — in der Konstruktion einer **übersinnlichen Realität**, welche von der Wissenschaft in **Psychologie des Unbewußten** zurückverwandelt werden soll. Man könnte sich getrauen, die Mythen vom Paradies und Sündenfall, von Gott, vom Guten und Bösen, von der Unsterblichkeit u. dgl. in solcher Weise aufzulösen, die **Metaphysik** in **Metapsychologie** umzusetzen. Die Kluft zwischen der Verschiebung des Paranoikers und der des Abergläubischen ist minder groß, als sie auf den ersten Blick erscheint. Als die Menschen zu denken begannen, waren sie bekanntlich genötigt, die Außenwelt anthropomorphisch in eine Vielheit von Persönlichkeiten nach ihrem Gleichnis aufzulösen; die Zufälligkeiten, die sie abergläubisch deuteten, waren also Handlungen, Äußerungen von Personen, und sie haben sich demnach genau so benommen wie die Paranoiker, welche aus den unscheinbaren Anzeichen, die ihnen die anderen geben, Schlüsse ziehen, und wie die Gesunden alle, welche mit Recht die zufälligen und unbeabsichtigten Handlungen ihrer Nebenmenschen zur Grundlage der Schätzung ihres Charakters machen. Der Aberglaube erscheint nur so sehr deplaciert in unserer modernen, naturwissenschaftlichen, aber noch keineswegs abgerundeten Weltanschauung; in der Weltanschauung vorwissenschaftlicher Zeiten und Völker war er berechtigt und konsequent.

Der Römer, der eine wichtige Unternehmung aufgab, wenn ihm ein widriger Vogelflug begegnete, war also relativ im Recht; er handelte konsequent nach seinen Voraussetzungen. Wenn er aber von der Unternehmung abstand, weil er an der Schwelle seiner Tür gestolpert war („*un Romain retournerait*"), so war er uns Ungläubigen auch absolut überlegen, ein besserer Seelenkundiger, als wir uns zu sein bemühen. Denn dieses Stolpern mußte ihm die Existenz eines Zweifels, einer Gegenströmung in seinem Innern beweisen, deren Kraft sich im Moment der Ausführung von der Kraft seiner Intention abziehen konnte. Des

vollen Erfolges ist man nämlich nur dann sicher, wenn alle
Seelenkräfte einig dem gewünschten Ziel entgegenstreben. Wie
antwortet Schillers Tell, der so lange gezaudert, den Apfel
vom Haupte seines Knaben zu schießen, auf die Frage des Vogts,
wozu er den zweiten Pfeil eingesteckt?

> Mit diesem Pfeil durchbohrt' ich — Euch,
> Wenn ich mein liebes Kind getroffen hätte,
> Und Euer — wahrlich — hätt' ich nicht gefehlt.

D) Wer die Gelegenheit gehabt hat, die verborgenen Seelenregungen der Menschen mit dem Mittel der Psychoanalyse zu studieren, der kann auch über die Qualität der unbewußten Motive, die sich im Aberglauben ausdrücken, einiges Neue sagen. Am deutlichsten erkennt man bei den oft sehr intelligenten, mit Zwangsdenken und Zwangszuständen behafteten Nervösen, daß der Aberglaube aus unterdrückten feindseligen und grausamen Regungen hervorgeht. Aberglaube ist zum großen Teile Unheilserwartung, und wer anderen häufig Böses gewünscht, aber infolge der Erziehung zur Güte solche Wünsche ins Unbewußte verdrängt hat, dem wird es besonders nahe liegen, die Strafe für solches unbewußte Böse als ein ihm drohendes Unheil von außen zu erwarten.

Wenn wir zugeben, daß wir die Psychologie des Aberglaubens mit diesen Bemerkungen keineswegs erschöpft haben, so werden wir auf der anderen Seite die Frage wenigstens streifen müssen, ob denn reale Wurzeln des Aberglaubens durchaus zu bestreiten seien, ob es gewiß keine Ahnungen, prophetische Träume, telepathische Erfahrungen, Äußerungen übersinnlicher Kräfte und dergleichen gebe. Ich bin nun weit davon entfernt, diese Phänomene überall so kurzerhand aburteilen zu wollen, über welche so viele eingehende Beobachtungen selbst intellektuell hervorragender Männer vorliegen, und die am besten die Objekte weiterer Untersuchungen bilden sollen. Es ist dann sogar zu hoffen, daß ein Teil dieser Beobachtungen durch unsere beginnende Erkenntnis der unbewußten seelischen Vorgänge zur Aufklärung gelangen wird, ohne uns zu grundstürzenden Abänderungen unserer heutigen Anschauungen zu nötigen.[1] Wenn noch andere, wie z. B. die von den Spiritisten behaupteten Phänomene, erweisbar werden sollten, so werden wir eben die von der neuen Erfahrung geforderten Modifikationen unserer „Gesetze" vornehmen, ohne an dem Zusammenhang der Dinge in der Welt irre zu werden.

Im Rahmen dieser Auseinandersetzungen kann ich die nun aufgeworfenen Fragen nicht anders als subjektiv, d. i. nach meiner persönlichen Erfahrung, beantworten. Ich muß leider bekennen, daß ich zu jenen unwürdigen Individuen gehöre, vor denen die Geister ihre Tätigkeit einstellen und das Übersinnliche entweicht, so daß ich niemals in die Lage gekommen bin, selbst etwas zum Wunderglauben Anregendes zu erleben. Ich habe wie alle Menschen Ahnungen gehabt und Unheil erfahren, aber die beiden wichen einander aus, so daß auf die Ahnungen nichts folgte und das Unheil unangekündigt über mich kam. Zur Zeit, als ich, ein junger Mann, allein in einer fremden Stadt lebte, habe ich oft genug meinen Namen plötzlich von einer unverkennbaren, teuren Stimme rufen hören und mir dann den Zeitmoment der Halluzination notiert, um mich besorgt bei den Daheimgebliebenen zu erkundigen, was um jene Zeit vorgefallen. Es war nichts. Zum Ersatz dafür habe ich später ungerührt und ahnungslos mit meinen Kranken gearbeitet, während mein Kind einer Verblutung zu erliegen drohte. Es hat auch keine der Ahnungen, von denen mir Patienten berichtet haben, meine Anerkennung als reales Phänomen erwerben können. Doch muß ich gestehen, daß ich in den letzten Jahren einige merkwürdige Erfahrungen gemacht

---

[1] E. Hitschmann, Zur Kritik des Hellsehens, Wiener Klinische Rundschau, 1910, Nr. 6, und Ein Dichter und sein Vater, Beitrag zur Psychologie religiöser Bekehrung und telepathischer Phänomene, Imago, IV, 1915/16.

XII. Determinismus, Zufalls- und Aberglauben, Gesichtspunkte

habe, die durch die Annahme telepathischer Gedankenübertragung leichte Aufklärung gefunden hätten.

Der Glaube an prophetische Träume zählt viele Anhänger, weil er sich darauf stützen kann, daß manches sich wirklich in der Zukunft so gestaltet, wie es der Wunsch im Traume vorher konstruiert hat.[1] Allein daran ist wenig zu verwundern, und zwischen dem Traum und der Erfüllung lassen sich in der Regel noch weitgehende Abweichungen nachweisen, welche die Gläubigkeit der Träumer zu vernachlässigen liebt. Ein schönes Beispiel eines mit Recht prophetisch zu nennenden Traumes bot mir einmal eine intelligente und wahrheitsliebende Patientin zur genauen Analyse. Sie erzählte, daß sie einmal geträumt, sie treffe ihren früheren Freund und Hausarzt vor einem bestimmten Laden einer gewissen Straße, und als sie am nächsten Morgen in die innere Stadt ging, traf sie ihn wirklich an der im Traume genannten Stelle. Ich bemerke, daß dieses wunderbare Zusammentreffen seine Bedeutung durch kein nachfolgendes Erlebnis erwies, also nicht aus dem Zukünftigen zu rechtfertigen war.

Das sorgfältige Examen stellte fest, daß kein Beweis dafür vorliege, die Dame habe den Traum bereits am Morgen nach der Traumnacht, also vor dem Spaziergang und der Begegnung, erinnert. Sie konnte nichts gegen eine Darstellung des Sachverhaltes einwenden, die der Begebenheit alles Wunderbare nimmt und nur ein interessantes psychologisches Problem übrig läßt. Sie ist eines Vormittags durch die gewisse Straße gegangen, hat vor dem einen Laden ihren alten Hausarzt begegnet und nun bei seinem Anblick die Überzeugung bekommen, daß sie die letzte Nacht von diesem Zusammentreffen an der nämlichen Stelle geträumt habe. Die Analyse konnte dann mit großer Wahrscheinlichkeit andeuten, wie sie zu dieser Überzeugung gekommen war, welcher man ja nach allgemeinen Regeln ein gewisses Anrecht

---

[1] Vgl. Freud, Traum und Telepathie (Imago, VIII, 1922. Enthalten in Bd. XIII dieser Gesamtausgabe).

auf Glaubwürdigkeit nicht versagen darf. Ein Zusammentreffen am bestimmten Orte nach vorheriger Erwartung, das ist ja der Tatbestand eines Rendezvous. Der alte Hausarzt rief die Erinnerung an alte Zeiten in ihr wach, in denen Zusammenkünfte mit einer d r i t t e n, auch dem Arzt befreundeten Person für sie bedeutungsvoll gewesen waren. Mit diesem Herrn war sie seitdem in Verkehr geblieben und hat am Tage vor dem angeblichen Traum vergeblich auf ihn gewartet. Könnte ich die hier vorliegenden Beziehungen ausführlicher mitteilen, so wäre es mir leicht zu zeigen, daß die Illusion des prophetischen Traumes beim Anblick des Freundes aus früherer Zeit äquivalent ist etwa folgender Rede: „Ach, Herr Doktor, Sie erinnern mich jetzt an vergangene Zeiten, in denen ich niemals vergeblich auf N. zu warten brauchte, wenn wir eine Zusammenkunft bestellt hatten."

Von jenem bekannten „merkwürdigen Zusammentreffen", daß man einer Person begegnet, mit welcher man sich gerade in Gedanken beschäftigt hat, habe ich bei mir selbst ein einfaches und leicht zu deutendes Beispiel beobachtet, welches wahrscheinlich ein gutes Vorbild für ähnliche Vorfälle ist. Wenige Tage, nachdem mir der Titel eines Professors verliehen worden war, der in monarchisch eingerichteten Staaten selbst viel Autorität verleiht, lenkten während eines Spazierganges durch die innere Stadt meine Gedanken plötzlich in eine kindische Rachephantasie ein, die sich gegen ein gewisses Elternpaar richtete. Diese hatten mich einige Monate vorher zu ihrem Töchterchen gerufen, bei dem sich eine interessante Zwangserscheinung im Anschluß an einen Traum eingestellt hatte. Ich brachte dem Falle, dessen Genese ich zu durchschauen glaubte, ein großes Interesse entgegen; meine Behandlung wurde aber von den Eltern abgelehnt und mir zu verstehen gegeben, daß man sich an eine ausländische Autorität, die mittels Hypnotismus heile, zu wenden gedenke. Ich phantasierte nun, daß die Eltern nach dem völligen Mißglücken dieses Versuches mich bäten, mit meiner Behandlung einzusetzen, sie hätten jetzt volles Vertrauen zu mir usw. Ich aber antwortete: Ja, jetzt, nachdem ich auch Professor geworden bin, haben Sie Vertrauen. Der Titel hat an meinen Fähigkeiten weiter nichts geändert; wenn Sie mich als Dozenten nicht brauchen konnten, können Sie mich auch als Professor entbehren. — An dieser Stelle wurde meine Phantasie durch den lauten Gruß „Habe die Ehre, Herr Professor" unterbrochen, und als ich aufschaute, ging das nämliche Elternpaar an mir vorüber, an dem ich soeben durch die Abweisung ihres Anerbietens Rache genommen hatte. Die nächste Überlegung zerstörte den Anschein des Wunderbaren. Ich ging auf einer geraden und breiten, fast menschenleeren Straße jenem Paar entgegen, hatte bei einem flüchtigen Aufschauen, vielleicht zwanzig Schritte von ihnen entfernt, ihre stattlichen Persönlichkeiten erblickt und erkannt, diese Wahrnehmung aber — nach dem Muster einer negativen Halluzination — aus jenen Gefühlsmotiven beseitigt, die sich dann in der anscheinend spontan auftauchenden Phantasie zur Geltung brachten.

Eine andere „Auflösung einer scheinbaren Vorahnung" berichte ich nach Otto Rank:

„Vor einiger Zeit erlebte ich selbst eine seltsame Variation jenes ‚merkwürdigen Zusammentreffens', wobei man einer Person begegnet, mit welcher man sich gerade in Gedanken beschäftigt hat. Ich gehe unmittelbar vor Weihnachten in die Österreichisch-Ungarische Bank, um mir zehn neue Silberkronen zu Geschenkzwecken einzuwechseln. In ehrgeizige Phantasien versunken, die an den Gegensatz meiner geringen Barschaft zu den im Bankgebäude aufgestapelten Geldmassen anknüpfen, biege ich in die schmale Bankgasse ein, wo die Bank gelegen ist. Vor dem Tor sehe ich ein Automobil stehen und viele Leute aus und ein gehen. Ich denke mir, die Beamten werden gerade für meine paar Kronen Zeit haben; ich werde es jedenfalls rasch abmachen, die zu wechselnde Geldnote hinlegen und sagen: Bitte, geben Sie mir Gold! — Sogleich bemerke ich meinen Irrtum — ich sollte ja Silber verlangen — und erwache aus meinen Phantasien. Ich befinde mich nur noch wenige Schritte vom Eingang entfernt und sehe einen jungen Mann mir entgegenkommen, der mir bekannt vorkommt, den ich jedoch wegen meiner Kurzsichtigkeit noch nicht mit Sicherheit zu erkennen vermag. Wie er näher kommt, erkenne ich in ihm einen Schulkollegen meines Bruders, namens Gold, von dessen Bruder, einem bekannten Schriftsteller, ich zu Beginn meiner literarischen Laufbahn weitgehende Förderung erwartet hatte. Sie blieb jedoch aus und mit ihr auch der erhoffte materielle Erfolg, mit dem sich meine Phantasie auf dem Wege zur Bank beschäftigt hatte. Ich muß also, in meine Phantasien versunken, das Herannahen des Herrn Gold unbewußt apperzipiert haben, was sich meinem von materiellen Erfolgen träumenden Bewußtsein in der Form darstellte, daß ich beschloß, am Kassenschalter Gold — statt des minderwertigen Silbers — zu verlangen. Anderseits scheint aber auch die paradoxe Tatsache, daß mein Unbewußtes ein Objekt wahrzunehmen imstande ist, welches meinem Auge erst später erkennbar wird, zum Teil aus der Komplexbereitschaft (Bleuler) erklärlich, die ja aufs Materielle eingestellt war und meine Schritte gegen mein besseres Wissen von Anfang an nach jenem Gebäude gelenkt hatte, wo nur die Gold- und Papiergeldverwechslung stattfindet" (Zentralblatt für Psychoanalyse, II, 5).

In die Kategorie des Wunderbaren und Unheimlichen gehört auch jene eigentümliche Empfindung, die man in manchen Momenten und Situationen verspürt, als ob man genau das nämliche schon einmal erlebt hätte, sich in derselben Lage schon einmal befunden hätte, ohne daß es je dem Bemühen gelingt, das Frühere, das sich so anzeigt, deutlich zu erinnern. Ich weiß, daß ich bloß dem lockeren Sprachgebrauch folge, wenn ich das, was sich in solchen Momenten in einem regt, eine Empfindung heiße; es handelt sich wohl um ein Urteil, und zwar ein

Erkennungsurteil, aber diese Fälle haben doch einen ganz eigentümlichen Charakter, und daß man sich niemals an das Gesuchte erinnert, darf nicht beiseite gelassen werden. Ich weiß nicht, ob dies Phänomen des „*déjà vu*" im Ernst zum Erweis einer früheren psychischen Existenz des Einzelwesens herangezogen worden ist; wohl aber haben die Psychologen ihm ihr Interesse zugewendet und die Lösung des Rätsels auf den mannigfaltigsten spekulativen Wegen angestrebt. Keiner der beigebrachten Erklärungsversuche scheint mir richtig zu sein, weil in keinem etwas anderes als die Begleiterscheinungen und begünstigenden Bedingungen des Phänomens in Betracht gezogen wird. Jene psychischen Vorgänge, welche nach meinen Beobachtungen allein für die Erklärung des „*déjà vu*" verantwortlich sind, die unbewußten Phantasien nämlich, werden ja heute noch von den Psychologen allgemein vernachlässigt.

Ich meine, man tut unrecht, die Empfindung des schon einmal Erlebthabens als eine Illusion zu bezeichnen. Es wird vielmehr in solchen Momenten wirklich an etwas gerührt, was man bereits einmal erlebt hat, nur kann dies letztere nicht bewußt erinnert werden, weil es niemals bewußt war. Die Empfindung des „*déjà vu*" entspricht, kurz gesagt, der Erinnerung an eine unbewußte Phantasie. Es gibt unbewußte Phantasien (oder Tagträume), wie es bewußte solche Schöpfungen gibt, die ein jeder aus seiner eigenen Erfahrung kennt.

Ich weiß, daß der Gegenstand der eingehendsten Behandlung würdig wäre, will aber hier nur die Analyse eines einzigen Falles von „*déjà vu*" anführen, in dem sich die Empfindung durch besondere Intensität und Ausdauer auszeichnete. Eine jetzt 37jährige Dame behauptet, daß sie sich aufs schärfste erinnere, im Alter von zwölfeinhalb Jahren habe sie einen ersten Besuch bei Schulfreundinnen auf dem Lande gemacht, und als sie in den Garten eintrat, sofort die Empfindung gehabt, hier sei sie schon einmal gewesen; diese Empfindung habe sich, als sie die Wohnräume betrat, wiederholt, so daß sie vorher zu wissen glaubte, welcher Raum der nächste sein würde, welche Aussicht man von ihm aus haben werde usw. Es ist aber ganz ausgeschlossen und durch ihre Erkundigung bei den Eltern widerlegt, daß dieses Bekanntheitsgefühl in einem früheren Besuch des Hauses und Gartens, etwa in ihrer ersten Kindheit, seine Quelle haben könnte. Die Dame, die das berichtete, suchte nach keiner psychologischen Erklärung, sondern sah in dem Auftreten dieser Empfindung einen prophetischen Hinweis auf die Bedeutung, welche eben diese Freundinnen später für ihr Gefühlsleben gewannen. Die Erwägung der Umstände, unter denen das Phänomen bei ihr auftrat, zeigt uns aber den Weg zu einer anderen Auffassung. Als sie den Besuch unternahm, wußte sie, daß diese Mädchen einen einzigen, schwerkranken Bruder hatten. Sie bekam ihn bei dem Besuch auch zu Gesichte, fand ihn sehr schlecht aussehend und dachte sich, daß er bald sterben werde. Nun war ihr eigener einziger Bruder einige Monate vorher an Diphtherie gefährlich erkrankt gewesen; während seiner Krankheit hatte sie vom Elternhause entfernt wochenlang bei einer Verwandten gewohnt. Sie glaubt, daß der Bruder diesen Landbesuch mitmachte, meint sogar, es sei sein erster größerer Ausflug nach der Krankheit gewesen; doch ist ihre Erinnerung in diesen Punkten merkwürdig unbestimmt, während alle anderen Details, und besonders das Kleid, das sie an jenem Tag trug, ihr überdeutlich vor Augen stehen. Dem Kundigen wird es nicht schwer fallen, aus diesen Anzeichen zu schließen, daß die Erwartung, ihr Bruder werde sterben, bei dem Mädchen damals eine große Rolle gespielt hatte und entweder nie bewußt geworden oder nach dem glücklichen Ausgang der Krankheit energischer Verdrängung verfallen war. Im anderen Falle hätte sie ein anderes Kleid, nämlich Trauerkleidung tragen müssen. Bei den Freundinnen fand sie nun die analoge Situation vor, den einzigen Bruder in Gefahr bald zu sterben, wie es auch kurz darauf wirklich eintraf. Sie hätte bewußt erinnern sollen, daß sie diese Situation vor wenigen Monaten selbst durchlebt hatte; anstatt dies zu erinnern, was durch die Verdrängung verhindert war, übertrug sie das Erinnerungsgefühl auf die Lokalitäten, Garten und Haus, und verfiel der „*fausse reconnaissance*", daß sie das alles genau ebenso schon einmal gesehen habe. Aus der Tatsache der Verdrängung dürfen wir schließen, daß die seinerzeitige Erwartung, ihr Bruder werde sterben, nicht weit entfernt vom Charakter einer Wunschphantasie gewesen war. Sie wäre dann das einzige Kind geblieben. In ihrer späteren Neurose litt sie in intensivster Weise unter der Angst, ihre Eltern zu verlieren, hinter welcher die Analyse wie gewöhnlich den unbewußten Wunsch des gleichen Inhalts aufdecken konnte.

Meine eigenen flüchtigen Erlebnisse von „*déjà vu*" habe ich mir in ähnlicher Weise aus der Gefühlskonstellation des Moments ableiten können. „Das wäre wieder ein Anlaß, jene (unbewußte und unbekannte) Phantasie zu wecken, die sich damals und damals als Wunsch zur Verbesserung der Situation in mir gebildet hat." Diese Erklärung des „*déjà vu*" ist bisher nur von einem einzigen Beobachter gewürdigt worden. Dr. Ferenczi, dem die dritte Auflage dieses Buches so viel wertvolle Beiträge verdankt, schreibt mir hierüber: „Ich habe mich sowohl bei mir als auch bei anderen davon überzeugt, daß das unerklärliche Bekanntheitsgefühl auf unbewußte Phantasien zurückzuführen ist, an die man in einer aktuellen Situation unbewußt erinnert wird. Bei einem meiner Patienten ging es anscheinend anders, in Wirklichkeit aber ganz analog zu. Dieses Gefühl kehrte bei ihm sehr oft wieder, erwies sich aber regelmäßig als von einem vergessenen (verdrängten) Traumstück der vergangenen Nacht herrührend. Es scheint also, daß das „*déjà vu*" nicht nur von Tagträumen, sondern auch von nächtlichen Träumen abstammen kann."

Ich habe später erfahren, daß Grasset 1904 eine Erklärung des Phänomens gegeben hat, welche der meinigen sehr nahe kommt.

Im Jahre 1913 habe ich in einer kleinen Abhandlung[1] ein anderes Phänomen beschrieben, welches dem „déjà vu" recht nahe steht. Es ist das „déjà raconté", die Illusion, etwas bereits mitgeteilt zu haben, die besonders interessant ist, wenn sie während der psychoanalytischen Behandlung auftritt. Der Patient behauptet dann mit allen Anzeichen subjektiver Sicherheit, daß er eine bestimmte Erinnerung schon längst erzählt hat. Der Arzt ist aber des Gegenteils sicher und kann den Patienten in der Regel seines Irrtums überführen. Die Erklärung dieser interessanten Fehlleistung ist wohl die, daß der Patient den Impuls und Vorsatz gehabt hat, jene Mitteilung zu machen, aber versäumt hat, ihn auszuführen und daß er jetzt die Erinnerung an die ersteren als Ersatz für das letztere, die Ausführung des Vorsatzes, setzt.

Einen ähnlichen Tatbestand, wahrscheinlich auch den gleichen Mechanismus, zeigen die von Ferenczi so benannten „vermeintlichen Fehlhandlungen".[2] Man glaubt, etwas — einen Gegenstand — vergessen, verlegt, verloren zu haben und kann sich überzeugen, daß man nichts dergleichen getan hat, daß alles in Ordnung ist. Eine Patientin kommt z. B. ins Zimmer des Arztes zurück mit der Motivierung, sie wolle den Regenschirm holen, den sie dort stehen gelassen habe, aber der Arzt bemerkt, daß sie ja diesen Schirm — in der Hand hält. Es bestand also der Impuls zu einer solchen Fehlleistung und dieser genügte, um deren Ausführung zu ersetzen. Bis auf diesen Unterschied ist die vermeintliche Fehlleistung der wirklichen gleichzustellen. Sie ist aber sozusagen wohlfeiler.

E) Als ich unlängst Gelegenheit hatte, einem philosophisch gebildeten Kollegen einige Beispiele von Namenvergessen mit

---

[1] Über *fausse reconnaissance* (*„déjà raconté"*) während der psychoanalytischen Arbeit. (Internationale Zeitschrift für Psychoanalyse, I, 1913. Enthalten in Band X dieser Gesamtausgabe.)

[2] Internationale Zeitschrift für Psychoanalyse, III, 1915.

Analyse vorzutragen, beeilte er sich zu erwidern: Das ist sehr schön, aber bei mir geht das Namenvergessen anders zu. So leicht darf man es sich offenbar nicht machen; ich glaube nicht, daß mein Kollege je vorher an eine Analyse bei Namenvergessen gedacht hatte; er konnte auch nicht sagen, wie anders es bei ihm zugehe. Aber seine Bemerkung berührt doch ein Problem, welches viele in den Vordergrund zu stellen geneigt sein werden. Trifft die hier gegebene Auflösung der Fehl- und Zufallshandlungen allgemein zu oder nur vereinzelt, und wenn letzteres, welches sind die Bedingungen, unter denen sie zur Erklärung der auch anderswie ermöglichten Phänomene herangezogen werden darf? Bei der Beantwortung dieser Frage lassen mich meine Erfahrungen im Stiche. Ich kann nur davon abmahnen, den aufgezeigten Zusammenhang für selten zu halten, denn so oft ich bei mir selbst und bei meinen Patienten die Probe angestellt, hat er sich wie in den mitgeteilten Beispielen sicher nachweisen lassen, oder haben sich wenigstens gute Gründe, ihn zu vermuten, ergeben. Es ist nicht zu verwundern, wenn es nicht alle Male gelingt, den verborgenen Sinn der Symptomhandlung zu finden, da die Größe der inneren Widerstände, die sich der Lösung widersetzen, als entscheidender Faktor in Betracht kommt. Man ist auch nicht imstande, bei sich selbst oder bei den Patienten jeden einzelnen Traum zu deuten; es genügt, um die Allgemeingültigkeit der Theorie zu bestätigen, wenn man nur ein Stück weit in den verdeckten Zusammenhang einzudringen vermag. Der Traum, der sich beim Versuche, ihn am Tage nachher zu lösen, refraktär zeigt, läßt sich oft eine Woche oder einen Monat später sein Geheimnis entreißen, wenn eine unterdes erfolgte reale Veränderung die miteinander streitenden psychischen Wertigkeiten herabgesetzt hat. Das nämliche gilt für die Lösung der Fehl- und Symptomhandlungen; das Beispiel von Verlesen „Im Faß durch Europa" (auf Seite 119) hat mir die Gelegenheit gegeben zu zeigen, wie ein anfänglich unlösbares Symptom der Analyse zugänglich wird, wenn das reale Interesse an den verdrängten Gedanken nachgelassen hat.¹ Solange die Möglichkeit bestand, daß mein Bruder den beneideten Titel vor mir erhalte, widerstand das genannte Verlesen allen wiederholten Bemühungen der Analyse; nachdem es sich herausgestellt hatte, daß diese Bevorzugung unwahrscheinlich sei, klärte sich mir plötzlich der Weg, der zur Auflösung desselben führte. Es wäre also unrichtig, von all den Fällen, welche der Analyse widerstehen, zu behaupten, sie seien durch einen anderen als den hier aufgedeckten psychischen Mechanismus entstanden; es brauchte für diese Annahme noch andere als negative Beweise. Auch die bei Gesunden wahrscheinlich allgemein vorhandene Bereitwilligkeit, an eine andere Erklärung der Fehl- und Symptomhandlungen zu glauben, ist jeder Beweiskraft bar; sie ist, wie selbstverständlich, eine Äußerung derselben seelischen Kräfte, die das Geheimnis hergestellt haben und die sich darum auch für dessen Bewahrung einsetzen, gegen dessen Aufhellung aber sträuben.

Auf der anderen Seite dürfen wir nicht übersehen, daß die verdrängten Gedanken und Regungen sich den Ausdruck in Symptom- und Fehlhandlungen ja nicht selbständig schaffen. Die technische Möglichkeit für solches Ausgleiten der Innervationen muß unabhängig von ihnen gegeben sein; diese wird dann von der Absicht des Verdrängten, zur bewußten Geltung zu kommen, gern ausgenützt. Welche Struktur- und Funktionsrelationen es sind, die sich solcher Absicht zur Verfügung stellen, das haben für den Fall der sprachlichen Fehlleistung eingehende

---

1) Hier knüpfen sehr interessante Probleme ökonomischer Natur an, Fragen, welche auf die Tatsache Rücksicht nehmen, daß die psychischen Abläufe auf Lustgewinn und Unlustaufhebung zielen. Es ist bereits ein ökonomisches Problem, wie es möglich wird, einen durch ein Unlustmotiv vergessenen Namen auf dem Wege ersetzender Assoziationen wiederzugewinnen. Eine schöne Arbeit von Tausk („Entwertung des Verdrängungsmotivs durch Rekompense", Internationale Zeitschrift für Psychoanalyse, I, 1913) zeigt an guten Beispielen, wie der vergessene Name wieder zugänglich wird, wenn es gelungen ist, ihn in eine lustbetonte Assoziation einzubeziehen, die der bei der Reproduktion zu erwartenden Unlust die Wage halten kann.

XII. Determinismus, Zufalls- und Aberglauben, Gesichtspunkte

Untersuchungen der Philosophen und Philologen festzustellen sich bemüht. Unterscheiden wir so an den Bedingungen der Fehl- und Symptomhandlung das unbewußte Motiv von den ihm entgegenkommenden physiologischen und psychophysischen Relationen, so bleibt die Frage offen, ob es innerhalb der Breite der Gesundheit noch andere Momente gibt, welche wie das unbewußte Motiv und an Stelle desselben, auf dem Wege dieser Relationen die Fehl- und Symptomhandlungen zu erzeugen vermögen. Es ist nicht meine Aufgabe, diese Frage zu beantworten.

Es liegt übrigens auch nicht in meiner Absicht, die Verschiedenheiten zwischen der psychoanalytischen und der landläufigen Auffassung der Fehlleistungen, die ja groß genug sind, noch zu übertreiben. Ich möchte vielmehr auf Fälle hinweisen, in denen diese Unterschiede viel von ihrer Schärfe einbüßen. Zu den einfachsten und unauffälligsten Beispielen des Versprechens und Verschreibens, bei denen etwa nur Worte zusammengezogen oder Worte und Buchstaben ausgelassen werden, entfallen die komplizierteren Deutungen. Vom Standpunkt der Psychoanalyse muß man behaupten, daß in diesen Fällen sich irgendeine Störung der Intention angezeigt hat, kann aber nicht angeben, woher die Störung stammte und was sie beabsichtigte. Sie brachte eben nichts anderes zustande, als ihr Vorhandensein zu bekunden. In denselben Fällen sieht man dann auch die von uns nie bestrittenen Begünstigungen der Fehlleistung durch lautliche Wertverhältnisse und naheliegende psychologische Assoziationen in Wirksamkeit treten. Es ist aber eine billige wissenschaftliche Forderung, daß man solche rudimentäre Fälle von Versprechen oder Verschreiben nach den besser ausgeprägten beurteile, deren Untersuchung so unzweideutige Aufschlüsse über die Verursachung der Fehlleistungen ergibt.

F) Seit den Erörterungen über das Versprechen haben wir uns begnügt zu beweisen, daß die Fehlleistungen eine verborgene

Motivierung haben, und uns mit dem Hilfsmittel der Psychoanalyse den Weg zur Kenntnis dieser Motivierung gebahnt. Die allgemeine Natur und die Besonderheiten der in den Fehlleistungen zum Ausdruck gebrachten psychischen Faktoren haben wir bisher fast ohne Berücksichtigung gelassen, jedenfalls noch nicht versucht, dieselben näher zu bestimmen und auf ihre Gesetzmäßigkeit zu prüfen. Wir werden auch jetzt keine gründliche Erledigung des Gegenstandes versuchen, denn die ersten Schritte werden uns bald belehrt haben, daß man in dieses Gebiet besser von anderer Seite einzudringen vermag.[1] Man kann sich hier mehrere Fragen vorlegen, die ich wenigstens anführen und in ihrem Umfang umschreiben will. 1.) Welches Inhalts und welcher Herkunft sind die Gedanken und Regungen, die sich durch die Fehl- und Zufallshandlungen andeuten? 2.) Welches sind die Bedingungen dafür, daß ein Gedanke oder eine Regung genötigt und in den Stand gesetzt werde, sich dieser Vorfälle als Ausdrucksmittel zu bedienen? 3.) Lassen sich konstante und eindeutige Beziehungen zwischen der Art der Fehlleistungen und den Qualitäten des durch sie zum Ausdruck Gebrachten nachweisen?

Ich beginne damit, einiges Material zur Beantwortung der letzten Frage zusammenzutragen. Bei der Erörterung der Beispiele von Versprechen haben wir es für nötig gefunden, über den Inhalt der intendierten Rede hinauszugehen, und haben die Ursache der Redestörung außerhalb der Intention suchen müssen. Dieselbe lag dann in einer Reihe von Fällen nahe und war dem Bewußtsein des Sprechenden bekannt. In den scheinbar einfachsten und durchsichtigsten Beispielen war es eine gleichberechtigt klingende, andere Fassung desselben Gedankens, die dessen Ausdruck störte, ohne daß man hätte angeben können, warum die eine unterlegen, die andere durchgedrungen war (Kontaminationen von M e r i n g e r

---

[1] Diese Schrift ist durchaus populär gehalten, will nur durch eine Häufung von Beispielen den Weg für die notwendige Annahme u n b e w u ß t e r u n d d o c h w i r k s a m e r seelischer Vorgänge ebnen und vermeidet alle theoretischen Erwägungen über die Natur dieses Unbewußten.

und Mayer). In einer zweiten Gruppe von Fällen war das Unterliegen der einen Fassung motiviert durch eine Rücksicht, die sich aber nicht stark genug zur völligen Zurückhaltung erwies („zum Vorschwein gekommen"). Auch die zurückgehaltene Fassung war klar bewußt. Von der dritten Gruppe erst kann man ohne Einschränkung behaupten, daß hier der störende Gedanke von dem intendierten verschieden war, und kann hier eine, wie es scheint, wesentliche Unterscheidung aufstellen. Der störende Gedanke ist entweder mit dem gestörten durch Gedankenassoziationen verbunden (Störung durch inneren Widerspruch), oder er ist ihm wesensfremd, und durch eine befremdende äußerliche Assoziation ist gerade das gestörte Wort mit dem störenden Gedanken, der oft unbewußt ist, verknüpft. In den Beispielen, die ich aus meinen Psychoanalysen gebracht habe, steht die ganze Rede unter dem Einfluß gleichzeitig aktiv gewordener, aber völlig unbewußter Gedanken, die sich entweder durch die Störung selbst verraten (Klapperschlange — Kleopatra) oder einen indirekten Einfluß äußern, indem sie ermöglichen, daß die einzelnen Teile der bewußt intendierten Rede einander stören (Ase natmen: wo Hasenauerstraße, Reminiszenzen an eine Französin dahinterstehen). Die zurückgehaltenen oder unbewußten Gedanken, von denen die Sprechstörung ausgeht, sind von der mannigfaltigsten Herkunft. Eine Allgemeinheit enthüllt uns diese Überschau also nach keiner Richtung.

Die vergleichende Prüfung der Beispiele von Verlesen und Verschreiben führt zu den nämlichen Ergebnissen. Einzelne Fälle scheinen wie beim Versprechen einer weiter nicht motivierten Verdichtungsarbeit ihr Entstehen zu danken (z. B.: der Apfe). Man möchte aber gern erfahren, ob nicht doch besondere Bedingungen erfüllt sein müssen, damit eine solche Verdichtung, die in der Traumarbeit regelrecht, in unserem wachen Denken fehlerhaft ist, Platz greife, und bekommt hierüber aus den Beispielen selbst keinen Aufschluß. Ich würde es aber ablehnen,

20*

hieraus den Schluß zu ziehen, es gebe keine solchen Bedingungen als etwa den Nachlaß der bewußten Aufmerksamkeit, da ich von anderswoher weiß, daß sich gerade automatische Verrichtungen durch Korrektheit und Verläßlichkeit auszeichnen. Ich möchte eher betonen, daß hier, wie so häufig in der Biologie, die normalen oder dem Normalen angenäherten Verhältnisse ungünstigere Objekte der Forschung sind als die pathologischen. Was bei der Erklärung dieser leichtesten Störungen dunkel bleibt, wird nach meiner Erwartung durch die Aufklärung schwerer Störungen Licht empfangen.

Auch beim Verlesen und Verschreiben fehlt es nicht an Beispielen, welche eine entferntere und kompliziertere Motivierung erkennen lassen. „Im Faß durch Europa" ist eine Lesestörung, die sich durch den Einfluß eines entlegenen, wesensfremden Gedankens aufklärt, welcher einer verdrängten Regung von Eifersucht und Ehrgeiz entspringt, und den „Wechsel" des Wortes „Beförderung" zur Verknüpfung mit dem gleichgültigen und harmlosen Thema, das gelesen wurde, benützt. Im Falle Burckhard ist der Name selbst ein solcher „Wechsel".

Es ist unverkennbar, daß die Störungen der Sprechfunktionen leichter zustandekommen und weniger Anforderungen an die störenden Kräfte stellen als die anderer psychischer Leistungen.

Auf anderem Boden steht man bei der Prüfung des Vergessens im eigentlichen Sinne, d. h. des Vergessens von vergangenen Erlebnissen (das Vergessen von Eigennamen und Fremdworten, wie in den Abschnitten I und II, könnte man als „Entfallen", das von Vorsätzen als „Unterlassen" von diesem Vergessen *sensu strictiori* absondern). Die Grundbedingungen des normalen Vorgangs beim Vergessen sind unbekannt.[1] Man wird auch daran gemahnt,

---

[1] Über den Mechanismus des eigentlichen Vergessens kann ich etwa folgende Andeutungen geben: Das Erinnerungsmaterial unterliegt im allgemeinen zwei Einflüssen, der Verdichtung und der Entstellung. Die Entstellung ist das Werk der im Seelenleben herrschenden Tendenzen und wendet sich vor allem gegen die affektwirksam gebliebenen Erinnerungsspuren, die sich gegen die Verdichtung resistenter

daß nicht alles vergessen ist, was man dafür hält. Unsere Erklärung hat es hier nur mit jenen Fällen zu tun, in denen das Vergessen bei uns ein Befremden erweckt, insofern es die Regel verletzt, daß Unwichtiges vergessen, Wichtiges aber vom Gedächtnis bewahrt wird. Die Analyse der Beispiele von Vergessen, die uns nach einer besonderen Aufklärung zu verlangen scheinen, ergibt als Motiv des Vergessens jedesmal eine Unlust, etwas zu erinnern, was peinliche Empfindungen erwecken kann. Wir gelangen zur Vermutung, daß dieses Motiv im psychischen Leben sich ganz allgemein zu äußern strebt, aber durch andere gegenwirkende Kräfte verhindert wird, sich irgendwie regelmäßig durchzusetzen. Umfang und Bedeutung dieser Erinnerungsunlust gegen peinliche Eindrücke scheinen der sorgfältigsten psychologischen Prüfung wert zu sein; auch die Frage, welche besonderen Bedingungen das allgemein angestrebte Vergessen in einzelnen Fällen ermöglichen, ist aus diesem weiteren Zusammenhange nicht zu lösen.

Beim Vergessen von Vorsätzen tritt ein anderes Moment in den Vordergrund; der beim Verdrängen des peinlich zu Erinnernden nur vermutete Konflikt wird hier greifbar, und man erkennt bei der Analyse der Beispiele regelmäßig einen Gegenwillen, der sich dem Vorsatz widersetzt, ohne ihn aufzuheben. Wie bei früher

verhalten. Die indifferent gewordenen Spuren verfallen dem Verdichtungsvorgang ohne Gegenwehr, doch kann man beobachten, daß überdies Entstellungstendenzen sich an dem indifferenten Material sättigen, welche dort, wo sie sich äußern wollten, unbefriedigt geblieben sind. Da diese Prozesse der Verdichtung und Entstellung sich über lange Zeiten hinziehen, während welcher alle frischen Erlebnisse auf die Umgestaltung des Gedächtnisinhaltes einwirken, meinen wir, es sei die Zeit, welche die Erinnerungen unsicher und undeutlich macht. Sehr wahrscheinlich ist beim Vergessen von einer direkten Funktion der Zeit überhaupt nicht die Rede. — An den verdrängten Erinnerungsspuren kann man konstatieren, daß sie durch die längste Zeitdauer keine Veränderungen erfahren haben. Das Unbewußte ist überhaupt zeitlos. Der wichtigste und auch befremdendste Charakter der psychischen Fixierung ist der, daß alle Eindrücke einerseits in der nämlichen Art erhalten sind, wie sie aufgenommen wurden, und überdies noch in all den Formen, die sie bei den weiteren Entwicklungen angenommen haben, ein Verhältnis, welches sich durch keinen Vergleich aus einer anderen Sphäre erläutern läßt. Der Theorie zufolge ließe sich also jeder frühere Zustand des Gedächtnisinhaltes wieder für die Erinnerung herstellen, auch wenn dessen Elemente alle ursprünglichen Beziehungen längst gegen neuere eingetauscht haben.

besprochenen Fehlleistungen erkennt man auch hier zwei Typen des psychischen Vorganges; der Gegenwille kehrt sich entweder direkt gegen den Vorsatz (bei Absichten von einigem Belang) oder er ist dem Vorsatz selbst wesensfremd und stellt seine Verbindung mit ihm durch eine **äußerliche** Assoziation her (bei fast indifferenten Vorsätzen).

Derselbe Konflikt beherrscht die Phänomene des Vergreifens. Der Impuls, der sich in der Störung der Handlung äußert, ist häufig ein Gegenimpuls, doch noch öfter ein überhaupt fremder, der nur die Gelegenheit benützt, sich bei der Ausführung der Handlung durch eine Störung derselben zum Ausdruck zu bringen. Die Fälle, in denen die Störung durch einen inneren Widerspruch erfolgt, sind die bedeutsameren und betreffen auch die wichtigeren Verrichtungen.

Der innere Konflikt tritt dann bei den Zufalls- oder Symptomhandlungen immer mehr zurück. Diese vom Bewußtsein gering geschätzten oder ganz übersehenen motorischen Äußerungen dienen so mannigfachen unbewußten oder zurückgehaltenen Regungen zum Ausdruck; sie stellen meist Phantasien oder Wünsche symbolisch dar.

Zur ersten Frage, welcher Herkunft die Gedanken und Regungen seien, die sich in den Fehlleistungen zum Ausdruck bringen, läßt sich sagen, daß in einer Reihe von Fällen die Herkunft der störenden Gedanken von unterdrückten Regungen des Seelenlebens leicht nachzuweisen ist. Egoistische, eifersüchtige, feindselige Gefühle und Impulse, auf denen der Druck der moralischen Erziehung lastet, bedienen sich bei Gesunden nicht selten des Weges der Fehlleistungen, um ihre unleugbar vorhandene, aber von höheren seelischen Instanzen nicht anerkannte Macht irgendwie zu äußern. Das Gewährenlassen dieser Fehl- und Zufallshandlungen entspricht zum guten Teile einer bequemen Duldung des Unmoralischen. Unter diesen unterdrückten Regungen spielen die mannigfachen sexuellen Strömungen keine geringfügige Rolle. Es ist ein Zufall des Materials, wenn gerade sie so selten unter den durch die Analyse aufgedeckten Gedanken in meinen Beispielen erscheinen. Da ich vorwiegend Beispiele aus meinem eigenen Seelenleben der Analyse unterzogen habe, so war die Auswahl von vornherein parteiisch und auf den Ausschluß des Sexuellen gerichtet. Andere Male scheinen es höchst harmlose Einwendungen und Rücksichten zu sein, aus denen die störenden Gedanken entspringen.

Wir stehen nun vor der Beantwortung der zweiten Frage, welche psychologischen Bedingungen dafür gelten, daß ein Gedanke seinen Ausdruck nicht in voller Form, sondern in gleichsam parasitärer, als Modifikation und Störung eines anderen suchen müsse. Es liegt nach den auffälligsten Beispielen von Fehlhandlung nahe, diese Bedingungen in einer Beziehung zur Bewußtseinsfähigkeit zu suchen, in dem mehr oder minder entschieden ausgeprägten Charakter des „Verdrängten". Aber die Verfolgung durch die Reihe der Beispiele löst diesen Charakter in immer mehr verschwommene Andeutungen auf. Die Neigung, über etwas als zeitraubend hinwegzukommen, — die Erwägung, daß der betreffende Gedanke nicht eigentlich zur intendierten Sache gehört, — scheinen als Motive für die Zurückdrängung eines Gedankens, der dann auf den Ausdruck durch Störung eines anderen angewiesen ist, dieselbe Rolle zu spielen wie die moralische Verurteilung einer unbotmäßigen Gefühlsregung oder die Abkunft von völlig unbewußten Gedankenzügen. Eine Einsicht in die allgemeine Natur der Bedingtheit von Fehl- und Zufallsleistungen läßt sich auf diese Weise nicht gewinnen. Einer einzigen bedeutsamen Tatsache wird man bei diesen Untersuchungen habhaft; je harmloser die Motivierung der Fehlleistung ist, je weniger anstößig und darum weniger bewußtseinsunfähig der Gedanke ist, der sich in ihr zum Ausdruck bringt, desto leichter wird auch die Auflösung des Phänomens, wenn man ihm seine Aufmerksamkeit zugewendet hat; die leichtesten Fälle des Versprechens werden sofort bemerkt und spontan korrigiert. Wo es sich um Motivierung durch wirklich verdrängte Regungen handelt, da bedarf es zur Lösung einer sorgfältigen Analyse, die selbst zeitweise auf Schwierigkeiten stoßen oder mißlingen kann.

Es ist also wohl berechtigt, das Ergebnis dieser letzten Untersuchung als einen Hinweis darauf zu nehmen, daß die befriedigende Aufklärung für die psychologischen Bedingungen der Fehl- und Zufallshandlungen auf einem anderen Wege und von anderer Seite her zu gewinnen ist. Der nachsichtige Leser möge daher in diesen Auseinandersetzungen den Nachweis der Bruchflächen sehen, an denen dieses Thema ziemlich künstlich aus einem größeren Zusammenhange herausgelöst wurde.

G) Einige Worte sollen zum mindesten die Richtung nach diesem weiteren Zusammenhange andeuten. Der Mechanismus der Fehl- und Zufallshandlungen, wie wir ihn durch die Anwendung der Analyse kennen gelernt haben, zeigt in den wesentlichsten Punkten eine Übereinstimmung mit dem Mechanismus der Traumbildung, den ich in dem Abschnitt „Traumarbeit" meines Buches über die Traumdeutung auseinandergesetzt habe. Die Verdichtungen und Kompromißbildungen (Kontaminationen) findet man hier wie dort; die Situation ist die nämliche, daß unbewußte Gedanken sich auf ungewöhnlichen Wegen, über äußere Assoziationen, als Modifikation von anderen Gedanken zum Ausdruck bringen. Die Ungereimtheiten, Absurditäten und Irrtümer des Trauminhaltes, denen zufolge der Traum kaum als Produkt psychischer Leistung anerkannt wird, entstehen auf dieselbe Weise, freilich mit freierer Benutzung der vorhandenen Mittel, wie die gemeinen Fehler unseres Alltagslebens; hier wie dort löst sich **der Anschein inkorrekter Funktion durch die eigentümliche Interferenz zweier oder mehrerer korrekter Leistungen.** Aus diesem Zusammentreffen ist ein wichtiger Schluß zu ziehen: Die eigentümliche Arbeitsweise,

deren auffälligste Leistung wir im Trauminhalt erkennen, darf
nicht auf den Schlafzustand des Seelenlebens zurückgeführt werden,
wenn wir in den Fehlhandlungen so reichliche Zeugnisse für
ihre Wirksamkeit während des wachen Lebens besitzen. Derselbe
Zusammenhang verbietet uns auch, tiefgreifenden Zerfall der
Seelentätigkeit, krankhafte Zustände der Funktion als die Bedingung
dieser uns abnorm und fremdartig erscheinenden psychischen
Vorgänge anzusehen.[1]

Die richtige Beurteilung der sonderbaren psychischen Arbeit,
welche die Fehlleistung wie die Traumbilder entstehen läßt,
wird uns erst ermöglicht, wenn wir erfahren haben, daß die
psychoneurotischen Symptome, speziell die psychischen Bildungen
der Hysterie und der Zwangsneurose, in ihrem Mechanismus
alle wesentlichen Züge dieser Arbeitsweise wiederholen. An dieser
Stelle schlösse sich also die Fortsetzung unserer Untersuchungen
an. Für uns hat es aber noch ein besonderes Interesse, die Fehl-,
Zufalls- und Symptomhandlungen in dem Lichte dieser letzten
Analogie zu betrachten. Wenn wir sie den Leistungen der
Psychoneurosen, den neurotischen Symptomen, gleichstellen,
gewinnen zwei oft wiederkehrende Behauptungen, daß die Grenze
zwischen nervöser Norm und Abnormität eine fließende, und daß
wir alle ein wenig nervös seien, Sinn und Unterlage. Man kann
sich v o r aller ärztlichen Erfahrung verschiedene Typen von
solcher bloß angedeuteter Nervosität — von *formes frustes* der
Neurosen — konstruieren: Fälle, in denen nur wenige Symptome,
oder diese selten oder nicht heftig auftreten, die Abschwächung
also in die Zahl, in die Intensität, in die zeitliche Ausbreitung
der krankhaften Erscheinungen verlegen; vielleicht würde man
aber gerade den Typus nicht erraten, welcher als der häufigste
den Übergang zwischen Gesundheit und Krankheit zu vermitteln
scheint. Der uns vorliegende Typus, dessen Krankheitsäußerungen
die Fehl- und Symptomhandlungen sind, zeichnet sich nämlich

---

1) Vgl. hiezu „Traumdeutung", S. 362. (8. Aufl., S. 414. Ges. Werke, Bd. II/III).

dadurch aus, daß die Symptome in die mindest wichtigen
psychischen Leistungen verlegt sind, während alles, was höheren
psychischen Wert beanspruchen kann, frei von Störung vor sich
geht. Die gegenteilige Unterbringung der Symptome, ihr Hervor-
treten an den wichtigsten individuellen und sozialen Leistungen,
so daß sie Nahrungsaufnahme und Sexualverkehr, Berufsarbeit
und Geselligkeit zu stören vermögen, kommt den schweren
Fällen von Neurose zu und charakterisiert diese besser als etwa
die Mannigfaltigkeit oder die Lebhaftigkeit der Krankheitsäußerungen.

Der gemeinsame Charakter aber der leichtesten wie der schwersten Fälle, an dem auch die Fehl- und Zufallshandlungen Anteil
haben, liegt in der **Rückführbarkeit der Phänomene
auf unvollkommen unterdrücktes psychisches
Material, das, vom Bewußtsein abgedrängt, doch
nicht jeder Fähigkeit, sich zu äußern, beraubt
worden ist.**

BIBLIOGRAPHISCHE ANMERKUNG

In deutscher Sprache:
1901 In Monatsschrift für Psychiatrie und Neurologie, Bd. X, Heft 1 und 2.
1904 Durchgesehener Abdruck aus der Monatsschrift für Psychiatrie und Neurologie, Bd. X, in Buchform. Verlag S. Karger, Berlin. *
1907 2. vermehrte Auflage im gleichen Verlag.
1910 3. vermehrte Auflage im gleichen Verlag.
1912 4. vermehrte Auflage im gleichen Verlag.
1917 5. vermehrte Auflage im gleichen Verlag.
1919 6. vermehrte Auflage im gleichen Verlag.
1920 7. weiter vermehrte Auflage im Int. Psa. Verlag, Leipzig, Wien, Zürich.
1922 8. Auflage im gleichen Verlag.
1923 9. Auflage im gleichen Verlag.
1924 10. weiter vermehrte Auflage (18.-21. Tausend) und als Band IV der "Gesammelten Schriften" im gleichen Verlag.

In englischer Sprache:
1914 1. Auflage. "Psychopathology of Everyday Life." Übersetzt v. A. A. Brill. T. Fisher Unwin, London.
1935 16. Auflage im gleichen Verlag.
1938 u. 1939 1. und 2. Auflage. Pelican Books, London.
1938 "The Basic Writings of Freud." The Modern Library, Random House Inc., New York.

In französischer Sprache:
1922 "La Psychopathologie de la Vie Quotidienne." Übersetzt v. Dr. S. Jankélévitch. Payot & Cie., Paris.

In czechischer Sprache:
1938 "Psychotologie vsedního života." Übersetzt v. O. Friedmann. Julius Albert Verlag, Prag.

In holländischer Sprache:
1916 1. Auflage. "De invloed van ons onbewuste in ons dagelijksch leven." Übersetzt v. A. Stärcke. Maatschappij voor Goede en Goedkoope Lectuur, Amsterdam.
1931 3. Auflage. De Wereldbibliotek.

---

* Die ersten Abschnitte dieses Buches verarbeiten Aufsätze aus den Jahren 1898 u. 1899 ("Zum psychischen Mechanismus der Vergesslichkeit." Monatsschrift für Neurologie u. Psychiatrie), die im ersten Band dieser Ausgabe abgedruckt sind.

In japanischer Sprache:
  1930 1. Auflage. Übersetzt v. K. Ohtski. Shunyodo Verlag, Tokio.
  1939 4. Auflage im gleichen Verlag.
  1930 Als Band V der Gesamtausgabe. Übersetzt v. K. Marui. Ars-Verlag, Tokio.

In polnischer Sprache:
  1912 Übersetzt v. Jekels und Ivanka.

In portugiesischer Sprache:
  O. J. "Psychopathologia da Vida Quotidiana." Übers. v. Elias Davidovich. Verlag Guanabara, Waissman, Koogan, Ltd., Rio de Janeiro.

In russischer Sprache:
  1910 Übersetzt v. Medem.

In schwedischer Sprache:
  O. J. "Vardaglivets Psykopatologi." Übersetzt v. E. Groddeck. Albert Bonnier, Stockholm.

In serbokroatischer Sprache:
  1937 "Psihopatologija Svakodnevnog Života." Übersetzt v. H. Klajn. Als Band X der philosophischen Bibliothek "Karijatide", Kosmos Verlag, Belgrad.

In spanischer Sprache:
  1922 "Psychopatologia de la vida cotideana." Übersetzt v. Luis Lopez-Ballesteros Y De Torres. Als Band I der "Obras Completas." Biblioteca Nueva, Madrid.

In ungarischer Sprache:
  1923 "A Mindennapi élet pszichopathologiája." Übersetzt v. M. Takács, revidiert v. S. Ferenczi (1932).
  O. J. Als Band II der Ungarischen Gesamtausgabe. Int. Psa. Verlag, Leipzig, Wien, Zürich und im Verlag B. Somló, Budapest. Herausgegeben v. S. Ferenczi u. A. J. Storfer.

INDEX

Aberglauben 285ff
  besondere Fälle von:
    Hellsehen 291
    Namen einer geliebten Person rufen hören 290
    prophetische Träume 291f
    Rachephantasie wegen abgelehnter Behandlung 292f
    Stolpern an der Türschwelle 288f
    Vorahnung "Gold" 294
    Zug fährt mit Frau davon 287 Anm. 1
    u. Unheilserwartung 289
Abergläubische Gebräuche als Fehlleistungen durchgeführt 104
Ableugnen 160f
Abraham, K. 92 Anm. 1, 166 Anm. 1
Abwehrbestreben gegen unlustvolle Vorstellungen 162
Adler, Alfred 272, 273, 274, 275, 275 Anm. 1
Aliquis . . . s. Vergessen fremdsprachiger Worte
Amnesie, temporäre 26
Andreas-Salomé, Lou 186
Ansteckende Fehlleistung 49, 70
Antizipationen 62
Anzengruber, L. 96 Anm. 1
Architektonisches Prinzip des seelischen Apparates 164
Assoziationsexperiment 283 Anm. 1
Ataxie 180
Auditifs 55
Aufmerksamkeit u. Fehlleistung 68f, 145f
Augustinus, hl. 15

Benediktus, St. 15
Bergmann 176
Bernheim 169 Anm. 1
Beziehungswahn 284 Anm. 1
"Bittopfer" 187
Bleuler, E. 17 Anm. 1, 28, 122, 280 Anm. 1, 283 Anm. 1, 294
Boileau 112 Anm. 1
Boltraffio 6
Bosnien 7
Botticelli 6
Brantôme 89
Brill, A. A. 98, 113, 134, 139, 157, 175 Anm. 1, 249
Brunn, Laurids 40
Bülow 105
Busch 187

Charcot 56, 106
Czeszer, Dr. L. 81

Darwin 164, 164 Anm. 2
Dattner, Dr. B. 141, 142, 224, 225, 231
Daudet, A. 165, 166
De Bussy 94 Anm. 1
Deckerinnerung 51–60
  gleichzeitige 52
  rückgreifende 52
  vorgreifende 52
  -en, besondere Fälle von:
    Vom Aufbinden des Rockes 58
    vom Kind, das weinend vor dem Kasten steht 58f
    von der Unterscheidung von 'm' und 'n' 57

Déjà raconté 298 Anm. 1
Déjà vu 294ff
 vom Kindheitsbesuch auf dem Lande 295ff
Determinismus 268ff, 282f
Druckfehler s.a. Verschreiben 142, 143ff
Druckfehlerteufel 143
Duse, Eleonora 227

Eibenschütz, Dr. Marcell 123
"Eigenbeziehungen" 30
Eigennamen, Vergessen von 5–12
Eitingon, Dr. M. 126
Emden, van 205 Anm. 1, 223
Erinnern, falsches von Eigennamen 6
Ersatznamen 6
"Exekution" 188
Exorzismus 18 Anm. 1

Familienkomplex 29f
Fausse réconnaissance 297
Faust 3
Fehlhandlungen, vermeintliche 298
Fehlleistung, Definition des Begriffs 267f
 u. Traum s. Traum u. Fehlleistung
 -en, Allgemeine Eigentümlichkeit der durch-ausgedrückten Intentionen 302ff
  ansteckende 49, 70
 Herkunft der Intentionen, die zuführen 306f
 kombinierte 256–266
  besondere Fälle von:
   Arbeit, versäumte im Museum 263
   Buch, vergessenes 258
   Dead letter office 257
   "Denkfehler, die Furcht vor dem Tode ist ein — 264
   "Druckwerk" 263
   Lichtbildernegative 261f

Fehlleistung kombinierte
 besondere Fälle von:
  Medaille, antike 257
  Sitzungsdatum der aus Opportunismus gewählten Gesellschaft 256f
  Uhr, vergessene 259f
 u. neurotische Symptome 309
 Überkompensierende Tendenz von 92, Anm. 1
 Unbewußte Determinierung der 283f
Fehlleistungsbedingung, Fehlsichtigkeit als 125
 Flüchtigkeit als 125
 für Verschreiben im Unterschied zu Versprechen 145
 Zirkulationsstörung als 27f
 -en, allgemeine 307f
Fehlleistungstheorie, Allgemeingültigkeit der 299
 -en, nicht-analytische 27f, 62, 145, 301
Ferenczi, S. 25, 32, 34, 47, 94, 138, 173 Anm. 2, 202, 297, 298
Fontane, Th. 144, 196, 228
Frauen, Empfindlichkeit der-für die Motive von Fehlleistungen 173 Anm. 1
Freud, S., peinliches Gefühl bei Gleichnamigkeit 31
Frink, Dr. 98, 100

Galsworthy, John 146
Gedächtnisfunktion 148
Gedächtnisleistungen Freuds 149f
Gegenwillen 171, 261, 305f
Γνῶδ σεαυτόν 236
Goethe 22, 46, 243
Graf, Dr. M. 97
Graome 94 Anm. 1
Grasset 297
Gross, H. 162 Anm. 2, 164 Anm. 1, 283 Anm. 1

Haiman, Henrick 81
Halluzination, negative 121
Haupt, J. 123, 124
"Hausfrauenpsychose" 47
Hellsehen 290f
Henri, V. et C. 54
Herzegowina 7
Heyermans, H. 209, 209 Anm. 1
Heymann, Walter 126
Hitschmann, Dr. Ed. 39, 130f, 135, 281, 290 Anm. 1
Hug-Hellmuth, Dr. v. 140
Hoffmann, Fr. 166 Anm. 1
Hysteriker, Phantasien des 284 Anm. 2

Instanzen des seelischen Apparates 163
Irrtümer 242–255
  besondere Fälle von:
  Brief, falsch adressierter 249
  Datum, Vortrags 254f
  Fahrkartenzahl 251
  Fahrtrichtung, falsche 252f
  Fischhof 246
  Habsburgergasse 248
  Hannibals Vater 243, 245
  Hochzeitsgeschenk 250
  Mädchennamen statt Namen nach Heirat 249
  Marbach 243, 244, 245
  "Mediceet, die" 246f
  Namensanmeldung, falsche der Tochter 249
  Namenverwechslung an der table d'hôte 250
  Schillers Geburtsort 242f
  Telephonanruf, verbotener an die Geliebte 248
  Verabschieden vor der Haustüre 251
  Zeus mit Kronos verwechselt 243, 245
  Urteils- 255

Januarius 15
Jekels, Dr. L. 113, 188
Jones, E. 47, 94 Anm. 1, 98 Anm. 1, 109, 129, 134, 139, 142, 158, 161 Anm. 1, 164 Anm. 2, 170 Anm. 1, 173 Anm. 3, 181, 216 Anm. 1, 239, 257, 278, 279
"Julius Cäsar" 130 Anm. 1
Jung, C. G. 24, 24 Anm. 1, 28, 31, 32, 110, 240, 279, 280, 280 Anm. 1, 283 Anm. 1

Kardos, Dr. M. 229
Keller, G. 119
Kindheitserinnerungen 51–60
Klein 283 Anm. 1
Kleinpaul 15
Kleopatra 170 Anm. 1
Kollektives Vergessen 48f
Kombinierte Fehlleistungen s. Fehlleistungen
"Komplex, persönlicher" 28
Kontaktwirkung der Laute 69
Kontaminationen 62, 86, 302
Kotzebue 272
Kriegsneurosen 127
Kritzeln 215
Kurella 133 Anm. 1, 177

Lattman 105, 106
Levy, Kata 133
Lichtenberg 124, 243
Löwenfeld 133 Anm. 1, 177
Lügen, Unfähigkeit zu-als Folge der analytischen Beschäftigung 247
Lytton, Lord 219

Maeder, A. 180, 227, 227 Anm. 1, 239, 240, 252
Mayer, C. 61, 64, 65, 68, 70, 91, 93, 179, 303

Melodieeinfälle, Determinierung von 240f
Meredith, George 109
Meringer 61, 62, 64, 66, 67, 68, 70, 72, 91, 92, 93, 179, 179 Anm. 1, 302
Metaphysik 288
Metapsychologie 288
Meyer, R. M. 268
Migräne und Vergessen 27
Moteurs 56
Müller, Dora 158
Müllner 272, 273
Mythen 56
Mythologische Weltauffassung 287

"Nabab" 165, 166, 166 Anm. 1
Nachklänge 62, 65
Nacktheitstraum 119
Naivität als Maske der Unanständigkeit 195
Namen, Stolz dass einer eines-erinnert 94 Anm. 1
 -einfall, Determinierung eines 269f
 -verdrehung 92f
Napoleon 94 Anm. 1
Nausikaa 119
Nietzsche 162 Anm. 2
Nothnagel 177

Obsedierende Worte
 "Aber frei ist schon die Seele..." 281f
 "Taganrog" 280f
Ödipustraum 197 Anm. 1
Ökonomische Probleme bei Fehlleistungen 300, 300 Anm. 1
Oldham 219 Anm. 2
"Opferhandlungen" 187, 194
Orvieto 6f
Ossipow, N. 287 Anm. 1

Paranoia, Erinnerungstäuschung in der 164
Paranoiker, Bedeutsamkeit kleiner Ereignisse für 284
Perseverationen 142
Phantasie, Rettungs- 165f
 unbewusste 295
Pick, A. 162 Anm. 2
Plagiat 160
Poppelreuter 280 Anm. 1
"Posthypnotische Suggestion auf lange Sicht" 169
Postpositionen 62
Potwin 54
Prinzip der Komplikation der Ursachen (Wundt) 69
Prochaska, K. 144
Prophetische Träume 291f

Rank, O. 77, 87, 100, 101, 108, 109, 232, 258, 264
Rebus 10
Redewendungen als Symptomhandlungen 241
Reik, Th. 48, 49 Anm. 1, 79, 101, 227
Reitler, Dr. 97
Rettungsphantasie 165f
Riklin 28
Robitsek, Dr. A. 89
Roscher 243 Anm. 1
Ruth 118, 119

Sachs, Dr. H. 39, 43, 80, 123, 127, 146, 159, 181, 196, 223, 225
Sagen 56
Salome versteht die Sprache der "Tiere" 222
Sancho Pansas Richterspruch 201 Anm. 1
Sekundäre Bearbeitung eines Verlesens 143

Selbstbeschädigung, besondere Fälle
  von:
 Beule eines Kindes, das mit Selbst-
  mord gedroht hatte 200
 Daumeneinklemmen 200
 "Nachschauen" auf der Strasse 205
  Anm. 1
 Pferd, vom-Stürzen 201
 Schussunfall 202ff
 Sturz gegen die Mauer 203f
 Überfahrenwerden 206ff Anm. 1
 Verbrühen des Fusses 206
 Wagenunfall einer jungen Frau
  198f
 -en, unbewusst verübte 198ff
Selbstbestrafung s. Selbstbeschädigung
Selbstmord u. Fehlleistung 201
Shakespeare 108, 111 Anm. 1
Shaw, B. 170 Anm. 1
Signorelli 6, 18f, 62ff
Silberer, H. 143
Simon von Trient 15
"Somnambule Sicherheit" 157, 186
Spitzer, Daniel 30
Stärcke, J. 43, 100, 156, 206, 209, 254, 261
Stekel, W. 77, 78, 79, 133, 195
Sterne, Lawrence 238
Storfer, A. J. 41, 88, 89, 106, 130
Strindberg 236
Stross, Wilh. 237
Substitutionen 62
Suchbereitschaft, unbewusste 233
Symbol, Kasten als Mutterleibs- 60
  Anm. 1
 Vase als 190f
 -ische Bedeutung von Fehlleistungen
  190f
Symptomhandlungen 212–241, 306
 besondere Fälle von:
 Arzt, Vergessen von Gegenständen
  beim 239

Symptomhandlungen, besondere Fälle
  von:
 Brautkleid, Vergessen das-zu pro-
  bieren 227
 Brieftasche, Vergessen der-am Hoch-
  zeitstage 230
 Brotkrume, Kneten an einer 220f
 "Dort geht der Herr L." (statt der
  eigene Mann) 227
 "durch den Kopf schiessen" 241
 Ehering, Spielen mit dem 227
 Eiweissfleck auf der Hose 222
 fallen lassen eines 5 Markscheines 232
 fetter Bissen fallen gelassen 224
 gefundener 2 Kronenschein 232f
 Geld aus der Hosentasche bei der
  Konsultation verlieren 239
 Haarnadeln, sich lösende 239
 Hundertguldennote, entzweigerissene
  213f
 Kartenspiel, Tascheninhalt nach dem
  zurücklassen 238
 Licht brennen lassen (interner Arzt)
  240
 Magentropfenfläschchen 224
 Melodien vor sich hinpfeifen 240
 Öffnen der Ordinationszimmertüre
  aus Versehen 239
 Penkalastift, verlieren des 231
 Pfänderspiel 228f
 Ring, Angst den-zu verlieren 228
 "Ring in der Westentasche" 229f
 "S" als Verzierung von Schriften 238
 Silbergulden zählen 222f
 Stethoskop 216ff
 Strindberg über Symptomhandlungen
  236f
 Torte wieder zurücktragen 226
 Theaterkarte, verlieren der-im Trau-
  erjahr 231
 Tristram Shandy, Symptomhand-
  lungen in 238

Symptomhandlungen, besondere Fälle von:
Uhr ablaufen lassen 240
Verlegen des Platzes am Tisch 234f
Verletzung beim Maniküren 213
10 Pfennig zu viel gerechnet 223
Zündholzschachtel einstecken 225
Scham nach dem Begehen einer Fehlleistung 93
Schiller 30, 111 Anm. 1, 242, 289
Schneider, Rudolf 279f Anm. 1

Tagträume 295
Tatbestands-Diagnostik 283 Anm. 1
Tausk, V. 102, 252, 300 Anm. 1
Telepathie 291
Ticks 215
Trafoi 8
Traum und Aberglauben 291f
u. Fehlleistung 265, 265 Anm. 1
vom Kind, das sich durch Schlangen töten lässt 74ff
-arbeit und Fehlleistung 308f
-deutung 14 Anm. 1
Tristram Shandy 238
Turgenjew 94 Anm. 1
Tücke des Objekts 155 Anm. 1
Türken, Schätzung der Sexualität bei den 8

Überkompensierende Tendenz von Fehlleistungen 92 Anm. 1
Überzeugungsgefühl 285
Unbewusste Determinierung der Fehlleistungen, Beweis für 283f
Ungeschicklichkeit, allgemeines über 185f
Unheilserwartung und Aberglauben 289
Unlust als Vergessensmotiv 150, 163
Urteilsirrtümer 255

Vagierende Sprachbilder 65f

Verdichtung im Traum .u. beim versprechen 66f, 86
Verdrängen u. Vergessen 9f
Verdrängung u. Irrtum 244
Vergessen v. Eigennamen 5–12
besondere Fälle des:
Monaco 63
Signorelli 6ff, 18f, 62ff
fortgesetztes Namen-so
normales 304f Anm. 1
von fremdsprachigen Worten 13–20
besondere Fälle von:
aliquis ... 14ff, 68
kollektives 49
von Eindrücken u. Vorsätzen 148–178, 305
besondere Fälle v. s.a. Verlegen,
allgemeine Vergesslichkeit 173
ärgererregende Äusserungen der Frau 151
ärztliches Honorar, Vergessen an das 175
Bettnässen des Kindes 161f
Briefeinwerfen 168f
Bücherzurückgeben 174
Cäsar und Kleopatra 170 Anm. 1
Fischer, Pension 153
Gratispatient 174
Gratulationsunterlassung 171
Joyeuse in Daudets "Nabab" 165f
Kartenspielen, Vergessen beim 175 Anm. 1
Kassenfabrikant 152f
Korrekturbögen des Aufsatzes über die "Traumdeutung" 176f
Löschpapier 176
Lungenkrankheiten in der Familie 161 Anm. 1
Namen einer verstorbenen Patientin 162 Anm. 1

Vergessen von Eindrücken u. Vorsätzen, besondere Fälle von:
   Priorität der Bisexualitätstheorie 160
   Schuldenvergessen 175
   Übersehen des Namen eines Beleidigers 172
   undurchführbare Vorsätze 178
   Vergessen im Liebesverhältnis 169
   Vergessen in der Militärabhängigkeit 169f
   vorgreifende Erinnerung an eine
   Publikation 166f
   von Namen und Wortfolgen 21–50,
   305
   besondere Fälle von:
     Ben Hur 49
     Bisenz-Bisenzi 41
     Braut von Korinth 21ff
     Castelvetrano 38
     Epikur 33f
     Fichtenbaum, ein steht einsam.
     24
     Gassendi, Pierre 33f
     Gilhofer & Ranschburg 39
     Gold 43
     Hochwartner 29
     Jung 32f
     Lederer 31
     Lindemann 44ff
     Nervi 29
     Pegli 39f
     Reichenhall 29
     Rivale, Vergessen des Namens des
     32
     Rosenheim 29
     Scheck beilegen, vergessen den
     147
     Scheck, nicht unterschriebener
     146
     Selma 41f
     "Tierisches, Nichts-ist mir
     fremd" 26

Vergessen, von Namen und Wortfolgen
   Tout comprendre c est tout pardonner 25f
   Verona 34ff
   u. Verdrängen 9f
   von Vorsätzen s. Vergessen von Eindrücken und Vorsätzen
   von Wortfolgen s. Vergessen von
   Namen und Wortfolgen
Vergesslichkeit 173
   in Geldangelegenheiten 175 Anm. 1
Vergreifen 179–211, 306
   besondere Fälle von s.a. Selbst-
   beschädigung
   Almosen, zu grosses geben 194
   Ball, einer falschen Person den zu-
   werfen 196
   Kind fast an den Luster geschlagen
   208f
   Morphium ins Auge tropfen 196f
   Schleife, Lösen der-des Kleides aus
   "Ungeschicktheit" 195
   sexuelles-beim Sesselholen 195
   Stimmgabel anstatt Reflexhammer
   182f
   Stock, zerbrechen des 188
   Taucherkunststück im Varieté 210f
   Tintenfassdeckel zerbrechen 185
   Überkochenlassen der Milch 186
   Vase, zerbrechen einer vom Patienten
   geschenkten 189ff
   Ventil, falsche Bedienung des 193
   Venusstatue, zerschlagen der 187
   Versteigen, sich in der Treppe 182
   Versuch fremde Wohnungen mit dem
   eigenen Schlüssel aufzusperren 180f
   438 K. Scheck 132
   Weg verstellen, Ungeschicklichkeit
   beim 195
   Zerbrechen von Geschirr durch
   Dienstboten 192

Vergreifen, besondere Fällen von
Zerschlagen eines ägyptischen Figürchens 188
Verlegen, besondere Fälle von:
Bücherkatalog 154f
Buchverlegen 155f
Papiervorrat 159
Pfefferkuchenpaket 158
Pfeife 158
Schlüssel 156f
zerschnittener Kragen 156
Verlesen 118-128, 145
Sekundäre Bearbeitung von 143
besondere Fälle von:
Agamemnon 124
Antiquitäten 122
Bleuler 122f
Bonn (statt Brown) 128
Brotkarte 125
die arme Wilhelm M. 121f
Drückeberger 128
Eisenkonstitution 128
Friede von Görz 125
Im Fass 119, 299, 304
Hughes 128
Klosetthaus 126
MDCCCL 123f
Odyssee 119
Schundleder 125
Sprachstrategie 125f
Steifleinenheit 123
"Warum denn nicht" 126
Verlieren s. Symptomhandlung
Verschiebung längs Ersatznamen 6, 10
Verschreiben 129-147
besondere Fälle von:
aasrief 144f
Achol 134
Anektode 138
Be Nadonna-Verschreibung 135f
Buckrhard 129, 152, 304

Verschreiben, besondere Fälle von
Cinna 130 Anm. 1
eigennützigste Weise 133
Edithel 139
Effektiv 142
Einladung (statt Einleitung) 142f
Ethyl 135
frazösisch 141
Hartmann (statt Hitschmann) 131
Hintschmann 131
"ihren Sohn" 138
insultieren (statt konsultieren) 141
Karl 141
Levitico-Wasser 140
lückenhaftes Zusammenarbeiten 134
Lusitania 134
Okt. (statt Sept.) 129
Perseverationen 142
Rezeptieren, falsches 134, 135f
rumänisch (statt russisch) 144
Scheck, nicht unterschriebener 146
stürzen (statt stützen) 143
438 K (statt 380 K) 132
Vorräte (statt Vorrede) 142f
wife (statt wave) 139
Wohnungsadressenirrtum 138f
zuviel (statt zufiel) 144
Versprechen 61-117
besondere Fälle von:
adultérer 89
A-alexandros 92 Anm. 1
Alabüsterbachse 91
Angora 92 Anm. 1
"Apfe" der sehr possierlich ist 70, 138, 303
apopos 91
après midi 78
Ase natmen, durch die 71, 303
Askoli 78
aufgepatzt 97
aufzustossen, ich fordere Sie auf, auf das Wohl . . . 62, 92

Versprechen, besondere Fälle von
  begleit-digen 77
  Bergleude 72
  Bett bald nicht verlassen 77f
  Bluse, durch die-zu verstehen geben 89
  "Breuer und ich" 96
  Briefkasten, Ich gebe die Präparate in den 62
  "Bruder" (statt Mann) 90
  Chemie, Lust an der verloren 88
  dahinscheiden (statt ausscheiden) 106
  dekolletiert 79
  Diebsstellung 104
  "draut" das noch einen Monat 66
  durable (statt curable) 113
  "Einlagen" Furcht 65f
  Eischeissweibchen 91
  Er bekam die Scheidung 99f
  Essen, er kann-was ich will 79
  Finger, an einem-abzählen 88
  flagranti, in 72
  Freuer-Breudsche Methode 93
  Geiz, die Menschen haben 72
  geneigt, ich bin nicht 78
  geschlossen, erkläre ich die Sitzung für 67
  Gespeckstücke 81
  Glieder, fünf gerade 86f
  Grab, ins-sinken 84
  "halb bin ich Euer..." 108
  Hausschuhe 80
  Herr, küss' die Hand, gnädiger 78
  Hinterkopf, Er setzt sich auf den 62
  Hornverbrannt 98
  Hose, nach-kommen 73
  Idiot (Patriot) 100
  jewagt 104
  Juden (statt Jungen) 103
  Kastor und Pollak 79
  Klapperschlange 74ff, 303
  Kodolenz 92 Anm. 1

Versprechen, besondere Fälle von
  Koëttieren 96
  kontant 101
  Kropf, Sie sind um einen-grösser 79
  liebenswidrig 101
  Lippschaft 76f
  Lokuskapitäl 91
  Matthäus, bei 73f
  Milo von Venus 62
  Moche 82
  Mördern bei den 42er- 81
  "Mutter" (statt Tante) 90
  nach 10 Uhr 111
  ordinärt, wann-Dr. X? 88
  partrerre 92 Anm. 1
  Peloni 78
  Protragoras 92 Anm. 1
  Quaste, pudern mit der 87
  ribera 76
  rückgratlos 105
  "Ruhe" (statt Schluss) 81
  Sandor Ferenczi (statt S. Petöfi) 95
  Schöpsen 98
  Schresinger 70
  Schwest, es war mir auf der ... 62, 9
  seltener, ich hoffe Euch-zu sehen 96
  Senex altesl 92
  streiten wir zu Punkt 4 der Tagsordnung 78
  Tassenmescher 70f, 71 Anm. 1
  umbringen, Patienten 85f
  urinieren — ruinieren 92
  "Vater, ich bin der-des" 90
  verantwortlicher, Ring-Ratgeber 10
  Versuchungen, trotz vieler 88
  Virchow 95
  Vorschussmitglieder 98
  Vorschwein 65f, 98, 303
  Vorzimmer, sind Sie im zu Hause? 9
  Whitford 110, 111
  widwen, sich den Kindern 79
  Wochen, nur für 3 (statt Tage) 111

Versprechen, besondere Fälle von
  zu ihr 107
  zurückgeben 102
  zwölf Finger 113ff
Vischer, Th. 155 Anm. 1, 188
Visuels 56
Vorahnungen 293f
Vorklänge 62

Wagner, Dr. R. 139
Wallenstein 107, 201 Anm 2
Wedekind 264
Weiss, Dr. Karl 236, 257
Wertheimer 283 Anm. 1
Willensfreiheitsgefühl 282f
Witz und Versprechen 88

Wundt 68, 69, 90, 91, 145

Zahleneinfälle 270ff
Zeitlosigkeit unbewusster Vorgänge 305
  Anm. 1
Zerstreutheit 173, 173 Anm. 2
Zettelnotizen der Neurotiker 174
Zeugenaussagen vor Gericht 164
Zirkulationsstörung als Fehlleistungs-
  bedingung 27f
Zufall 286f
"Zufall" und Assoziationsablauf 17
Zufallshandlungen s. Symptomhand-
  lungen
Züricher Schule 28

INHALT DES VIERTEN BANDES

Zur Psychopathologie des Alltagslebens

		Seite
I.	Vergessen von Eigennamen	5
II.	Vergessen von fremdsprachigen Worten	13
III.	Vergessen von Namen und Wortfolgen	21
IV.	Über Kindheits- und Deckerinnerungen	51
V.	Das Versprechen	61
VI.	Verlesen und Verschreiben	118
	A. Verlesen	118
	B. Verschreiben	129
VII.	Vergessen von Eindrücken und Vorsätzen	148
	A. Vergessen von Eindrücken und Kenntnissen	151
	B. Das Vergessen von Vorsätzen	168
VIII.	Das Vergreifen	179
IX.	Symptom- und Zufallshandlungen	212
X.	Irrtümer	242
XI.	Kombininerte Fehlleistungen	256
XII.	Determinismus. – Zufalls- und Aberglauben – Gesichtspunkte	267
	Bibliographische Anmerkung	311
	Index	313

INHALTSVERZEICHNIS

DER GESAMMELTEN WERKE VON SIGM. FREUD

1. BAND, (1892–1899) *mit einer Kunstbeilagen*

Inhalt: Vorwort der Herausgeber.
Ein Fall von hypnotischer Heilung, nebst Bemerkungen über die Entstehung hysterischer Symptome durch den „Gegenwillen".
Charcot.
Quelques Considérations pour une Étude Comparative des Paralysies Motrices Organiques et Hystériques.
Die Abwehr-Neuropsychosen. Versuch einer psychologischen Theorie der akquirierten Hysterie, vieler Phobien und Zwangsvorstellungen und gewisser halluzinatorischer Psychosen.
Studien über Hysterie:
Über den psychischen Mechanismus hysterischer Phänomene.
Krankengeschichten.
    Frau Emmy v. N. . . . . , vierzig Jahre, aus Livland.
    Miss Lucy R., dreißig Jahre.
    Katharina.
    Fräulein Elisabeth v. R. . . .
Zur Psychotherapie der Hysterie.
Über die Berechtigung, von der Neurasthenie einen bestimmten Symptomenkomplex als „Angstneurose" abzutrennen.
Klinische Symptomatologie der Angstneurose.
Vorkommen und Ätiologie der Angstneurose.
Ansätze zu einer Theorie der Angstneurose.
Beziehungen zu anderen Neurosen.
Obsessions et Phobies. Leur Mechanisme Psychique et leur Étiologie.
Zur Kritik der „Angstneurose".
Weitere Bemerkungen über die Abwehr-Neuropsychosen.
    Die „spezifische" Ätiologie der Hysterie
    Wesen und Mechanismus der Zwangsneurose.
    Analyse eines Falles von chronischer Paranoia.
L'Hérédité et L'Etiologie des Névroses.
Zur Ätiologie der Hysterie.
Inhaltsangaben der wissenschaftlichen Arbeiten des Privatdocenten Dr. Sigm. Freud. (1877–1897).
    (a) Vor Erlangung der Docentur.
    (b) Seit Erlangung der Docentur.
Die Sexualität in der Ätiologie der Neurosen.
Über Sexualität in der Ätiologie der Neurosen.
Zum psychischen Mechanismus der Vergeßlichkeit.
Über Deckerinnerungen.
ZUSATZ ZUM VII. BANDE: Vorwort zur ersten Auflage der „Sammlung kleiner Schriften zur Neurosenlehre aus den Jahren 1893–1906".
ZUSATZ ZUM XIV. BANDE: Einige Nachträge zum Ganzen der Traumdeutung.
    (a) Die Grenzen der Deutbarkeit.
    (b) Die sittliche Verantwortung für den Inhalt der Träume.
    (c) Die okkulte Bedeutung des Traumes.

2. u. 3. Band, (1900–1901)

Inhalt: Die Traumdeutung. (Mit den Zusätzen bis 1935.)
Über den Traum.

4. Band, (1904)

Inhalt: Zur Psychopathologie des Alltagslebens.

5. Band, (1904–1905)

Inhalt: Die Freudsche psychoanalytische Methode.
Über Psychotherapie.
Drei Abhandlungen zur Sexualtheorie.
Meine Ansichten über die Rolle der Sexualität in der Ätiologie der Neurosen.
Bruchstück einer Hysterie-Analyse.
Psychische Behandlung (Seelenbehandlung).

6. Band, (1905)

Inhalt: Der Witz und seine Beziehung zum Unbewußten.

7. Band, (1906–1909)

Inhalt: Tatbestandsdiagnostik und Psychoanalyse.
Zur sexuellen Aufklärung der Kinder.
Der Wahn und die Träume in W. Jensens „Gradiva".
Zwangshandlungen und Religionsübungen.
Die „kulturelle" Sexualmoral und die moderne Nervosität.
Über infantile Sexualtheorien.
Hysterische Phantasien und ihre Beziehung zur Bisexualität.
Charakter und Analerotik.
Der Dichter und das Phantasieren.
Der Familienroman der Neurotiker.
Allgemeines über den hysterischen Anfall.
Analyse der Phobie eines fünfjährigen Knaben.
Bemerkungen über einen Fall von Zwangsneurose.
Vorwort zu „Nervöse Angstzustände und ihre Behandlung" von Dr. Wilhelm Stekel.
Vorwort zu „Lélekelemzés, értekezések a pszichoanalizis köreböl, irta Dr. Ferenczi Sándor".
Enthalten im 1. Bande: Vorwort zur ersten Auflage der „Sammlung kleiner Schriften zur Neurosenlehre aus den Jahren 1893–1906".

8. Band, (1909–1913) *mit einer Kunstbeilage*

Inhalt: Über Psychoanalyse.
Zur Einleitung der Selbstmord-Diskussion. Schlußwort.
Beiträge zur Psychologie des Liebeslebens:
    I. Über einen besonderen Typus der Objektwahl beim Manne.
    II. Über die allgemeinste Erniedrigung des Liebeslebens.
Die psychogene Sehstörung in psychoanalytischer Auffassung.
Die zukünftigen Chancen der psychoanalytischen Therapie.
Über „wilde" Psychoanalyse.
Eine Kindheitserinnerung des Leonardo da Vinci.
Über den Gegensinn der Urworte.

Brief an Dr. Friedrich S. Krauss über die „Anthropophyteia".
Beispiele des Verrats pathogener Phantasien bei Neurotikern.
Formulierungen über die zwei Prinzipien des psychischen Geschehens.
Psychoanalytische Bemerkungen über einen autobiographisch beschriebenen Fall von Paranoia (Dementia paranoides).
Über neurotische Erkrankungstypen.
Zur Einleitung der Onanie-Diskussion. Schlußwort.
Die Bedeutung der Vokalfolge.
Die Handhabung der Traumdeutung in der Psychoanalyse.
„Gross ist die Diana der Epheser."
Zur Dynamik der Übertragung.
Ratschläge für den Arzt bei der psychoanalytischen Behandlung.
Das Interesse an der Psychoanalyse.
Zwei Kinderlügen.
Einige Bemerkungen über den Begriff des Unbewußten in der Psychoanalyse.
Die Disposition zur Zwangsneurose.
Zur Einleitung der Behandlung.

9. BAND, (1912)

Inhalt: Totem und Tabu.

10. BAND, (1913–1917) *mit einer Kunstbeilage*

Inhalt: Märchenstoffe in Träumen.
Ein Traum als Beweismittel.
Das Motiv der Kästchenwahl.
Erfahrungen und Beispiele aus der analytischen Praxis.
Zur Geschichte der psychoanalytischen Bewegung.
Über Fausse Reconnaissance („Déjà raconté") während der psychoanalytischen Arbeit.
Erinnern, Wiederholen und Durcharbeiten.
Zur Einführung des Narzißmus.
Der Moses des Michelangelo.
Zur Psychologie des Gymnasiasten.
Triebe und Triebschicksale.
Mitteilung eines der psychoanalytischen Theorie widersprechenden Falles von Paranoia.
Die Verdrängung.
Das Unbewußte.
Bemerkungen über die Übertragungsliebe.
Zeitgemäßes über Krieg und Tod.
Vergänglichkeit.
Einige Charaktertypen aus der psychoanalytischen Arbeit.
Eine Beziehung zwischen einem Symbol und einem Symptom.
Mythologische Parallele zu einer plastischen Zwangsvorstellung.
Über Triebumsetzungen, insbesondere der Analerotik.
Metapsychologische Ergänzung zur Traumlehre.
Trauer und Melancholie.
Geleitwort zu „Die psychanalytische Methode" von Dr. Oskar Pfister Zürich.
Vorwort zu „Die psychischen Störungen der männlichen Potenz" von Dr. Maxim. Steiner.

Geleitwort zu „Der Unrat in Sitte, Brauch, Glauben und Gewohnheitsrecht der Völker" von John Gregory Bourke.
Brief an Frau Dr. Hermine von Hug-Hellmuth.

11. BAND, (1916–1917) *mit zwei Kunstbeilagen*

Inhalt: Vorlesungen zur Einführung in die Psychoanalyse
    I. Die Fehlleistungen.
    II. Der Traum.
    III. Allgemeine Neurosenlehre.

12. BAND, (1917–1920)

Inhalt: Eine Schwierigkeit der Psychoanalyse.
Eine Kindheitserinnerung aus „Dichtung und Wahrheit".
Aus der Geschichte einer infantilen Neurose.
Beiträge zur Psychologie des Liebeslebens
    III. Das Tabu der Virginität.
Wege der psychoanalytischen Therapie.
„Ein Kind wird geschlagen".
Das Unheimliche.
Über die Psychogenese eines Falles von weiblicher Homosexualität.
Gedankenassoziation eines vierjährigen Kindes.
Zur Vorgeschichte der analytischen Technik.
James J. Putnam†.
Victor Tausk†.
Einleitung zu „Zur Psychoanalyse der Kriegsneurosen".
Vorrede zu „Probleme der Religionspsychologie" von Dr. Theodor Reik.
Psychoanalytischer Verlag u. Preiszuteilungen für psychoanalytische Arbeiten.

13. BAND, (1920–1924)

Inhalt: Jenseits des Lustprinzips.
Massenpsychologie und Ich-Analyse.
Traum und Telepathie.
Über einige neurotische Mechanismen bei Eifersucht, Paranoia und Homosexualität.
„Psychoanalyse" und „Libidotheorie".
Das Ich und das Es.
Die infantile Genitalorganisation.
Bemerkungen zur Theorie und Praxis der Traumdeutung.
Eine Teufelsneurose im siebzehnten Jahrhundert.
Josef Popper-Lynkeus und die Theorie des Traumes.
Der Realitätsverlust bei Neurose und Psychose.
Das ökonomische Problem des Masochismus.
Neurose und Psychose.
Der Untergang des Ödipuskomplexes.
Kurzer Abriß der Psychoanalyse.
Nachschrift zur Analyse des kleinen Hans.
Dr. Anton v. Freund.
Preface to Addresses on Psycho-Analysis by J. J. Putnam.

Geleitwort zu J. Varendonck. Über das vorbewußte phantasierende Denken.
Vorwort zu Max Eitingon, Bericht über die Berliner psychoanalytische Poliklinik.
Brief an Luis Lopez-Ballesteros y de Torres.
Dr. Ferenczi Sandor (Zum 50. Geburtstag).
Zuschrift an die Zeitschrift, *Le Disque Vert*.

14. Band, (1925–1931) *mit drei Kunstbeilagen*

Inhalt: Notiz über den „Wunderblock".
Die Verneinung.
Einige psychische Folgen des anatomischen Geschlechtsunterschieds
„Selbstdarstellung".
Die Widerstände gegen die Psychoanalyse.
Hemmung, Symptom und Angst.
Die Frage der Laienanalyse.
Psycho-Analysis.
Fetischismus.
Nachtrag zur Arbeit über den Moses des Michelangelo.
Die Zukunft einer Illusion.
Der Humor.
Ein religiöses Erlebnis.
Dostojewski und die Vatertötung.
Das Unbehagen in der Kultur.
Über libidinöse Typen.
Über die weibliche Sexualität.
Das Fakultätsgutachten im Prozeß Halsmann.
Goethe-Preis 1930—Brief an Dr. Alfons Paquet. Ansprache im Frankfurter Goethe-Haus.
An Romain Rolland.
Ernest Jones zum 50. Geburtstag.
Brief an den Herausgeber der „Jüdischen Preßzentrale Zürich".
To the Opening of the Hebrew University.
Brief an Maxim Leroy über einen Traum des Cartesius.
Brief an den Bürgermeister der Stadt Pribor.
Josef Breuer†.
Karl Abraham†.
Geleitwort zu „Verwahrloste Jugend" von August Aichhorn.
Bemerkung zu E. Pickworth Farrow's „Eine Kindheitserinnerung aus dem 6. Lebensmonat".
Vorrede zur hebräischen Ausgabe von „Totem und Tabu".
Geleitwort zu "Medical Review of Reviews", Vol. XXXVI, 1930.
Vorwort zu „Zehn Jahre Berliner Psychoanalytisches Institut".
Geleitwort zu „Elementi di Psicoanalisi" von Edoardo Weiss.
Enthalten im I. Bande:
  Einige Nachträge zum Ganzen der Traumdeutung.
    Die grenzen der Deutbarkeit.
    Die sittliche Verantwortung für den Inhalt der Träume.
    Die okkulte Bedeutung des Traumes.

15. Band, (1932)

Inhalt: Neue Folge der Vorlesungen zur Einführung in die Psychoanalyse.

16. Band, (1932–1939)

Inhalt: Zur Gewinnung des Feuers.
Warum Krieg?
Nachschrift zur Selbstdarstellung
Die Feinheit einer Fehlhandlung.
Konstruktionen in der Analyse.
Die endliche und die unendliche Analyse.
Der Mann Moses und die monotheistische Religion.
Thomas Mann zum 60. Geburtstag.
Brief an Romain Rolland (Eine Erinnerungsstörung auf der Akropolis).
Meine Berührung mit Josef Popper-Lynkeus.
Sandor Ferenczi†.
Lou Andreas Salomé†.
Geleitwort zu „Allgemeine Neurosenlehre auf psychoanalytischer Grundlage" von Hermann Nunberg.
Vorrede zur hebräischen Ausgabe der „Vorlesungen zur Einführung in die Psychoanalyse".
Vorwort zu „Edgar Poe, étude psychanalytique" par Marie Bonaparte.

17. Band. (Schriften aus dem Nachlass: 1892–1939)

Inhalt: Vorwort.
Brief an Josef Breuer.
Zur Theorie des hysterischen Anfalles (Gemeinsam mit Josef Breuer).
Notiz „III".
Eine erfüllte Traumahnung.
Psychoanalyse und Telepathie.
Das Medusenhaupt.
Ansprache an die Mitglieder des Vereins B'nai B'rith (1926).
Die Ichspaltung im Abwehrvorgang.
Abriss der Psychoanalyse.
Some Elementary Lessons in Psycho-Analysis.
Ergebnisse, Ideen, Probleme.

18. Band

INDEX DER BÄNDE 1–17